KB055457

브랜드의 거짓말

BRANDWASHED:
Tricks Companies Use to Manipulate Our Minds and Persuade Us to Buy
by Martin Lindstrom

copyright © 2011 by Martin Lindstrom Company, Limited
All rights reserved.

This Korean edition was published by
Woongjin Think Big Co., Ltd. in 2012, 2024
by arrangement with Martin Lindstrom Company Limited c/o Levine Greenberg
Literary Agency, Inc. through KCC(Korea Copyright Center Inc.), Seoul.

브랜드의 거짓말

인간의 욕망을 사로잡은
마케팅 설계의 기술

마틴 린드스트롬

박세연 옮김

Martin
Lindstrom
Brandwashed

리더스북

우리는 왜 관심도 없었던 제품도 광고를 몇 번 보고나면 갖고 싶어지고, 모바일 게임 속 아이템을 사기 위해 속수무책으로 지갑을 열기도 하며, 세일 소식이 들리면 다짜고짜 달려가서 필요도 없는 물건을 쟁취하려드는 걸까요. 그 이유가 궁금한 분들은 꼭 한번 읽어보시기를. 그리고 소비자들에게 이 책을 들키고 싶지 않은 브랜드 마케터들은 두 번 읽으시길 바랍니다.

— 송길영 (마인드 마이너, 『시대예보』 저자)

풍요의 시대다. 수십 종류의 상품이 당신의 선택을 기다리고 있다. 그렇다면 브랜드가 이토록 흘러넘치는 시대에 우리는 왜 오픈 런을 불사하고, 매진 광고에 조바심을 느끼는 걸까? 무엇이 '저 브랜드가 아니면 안 될 것 같은' 기분을 느끼게 만들까? 우리의 소비가 온전히 자신의 의지로 일어난다고 착각하도록 만드는 마법같은 비밀이 담긴 책이다. 현명한 소비가 고민인 청소년, 부모는 물론, 브랜드를 운용하는 이들에게 일독을 권한다. 이 책을 읽고 브랜드 마케팅에 대한 당신의 생각이 바뀌어 있기를 간절히 바란다.

— 전미영 (소비트렌드분석센터 연구위원, 『트렌드 코리아』 공저자)

브랜딩에 대한 관심이 높아져서일까. 이 책이 국내에 처음 소개되고 12년이 흘렀지만 저자가 이야기하는 원칙들은 오히려 지금 더 유용해 보인다. 브랜드들의 전략은 거짓말로 치부하기에는 섬찟할 정도로 치밀해서, 이게 소비자를 위한 책인지 브랜드 마케터를 위한 책인지 헷갈릴 정도다. 조금 전 충동적으로 물건을 구매한 사람에게는 끄덕임을, 브랜드를 매력적으로 각인시키고 싶은 마케터에게는 경이로움을 안겨줄 책이다.

_ 우승우(더워터멜론 공동대표, 『창업가의 브랜딩』 『작지만 큰 브랜드』 저자)

오늘 당신은 왜 그 물건을 구매했는가? 단지 필요했기 때문에? 혹은 좋은 제품이어서? 모두 틀렸다. 그건 바로 브랜드의 유혹에 넘어갔기 때문이다. 이 책에는 브랜드가 소비자들의 구매를 유도하는 고도의 심리전술과 음모가 담겨있다. 소비자의 지갑을 열어야 하는 마케터, 브랜드의 유혹에 넘어가지 않으려는 소비자 모두에게 도움이 될 책이다.

_ 안성은(브랜드보이앤파트너스 대표, 『MiX』 저자)

지난 5년 동안 처음부터 끝까지 읽은 비즈니스 서적은 『쇼핑학』과 『브랜드의 거짓말』단 두 권뿐이었다. 그 두 권 모두 마틴 린드스트롬이 썼다는 사실이 단순한 우연은 아닐 것이다. 기발하고, 생각을 자극하고, 통렬한 책이다.

_ 스티븐 래빗(시카고대학교 경제학과 교수, 『괴짜경제학』 저자)

매혹적인 책이다. 우리 문화가 얼마나 마케팅에 포화 상태인지 고려할 때, 린드스트롬의 책은 누구도 자신을 이성적인 행위자로 간주해서는 안 된다고 설득력 있게 주장한다. 다음 번 베스트바이에서 멍한 상태로 걸어 나오며, 방금 600달러를 쓴 물건이 무엇인지전혀 기억나지 않을 순간을 상상해 볼 가치가 있다.

_ 〈보스턴 글로브〉

브랜드 마케팅이라고 하는 블랙박스 속으로 들어갈 때 이보다 더 좋은 가이드는 없을 것이다. 이제 그동안 열광했던 브랜드를 똑같은 시선으로 바라볼 수 없을 것 같다!

_ 빌 텐서(데이터 리서치 전문가, 『검색의 경제학』 저자)

어린 자녀를 둔 부모가 이 책을 읽는다면 겁에 질려 컴퓨터의 전원 버튼을 향해 달려갈 것이다. 현명한 마케터라면 메모해 두어야 할 것이다.

_ 〈포춘〉

맥도날드, P&G, 마이크로소프트 등을 고객으로 거느렸던 마케팅 베테랑인 마틴 린드스트롬. 그는 누구보다 이 업계를 깊숙이 꿰뚫어 보고 있다.

_《이코노미스트》

무의식, 당신에게 마케팅을 하는 브랜드, 그리고 구매 충동의 사이를 연결하는 중요한 다리. 무시할 수 없는 경각심을 일깨워주는 책이다!

_ 진 채츠키(NBC 〈투데이〉 에디터)

나는 비즈니스를 하는 여성으로서, 그리고 더 현명하게 구매하려는 개인 소비자로서 마틴 린드스트롬의 작업에 매료되고 힘을 얻었다! 그는 내가 브랜드와 소비자 행동을 바라보는 방식을 바꾸어놓았다. 매우 큰 깨달음을 얻었다!

_ 타이라 뱅크스(前 〈타이라 뱅크스 쇼〉 진행자, 스마이즈앤드림 설립자)

일러두기

• 이 책은 2012년 출간된 『누가 내 지갑을 조종하는가』(원서는 2011년)의 개정판으로, 본문의 내용은 동일하나 현 시점에 맞추어 일부 원고의 내용을 다듬고 새로운 제목과 장정으로 출간되었다.
• 이 책은 국립국어원 표준국어대사전의 표기법을 따랐으나, 독자들의 이해를 돕기 위해 일부 브랜드명이나 인명의 경우 통상의 발음을 따른 경우가 있다.

브랜드의 거짓말

AI 이후의 브랜드 마케팅, 완전히 달라진 세상 속으로

오늘날 전 세계 20억 인구는 어떤 행동을 하고 무엇을 보고 어떤 재화를 구매하고 어떻게 여가를 즐기고 누구를 만나고 있든 간에 깨어 있는 시간의 66%, 즉 하루 10시간 가까이 미국 실리콘밸리의 20인에게서 강한 영향을 받으며 살아가고 있다. 이런 사실을 알고 있었는가? 이들 20인은 우리가 잘 알고 있고 점점 중독되어가는 대다수 소셜 플랫폼과 앱을 장악하는 과정에서 점점 더 힘을 얻고 있다.

지난 몇십 년간 우리는 AI 덕분에 사냥, 섭식, 번식을 위해 약 30만 년 전에 설계된 우리 선조의 뇌로는 더 이상 따라잡을 수 없을 정도로 빠르게 변하는 복잡한 도구들을 개발했다. 컴퓨터의 발전으로 주요 플랫폼들은 초당 10억 비트의 속도로 의사소통을 할 수 있게 되었다. 인간의 의사소통보다 대략 1,000만 배나 더 빠른 속도다.

이로 인해 무슨 일이 벌어졌을까? AI 알고리즘은 소수 기업이 통제하기 시작한 인간의 감정과 행동을 우리보다 훨씬 능숙하게 다루고 있다. 이 말이 잘 와 닿지 않는다면 식당에 마주 앉아서 끝없이 이어지는 콘텐츠 흐름에 얼어붙어 스마트폰만 들여다보는 커플을 얼마나 자주 보는지 떠올려보라. 최근 발표되는 연구와 보고서들은 한국 역시 이러한 사회적 문제에서 자유롭지 않다는 사실을 보여준다. 특히 많은 젊은층이 인간관계를 형성하고 유지하는 데 어려움을 겪고 있다. 이런 어려움은 사회적, 이념적으로 점차 분열하고 있는 젊은 남성과 여성 사이에서 두드러지게 나타나고 있다. 소셜 미디어와 AI는 이러한 추세를 강화하고 있다.

예를 들어 틱톡TikTok을 비롯한 여러 영상 플랫폼은 어떤 콘텐츠를 제공해야 하는지는 물론, 사용자가 특정 영상을 '우연히' 발견하게 하는 최적의 시점을 파악하여 가장 자연스럽게 받아들이게 하는 방법까지 알고 있다. 이런 사실을 알고 있었는가? 더 섬뜩하게도 이 플랫폼들은 우리가 언제 영상 시청을 멈출지도 알고 있다. 알고리즘은 우리가 영상을 7초 동안 볼지, 아니면 86초 동안 볼지를 정확하게 알고 있다. 즉 알고리즘은 우리가 영상 시청을 시작하기 전에 이미 우리 행동을 예측하고 있다는 말이다.

만약 자신은 소셜 미디어에 그리 많은 시간을 쓰지 않기 때문에 상관 없는 일이라고 생각한다면 다시 한번 고민해봐야 한다. 틱톡 스타 로건 모핏Logan Moffitt은 자신의 오이 요리 레시피 덕분에 미국에서만 3,000만 명이 넘는 팔로워가 생기고, 북대서양의 조그마한 나라인 아이슬란드(면적은 한국의 경기도와 강원도를 합친 정도다)에서 오이 재고가 완전히 바닥나리라고는 전혀 예상하지 못했다. 오이 열풍은 모핏의 영상을 본 시청자들을 넘어 식품 시장 전반으로까지 확장했고, 한 나라의 물자 관리에까지 영향을 미치고 있다.

미국의 저명한 심리학자 로버트 치알디니는 사회적 영향을 주제로 한 가지 실험을 계획했다. 실험 참가자들은 특정 시간에 특정 방향으로 걷도록 미리 지시받은 사람들과 한 방에 있었다. 미리 지시받은 사람들이 갑자기 걷기 시작하자, 아무것도 알지 못했던 참가자들 역시 함께 걷기 시작했다. 이러한 실험 결과는 '사회적 증거Social Proof'가 강력한 힘을 발휘한다는 사실을 잘 보여준다. 어떻게 행동해야 할지 확신이 없는 상황에서 사람들은 집단의 행동이 올바르거나 적합하다고 생각하면서 이에 따르려는 모습을 보인다.

내가 2008년에 쓴 『쇼핑학』을 읽어본 독자라면 내가 광범위한 연구를 통해 강력한 브랜드와 종교 사이에 직접적인 유사성이 존재한다는 사실을 밝혀냈다는 점을 기억할 것이다. 나는 fMRI(기능적 자기공명영상) 기술을 활용해서 2,000명 이상의 뇌를 스캐닝했고 브랜드 구축의 핵심 요인이 '소속감'이라는 사실을 확인했다. 애플 신제품을 사기 위해 길게 줄을 늘어선 사람들의 모습을 떠올려보자. 혹은 BTS를 보려고 오랫동안 기다리는 팬들을 떠올려보자. 이들은 '아미'라는 이름도 갖고 있다. 마찬가지로 테일러 스위프트는 스위프티Swiftie라는 이름의 팬 층을 수백만 명이나 확보하고 있다. 스위프티는 여러 국가의 경제에 상당한 영향을 미치고 있으며, 이러한 현상에는 스위프토노믹스 Swiftonomics라는 이름까지 붙었다.

그런데 이처럼 중대한 영향력을 가능하게 만드는 근본적인 힘, 즉 감정적 동인은 뭘까? 스위프티나 아미에게 물어본다면 아마도 아티스트와 개인적으로 연결될 수 있기 때문이라는 대답이 돌아올 것이다. 5억 5,000만명에 달하는 테일러 스위프트의 팔로워와 2억 명에 달하는 BTS의 팔로워를 생각해보면 단 여덟 명의 아티스트가 10억명에 가까운 인구의 생각과 감정을 좌지우지할 수 있다는 사실이 쉽게 납득되지 않는다. 개인 간의 연결고리를 형성하고 이를 통해 소비자에게 강력한 영향을 주기 위해 분투해온 브랜드들도 이는 지금까지 생각해본 적 없는 현상이었다.

지난 수십 년 동안 많은 브랜드가 점차 벌어지는 비즈니스와 소비자 사이의 간극을 좁히지 못했다. 그건 지금도 마찬가지다.

그런데 AI 기술이 발달하면서 메시지를 맞춤으로 전달하는 광고 기술도 발전하고 있다. 무엇보다 대상에 맞게 메시지를 구체적으로 수정함으로써 수백만 명을 세부적으로 공략하는 기술이 급속하게 발전하고 있다.

보험 대리점을 예로 들어보자. 보험 대리점은 때로 3,000명이 넘는 고객을 관리하기에 그들의 개인적 특성에 따라 메시지를 맞춤화하는 작업이 거의 불가능했다. 하지만 최근 시장에 출시된 AI 프로그램들이 상황을 바꾸고 있다. 이제 보험 대리점이 한 가지 표준 메시지를 작성하면 AI 시스템이 개별 고객에 따라 메시지를 수정한다. 특정 지역에서 마음 맞는 사람들과 공동체를 이루며 살아가는 아프리카계 미국인 대가족이 보험에 가입했다고 해도 문제없다. AI 시스템은 대리점이 작성한 메시지에 지역 정보를 조합하여 최근 발생한 범죄를 언급하거나, 고객의 생활 방식과 100퍼센트 부합하는 맞춤형 상품까지 제안할 수 있다. 이 모든 것이 고작 몇 초만에 벌어지고 있다.

다음 단계로, 애플은 최근 애트나Aetna(미국의 보험사. 미국 대형 제약 체인과 협력하고 있다 – 저자)와 손잡고 '어테인 바이 애트나Attain by Aetna'라는 앱을 개발했다. 이 앱은 애플워치에서 수집한 데이터를 통합해서 사용자에게 맞춤형 건강 목표를 제시하고 그 목표를 달성했을 때 보상을 제공한다. 뭐, 그 정도면 괜찮은 것 아닌가? 아마도 다들 그렇게 생각할 것이다. 하지만 이는 단지 시작일 뿐이다.

혹시 포드 자동차를 몰고 있는가? 2021년 9월에 포드는 글로

벌 데이터 분석 기업인 렉시스넥시스 리스크 솔루션LexisNexis Risk Solutions과 협약을 맺고 운전자의 운행 데이터를 보험사들에 제공하고 있다. 보험사들은 그 데이터에서 얻은 차량 소유주의 운전 습관을 바탕으로 보험료를 산정한다. 그러나 대부분의 운전자는 그 사실을 알지 못한다.

AI는 실제 인간의 모습으로 나타나기도 한다. 가령 밋 틱톡 심포니Meet TikTok Symphony를 사용해서 실제 인간처럼 보이고 실제 인간처럼 말하는 AI 아바타를 만들 수 있다. 최근 광고사들은 이 아바타에 브랜드 이미지에 맞는 옷을 입히고 메시지를 전달하기에 적합한 위치에 배치함으로써 틱톡의 가상 세상에 자연스럽게 모습을 드러내게 한다. 그 유일한 목표는 아바타가 정교하게 움직이고 말하는 짧은 영상에 메시지를 담아 사람들에게 강한 인상을 주는 것이다. 그다음은 뭘까? 사용자가 무슨 영상을 시청하고 이야기하고 구매하는지에 따라 아바타가 메시지를 수정하게 만드는 것이다. 나아가 아바타는 사용자의 개인적인 취향과 패션 스타일, 개성까지 담아낼 수 있다. 그리고 이 모든 일은 우리가 보험사에 아무런 요청도 하지 않은 상태에서 이뤄질 것이다.

그런데 이 모든 과정에서 우리, 즉 여러분과 나는 어디에 있을까? 이제 우리는 우리 뇌가 가짜와 진짜를 구분하고, 진정한 소속감과 상업적인 사회적 영향을 구별하고, 그저 자신의 소셜 미디어에 영상을 올리는 선한 사람과 오로지 상업적인 목적으로 AI를 이용해 만든 아바타를 식별해내기 힘든 단계에 도달한 걸까?

그리고 그 과정에서 수집된 모든 데이터는 어떻게 되는 걸까? 기업들은 이 데이터를 가지고 우리가 정말 어떤 존재인지 서서히 그려나간다. 그것은 친구나 주치의 혹은 사랑하는 사람, 그리고 우리 자신이 인지하고 있는 모습이 아니다. 실질적으로 존재하는 모습 그 자체다. 다시 말해 기업은 우리 삶의 모든 측면을 심리적인 차원에서 꿰뚫어보고 우리의 궁극적인 디지털 DNA와 모든 약점마저도 서서히 파악해나갈 것이다.

『브랜드의 거짓말』이 처음 출간되었을 때 세상은 지금과 사뭇 달랐다. AI는 없었고 소셜 미디어는 걸음마 단계였다. 그러나 그때도 기업들이 무의식적 차원에서 점진적으로 우리의 관심을 조금씩 장악하려는 시도에 대해 우려의 목소리가 높아지고 있었다. 나는 소비자에게 경종을 울리고 기업의 다양한 시도를 정리해보기 위해 여러분이 지금 읽고 있는 이 책을 썼다. 브랜드 인지도는 10초짜리 틱톡 영상으로 만들 수 없다. 그것은 일방통행이 아니라 양방향으로 이뤄지는 장기적인 과제다.

물론 브랜드는 사악하지 않다. 좀 더 정확히 말해 대부분의 브랜드는 사악하지 않다. 선한 브랜드는 비즈니스를 장기적인 안목으로 바라본다. 하지만 더 높고 더 야심찬 수익 목표에 맞춰 새롭고 유혹적인 도구들이 등장하면서 브랜드는 더 큰 그림을 너무 자주 외면하고 있다.

앞으로 브랜드는 소비자에게 얼마나 가까이 다가갈 수 있을까? 또한 얼마나 가까이 다가가려 할까? 내 말을 오해하지는 마시길. 나는 브랜드 전문가다. 세계적으로 유명한 몇몇 브랜드를 직접 만들기도 했다. 동시에 나는 윤리와 비즈니스 사이에서 신중하게 균형을 찾는 미래 지향적인 브랜드에 점차 관심을 기울이는 한 명의 인간이기도 하다. 기업은 모든 컴퓨터의 맞은편에 인간이 있다는 사실을 너무도 쉽게 망각한다. 그래서 많은 사람이 무엇이 윤리적이고 우리에게 좋은지에 대한 판단이 아니라 피노키오 같은 알고리즘이 들려주는 거짓말에 따라 움직이고 있다.

지금부터 나는 기업을 성장시키는 마케팅 기계가 '무대 뒤에서' 어떻게 작동하는지 엿볼 수 있는 흥미진진한 현장으로 독자 여러분을 데려가고자 한다. 우리는 전 세계 브랜드가 활용하는 교활하면서도 놀라운 기술들을 살펴볼 것이고, 그 과정에서 우리의 취약점에 관해 많은 것을 깨닫게 될 것이다. 왜 어제 그 브랜드의 사료를 샀는지, 왜 지난주에 그 초콜릿 바를 먹었는지, 왜 통장 잔고가 넉넉할 때면 루이비통 가방을 사고 싶어지는지 이해하게 될 것이다.

모든 것에는 이유가 있다. 하지만 대부분 그 이유는 우리가 만들어내지 않았다.

부디 즐거운 시간이 되기를.

2024년 9월, 뉴욕에서
마틴 린드스트롬

차례

1장 대물림   33
———————— 우리는 브랜드를 사랑하도록 태어났다

뇌 손상에도 잊히지 않는 것들ㅣ방금 태어난 아이에게도 취향이 있다ㅣ그리움을 불러
일으키는 커피ㅣ평생 따라다니는 인생 첫 브랜드ㅣ사춘기, 새로운 시장을 열다ㅣ포르
쉐를 몰겠다는 어릴 적 꿈ㅣ기업이 키즈 라인에 목숨 거는 이유

2장 공포   63
———————— 두려움으로 쾌락을 이끌어내다

재난을 기회로 삼은 브랜드ㅣ공포와 쾌락의 공통점ㅣ성공보다 강력한 동기부여ㅣ남
겨진 가족들은 안전합니까?ㅣ나는 좋은 엄마일까ㅣ공포 마케팅의 공식ㅣ신선하다는
환상ㅣ팜게이트 전략

3장 도파민   103
———————— 중독 대신 사랑에 빠뜨리다

아이폰을 '사랑'하는 사람들ㅣ쇼핑을 멈추지 못하는 이유ㅣ브랜드에 애착이 뿌리내리
는 2단계 과정ㅣ무의식을 자극하는 탄산음료 '칙' 소리ㅣ잊을 수 없는 맛의 비밀ㅣ습
관은 중독의 다른 이름이다ㅣ플레이스테이션의 매출이 의미하는 것ㅣ게임과 쇼핑의
경계가 허물어진다

우리는 왜 브랜드의 마케팅에 이토록 속수무책인가

영국에 '이너프Enough'라는 반소비 운동이 있었다. 이너프 지지자들은 우리 사회가 너무 많은 '제품'들을 소비하고 있으며, 세계적인 빈곤과 환경 파괴, 사회적 고립과 같이 세상을 허물어뜨리고 있는 다양한 사회적 병폐에 오늘날의 과잉소비 문화 역시 책임이 있다고 주장했다. 그들은 우리 사회에 이러한 질문을 던졌다. "얼마나 더 가져야 만족하겠는가?", "더 적게 가지고서 살아갈 수는 없는 것일까?", "쇼핑에 의존하지 않고서 충만함을 느낄 수는 없는 것일까?"

나는 이들의 주장에 절대적으로 찬성한다. 마케팅 전문가이기 전에 나는 한 사람의 소비자다. 20년 넘게 나는 세계적인 기업의 CEO, 광고 실무자, 마케팅 전문가들과 밀실에서 오랜 시간을 함께했다. 그리고 소비자들을 유혹하여 자사의 브랜드와 제품을 팔아먹기 위해 안간힘을 쓰는 기업들과 그들의 예리한 마케터 및 광고업체들이 인간 내면의 가장 깊은 곳에 뿌리내린 두려움과 희망 그리고 욕망을 공략하는 심리학적 전략과 전술들을 똑똑히 지켜보았고 그 과정에서 종종 혼란을 느끼곤 했다.

그렇다. 나는 그 세상의 일부였다. 어떤 광고 캠페인에서는 자긍심을 느끼기도 했지만 항상 그런 것만은 아니었다. 또 거기서 어떤 마케팅 전략이 어떤 효과로 이어지는지 확인할 수 있었다. 이 책을 쓰고 있는 지금 이 순간, 나는 한 사람의 소비자로서 이미 '충분히' 소유하고 있다고 생각한다. 그리고 미국 사회비평가 밴스 패커드Vance Packard가 1957년에 출간한 고전 『숨어 있는 설득자The Hidden Persuaders』에서 현대의 기업과 마케터들이 소비자를 착취하는 방법과 관련하여 베일에 싸인 비밀들을 폭로하고자 했던 정신을 계승하고자 한다.

작년에 나는 '브랜드 해독brand detox'이라는 프로젝트에 도전했다. 브랜드 해독이란 일종의 소비 다이어트다. 그러니까 1년 동안 브랜드 제품을 하나도 사지 않기로 다짐한 것이다. 옷이나 휴대전화 등 이미 가지고 있는 브랜드 제품은 쓸 수 있지만 새로 사지는 못한다.

내가 정의하는 '브랜드'란 지구상에 존재하는 거의 대부분의 물건들을 포함한다. 가령 휴대전화, 컴퓨터, 시계, 옷, 영화나 책, 음식, 그리고 우리가 열광하는 연예인과 스포츠 팀 같은 것들이 모두 브랜드다. 우리가 누구인지, 또는 어떤 사람이 되고 싶은지 등과 같은 개인의 정체성에 대한 공적인 선언 역시 브랜드가 될 수 있다. 결론적으로 마케팅과 광고가 흘러넘치는 오늘날의 세상에서 현대인은 한시도 브랜드를 벗어날 수 없다. 그럼에도 나는 브랜드 해독을 통해 현대 소비문화의 유혹의 손길들을 모두 뿌리칠 수 있음을 증명해 보이고자 했다.

이 도전에 성공하지 못하면 나는 영원히 브랜드의 굴레를 벗어나지 못할 것이다. 그래도 정신없이 바쁜 여행 스케줄을 감안하여 몇 가지는 예외로 인정하기로 했다. 본격적인 브랜드 해독 프로젝트에 착수하기 전에 몇 가지 기본 원칙도 마련했다. 앞서 말했듯이 이미 가지고 있는 것들은 그대로 사용할 수 있다. 그리고 비행기 표나 숙소, 교통 시설에는 돈을 지불할 수 있으며, 브랜드가 붙어 있지 않은 식품은 살 수 있다(굶어 죽지 않기 위해). 하지만 브랜드 제품은 절대 사지도, 받지도 못한다. 가령 비행기 안에서 스튜어디스에게 펩시나 다이어트 코크를 달라고 해서는 안 된다. 그냥 '음료수'라고만 해야 한다. 마찬가지로 레스토랑에 들어가서도 '하우스 와인'만 주문할 수 있다.

이후 나의 생활은 어떻게 달라졌을까? 치리오스Cheerious 시리얼이나 잉글리시 머핀English Muffin 같은 브랜드 식품을 아침으로 먹을 수 없기 때문에 사과를 먹기 시작했다. 질레트Gillette 퓨전 전기면도기가 다행스럽게 집에 있어서 면도는 그걸로 해결하면 되지만 면도 크림이 다 떨어져서 샤워를 하면서 면도를 하기로 했다. 가벼운 출장을 떠나는 경우에는 전동 칫솔이나 콜게이트Colgate 치약 대신 기내 혹은 호텔에서 무료로 제공하는 샘플을

브랜드의 거짓말

썼다.

몇몇 습관들은 완전히 포기해야만 했다. 예전에는 잘 못 먹는 음식이 나오는 나라로 출장을 갈 때면 인스턴트 라면을 챙겨 갔다. 하지만 이제는 라면도 끝이다. 어쩔 수 없이 현지 음식들을 그냥 먹어야 했다. 여행을 많이 다니면 잘 알겠지만, 비행기를 장시간 동안 타고 호텔에서 지내면 피부가 건조해진다. 그래서 예전에는 클라랑스Clarins의 페이스 트리트먼트를 종종 사용했다. 이제 그것도 쓸 수 없다. 감기 기운이 들 때면 항상 비타민 C를 먹었지만 이제는 오렌지 주스로 해결한다. 물론 브랜드 제품이 아닌 것으로. TV에 출연하기 전에는 항상 닥스Dax에서 나온 헤어젤로 머리를 손질했다. 하지만 이제 1년 동안은 빗으로 해결해야 한다.

처음 몇 달간은 대단히 잘했다. 어떤 점에서 새로운 물건을 사지 않는 일은 일종의 구원 같았다. 물론 쉽지는 않았다. 나는 공항에서 환승을 위해 대기하고 있을 때 면세점을 돌아다니는 것을 무척 좋아한다. 거기서 지인들 선물이나 초콜릿을 잔뜩 사 두곤 한다. 하지만 '마틴, 지금 브랜드 해독 기간이잖아?'라는 생각이 들면 그대로 돌아 나왔다.

해독 기간에 돌입할 무렵 세계 경제는 대공황 이후 최악의 시절을 보내고 있었다. 이번 위기 역시 부분적으로 통제 불능의 현대 소비문화에 그 책임이 있다고 생각한다. 그럼에도 대부분의 사람들처럼 나 역시 꼭 필요한 것만 사고 그렇지 않은 물건은 절대로 사지 않는 소비 습관에는 그리 익숙하지 않았다. 그러나 이후 점점 더 많은 사람들이 소비 패턴을 알뜰한 방향으로 바꾸어나가기 시작하면서 기업과 광고업체들은 소비자들의 지갑을 다시 열기 위해 사력을 다했다. 가령 런던, 싱가포르, 두바이, 뉴욕 등 전 세계 '어디서나' 환상적인 바겐세일과 특별 행사가 펼쳐지고 있었다. 매장 윈도들은 모두 반값 할인을 외치고 1+1 행사들이 나를 부르는 듯했다. 쇼핑몰을 지나갈 때마다 새로 출시된 섹시한 향수부터 눈이 부신 손목시계 브랜드에 이르기까지 할인 행사를 알리는 포스터와 광고판들의 집중 포격을 받는 느낌이 들었다. TV를 켜도 광고만 눈에 들어왔다. 날씬한 20대들이 풀장 옆에 모여 브랜드 맥주를 마시고, 화창한 아침 햇살에 볼이 빨간 아이들이 테이블에 옹기종기 모여 브랜드 시리얼 한 그릇을 웃으면서 먹는다. 브랜드 스포츠 의류와 신발로 무장한 올림픽 금메달리스트는 불가능에 가까운 묘기를 선보인다. 예전에는 잘 몰랐던 가글 제품, 과일 주스, 포테이토 칩, 캔디바의 포장지들까지도 어서 빨리 할인 매장이나 편의점으로 들어가라고 부추겼다. 그 유혹은 대단히 강력했다.

하지만 나는 원칙을 분명히 했다.

브랜드 해독이라는 기치 아래 책은 물론 잡지나 신문도 사 보지 않았다. 이것들 역시 자신이 누구인지, 그리고 어떤 사람으로 인정받고 싶은지를 세상에 알리는 일종의 브랜드라고 생각한다. 솔직하게 말하자면, 14시간 동안 대서양을 횡단하는 비행기 안에서 읽을거리가 하나도 없다는 것은 너무나도 지루한 일이다. 친구들이 흥미로운 기사나 따끈따끈한 소설에 관해 이야기할 때면 혼란스럽기까지 했다. 예전 같으면 당장 달려가 신문이나 책을 사 보았을 테지만 모두 옛말이 되었다. 이제는 신문 가판대나 서점에서 점원들이 "안 살 거면 나가주세요"라고 말하는 만국 공통의 눈빛으로 째려볼 때까지 관심이 가는 신문이나 잡지 혹은 책들을 살펴보는 수밖엔 없다.

더 힘든 일은 친구들과 어울리는 것이다. 이제는 맥줏집에서 호탕하게 맥주 한잔 살 수 없고 생일날 마음 놓고 선물을 사줄 수도 없는 처지가 되었다. 친구들에게는 납득하기 힘든 설명을 해야만 했다. 그러면서도 친구들이 나를 구두쇠로 여길까 봐, 브랜드 해독을 단지 돈을 아끼기 위한 핑계쯤으로 생각할까 봐 걱정이 되었다. 그래도 어떻게든 원칙을 고수했다. 소박한 원칙과 의지 하나로 나를 둘러싸고 있는 모든 유혹적인 마케팅과 광고 그리고 브랜드의 공격으로부터 의연할 수 있다는 사실을 스스로에게 증명해 보이고 싶었다.

하지만 6개월 후 그 모든 노력이 수포로 돌아가고 말았다. 브랜드 해독 작업이 6개월을 넘기지 못했다는 사실, 그리고 그 어려움을 누구보다 잘 알고 있는 내가 실패했다는 사실은 기업들이 얼마나 간교하게 사람들의 욕망을 자극하고 있는지 말해준다.

실패는 지중해의 섬나라 사이프러스에서 시작되었다. 그날 저녁에 중요한 프레젠테이션이 예정되어 있었다. 하지만 비행기가 공항에 내렸을 때 내 수하물은 이미 다른 곳으로 날아가버린 상태였다. 그 말은 프레젠테이션 때 입을 옷이 없다는 뜻이었다. 바지는 입고 있던 것으로 해결할 수 있었다. 하지만 땀에 절고 냄새 나는 검은 티셔츠는 세탁할 시간도 없었다. 하버드 비즈니스 스쿨에서도 가르쳐주지 않는 중요한 사실 한 가지. '상의를 벗은 채 중요한 프레젠테이션을 하지 말라!' 가볍게 만나서 인사만 나누는 그런 자리가 아니었다. 대단히 중대한 프레젠테이션인 데다가 이미 나는 돈을 받았고, 많은 관객들이 지켜볼 터였다. 참으로 당혹스러운 순간이었다.

호텔에 체크인을 하고 나서 30분 뒤, 나는 여행 기념품 매장 카운터에 흰색 티셔츠를 들고 서 있었다. 앞에는 이렇게 적혀 있었다. 'I♥CYPRUS'

나의 실패는 이렇게 시작되었다. 그 모든 게 말도 안 되는 티셔츠 한 장 때문이라니. 그것을 샀다는 것은 브랜드 해독 원칙뿐만 아니라 검은 옷만을 고집하는 나의 패션 코드도 어긴 셈이었다. 프레젠테이션은 검은 바지에 우스꽝스러운 흰색 티셔츠를 입고 진행했다. 수상쩍은 옷차림새에도 프레젠테이션은 별 탈없이 끝났다. 하지만 문제는 그게 아니었다. 어떤 12단계 프로그램에서 들었던 것처럼 한 잔은 너무 많지만 천 잔은 너무 적었다. 나는 스스로에게 브랜드 해독 중단을 허락했고 그 순간 댐은 와르르 무너졌다. 그리고 나는 미쳐갔다.

24시간 후 나는 세계 패션의 메카인 이탈리아 밀라노에 도착했다. 그곳은 브랜드를 멀리하고자 하는 사람들이 있을 만한 장소가 아니다. 생각해보라. 호텔 인근의 매장에서 어마어마한 가구 할인 행사가 벌어지고 있다! 장인들이 빚은 화려한 제품들이 매장에 가득하다! 그것들은 'I♥CYPRUS' 티셔츠를 입은 어수룩한 금발 손님을 향해 손짓하고 있다! 그날 이후 나는 산 펠레그리노San Pellegrino 생수를 마시고, 리글리Wrigley 껌을 씹고, M&M's 초콜릿을 지인들 수만큼 샀다. 그러고는 뉴욕에 도착해서는 콜한Cole Haan의 검은색 겨울 재킷을 사고…… 그렇게 몇 달 동안 멈출 수가 없었다. 라벨이나 로고가 붙어 있다면 차에 치여 죽은 동물 시체도 샀을 것이다. 이 모든 일이 여행 가방이 사라지면서 어쩔 수 없이 샀던 싸구려 티셔츠 한 장 때문에 벌어진 것이다.

오랫동안 나는 기업들이 브랜드를 구축하고 강화하는 일을 도와주면서 돈을 받았다. 그리고 결국 내가 만든 함정에 빠지고 말았다. 그 순간 나는 내가 이미 '브랜드워시brandwash(브랜드나 기업에 대한 소비자들의 인식을 완전히 새롭게 창조하려는 시도 - 옮긴이)' 되어 있다는 진실을 깨달았다.

전작인 『쇼핑학』의 후속편으로 이 책을 쓰기로 결심했을 때 세계 경제는 여전히 수직 낙하를 하고 있었다. 걱정스러웠다. 이럴 때 누가 소비에 대한 책을 읽으려고 할까? 지갑과 핸드백이

텅 비어 있거나 완전히 닫혀 있는 이런 때에. 하지만 이런 생각도 들었다. 기업들이 어떻게 소비자들을 속이고 유혹하고 설득하여 필요하지도 않은 물건을 사게 만드는지 폭로하는 책을 내놓기에 이보다 더 좋은 시절이 있을까?

밴스 패커드는 1957년에 『숨어 있는 설득자』라는 책을 내놓았다. 여기서 패커드는 기업과 마케터들 그리고 광고업체들이 소비자들의 마음을 홀리고 물건을 사도록 부추기기 위해 활용하는 심리적 전략과 전술 속에 감춰진 비밀들을 폭로했다. 그 내용들은 충격적이고 혁신적이었으며, 사회적인 논란으로 이어지기까지 했다. 하지만 오늘날 마케팅과 광고 세계에서 벌어지고 있는 일들과 비교한다면 사실 아무것도 아니다.

이후 약 60년이 흘러 기업과 마케터들, 광고업체와 유통업체들은 훨씬 더 교활하고 기술적이고 악의적으로 진화했다. 이미 그들이 확보하고 있는 첨단 도구와 기술은 물론 소비자 행동학·인지심리학·신경과학 분야의 새로운 연구 성과들 덕분에 오늘날 기업들은 어떻게 해야 소비자들을 움직일 수 있는지를 패커드가 상상했던 것보다 훨씬 높은 수준으로 파악하고 있다.

기업들은 이제 사람들의 뇌를 스캔하고, 무의식 가장 깊은 곳에 자리 잡고 있는 두려움과 희망, 취약점과 욕망을 발견해내는 중이다. 또 우리가 남기는 디지털 발자국을 면밀히 추적한다. 그리고 그렇게 얻은 정보를 기반으로 개인의 고유한 심리적 프로필에 맞춘 제안을 들고 우리를 공략한다.

기업들은 소비자들을 자극하고 위협하고 위안을 주고 유혹하는 방법에 대해 예전보다 훨씬 많은 것을 알고 있다. 그리고 무엇이 죄책감을 덜어주고 외로움을 잊게 만들고 다른 사람들과 더욱 긴밀하게 연결해주는지, 어떻게 해야 자신감을 높이고 더 사랑받게 해주고 안전함과 향수를 느끼게 하고 영적으로 충만하게 만들 수 있는지, 어떻게 해야 진실을 흐리고 사람들의 심리를 이용하고 다양한 정보를 통해 물건을 사도록 유혹할 수 있는지 훤히 꿰뚫고 있다.

이제부터 기업들이 무엇을 알고 있는지, 어떻게 알고 있는지, 그리고 우리를 유혹해서 지갑을 열도록 만들기 위해 그러한 정보들을 어떻게 조합하고 활용하는지에 대해 살펴보고자 한다. 특정 기업들이 어떻게 광고 캠페인과 바이러스 마케팅 프로그램을 성공적으로 이끌어왔는지, 신제품 출시와 관련된 그 숨겨진 비밀들을 파헤쳐보고자 한다.

또 기업들이 우리를 유혹하기 위해 사회적 압박을 사용하는 미묘하면서도 강력한 전략들을 파악해볼 것이다. 이어서 일부 악의적인 기업들이 어떻게 물리적, 심리적으로 사람들이 그들 제품에 중독되도록 만드는지, 그리고 특정한 유명 웹사이트들이 실질적으로 어떻게 우리의 뇌를 재구성하여 그들 제품에 대한 쇼핑과 소비에 옭아매는지 살펴볼 것이다. 그 과정에서 정상적인 이성애자들이 '정말로' 매력 있는 남성들의 도발적인 이미지에 어떤 반응을 보이는지, 그리고 최근 주목받고 있는 10대 아이돌 스타를 '브랜드화'할 때 기업들이 '진정으로' 어떤 소비자층을 염두에 두고 있는지에 관한 충격적인 진실을 폭로하는 fMRI 연구 결과들을 만나게 될 것이다.

우리 몰래 우리에 관한 모든 것들, 가령 인종, 성적 취향, 주소와 전화번호, 이동 경로, 교육 수준, 대략적인 수입, 가족 규모, 좋아하는 영화와 책, 우리의 친구들이 좋아하는 책이나 영화 등에 관한 정보를 얻어서 이를 조합하고 활용함으로써 더 많은 물건들을 팔아먹으려고 하는 기업의 전략을 들여다볼 것이다. 그리고 한 살이라도 더 어린 아이들을 공략하고 이들에게 영향을 주기 위해 마케터와 광고업체들이 활용하는 다양한 전략들도 함께 살펴볼 것이다. 또 이러한 전략들이 현실적으로 효과가 있고, 평생 취향이 어린 나이에 형성될 수 있으며, 그 취향은 우리가 생각하는 것보다 '훨씬' 더 어린 나이에 자리 잡는다는 사실을 보여주는 놀라운 연구 보고서를 만나게 될 것이다.

이 책을 쓰는 동안 수행했던 혁신적인 마케팅 실험 결과들 또한 살펴볼 것이다. 나는 그 실험에 대한 아이디어를 데이비드 듀코브니와 데미 무어가 출연했던 영화 〈수상한 가족〉에서 얻었다. 이 영화는 더없이 완벽해 보이는 가족이 교외 지역으로 이사를 가면서 시작된다. 하지만 시간이 흐르면서 이들은 실제의 가족이 아니라 이웃들이 새로운 제품을 사도록 유혹하는 은밀한 마케팅 그룹이라는 사실이 드러난다. 나는 그 시나리오에 영감을 얻어 리얼리티 TV 프로그램인 〈모겐슨 가족The Morgensons〉

을 제작하기에 이르렀다. 이를 위해 나는 한 가족을 선발하여 브랜드와 제품으로 그들을 무장시키고 폐쇄적인 서던 캘리포니아의 중산층 마을에서 주민들과 함께 살도록 했다. 그 과정에서 나는 이런 질문들을 던졌다. 구전 효과가 사람들의 구매 습관에 얼마나 강력한 영향을 미칠 수 있을까? 주변 사람들이 특정 브랜드의 맥주를 마시고 향수를 뿌리고 컴퓨터를 쓰고 최근에 출시된 친환경 제품들을 사용하는 모습을 보는 것만으로 사람들은 동일한 브랜드나 제품을 선택할까? 결과는 이 책 마지막 장에서 만날 수 있다.

이 책의 목적은 오늘날 숨어 있는 '최첨단' 설득자들이 우리를 '브랜드워시'하기 위해 꾸미고 있는 계략들을 이해해야만 소비자로서 당당히 맞서 싸울 수 있다는 사실을 알리는 것이다. 그렇다고 해서 구매를 멈춰야 한다고 말하는 것은 아니다. 나 스스로 그것은 현실적으로 불가능한 과제라는 사실을 입증하지 않았던가! 여기서 내가 진정으로 의도하는 바는 소비자들이 더 현명하고 건전하고 풍부한 정보를 기반으로 무엇을 왜 사는지에 대한 합리적인 판단을 내릴 수 있도록 알려주고 독려하는 것이다. 어쨌든 우리에겐 변화가 필요하다.

뉴욕에서
마틴 린드스트롬

1장
대물림
HAND DOWN

우리는 브랜드를
사랑하도록 태어났다

엄마가 경험한 모든 미각과 후각은
양수를 통해 태아에게 고스란히 전달된다.
엄마로부터 어떤 맛과 향기가 좋은지
배우는 것이다. 그렇게 아이는 엄마
배 속에서 미리 경험한 것을 좋아하도록
생물학적으로 계획된 채 태어난다.

뇌 손상에도
잊히지 않는 것들

파리에 위치한 'CEW Cosmetic Executive Women 프랑스'는 270명에 달하는 미용 분야 여성 전문가의 모임이다. CEW의 취지는 미용 관련 제품들이 일상적인 탐닉의 차원을 넘어 인류의 삶을 실질적으로 향상시킬 수 있음을 세상에 보여주는 것이다. 이를 위해 CEW는 1996년 유럽에서 권위 있는 한 병원에 최초로 '뷰티센터'를 설립하고 두뇌 외상 및 정신 질환으로 고통받는 환자들을 위한 감성적, 심리적 치료 프로그램을 시작했다.

자동차·오토바이·스키 사고 등으로 인한 뇌손상으로 치매 혹은 기억상실증을 앓고 있는 많은 환자들이 이 뷰티센터를 찾았다. 그중에는 의식은 멀쩡하지만 말을 못 하는 사람들이 상당수 있었는데, 그들 대부분은 자신이 겪은 사고는 물론, 왜 자신이 병원에 오게 되었는지조차 기억하지 못했다. 심지어는 자신의 이름도 말하지 못했다.

전직 심리치료사 마리 프랑스 아캉볼트가 이끄는 뷰티센터 전문가들은 환자들의 코를 통해 그들의 기억 속으로 들어가보고자 했다. 아캉볼트 연구팀은 세계적인 향수 기업인 IFFInternational Flavors and Fragrances 와 손을 잡고 숲, 풀, 비, 바다, 초콜릿 등 독특한 향을 담은 150개의 향수병을 제작했다. 그리고 '후각 워크숍'이라는 프로그램을 통해 이 향수들을 가지고 환자들의 기억을 되살려내는 실험을 시작했다.

환자들 중에는 심각한 뇌졸중으로 고생하고 있는 전 화장품 기업 사장도 있었다. 의사들의 진단에 따르면, 그는 대부분의 기억을 잃어버린 상태였다. 하지만 CEW 연구팀이 딸기향을 맡도록 했을 때 그는 잠깐 머뭇거리다가 어릴 적 이야기를 늘어놓기 시작했다. 어떤 환자는 심각한 외상으로 자신이 당한 오토바이 사고도 기억하지 못했다. 그런데 아스팔트 냄새를 맡게 하자 얼어붙었던 그의 뇌가 갑자기 '녹기' 시작했다. 그러고는 "타르, 오토바이"라며 몇 마디를 웅얼거리기 시작했고 연구팀은 이를 회복으로 나아가는 첫 번째 인지 단계라고 평가했다.

그밖에 뷰티센터를 찾은 많은 노인들과 알츠하이머 환자들 역시 어린 시절을 상기시키는 향수를 맡은 후에 자신이 누구인지, 그리고 어떤 사람이었는지를 기억하는 과정에서 급격한 호전을 보였다.

이러한 사례들은 어린 시절의 특정한 기억이나 연상은 심각

브랜드의 거짓말

한 뇌 손상에도 되살아날 수 있을 만큼 충분히 탄력적이라는 점을 시사한다. CEW 프로그램에 관한 놀라운 이야기를 들었을 때 나는 그동안 품어왔던 호기심에 대한 실마리를 발견할 수 있었다. 그 호기심이란 이런 것이다. '음식, 음료수, 옷, 신발, 화장품, 샴푸 등 다양한 제품들에 대한 개인적인 취향이나 기호들이 상당 부분 어린 시절로부터 비롯되는 것이 아닐까? 그만큼 뇌 깊숙이 각인되어 있기 때문에 심각한 뇌졸중을 겪은 이후에도 어릴 적 좋아했던 딸기향이 그대로 살아남아 있는 것이 아닐까? 이를 과학적으로 증명할 수 있을까?'

실제로 많은 연구 결과들이 특정 브랜드 및 제품에 대한 취향, 또는 그 가치가 이미 7세 무렵에 개인의 마음속에 뿌리내린다는 사실을 입증한다. 하지만 이 책 전반에서 소개하고 있는 치밀한 마케터, 간교한 광고업체, 오로지 이윤만을 좇는 기업들에 대한 연구 결과를 통해 나는 특정 브랜드에 대한 기호가 그보다 훨씬 전인 4~5세 무렵에 이미 뚜렷한 형태로 형성된다는 사실을 확인할 수 있었다. 내가 직접 수행했던 연구 자료들을 보면 오늘날 세계적으로 앞서가는 기업들은 인간의 취향과 기호를 상업적으로 활용하기 위해 점점 더 이른 나이로까지 손을 뻗치고 있다. 심지어 우리가 태어나기 전으로까지 말이다.

방금 태어난 아이에게도
취향이 있다

내가 아주 어릴 적 부모님은 스탄 게츠와 아스트루드 질베르토의 〈이파네마의 소녀The Girl from Ipanema〉, 〈코르코바도Corcovado〉, 〈소단코 삼바So Danco Samba〉와 같은 보사노바 곡들을 좋아하셨다. 어느 쓸쓸한 겨울 내내 부모님은 거의 하루 종일 보사노바 음악을 틀어놓으셨다. 그래서 그런지 성인이 된 지금도 나는 보사노바를 무척 사랑한다. 그런데 여기서 중요한 것은, 그 겨울이 어머니가 나를 임신한 지 7개월 되었을 무렵이라는 사실이다.

오래전부터 과학자들은 엄마가 하는 말이 자궁 속에서 들린다는 사실을 익히 알고 있었다. 다만 심장박동이나 양수가 출렁이는 소리같이 엄마의 몸이 만들어내는 소리가 너무 크기 때문에 태아는 음악과 같은 외부 소리를 전혀 들을 수 없다는 것이 기존의 중론이었다.

하지만 많은 연구들은 이 같은 생각이 틀렸다는 사실을 보여준다. 실제로 출산이 임박한 시기의 태아들은 엄마 배 속에서 음악을 들을 수 있다. 그리고 그 음악은 그들이 성인이 되었을 때의 음악적 취향을 결정할 만큼 강력하고 장기적인 인상을 남긴다. 핀란드 헬싱키대학교의 첨단학술연구원 소속 연구원인 민나 후오틸라이넨은 이렇게 설명하고 있다. "음악은 태아의 기억 형성에 대단히 강력한 영향을 미친다. 엄마가 특정한 노래를 자주

브랜드의 거짓말

들었던 경우 그 아이는 다른 음악들 사이에서 그 노래를 잘 구별해내고 더 좋아하게 된다." 그녀의 주장은 내가 왜 보사노바 CD를 그렇게 많이 모아두고 있는지, 그리고 아이팟에도 왜 그렇게 많은 보사노바 음악이 저장되어 있는지를 잘 설명해준다.

이러한 현상 자체로는 아무런 문제가 없다. 비틀스나 노라 존스를 좋아하는 이유가 여러분의 어머니가 임신 중에 비틀스의 앨범인 〈애비 로드Abbey Road〉나 노라 존스의 〈돈 노 와이Don't Know Why〉를 반복해서 들었기 때문이라는 사실을 떠올린다면 좀 짠한 마음까지 들지 않을까? 하지만 우리 주변의 수많은 음악이나 음향들이 특정 브랜드나 제품을 떠올리도록 고의적으로 조작되었다면 이 모든 것들이 예전처럼 순수하게 보이지만은 않을 것이다. 실제로 엄마의 배 속에서 들었던 노래와 소리가 이후에 특정 브랜드에 호의적으로 반응하도록 고의적으로 계획된 것이라는 사실을 보여주는 명백한 증거들이 나오고 있다.

북아일랜드 수도 벨파스트에 위치한 퀸스대학교의 피터 헤퍼 교수는 신생아들 역시 TV 주제곡에 대한 독특한 취향을 보인다고 주장했다. 호주에서 오랫동안 방영된 TV 드라마 〈네이버스Neighbours〉를 임신 중에 시청했던 엄마들의 경우 아이들은 2~4세가 되어서도 그 드라마의 주제가를 들려주면 더 기민하고 차분해졌으며, 몸부림을 멈추거나 심장박동이 느려졌다. 이러한 현상은 아이들이 주변 환경에 효과적으로 적응하고 있다는 신호다. 헤퍼 교수는 이것이 부드러운 음악 때문만은 아니었다고 말한다. 똑같이 부드러운 음악을 틀어주어도 "익숙하지 않은 다른 노래에는 이 같은 반응을 보이지 않았다."[1]

이 놀라운 결과를 어떻게 설명할 수 있을까? 익명을 요구한 또 다른 세계적인 태아 전문가는 이렇게 증언했다. "신생아들을 대상으로 한 실험은 대단히 까다롭고 지금까지의 연구들 모두 그 규모 면에서 한계가 있기는 하지만, 반복적으로 들리는 소리에 태아들이 민감하게 반응하는 것은 분명하다. 특히 그 노래나 소리가 엄마의 특정한 감정 상태와 연관이 있을 때는 더욱 그렇다. 예를 들어 엄마가 어떤 소리를 임신 중에 반복적으로 듣고 그때마다 즐겁고 편안해했다면 아이는 그 소리 패턴에 조건적인 반응을 보이고, 익숙하지 않은 다른 소리와는 확연히 차이 나게 그 소리에 주목한다." 다시 말해 우리는 엄마 배 속에서 들었던 소리나 음악을 좋아하도록 '생물학적으로 계획된' 상태로 태어나는 것이다.

예리한 마케터들은 이러한 현상을 활용하기 위해 다양한 방법들을 동원하고 있다. 몇 년 전 아시아의 한 거대 쇼핑몰 체인 기업은 여성들이 임신 중에 쇼핑을 많이 한다는 사실에 착안하여, 임신부들을 대상으로 '사전 준비 작업'에 착수했다. 여성들에게 임신은 가장 중요하고 가장 감성적인 시기다. 또 임신부들은 호르몬 변화와 새로운 생명의 탄생이라는 긴장과 기대 사이를 오가는 동안 외부의 제안에 상당히 취약한 모습을 드러낸다. 이 쇼핑몰업체는 그러한 시기를 겪고 있는 임신부들을 대상으

브랜드의 거짓말

로 향기와 소리에 담긴 무의식적 영향력을 테스트했다. 먼저 의류 매장에 존슨앤드존슨Johnson & Johnson의 존슨즈 베이비파우더를 뿌렸다. 다음으로 식품 및 음료수 매장에는 체리 향기를 뿌리고 임신부들이 태어날 적에 유행했던 편안한 노래들을 틀어놓았다.

쇼핑몰 경영진은 이러한 시도가 임신부와 관련된 매출의 증가로 이어질 것이라 기대했다. 그리고 실제로 그렇게 됐다. 하지만 놀랍게도 전혀 예상하지 못했던 결과도 함께 나타났다. 이 감각적인 실험을 하고 1년 정도가 지나, 흥미로운 현상을 보고하는 엄마들의 편지가 쇄도하기 시작했던 것이다. 엄마들은 아이들과 함께 그 쇼핑몰로 들어서는 순간 갑자기 아이들이 차분해졌다고 편지에 썼다. 울고불고 야단법석을 떨던 아이들이 그 쇼핑몰에 들어오면 신기하게 조용해졌다. 그리고 60%의 엄마들은 그 쇼핑몰과 동일한 향기와 음악이 있는 다른 장소에서는 그러한 변화가 전혀 나타나지 않았다고 얘기했다. 이 실험에서 '사전 준비 작업'을 받았던 미래의 소비자들에 대한 효과가 얼마나 장기적으로 나타나는지 확인할 수는 없지만 차세대 소비자 세대의 쇼핑 습관에 잠재적인 영향을 미치는 것이 얼마든지 가능하다는 증거들을 발견할 수 있다.

그리움을 불러일으키는 커피

임신부라면 자신이 먹은 음식이 태아에게 지대한 영향을 준다는 사실은 잘 알고 있을 것이다. 의사에게 가슴 벅찬 임신 소식을 듣고 나서 여성들은 먼저 먹는 것으로 엄마 되기 연습을 시작한다. 이제 술은 금물이다. 마음껏 담배를 피우는 나날도 끝났다. 하지만 임신부들 대부분이 간과하고 있는 사실이 한 가지 있다. 자신들이 먹는 음식이 태아의 발달에 영향을 미칠 뿐만 아니라 '아이가 성인이 되었을 때의 식습관'으로까지 이어진다는 사실이다.

연구 결과 엄마가 임신 중 흡연을 했을 경우 22세를 기준으로 그 아이가 흡연자가 될 가능성은 그렇지 않은 아이에 비해 훨씬 높다.[2] 마찬가지로 임신 중 패스트푸드를 많이 섭취한 경우 그렇지 않은 아이들에 비해 패스트푸드에 더 많이 끌린다. 1,022쌍의 엄마와 아이 커플들을 대상으로 했던 2007년 하버드 의과대학 실험에서 임신 중 '과체중' 그룹에 속했던 엄마에게서 태어난 아이들이 '정상 체중' 그룹의 엄마에게서 태어난 아이에 비해 영아기를 기준으로 과체중이 될 확률이 4배나 더 높은 것으로 드러났다.[3] 결론적으로 유전적 요소, 식습관적 요소, 기타 다양한 행동적 요소들을 모두 감안했을 때 더 많이 먹는 엄마에게서 더 많이 먹는 자녀들이 태어나는 것이다. 조지핀 토드랭크 박사는 2년간 콜로라도 의과대학에서 실시한 연구를 기반으로 임신부의 식습관이 태아의 취향과 기호와 두뇌 발달뿐만 아니라 아이들의 미래 식습관에까지 영향을 미칠 수 있다고 결론 내렸다.[4]

다양한 연구 결과들은 미각 역시 음악 취향과 마찬가지로 엄마의 배 속에서부터 발달된다는 사실을 보여준다. 생물학적 증거들도 있다. 마늘 같은 음식의 강력한 맛과 향은 양수를 통해 전달되며, 태아는 실질적으로 이를 '맛볼 수' 있다는 사실이 밝혀졌다. 후오틸라이넨은 이렇게 설명한다. "입과 비강에 가득 차 있는 양수를 통해 모든 미각과 후각이 고스란히 전달된다. 임신부가 섭취한 음식의 맛과 향이 양수에도 풍부하게 녹아들어 있다는 사실은 이미 오래전에 밝혀졌다."

2001년의 한 실험은 엄마가 임신 중에 당근 주스를 다량 섭취했을 때 그 아기들이 당근향이 나는 시리얼을 더 선호하는 현상을 보여준다.[5] 필라델피아 '모넬 화학감각연구소Monell Chemical Senses Center'의 심리생물학자 줄리 메넬라는 이렇게 설명한다. "임신 중에, 또는 수유 기간 동안 섭취한 음식을 통해 임산부는 어떤 음식이 맛있고 안전한지를 아이들에게 가르쳐주고 있는 것이다."[6]

양수에는 임신부가 섭취한 음식, 음료, 양념의 맛과 향이 그대로 남아 있으며, 12주가 지난 태아의 미각·후각 시스템은 온전하게 기능할 수 있기 때문에 태아는 이후 6개월 동안 맛과 향을 실제로 '감지'할 수 있다고 메넬라는 설명한다. IFF의 대표 니콜라스 미르자얀츠는 이렇게도 말했다. "후각은 자궁에서 형성된다. 후각은 우리 뇌에서 가장 강력하고 원초적이고 직접적인 감각이다. 그리고 외부 세상과의 최초 접촉은 엄마와 연결된 후각을 통해서 이루어진다. 엄마 배 속에서 미리 경험했다는 이유만으로 얼마나 많은 식품들이 성공을 거두고 있는가?" 그리고 이렇게 덧붙였다. "아주 많은 식품들이 그러하다. 이러한 차원에서 첫 4년이 가장 중요한 시기다."

믿거나 말거나, 기업들은 이러한 현상의 의미를 분명하게 이해하고 있으며, 적극적으로 활용함으로써 경쟁력을 높이고 있다. 예를 들어 필리핀 전역의 구멍가게에서 쉽게 볼 수 있는, 큰 성공을 거둔 필리핀 사탕 브랜드인 '코피코Kopiko'는 태아의 미각을 자극하는 시도를 했다. 마닐라를 방문했을 때 나는 코피코 유통업체들이 소아과 및 일반 의사들을 통해 분만실에 있는 임신부들에게 무료로 사탕을 나누어주는 모습을 확인할 수 있었다. 그 진정한 의도가 궁금해 나는 좀 더 자세히 알아보았다. 분명 장차 엄마가 될 임신부들에게 맛있는 간식을 서비스하는 것이 진짜 의도는 아니었을 것이다.

당시 코피코는 캔디맛 커피를 신제품으로 출시했다. 이 제품은 출시되자마자 큰 성공을 거두었는데, 놀랍게도 아이들 사이에서 반응이 뜨거웠다. 커피에는 별로 관심이 없는 아이들이 코피코 커피를 좋아했던 것이다. 이와 관련하여 포커스 그룹에 참여한 부모와 아이들은 코피코 커피가 부드럽고 균형 잡힌 맛이 난다는 말보다는 그리움을 불러일으키고 가족적인 느낌이 든다는 이야기를 더 많이 했다. 임신 중에 코피코 캔디를 먹었던 엄마들과 이야기를 나누면서 야단법석을 피워대던 아이들에게 코피코 커피를 주자 마술처럼 금방 차분해졌다는 얘기를 심심찮게 들을 수 있었다. 권장할 만한 방법은 아니지만 아이들을 달랠 수 있는 효과적인 엄마의 전략으로 보인다. 코피코 커피는 출시 4년 만에 필리핀 커피 시장에서 세 번째로 유명한 브랜드로 자리를 잡았다.

평생 따라다니는
인생 첫 브랜드

덴마크에서 자라던 다섯 살 무렵 내 마음속에는 이미 몇몇 브랜드들이 자리를 차지하고 있었다. 그 브랜드들로는 레고Lego, 사운드 시스템에서 전화기까지 다양한 제품을 선보이고 있는 초현대적인 덴마크 브랜드 뱅앤올룹슨Bang & Olufsen, 제임스 본드James Bond, 팝그룹 아바ABBA가 있었다. 어린 시절부터 사랑했던 이 브랜드들은 35년이 지난 지금도 '여전히' 내 취향과 소비에 적잖은 영향을 미치고 있다. 나는 거의 무의식적으로 제임스 본드처럼 검은 옷을 즐겨 입고 롤렉스Rolex 시계를 찬다. 한 해에 10개월 정도 해외를 돌아다니는 동안 초현대적인 뱅앤올룹슨 스타일을 연상시키는 호텔들만 골라서 들어간다. 옷은 항상 블색에 집착하는 반면, 예술작품은 원색적인 스타일에 이끌린다. 그러던 어느 날, 그 이유를 깨달았다. 우리 집에 걸려 있는 그림들이 죄다 노랑, 빨강, 파랑, 검정, 흰색으로 되어 있다는 사실을 발견한 것이다. 그리고 그 다섯 색상은 다름 아닌 레고의 기본 컬러였다.

그리고 지금도 여전히 아바의 노래들을 즐겨 듣는다. 그 역시 스칸디나비아에서 태어나고 자랐다는 사실과 무관하지 않을 것이다.

나는 브랜드를 구별할 줄 아는 아이이자 성인이 되어서도 어릴 적 좋아했던 브랜드에 대한 집착을 끊지 못하는 사례의 살아 있는 표본이다. 나는 이러한 내 모습이 얼마나 보편적인 현상인지 뉴욕의 시장조사 및 비즈니스 전략 연구업체인 'SIS 인터내셔널 리서치'에 조사를 의뢰했다. SIS는 어린 시절에 형성된 취향이 성인 시절의 소비 패턴에 어떤 영향을 미치는지 확인하기 위해 120개국 이상에서 수행한 연구 프로젝트를 기반으로 《포춘》 500대 기업의 70% 이상, 그리고 세계적으로 영향력이 큰 다양한 조직들을 분석해보았다. 총 2035명의 어린이와 성인들을 조사하는 과정에서 성인의 53%, 10대 청소년의 56%가 어린 시절에 경험했던 브랜드 제품들을 사용하고 있다는 사실을 발견했다. 이러한 현상은 특히 식품, 음료수, 건강, 소비재, 가재도구 카테고리에서 두드러졌다. 만약 여러분이 기업과 마케터들이 이러한 현상을 인식하지 못하고 있고, 어린이와 10대들을 대상으

브랜드의 거짓말

로 적극적 마케팅 활동을 펼치지 않는다고 생각한다면 이제 달리 생각할 필요가 있다.

이 책 전반에서 살펴보겠지만, 마케터와 광고업체들은 어리고 감수성 풍부한 소비자들을 '브랜드워시'하기 위해, 그리고 고객 충성도를 끌어올리기 위해 이미 다양하고 교묘한 계획들을 철저하게 마련해놓고 있다.

다양한 연구 결과들을 바탕으로 광고업체들은 13세 이하 아이들이 차지하는 시장 규모를 대략 200억 달러로 추산한다. 아이들은 1년에 평균 4만 번 정도 TV 광고를 시청한다. 그리고 몇 년간의 연구를 통해 내가 직접 확인한 바로는 실제 동물보다 브랜드화된 캐릭터 이름을 더 많이 알고 있다. 그럼에도 부모들 대부분은 수많은 브랜드와 제품들로 둘러싸인 환경 속에서도 생후 18개월 정도의 아이들이 미묘하거나 그다지 미묘하지 않은 정보들을 얼마나 잘 구분해낼 수 있는지 모른다.

전 세계 아이들이 처음 배우는 단어는 무엇일까? 엄마, 아빠? 아니다. 영국의 미들섹스 지역에 자리 잡은 '소비자 정보 센터Consumer Knowledge Centre'의 CEO 브라이언 어빅은 '맥도널드Mcdonald'(또는 '로널드')를 가장 먼저 배운다고 말한다. 물론 18개월 아기들은 '맥도널드' 발음을 정확하게 하지는 못한다. 그러나 맥도널드 매장의 빨강과 노랑, 지붕 모양, 그리고 금색의 M자 로고는 인식할 수 있다. 그리고 자동차 뒷좌석에 앉아 조그마한 손가락을 들어 맥도널드 매장을 가리킨다. 그러면 아버지는 당장 맥도널드 주차장으로 들어가 온 가족과 함께 패스트푸드를 나누며 행복해한다. 이런 경험들은 감성적 보상과 친밀함, 그리고 맛과 소리, 냄새와 더불어 기억의 밑바닥에 조금씩 쌓여간다.

이러한 사례들은 끝이 없다. 20년 전《미국의학협회보Journal of the American Medical Association》에 실린 한 논문에는 이런 대목이 있다. "6세 무렵의 미국 아이들 대부분이 낙타 캐릭터 '조 캐멀'을 알아본다. 캐멀의 이미지는 아이들에게 미키 마우스만큼이나 친숙하다."[7] 요즘 서너 살 된 아이들이라면 조 캐멀을 알아보는 것은 물론, 담배 브랜드인 '캐멀'을 연상할 수도 있을 것이다.

오늘날 18개월 정도의 아기들이 맥도널드와 캐멀 같은 브랜드를 인식할 수 있는 주요한 이유로는 미디어로 포화된 문화적 환경으로 인해 예전에 비해 방송과 광고에 더 많이 노출되고 있다는 사실을 꼽을 수 있다. 심지어 생후 3개월 정도의 신생아들 약 40%가 이미 정기적으로 방송 매체와 접촉하고 있다고 한다.[8] 이 비율은 두 살이 되면 90%로 빠르게 증가한다. 게다가 최근에는 인터넷, 휴대전화, 비디오 게임, 광고판들까지 가세하고 있다.

이 모든 채널들은 우리가 생각하는 것보다 훨씬 강력한 인상을 남긴다. 생후 6개월 정도가 되면 아이들은 기업 로고와 마스코트 이미지를 기억할 수 있다.[9] 턱받이에서 유모차에 이르는 다양한 유아용 제품들이 엘모Elmo, 스폰지밥SpongeBob, 티거Tiger, 버즈 라이트이어Buzz Lightyear 등 라이선스를 받은 캐릭터로 장식되

브랜드의 거짓말

어 있다는 점을 감안할 때 그리 놀라운 일은 아니다. 이 캐릭터들은 어린 시절 내내 식품과 장난감을 더 많이 소비하도록 큰 기여를 할 것이다.

이보다 더 무서운 사실은 아기들이 말을 시작하면서 좋아하는 브랜드를 직접 요구한다는 것이다. 한 놀라운 실험에서 23개월 된 아기는 〈코카콜라 바로 그것뿐Coke is it〉이라는 로고송을 반복해서 불렀고, 또 다른 23개월 아이는 아버지가 쥐고 있는 맥주병을 보고 율동을 하며 "칼로리가 낮은 다이어트 펩시Diet Pepsi, one less calorie"라고 중얼거렸다.[10] 시간이 흘러 학교에 입학하게 되면 아이들은 평균 200개가량의 브랜드 이름을 댈 수 있다. 대부분의 아이들이 매년 70개의 새로운 장난감이나 제품의 이름을 습득한다는 사실에 비추어볼 때 그다지 놀라운 수치가 아니다. 어린이 전문 케이블 방송인 니켈로디언의 조사에 따르면, 10세 아이들은 평균 300~400개 브랜드를 기억한다고 한다.

아이들은 단지 브랜드의 이름을 배우기만 하는 것이 아니다. '아이들은 또한 브랜드에 대한 자신의 취향을 만들어나간다.' 한 실험에서 63명의 미취학 아이들에게 햄버거, 치킨 너깃, 감자튀김, 우유, 당근 등을 나누어주었다. 첫 번째 세트는 아무런 로고가 없는 일반적인 포장지에 담았고, 두 번째는 맥도널드 포장지에 담았다. 그러자 아이들은 맥도널드 포장지에 든 음식과 음료수가 훨씬 더 맛이 좋다는 평가를 내렸다. 그러한 현상은 당근의 경우도 마찬가지였다.[11] 내가 알기로 맥도널드 매장에서는 당근을 팔지 않는다.

더글러스 러시코프는 자신의 저서 『당신의 지갑이 텅 빈 데는 이유가 있다』에서 이렇게 말했다. "제품과 이미지를 일찌감치 심어둠으로써 마케터들은 브랜드 인지도를 높이는 것은 물론 그 이상의 성과를 올릴 수 있다. 말 그대로 그들이 바라는 대로 소비자들의 감수성을 조작할 수 있다. 버드와이저Budweiser 광고에 등장하는 개구리를 알아보고 그들의 슬로건인 'Bud-Weis-er'를 따라 하는 아이들은 '대단해요!'라고 외치는 켈로그Kellogg 호랑이 토니만 기억하는 아이들보다 커서 맥주를 좋아하게 될 가능성이 훨씬 더 높다."[12]

『쇼핑하기 위해 태어났다』에서 줄리엣 쇼어는 18개월 무렵에 특정 브랜드의 로고를 인식하는 아이들은 커서 그 브랜드를 좋아할 뿐만 아니라 그 브랜드들이 자신의 개성, 최신 유행, 강력함, 신속함, 우아함 등 자신이 중시하는 가치와 조화를 이루고 있다고 믿는 경향이 높다고 했다.[13] 더 놀라운 사실은 세 살짜리 아이들도 특정 브랜드를 사용해야 한다는 사회적 압박을 느끼고 있으며, 그러한 브랜드 제품들을 입고 소유하고 사용하면서 자신의 방식대로 살고 있다고 생각한다는 것이다. 이와 관련하여 2009년 《심리학과 마케팅Psychology and Marketing》이라는 학술지에 게재된 실험을 살펴보면, 레고 장난감에 대해 어떻게 생각하느냐는 질문에 한 미취학 아동은 이렇게 대답했다. "재미있고, 꼭 가져야만 하는 거예요. 우리 집에 레고가 있으면 모든 아이들이 우리 집에 와서 놀려고 해요. 하지만 그게 없으면 아무도 저를 좋아하지 않을 거예요." 이렇게 말하는 아이도 있었다. "맥도 널드 놀이터에서 놀고 있으면 모두가 나를 좋아해요."[14]

일부 식품 브랜드들은 아이들에게 유해한 전략까지 서슴지 않는다(3장에서 자세히 살펴볼 것이다). 그들은 젊은이들과 감수성 풍부한 어린이들을 공략하기 위해 광고를 놀이로 위장한다. 얼마 전 《뉴욕 타임스》는 다양한 식품 브랜드들을 표지 기사로 다루면서 이렇게 얘기했다. "어린 소비자들과 강한 연결을 구축하기 위해 시리얼 및 패스트푸드 브랜드들은 멀티미디어 게임, 온라인 퀴즈, 스마트폰 앱을 주로 활용하고 있다."

광고와 놀이 사이의 경계가 모호해지면서 이러한 업체들은 '놀이 같은 광고'를 통해 다양한 차원에서 이득을 얻고 있다. 첫째, 패스트푸드에 대한 TV 방송 규제를 피할 수 있다. 둘째, 이들 광고를 바이러스처럼 퍼뜨릴 수 있다. 친구들과 함께 게임을 즐기는 동안 아이들은 자신도 모르는 사이에 브랜드의 홍보대사로 활동하게 된다. 셋째, 3장에서 자세히 다루겠지만 이런 게임들은 본질적으로 중독성이 강하다. 결론적으로 이러한 기업들은 겉으로 드러나지는 않지만 수많은 강력한 전도사들을 고용하고 있는 셈이다.

이러한 마케팅 전략을 구사하는 기업들은 비단 식품 시장에만 국한되어 있지 않다. 모든 분야의 기업들이 광고를 통해 아주 어린 아이들로 하여금 장기적인 취향을 스스로 만들게끔 할 수 있다는 사실을 분명하게 알고 있다. 그리고 제품을 사용하는 연령이 낮으면 낮을수록 인생에서 더 오래 그 제품을 사용하게 될 것이라는 사실도 잘 알고 있다. 그렇기 때문에 기업들은 누가 봐도 성인을 위한 제품을 이상하게도 아주 어린 아이들에게 광고하고 있는 것이다. 이제 그들의 전략 속으로 들어가보자.

사춘기,
새로운 시장을 열다

다양한 연구 결과들에 따르면 수십 년 전에 비해 오늘날 청소년들은 평균적으로 더 일찍 사춘기에 이른다. 마케터들은 이를 '조숙한 사춘기'라는 용어로 설명한다. 사춘기가 빨라진 것이 그들에게 무슨 의미가 있을까? 사춘기란 새로운 시장을 의미한다. 사춘기가 시작되면서 아이들은 면도기, 면도 크림, 세안제, 여드름 치료제, 디오더런트, 화장품 등을 사용한다. 그래서 기업들은 이 시기를 적극적으로 공략하고자 한다.

소비자 조사 기관인 더엔피디그룹The NPD Group은 이렇게 보고했다. "2007~2009년에는 8~12세 소녀들 중 정기적으로 마스카라와 아이라이너를 사용하는 비율이 거의 2배로 증가했다. 마스카라의 경우는 10%에서 18%로, 아이라이너는 9%에서 15%로 증가했다."[15] 저널리스트 페기 오렌스타인은 저서 『신데렐라가 내 딸을 잡아먹었다』에서 6~9세 소녀들의 거의 절반이 일상적으로 립스틱과 립글로스를 사용하고 있으며, "최근 10~12세 소녀들을 대상으로 한 미용 관련 제품의 한 달 시장 규모가 4,000만 달러를 넘어서고 있다"라고 밝혔다.[16] 뉴욕 어퍼이스트 지역에 위치한 고급 제과업체인 딜런스 캔디바Dylan's Candy Bar는 '컵케이크 바디로션'이나 딸기 감초 '립세이버' 등 미용 관련 제품들을 출시하고 있다. 이들의 웹사이트에 들어가보면 이렇게 나와 있다. "입술은 언제나 사탕처럼 달콤하고 키스처럼 감미로워야 한다."[17] 또 '한나 몬타나Hannah Montana' 메이크오버 세트, 바비 메이크업, 그리고 헤어 스트레이트 제품 포장에 일곱 살짜리 소녀들이 등장했으며, 화장품 브랜드인 본벨Bonne Bell은 일곱 살 소녀들을 위한 화장품 세트까지 내놓았다. 그 정도 나이의 소녀들이라면 "립글로스라고 하는 요술 지팡이를 능숙하게 다룰 줄 알아야 한다"고 그들은 말한다. 제모제 브랜드인 이븐 나이어 Even Nair는 10~15세를 대상으로 '나이어 프리티Nair Pretty'라는 제품을 출시하면서 '내 인생 최초의 제모제'라고 소개하고 있다.[18]

이보다 더 지독한 사례도 있다. 뉴스 웹사이트인《허핑턴 포스트Huffington Post》의 기사에 따르면, 10~12세 아이들을 대상으로 한 유명 의류업체인 애버크롬비 & 피치Abercrombie & Fitch는 패드가 들어 있는 비키니 상의를 출시하면서 여덟 살 소녀들을 집중 공략하고 있다. 이 제품에 대해 배블닷컴Babble.com 블로거들은 이렇게 지적했다. "가슴을 강조한 브래지어는 분명 성적인 도구다. 가슴을 두드러지게 해서 사람들의 시선을 끄는 이 옷, 과연 2학년짜리 아이들이 입어도 괜찮은 것일까?"

절대 괜찮지 않다.

나이를 완전히 무시한 가장 기막힌 사례로 영국 유통 회사인 테스코Tesco를 꼽을 수 있다. 2006년 테스코는 10세 미만 여아들을 대상으로 '피카부 폴 댄싱 키트'라는 제품을 내놓았다. 이 제품은 아이들이 '숨겨진 섹시함을 발산할 수 있게 해주는' 봉춤 키트다. 분노한 부모들은 매장에서 그 제품을 철수하라고 항의했고, 이는 소비자들의 당연한 반응이었다.

그렇다면 기업들은 그들의 제품이 아이들의 입에 오르내리게 하려고 어떤 방법을 쓰고 있을까? 한 가지 방법은 GIAGirls Intelligence Agency에 의뢰하는 것이다. 이들은 미국 전역에서 게릴라 마케터로 활동할 수 있는 4만 명의 소녀들을 확보하고 있다. 이 에이전시는 제품 행사나 무료 온라인 패션 상담과 같은 특별한 이벤트에 이 소녀들을 초대한다. 그러고 나서 이 아이들이 학교로 돌아가 친구들과 그 제품에 대한 이야기를 나누도록 한다. GIA는 심지어 '슬럼버 파티 인 어 박스Slumber Parties in a Box'까지 벌이고 있다. 이 '순수한' 심야 파티에 10~12세짜리 브랜드 홍보 대사들은 11명까지 친구들을 초대할 수 있다. 이러한 행사에서 업체들은 아이들에게 DVD나 화장품과 같은 무료 샘플들을 나누어준다. 게다가 "GIA는 그 소녀들에게 세련되게 행동하면서 친구들 사이에서 최근 유행하고 있는 것들을 알아오라고 지시하기까지 한다."[19]

포르쉐를 몰겠다는
어릴 적 꿈

마케터들이 의지하는 것은 소녀들만이 아니다. 내가 조사한 결과에 따르면, 기업들마다 그 형태가 다르기는 하지만 어린 차세대 남성 소비자들을 브랜드워시하기 위한 마케팅 예산 규모는 점점 더 늘어나는 추세다. 물론 기업들만을 탓할 수는 없다. 질레트의 연구 부서인 이른바 '전쟁팀war team'은 소년 시절에 질레트 면도기를 두 번 사용할 경우 성인이 되어서도 계속 사용할 확률이 무려 92%에 이른다는 사실을 확인했다. 한 남성의 증언에 따르면, 질레트는 '성인 세계로 온 것을 환영합니다'라는 제목의 특별 프로그램을 통해 생일을 맞은 청소년들이나 고등학교 졸업생들에게 선물 세트를 보내준다고 한다.

펩시 소유의 게토레이Gatorade가 신제품으로 'G 시리즈'를 출시했을 때 마케터들은 '관제센터mission control' 팀을 만들었다. 이 팀의 역할은 중요한 시합을 앞둔 고등학교 체육부 선수들에게 격려의 메시지를 트위터로 보내거나 그들의 페이스북 페이지를 관리하는 것이다. "그들은 몸에 관심 많은 10대들이 새로 나온 단백질 드링크를 언제 마셔야 좋은지와 같은 질문들을 하면

그에 대한 답을 해주었다."[20] 《월스트리트 저널》의 기사 내용이
다. "게토레이는 소셜 네트워크 사이트에 올라오는 글들을 하루
24시간 감시하고 있다. ……거기서 그들이 보고 들은 내용들을
통해 (페이스북이나 트위터에 열광하는 10대들에게) 더 효과적으로 홍
보할 수 있을 것이라 기대하면서."[21]

소녀든 소년이든 열여덟 번째 생일을 보내고 나면 전혀 예상
치 못했던 선물을 받는다. 바로 담배 브랜드들이 보낸 선물이다.
가령 쿨Kool이 보낸 생일선물을 살펴보면, 고급스러운 은색 상자
안에 쿠폰과 멘솔 담배 상품권, 인기 있는 록 밴드의 CD, 온라인
으로 접속해서 자신만의 재생 목록을 구성해볼 수 있는 초대장
이 들어 있다(담배 기업들은 음악을 통해 흡연의 세계로 사람들을 끌어
들일 수 있다는 사실을 잘 알고 있다. 그렇기 때문에 클럽이나 공연장에 그
토록 집중적으로 광고를 해대는 것이다). 하지만 담배에 별 관심이 없
는 젊은이들은 선물을 그냥 팽개쳐버린다. 한 달 뒤, 두 번째 선
물이 날아온다. 그리고 세 번째, 네 번째로 이어진다. 네 번째까
지 아무런 반응이 없으면 기업은 실패로 간주한다. 하지만 연구
결과 대부분의 젊은이들이 세 번째 선물을 못 넘기고 희생양으
로 전락한다.

석유 기업과 자동차업체들 또한 아이들을 집중적으로 공략하
기 시작했다는 사실을 알고 있는가? 셸Shell의 마케팅 부서는 레
고와 장기적인 협력 관계를 맺고 셸의 로고를 레고 위에 인쇄하
고 있다. 영국 석유 회사인 BP의 애니메이션 광고를 보면, 중독

성 강한 노래가 흘러나오는 가운데 아이들이 차를 몰고 가다가 다른 주유소가 아닌 BP 주유소에 들어가 기름을 넣는 장면이 나온다.[22] 포르쉐Porsche의 TV 광고에서는 한 소년이 교실에 앉아 창밖의 포르쉐 자동차를 멍하니 바라보고 있다. 화면이 바뀌어 포르쉐 영업점에 들어선 그 소년은 911 모델을 보여달라고 한다. 그러고는 잠깐 포르쉐에 올라탔다가 영업사원에게 명함을 받으면서 이렇게 말한다. "20년 뒤에 다시 올게요." 그리고 광고 마지막에 이러한 해설이 깔린다. "포르쉐에 관해 재미있는 한 가지. 포르쉐를 원하는 순간이 있다. 그리고 포르쉐를 갖는 순간이 있다. 그 사이에는 고민하고 괴로워하는 수십 년의 세월이 있다."[23]

미래의 소비자에 주목하는 자동차 회사는 포르쉐만이 아니다. 아우디Audi는 브랜드 로고가 박힌 테디베어는 물론 '랍 더 게코 Rob The Gecko'라는 도마뱀 캐릭터로 플러시 재질의 인형과 유아용품들을 제작하고 있다.[24] 닛산Nissan은 미국 청소년축구협회를 후원하고, 크라이슬러Chrysler는 팝업 형태의 홍보책자 수십만 권을 우편 배포함으로써 아이들의 마음속을 비집고 들어가려 한다.

스타벅스Starbucks 역시 어린이들이 전체 소비자층에서 주요한 부분을 차지한다고 말한다. 《뉴욕 타임스》의 한 기사에 따르면 스타벅스는 10대와 어린이의 수요에 부응하기 위해 새로운 음료수와 사이즈 출시를 고려했다. "매장을 찾는 고객들을 더 현실적인 눈으로 바라보아야 합니다. 아이들이 우리 매장을 찾아온다면 우리는 그 연령대에 맞는 적당한 제품군을 미리 마련해 두어야만 합니다." 스타벅스 대변인 브랜든 보먼의 말이다.[25] 이 기사는 또한 스타벅스 바리스타들이 스팀 우유를 종종 '베이비치노Babycino'라고 부른다는 이야기를 소개하고 있다.

기업이 키즈 라인에
목숨 거는 이유

특정 브랜드나 제품을 처음 사용하는 시점이 어리면 어릴수록 인생에서 더 오랫동안 사용할 가능성이 높다. 하지만 단지 그 이유만으로 기업들이 점점 더 어린 소비자들에게 마케팅과 광고를 집중하는 것은 아니다. 또 다른 이유는 어린이들이 마케팅 도구가 되어준다는 사실이다. 특히 부모의 소비 행태에 영향을 미칠 수 있는 아이들의 힘은 '졸라서 사도록 만드는 힘pester power'이라고 불린다. 텍사스 A&M대학교 마케팅 교수인 제임스 맥닐은 이렇게 말한다. "충동적인 식품 구매의 75%가 칭얼대는 아이들 때문이다. 엄마 두 명 중 한 명이 아이가 원한다는 이유만으로 식품을 구매한다. 그러므로 아이들의 욕구를 자극할 수 있다면 가족 전체의 욕구를 자극할 수 있는 것이다."[26]

아이들의 '설득' 기술은 아주 다양한 형태로 나타난다. 가령 "초콜릿을 사주면 방을 치울게요"와 같은 협상, 말 그대로 '야단법석 떨기', 엄마와 아빠를 서로 싸우게 만들기(특히 이혼 가정에서 잘 먹힌다. "예전에 아빠는 오드왈라Odwalla 주스를 사줬단 말이야!"), 슈퍼마켓 바구니에 몰래 물건 집어넣기(이 경우 엄마들은 소란을 피울까 봐 두려워서, 혹은 간신히 화를 억누르면서 그냥 계산을 하게 마련이다) 등이 있다.

동시에 그 기술을 다른 각도에서도 바라볼 수 있다. 부모는 아이의 평생 취향이나 기호에 직간접적으로 영향을 미친다. 점점 더 강력해지는 이러한 영향력을 마케터들은 '대물림 현상'이라고도 부른다. 실제로 대물림 현상은 아이들의 인생에서 지나치게 일찍 나타나는 경향을 보인다. 여기서 우리는 이런 질문을 던져볼 수 있다. '아이의 영향력이 먼저일까, 아니면 대물림 현상이 먼저일까?' 결론부터 말하자면, 둘 다 맞다.

내 생각은 이렇다. 가족이라는 집단 내부에는 특유의 문화, 태도, 믿음, 가치, 습관이 자리 잡고 있으며, 아이들은 이를 규범으로 받아들이며 성장한다. 이러한 규범에는 입고 먹고 구매하는 것, 그리고 특정 브랜드와 제품에 대한 취향 등이 다 포함되어 있다.[27] 부모와 아이가 주고받는 영향의 메커니즘을 살펴보기 위해 미국 가정의 대표적인 음료인 트로피카나Tropicana 오렌지 주스에 대해 생각해보자. 트로피카나를 반복적으로 구매하는 부모 밑에서 태어난 아이들은 그것이 세상에서 유일한 오렌지 주스라 믿으며 자라난다. 이런 아이들이 엄마와 함께 식품 매장에 간다면 당연히 트로피카나를 카트에 담으라고 얘기할 것이다. 그러면 엄마는 당연히 그 주스를 구매할 것이고, 나중에 아이가 자라 혼자서 쇼핑을 하게 되더라도 습관적으로 트로피카나를 선택하게 될 것이다. 아이의 평생 취향이 바로 이런 방식으로 형성된다. 또 식품 매장에 아이들을 데려가는 것은 대부분 엄마 몫이기 때문에 자녀들의 취향 형성 과정에서, 특히 비누나 조미료, 세제 같은 제품과 관련해서는 엄마가 아빠보다 훨씬 강력한 영향력을 미치게 마련이다.[28]

어릴 때 사용했던 브랜드를 성인이 되어서도 지속적으로 사용하는 경향은 향수nostalgia와도 밀접한 관련이 있다. 계속 살펴보겠지만, 특정 제품과 관련된 향수는 섬세하고 교묘한 방식으로 마케터들이 우리의 뇌 속에 심어놓은 것이다. 마케터들은 소비자들이 그들의 브랜드를 집 그리고 가족과 관련된 따스한 추억과 연결시키도록 조작한다. 그래서 사람들은 특정 브랜드를 사용하면서 과거로 돌아가거나 사랑하는 사람들과 다시 연결되는 느낌을 받는 것이다. 내 친구 하나는 오로지 크레스트Crest 치약만을 고집한다. 그 이유를 물어보자 잠깐 생각에 잠기더니 이렇게 대답했다. "다른 치약을 쓰면 부모님을 배신하는 것 같아."

이 책에서 계속 살펴볼 대부분의 '숨어 있는 설득자들'처럼 '대물림 현상'은 절대 우연히 발생하지 않는다. 브랜드와 유통업체들은 부모들이 자녀에게 브랜드 취향을 넘겨주도록 온갖 노력을 다하고 있다. 이러한 시도는 기업 전략에서 대단히 중요한 부분이다. 실제로 수많은 브랜드들이 대물림 현상이 나타나도록 성인용 제품을 살짝 변형하여 아이들, 심지어 유아들을 위한 제품을 내놓고 있다. 가령 베이비갭babyGap, 제이크루J.Crew의 크루컷Crewcuts, 그리고 세상에서 가장 작은 오토바이 복장인 할리 데이비슨Harley Davidson의 원시Onesie 뒤에 바로 이러한 전략들이 숨어 있다.

애플Apple 매장에 들러본 적이 있다면, 세계적인 데이케어센터(낮에는 병원에서 치료를 받고 밤에는 집으로 돌아가는 형태의 입원 서비스를 제공하는 의료기관 – 옮긴이) 시설과 비슷하다는 느낌을 받았을 것이다. 그 이유 중 하나는 아동 친화적인 앱들(토들러 티저스Toddler Teasers, 베이비 펀!Baby Fun!, 인펀트 아케이드Infant Arcade, 피카부Peek–A–Boo, 포켓 주Pocket Zoo 등)을 출시하면서 애플이 아이들 사이에서 대단히 인기 있는 브랜드로 자리 잡았기 때문이다. 2010년《뉴욕 타임스》는 애플의 아이폰iPhone을 "우는 아이를 달래기 위해 인류가 개발한 것들 중 가장 효과적인 도구"라고 평가하기도 했다. 애플의 이 앱들은 아이들을 집중하게 만들어서 피로에 찌든 아빠와 엄마에게 조금이나마 평화와 침묵의 시간을 가져다주는 하느님의 선물과 같은 존재다. 그러나 이 앱들에는 분명 다음 세대 소비자들의 마음을 사로잡기 위한 고도의 전략이 숨어 있다.

애플은 예전에 노트북을 사면 아이팟 터치iPod touch를 공짜로 주는 '백투스쿨' 프로모션을 실시한 적이 있었다. 솔깃한 제안처럼 들리기는 하지만 그 밑에는 아주 치밀한 전략적 계산이 깔려 있었다. 여기서 분명한 점은 애플 마케터들은 엄마나 아빠가 그

노트북을 사면 아이팟 터치는 아이들 차지가 될 것이라는 사실을 잘 알고 있었다는 것이다. 그리고 아이는 아이팟 터치를 쓰는 동안 애플이라는 브랜드에 마음을 빼앗길 것이고, 그러면 나중에 더욱 가격대가 높은 자신만의 애플 컴퓨터를 사달라고 조를 것이었다[29](애플 제품에 대한 아이들의 집착이 아주 이른 나이부터 시작된다는 사실을 보여주는 사례가 있다. 예전에 한 실험에서 나는 한 살짜리 아기들에게 블랙베리BlackBerry 휴대전화를 가지고 놀게 했다. 그런데 아기들은 마치 애플의 터치스크린을 다루듯 화면에 손가락을 갖다 대었다).

아이들을 타깃으로 삼는 마케팅 전략들이 효과적인 이유는 마케터들이 원투펀치를 연속으로 날리기 때문이다. 첫 번째 펀치는 어린 시절에 일찍이 각인된 취향과 인상은 평생 지속된다는 것이다. 두 번째 펀치는 사람들이 그러한 브랜드와 접촉할 때 향수에 젖는다는 사실이다. 향수는 가장 강력한 잠재적 유혹 중 하나다. 그렇기 때문에 기업들은 소비자들을 브랜드워시하기 위해 향수라는 요소를 아주 다양한 형태로 활용하고 있다.

2장

공포

FEAR

두려움으로 쾌락을
이끌어내다

공포와 쾌락을 담당하는 뇌 영역들은
상당 부분 겹친다. 공포라는 감정은
아드레날린 분비를 촉진하고, 이는
소비자에게 쾌감을 선사한다.
공포는 늘 불쾌하지만은 않다.

재난을 기회로 삼은
브랜드

돼지 인플루엔자로 더 잘 알려진 신종 인플루엔자는 2009년 봄에 멕시코 베라크루스 지방에서 처음 시작되었다. 세계보건기구와 미국 질병통제센터는 이를 전염병으로 진단했다. 신종 인플루엔자는 전 세계 사람들을 공포로 몰아넣었으며, 1만 4,000건의 사망에 대한 원인으로 지목되었다.

이와 비슷하게 2003년경에는 일명 사스sars라고 하는 치명적인 인플루엔자가 세상을 위협했다. 중국 남부 지방에서 처음 발생한 사스는 약 40개국으로 확산되었으며, 진정 국면에 접어든 2006년에는 이로 인해 800여 명이 목숨을 잃은 것으로 집계되었다. 당시 전 세계 모든 부모들은 사스로부터 자녀를 지킬 수 있다면 무슨 일이라도 할 각오가 되어 있었다.

의사와 질병통제센터 연구원 그리고 검역관들은 이러한 세계적인 전염병들을 최악의 시나리오로 인식한다. 전염병이 일단 발병하면, 엄청난 양의 백신을 확보하고 보급해야 하며, 수많은 환자들을 관리해야 하고, 어마어마한 시간과 돈을 들여 사회적 불안과 공포를 진정시켜야 한다. 하지만 기업들의 생각은 다르다. 그들에게는 황금의 기회가 찾아온 것이다.

'손 세정제'를 써보았는가?

두 차례 세계적인 전염병을 겪는 동안 현대인들의 삶 속에 항균 세정제가 일상적이고 필수적인 제품으로 자리 잡았다. 사스 이후 불과 5년 만에 손 세정제 시장 규모는 미국에서만 4억 200만 달러를 넘어설 것으로 예상됐다.[1] 오늘날 실제로 전 세계 모든 공항, 호텔, 레스토랑, 공중화장실, 신문 가판대, 식품 매장, 그리고 가정집 부엌 싱크대에서 항균 비누와 세정제를 쉽게 찾아볼 수 있다. 시카고 오헤어 국제공항에서는 환승을 위해 대기하는 동안 실내에 비치된 세정제를 사용하라고 떠들어대는 공항 안내방송을 계속해서 들어야 했다. 결론적으로 보이지 않는 적인 세균 테러리스트를 향한 인류의 전쟁은 이제 세계적인 가정 문제로 자리를 잡은 것이다.

하지만 많은 연구 결과들은 항균 세정제를 사용한다고 해서 신종 인플루엔자와 사스를 막을 수는 없다고 말하고 있다. 사실 이 바이러스들은 공기 중 수분 입자를 타고 전파된다. 즉 감염된 사람들의 재채기나 기침에 의해, 또는 일반적인 경우는 아니지만 오염된 물체를 접촉한 손으로 눈이나 코를 문지를 때 전염된

브랜드의 거짓말

다. 그럼에도 눈에 보이지 않는 치명적인 바이러스에 대한 공포는 우리 모두를 항균 마니아로 몰아갔다. 그리고 이런 분위기 속에서 세계 최대 세정제 생산 기업인 퓨렐Purell의 매출은 50%나 성장했다.[2] 또 클로록스Clorox 세척제는 2009년 이후 23%의 성장을 일구어냈다.[3]

편집증에 가까운 이러한 사회적 분위기에 편승한 기업들은 이들뿐만이 아니었다. 점엑스Germ-X, 점아웃Germ Out, 리졸Lysol과 같은 브랜드 마케터들 역시 그들 제품을 사용해야 중대하고 치명적인 질병으로부터 자신을 보호할 수 있다는 인식을 심어주기 위해 안간힘을 썼다. 어떤 방식으로? 이들은 신제품의 맹공과 더불어 전염병에 걸리지 않기 위해서는 철저한 위생 관리가 중요하다는 사실을 강조함으로써 신종 인플루엔자가 몰고 온 세계적인 공포 상황을 최대한 활용하고자 했다. 퓨렐은 웹사이트에서 이렇게 선언했다. "미국 질병예방통제센터CDC는 신종 인플루엔자로부터 자신을 보호할 수 있는 방법들 중의 하나가 손을 잘 씻는 것이라고 말하고 있다. CDC의 구체적인 권고 방안에는 비누로 깨끗하게 씻기, 물과 비누가 없을 때에는 알코올 성분의 손 세정제를 사용하는 방법들이 포함되어 있다."[4]

항균 세정제 브랜드인 리졸 역시 홈페이지에 신종 인플루엔자에 관한 정보를 실었다. 여기서 그들은 바이러스 전파 경로가 아직 정확하게 밝혀지지는 않았지만 "적절한 위생 습관을 통해 질병의 확산을 막을 수 있다"고 강조했다.[5] 물론 그 의도는 적절한 위생 습관을 위해 그들의 제품을 사용해야 하며, 이는 곧 건강을 지키는 방법이라는 사실을 소비자들 마음속에 각인시키는 것이다. 하지만 CDC를 포함한 어떤 기관도 손 세정제만 가지고 공기로 전염되는 질환을 효과적으로 예방할 수 있다는 발표를 하지 않았다는 점에서 이들의 주장은 근거가 없다. 즉 그런 식으로 광고를 해서는 안 되는 것이다.

세정제나 위생 관련 제품 브랜드들 이외에도 수많은 기업들이 신종 인플루엔자 공포 속에서 마케팅 기회를 찾았다. 가령 크리넥스Kleenex는 아주 신속하게 '항바이러스' 티슈 제품을 선보였다. 크리넥스는 그 제품이 '감기 및 인플루엔자 바이러스를 차단하는 특수 처리된 중간층 조직으로 이루어져 있으며', '그 조직 내에서 감기 및 인플루엔자 바이러스의 99.9%가 15분 내에 죽고', 게다가 '리노바이러스 1A와 2, 인플루엔자 A와 B, 호흡기세포융합바이러스를 제거'할 수 있다고 강조했다.[6]

아마존Amazon, 리스토킷ReStockIt과 같은 대형 온라인 유통업체들도 그 대열에 합류했다. 이들은 신종 인플루엔자 예방 세트, 신종 인플루엔자 예방 DVD, 50달러에서 600달러에 이르는 이온 공기청정기, 그리고 무려 100달러에 달하는 디자이너 마스크를 생산하고 판매했다.[7]

그러면 신종 인플루엔자 예방 세트에는 뭐가 들어 있었을까? 손 세정제와 박테리아 제거제, 그리고 안전과 보호라는 환상을 심어주는, 별 쓸모없는 제품들이 박스를 채우고 있다. 수술용 마스크, 수술 가운과 비슷한 옷까지 들어 있지만 이들 중 세계무역기구wTO나 다른 보건기구들의 인증을 받았거나 정식 유통 허가를 받은 제품은 하나도 없다. 그럼에도 그 제품들은 하나같이 위생적이고 의학적인 느낌을 주도록 구성되고 포장되어 있었다.

식품 기업들 역시 이 게임에서 예외는 아니었다. 신종 인플루엔자가 등장하고 몇 달이 지나자 증폭되는 사회적 오해를 이윤 창출의 기회로 활용하고자 하는 기업들이 하나둘 언론에 모습을 드러냈다. 예를 들어 켈로그는 신종 인플루엔자를 이겨내기 위해서는 무엇보다 건강한 면역 체계가 중요하다고 강조하면서 라이스 크리스피와 코코아 크리스피를 새로 출시했다. 그리고 이 제품들이 '면역 체계를 도와주는 항산화제와 영양분'을 담고 있다고 광고하기 시작했다. 물론 거기에는 몸에 나쁜 설탕이 40%나 들어 있다. 하지만 몇 달 후 과대광고라는 여론이 거세지자 켈로그는 결국 모든 제품에서 '자녀들의 면역력을 높여주는'이라는 문구를 삭제했다. 사실 그전에 '면역력'이라는 글씨는 목성에서도 볼 수 있을 만큼 크고 굵게 인쇄되어 있었다.[8]

월마트Walmart, 콜스Kohl's, 타깃Target 등 대형 유통업체들 또한 공포를 확산하는 전략을 구사했다. 특히 타깃은 '웨더 트렌드 인터내셔널Weather Trends International'과 손을 잡고 허리케인이나 화재와 같은 극단적인 천재지변이 발생할 때 생필품을 충분히 확보할 수 있는 특별한 방안을 마련해두고 있다.[9] 물론 허리케인 카트리나처럼 '실제로' 국가적 재난이 발생했을 때 이러한 기업 전략은 사회적으로 큰 의미가 있다. 이와 관련하여 한 언론 기사는 이렇게 보도했다. "허리케인이 상륙한 다음 날까지도 아무런 대책을 내놓지 못했던 연방정부, 주정부와는 달리 월마트는 카트리나가 오기 전부터 밤낮없이 움직이면서 매장 안을 생수, 플래시, 배터리, 캔, 수프, 고기로 가득 채워두었다."[10] 하지만 여기서 정작 중요한 사실은 치명적인 재난이 일어날 수 있다는 아주 조그마한 가능성이 보일 때마다 이들 대형 유통업체들은 생수부터 발전기, 삽, 모기장에 이르기까지 다양한 구호용품을 신속하게 매장 전면에 가득 배치함으로써 엄청난 이익을 챙길 수 있다는 사실이다.

공포와 쾌락의 공통점

공포는 흥미롭고 복합적인 감정이다. 또한 항상 불쾌한 것만도 아니다. 〈블레어위치〉, 〈샤이닝〉, 〈엑소시스트〉 등 어릴 적 처음 공포 영화를 보았을 때 느꼈던 전율이 기억나는가? 아마 맥박이 빨라지면서 호흡이 거칠어지는 걸 느꼈을 것이다. 도끼를 든 살인마가 어둠 속에서 언제 튀어나올지 조마조마한 마음으로 기다리면서 숨을 죽이다가, 어느 순간 깜짝 놀라면서 알지 못할 쾌감도 함께 느꼈을 것이다. 공포물이나 괴담들이 주는 것은 단순한 짜릿함만이 아니다. 스티븐 킹의 스릴러 소설들이 500

만 권 이상 팔릴 수 있었던 이유는 무엇일까? 또는 미국 주간지 《퍼블리셔스 위클리》의 2009년 베스트셀러 15위 중 13권이 공포 소설인 이유는 무엇일까?[11] 미국 독자들은 프리메이슨부터 변호사, 살인자, 외계인, 해적, 심지어는 미국의 북쪽 이웃인 캐나다가 등장하는 다양한 공포 이야기들을 사랑한다. 드라마 〈본즈Bones〉나 〈CSI〉, 또는 디스커버리 채널의 〈샤크 위크Shark Week〉와 같은 무시무시한 TV 프로그램들이 폭발적인 인기몰이를 하는 이유가 무엇이라고 생각하는가? 상어의 습격으로 사람이 죽을 확률이 야자나무에서 떨어진 코코넛을 맞고 죽을 확률보다 더 낮다는 기사를 읽은 적이 있다. 하지만 상어가 등장하는 공포 영화나 드라마를 어릴 적부터 보고 자라난 우리는 결코 그렇게 생각하지 않는다.

얼핏 이상하게 들리기도 하지만, 자신도 모르는 사이에 공포에 이끌리는 인간의 심리 밑에는 생물학적인 기반이 있다. 공포라는 감정은 우리 몸속에서 아드레날린을 분비시켜 원초적이고 본능적인 '투쟁 대 도주 반응' 모드로 진입하게 만든다. 아드레날린이 넘치는 사람들의 모습에서 쉽게 확인할 수 있듯이 투쟁 대 도주 반응은 에피네프린이라는 신경 전달 물질을 분비시키는데, 이는 일종의 쾌감을 전달해주는 호르몬이다. 핀란드 탐페레대학교의 신경과학자 알란 칼루에프는 이렇게 설명한다. "공포와 쾌락을 담당하는 뇌 영역들이 실질적으로 상당 부분 중첩되어 있다." 여키스 국립영장류연구센터Yerkes National Primate Research

Center의 신경과학자 케리 레슬러의 설명에 따르면, 우리 뇌의 '공포 중추'인 편도체amygdala는 "실제 위험 상황이 아닌 경우에도 얼마든지 활성화될 수 있다. 대뇌피질이 실질적인 위험이 아니라는 사실을 인식하고 있다면 공포는 위협이 아니라 보상이 될 수 있다."[12]

공포는 공동의 적에 대항하여 사람들을 뭉치게도 한다. 왜곡된 측면도 있지만 단결을 도모하는 기능은 분명한 장점이다. 그래서 사람들은 괴담을 퍼뜨리기를 좋아하고 위험에 대한 경각심을 높이기 위해 공포를 과장하기도 하는 것이다. 괴담만큼 빨리 퍼지는 이야기는 없다. 고속도로 살인마나 탈옥수와 관련된 이야기는 어느 지역에나 있다. 뉴저지 뉴브런즈윅에 위치한 로버트 우드 존슨 의과대학의 아동발달연구소 소장인 마이클 루이스는 이렇게 말한다. "공포는 전염된다. 그래서 다른 사람의 공포가 얼마든지 우리의 것이 될 수 있는 것이다. 그 과정은 파블로프 실험에서 개가 침을 흘리는 것처럼 조건 반사적으로 일어난다."[13]

인간의 뇌는 미래의 잠재적인 위험에 대해서도 공포를 느끼게 되어 있다.[14] 뉴욕대학교 공포와 불안 신경과학연구소Center for the Neuroscience of Fear and Anxiety의 조지프 르두 교수는 그 주장에 이렇게 동의했다. "인간의 뇌는 자연 속에서 살아남기 위해 진화되었기 때문에 우리는 어떻게 두려워해야 할지 태어날 때부터 이미 알고 있다."[15]

폭풍이 몰아치는 캄캄한 밤에 창유리를 거세게 두드리는 나뭇가지 소리에 겁을 먹어본 사람이라면 두려움은 이성보다 훨씬 유용하다는 사실을 이해할 수 있을 것이다.《뉴스위크》의 한 기사는 이렇게 말한다. "편도체는 고차원적인 뇌 영역에서 풍부한 연결들을 자극하는 기능을 한다. 정보 흐름은 편도체에서 출발하여 대뇌피질로 들어가는 일방통행으로 이루어지며, 거꾸로 대뇌피질에서 편도체로 들어오는 신호는 거의 없다. 그래서 편도체는 신중한 대뇌피질의 이성적 판단을 번복할 수 있지만 그 반대는 불가능한 것이다."[16] UCLA의 신경생물학자 마이클 팬슬로는 이렇게 덧붙였다. 공포는 "이성보다 훨씬 강력하다. ……공포는 생명을 위협하는 위험으로부터 스스로를 지키는 메커니즘으로 발달해왔으며, 진화적 관점에서 이보다 더 중요한 감정은 없다."[17]

공포는 분명 강력한 유혹이다. 그리고 기업과 마케터들은 공포의 위력을 정확하게 인식하고 있으며, 이를 활용하는 과정에서 조금의 망설임도 없다.

그래서 마케팅 세상은 공포 전략들로 가득하다. 항우울제, 콘돔, 치실, 세제, 도난경보기, 휴대전화, 생수, 피자 반죽 등 다양한 제품들을 판매하기 위해 앞으로 언급할 기업과 브랜드들은 공포 전략을 쓰고 있다. 오늘날 기업들은 소비자들을 유혹하기 위해 공포를 더욱 섬세하고 창조적으로 활용하는 방향으로 진화하고 있다.

물론 이 말은 절대 여러분을 겁주려고 하는 게 아니다.

성공보다 강력한
동기부여

1994년 아쿠아프레시Aquafresh 칫솔 TV 광고를 보셨는지? 한 여
성이 한 손에는 칫솔을, 다른 손에는 빨간 토마토를 들고 있다.
그녀는 말한다. "이 토마토를 가지고 칫솔에 관한 중요한 얘기
를 들려드릴게요." 그러고는 칫솔로 토마토를 꾹 눌러 문지르면
서 이렇게 말한다. "아쿠아프레시 플렉스 브러시만의 고유한 압
력 반응식 넥은 누르는 힘에 따라 유연하게 구부러집니다. 그래
서 양치하는 동안 잇몸에 상처가 나지 않습니다."[18] 얼핏 보면
토마토를 가지고 제품의 장점을 보여주는 기발한 광고다. 하지
만 자세히 들여다보면 그 속에 간교한 술책이 숨어 있다. 잇몸과
비슷하게 생긴 빨간 토마토가 연상시키는 것은 분명하다. 잇몸
이 상하면 치과에 가야 한다는 두려움이다. 세상에 치과보다 더
무서운 게 있겠는가?
　세균, 치과 말고 마케터들은 또 어떤 두려움을 활용하고 있을
까? 대표적인 것으로 실패에 대한 두려움을 꼽을 수 있다. 영국
배스대학교의 연구원들은 2008년 한 획기적인 실험을 통해 성
공에 대한 희망보다 실패에 대한 공포가 소비자들에게 더욱 강

력한 동기를 부여할 수 있다는 사실을 확인했다. 그 연구에 따르면, 이상하게도 성공에 대한 희망은 소비자들에게 특별한 자극을 주지 못하는 반면, 공포는 소비자의 지갑을 열게 하는 강력한 힘을 가지고 있다. 논문에서 밝히고 있듯이 그중에서 가장 강력한 공포는 '미래 자신의 모습에 대한 두려움'이다.[19]

누구든 미래에 대한 두려움이 있다. 사람들이 헬스장에 다니는 것은 건강을 위해서일까, 아니면 몸매가 망가지는 것을 두려워하기 때문일까? 우리가 샤워를 하고 머리를 감고 양치를 하는 것은 위생 때문일까, 아니면 냄새 나고 머리가 뻗치고 더러워지고 충치가 생기고 이가 변색될지 모른다는 두려움 때문일까? 여기서 전형적인 로레알L'Oréal 광고를 떠올리게 된다. 한 남성이 길을 걸어간다. 나이는 지긋하지만 여전히 날씬하고 기품 있는 모습이다. 다음으로 아름다운 젊은 여성이 등장한다. 하지만 그녀의 눈에 비친 그 남성은 나이 많고 힘없고 우울한 모습이다. 그야말로 그 남성이 가장 두려워하는 미래의 자아다.

기업들은 겨드랑이 노출과 같은 일상적인 걱정을 과장함으로써 미래 자신의 모습에 대한 두려움을 공략한다. 2011년 도브Dove의 '고 슬리브리스Go Sleeveless' 광고 캠페인 역시 그 연장선상에 있다. 도브는 이 광고들에서 새로 출시한 특별한 모이스처라이징 포뮬러가 겨드랑이의 '냄새를 제거하는 것은 물론 더 예뻐 보이게 해줄 것'이라고 강조했다. 이 광고 캠페인에서 도브는 여러분의 겨드랑이에서 자신도 모르는 냄새가 날 수 있으며, 다른 사람에게 불쾌감을 줄 수 있다는 두려움을 심어준다.《슬레이트》라는 잡지는 이렇게 지적했다. "도브의 '고 슬리브리스'는 1920년대에 유행했던 마케팅 기법을 그대로 따라 하고 있다. a) 문제를 지적한다. 소비자들이 인식조차 못 하고 있는 문제를 수면 위로 끌어올린다. b) 그 문제와 관련된 걱정을 계속 강조한다. c) 그 문제를 해결할 수 있는 제품을 내놓는다." 이 기사는 기업들이 과거에 심어놓은 다양한 '미래 자신의 모습에 대한 두려움'들 가운데에는 '입 냄새', '겨드랑이 악취', '음부 주위의 트러블' 등이 있다고 덧붙였다.[20]

그렇다면 오늘날에는 기업들이 어떤 두려움으로 소비자들을 위협하고 있을까? 그 종류는 매우 다양하다. 현대인들 대부분이 경기 침체, 해고, 대출로 걱정을 한다. 배우자나 애인이 자신을 떠나지나 않을까 걱정이다. 친구 하나 없이 외톨이가 될까 봐 걱정이다. 성적인 만족을 얻지 못할까 봐, 암에 걸릴까 봐, 나이 들어 허리를 다칠까 봐 걱정이다. 또한 죽음, 비행기 탑승, 테러, 지구온난화를 두려워한다. 이러한 걱정은 밤이고 낮이고 계속된다. 쇠고기 속의 대장균, 우유 속의 환경호르몬, 생선 속의 수은을 두려워한다. 컴퓨터 바이러스, 물 부족을 걱정한다. 지진이 일어날까 두렵고 아이가 유괴될까 걱정이다. 말을 너무 많이 해서, 너무 적게 해서 걱정이고, 후줄근한 옷차림과 지저분한 손톱, 엉망이 된 머리를 걱정한다. 이에 상추가 끼었는데도 아무도 얘기해주지 않을까 봐, 유머 넘치는 사람이 되기 위해 안간힘을 쓰고 있는데 사람들의 반응이 신통찮을까 봐 걱정이다. 그리고 모든 사람들이 알고 있는데, 혹시 나만 모르는 게 있지 않을까 걱정이다. 행동과학을 기반으로 브랜드 컨설팅 서비스를 제공하는 개빈 존 스턴에 따르면, 많은 브랜드들은 인류학자들이 말하는 '파노라마식 공포panoramic fear'를 만들어내고 있다. 다시 말해 "통제 불능 상태가 벌어졌다고 위협하면서 심리적인 위안을 얻을 수 있는 모든 방법들을 소비자들이 시도하도록 자극하고 있다."[21]

소비자들은 끝없는 두려움 때문에 삼중 모이스처링 크림, 치아 미백 스트립, 멀티비타민을 산다. 그 두려움들 중 일부는 기업들이 우리 마음속에 심어놓은, 그리고 과대 포장한 것들이다. 두려움이 우리에게 판매하고 있는 것들은 헬스장 멤버십, 유기농 식품, 생수, 보습제 및 제습제, 유명 디자이너의 옷, 비아그라, 지진 보험, 정수기, 성형수술, 자전거 자물쇠, 도난경보기 등 무한하다.

남겨진 가족들은
안전합니까?

상상해보자. 여러분은 지금 20대 싱글 여성이다. 노출이 많은 상의와 추리닝 바지를 입고, 거실에 요가 DVD를 틀어놓고, 운동할 준비를 하고 있다. 그때 밖에서 이상한 소리가 들린다. 아니면 이렇게 상상해보자. 여러분은 10대 소녀다. 밤에 집에 혼자 있는데 현관문에서 열쇠 돌아가는 소리가 들린다. 혹은 아이들이 마당에서 뛰어노는 동안 저녁을 준비하고 있는 엄마다. 그런데 차고 근처에 수상한 사람이 서성이고 있다. 또는 최근에 이혼한 여성인데, 하우스 파티에서 덩치 큰 남자와 농담을 주고받고 있다. 그런데 모든 사람들이 돌아갔을 때 갑자기 그 남자가 들어오더니 문을 잠근다.

지금까지 상상한 상황들 모두 브링크스 홈 시큐리티Brink's Home Security(현 브로드뷰 시큐리티Broadview Security)라는 미국 보안업체의 광고 속 장면들이다. 2008년 이들 광고가 처음 방송되었을 때 많은 방송비평가와 소비자단체들은 지나치게 자극적이고 음란하고 성차별적이라고 비난했다. 하지만 그 광고가 정말로 노리고 있는 공포에 대해서는 아무도 언급하지 않았다. 글로벌 경기 침체 속에서 잔뜩 겁을 집어먹은 미국인들을 대상으로 방송을 하는 동안 그 광고는 특히 타깃 소비자층인 여성들 사이에서 꽤 좋은 반응을 얻었다. 노골적으로 여성들의 공포심을 자극하는 이 광고를 통해 브링크스의 경보장치 매출은 범죄율이 실제로는 하락했던 한 해 동안 전례 없는 10% 성장을 일구어냈다.[22]

이런 광고들을 〈새터데이 나이트 라이브SNL〉는 유쾌하게 패러디했다. "커다란 집에 혼자 살고 있는 싱글 여성이십니까? 밝혀진 바에 따르면 모든 남성들이 여러분을 노리고 있다고 합니다."[23] 하지만 그냥 웃고 넘길 수만은 없는 이유는 브로드뷰 시

브랜드의 거짓말

큐리티와 같은 경보장치업체들 외에도 수많은 기업들이 이와 같은 광고 전략을 쓰고 있기 때문이다. 이들은 우리 마음속 가장 깊은 곳에 있는 두려움을 끄집어내고 이를 확대 재생산하여 최악의 시나리오로 사람들을 몰아간다. 브리티시컬럼비아 보험 회사Insurance Corporation of British Columbia가 후원한 광고를 보면 안전벨트를 매지 않은 소년이 자동차 앞 유리로 튕겨 날아가는 장면이 나온다. 음주운전 예방 캠페인이라고 주장하지만, 내가 보기엔 운전자들의 안전보다는 보험 상품을 더 팔아먹기 위한 것이다. 그리고 프루덴셜Prudential의 '기다리다 늦으리' 광고에는 아버지가 생명보험에 가입하지 않은 채 세상을 떠나는 바람에 고생하는 불쌍한 가족들의 모습이 등장한다.

자랑스럽게 밝힐 수는 없지만, 나 역시 이와 비슷하게 아버지와 어린 딸이 등장한 한 TV 광고 제작에 참여한 바 있다. 아버지는 출장 준비를 하고 딸은 슬픈 표정을 짓고 있다. 그리고 아빠가 탄 검은 리무진이 시무룩한 딸의 얼굴을 뒤로하고 멀어져 간다. 아버지는 비행기에 오르고 딸은 그리워하는 표정으로 하늘을 올려다본다. 그리고 회의장으로 성큼성큼 걸어 들어가는 아버지의 모습이 지나가면서 집에 있는 딸의 모습이 나온다. 전화가 울리자 딸은 울먹이듯 전화를 받는다. 아빠다. 그는 지금 집으로 가고 있다고 말하는 것일까?

이는 세계적인 생명보험 기업인 알리안츠Allianz의 광고다. 이들은 두려움을 이용하여 아버지들에게 사랑하는 가족들을 떠올려보라고 자극한다. 물론 직접적으로 말하는 것이 아니라 "혹시 여러분에게 무슨 일이 생겼을 때 가족들은 경제적으로 안전합니까?"라고 돌려서 묻고 있다. 우리는 그 광고를 보는 동안 어떤 장면이 가장 인상적이었는지, 그리고 가장 설득력이 컸는지를 확인해보기 위해 시청자들의 뇌를 관찰해보았다. 그 결과 소녀가 하늘을 쳐다보는 장면이 압도적이라는 사실을 확인할 수 있었다.

하지만 예전에 보았던 한 광고와 비교하면 아무것도 아니다. '시간이 더 필요합니다 – 세상에서 가장 슬픈 광고I want more time-Saddest Commercial Ever'라는 제목의 이 광고는 유튜브에서 바로 찾아볼 수 있다. 하지만 나는 '우리의 마음을 감성적으로 가장 잘 속인 광고'가 더 정확한 제목이라 생각한다.

광고 속에서 한 중년 남성이 운전을 하는 동안 그의 아들에 대한 이야기가 내레이션으로 흐른다. "아들을 이해하기 위해 시간이 더 필요해." 남자가 아들을 나무라는 장면이 나오면서 아버지의 독백은 이어진다. "아들의 노래를 듣고 싶다. 그리고 미안하다는 말을 해주고 싶다. 여태까지 하지 못했던 일을 할 시간이 필요해. 아들에게 더 많은 관심과 사랑을 전해주고 싶다."

그 순간 커다란 트럭이 그의 차를 덮치고 만다.

그리고 마지막으로 흘러나오는 말, "태국 생명보험."[24]

이와 같은 광고들이 효과가 좋은 까닭은 두 가지 차원에서 우리의 마음을 치고 들어오기 때문이다. 첫째는 공포, 둘째는 그

브랜드의 거짓말

사촌인 죄의식이다. 죄의식은 일종의 글로벌 바이러스다. 그리고 그 바이러스를 퍼뜨리는 데 기업의 마케터들이나 광고대행사만 한 것은 없다. 《소비자 연구 저널Journal of Consumer Research》에 게재된 2006년의 한 기사를 살펴보면, 강한 비난과 연관된 두려움, 후회, 죄의식 또는 용기는 감정을 행동으로 전환시킬 수 있다고 한다.[25] 본능적인 관점에서 이는 맞는 말이다. 우리가 담배 대신 니코틴 껌을 씹고 튀긴 치토스Cheetos 대신 구운 치토스를 먹으려는 생각을 하는 것 역시 두려움과 죄책감의 조합 때문이 아니던가? 덧붙이자면, 오늘날 구운 스낵 제품들의 포장지가 건강을 염려하는 여성들의 '두려워하는 자아'를 집중적으로 공략하고 있음을 알 수 있다. 일반적인 치토스 포장지가 미끄럽고 번들번들한 재질인 것에 반해, 구운 스낵의 포장지는 대부분 무광재질이다. 번들거리는 포장지는 무의식적 차원에서 기름지고 느끼한 피부를 연상시킨다. 결론적으로 공포와 죄책감 역시 마케터의 강력한 원투펀치인 셈이다.

나는 좋은 엄마일까

지금까지 살펴본 마케팅 전략들 대부분이 여성에 초점을 맞추고 있다는 사실을 알아챈 독자도 있을 것이다. 그 이유는 많은 연구 결과들이 남성보다 여성이 두려움과 죄책감에 더 민감하게 반응한다는 사실을 입증하고 있기 때문이다. 스페인의 한 심리학 연구팀이 15~50세 남성과 여성들 각각 300명을 대상으로 죄책감이 드는 일상적인 상황에 대한 질문을 던졌다. 그러자 가령 입원해 있는 친척의 병문안을 가지 못하거나 친구의 생일을 잊어버리거나 지인에게 화를 냈을 때 여성이 남성보다 죄책감을 더 크게 느끼는 것으로 나타났다. 그리고 다른 사람의 마음을 아프게 했을 때에도 더 많이 자책하는 것으로 드러났다.[26]

여성들 중에서도 두려움과 죄책감에 가장 민감한 사람은 아마도 엄마들, 특히 어린 자녀를 둔 엄마들일 것이다. 연약하고 가녀린 존재를 보호해야 할 책임을 지고 있다는 이유로 엄마들에게 온 세상은 거대한 죽음의 덫이다. 여성들은 엄마가 되고 나서야 세균공포증이 무엇인지 알게 된다. 아기를 낳은 여성들은 새 생명에게 나쁜 영향을 미칠 수 있는 외부의 위험에 극도의 두려움을 느낀다. 세정제를 거들떠보지도 않았던 여성들은 아기를 낳고 나서야 퓨렐에 관심을 돌린다. 하지만 청결편집증에 걸린 부모의 마음을 공략하는 것들은 세정제가 다가 아니다. 너무나도 많다. 부모들의 관심을 자극하는 대표적인 건강 및 안전 관련 제품들로는 연고, 가습기, 알카트라즈 감옥보다도 탈출이 어려워 보이는 자동차 시트, 캐비닛 자물쇠, 300달러나 하는 디지털 컬러 아기 모니터, '안전 욕조 온도계', '안전 목욕을 위한 수도꼭지 커버' 등이 있다. 물론 이런 제품을 쓴다고 아기들이 더 안전해지는 것은 아니다. 예를 들어 일본 전역의 의사들은 세균에 대한 부모들의 집착으로 인해 아기들의 면역 체계가 실질적으로 떨어지고 있다는 사실을 확인하고 있다.

기업의 마케터들은 엄마들의 두려움을 공략하는 데 대단히 능숙하다. 그래서 엄마들은 이러저러한 제품을 사지 않으면 '좋은 엄마가 아니다'라고 자책한다. 이 말은 특히 아이가 감염되었거나 감기에 걸렸을 때 맨 먼저 엄마의 입에서 튀어나오는 말이기도 하다. 사실 첫돌을 맞을 때까지 아기들이 감기나 다른 병에 감염될 확률은 거의 100%다. 그런데도 본능적인 차원에서 불안하고, 호르몬의 영향을 강하게 받고, 아기와 단둘이 지내는 시간이 많은 엄마들은 그것이 '본인' 실수라 믿는다. 하지만 이러한 죄책감은 오랫동안 TV 방송에서 보았던 토실토실한 뺨에 감기는 절대 걸리지 않고, 귀 속 염증이나 긁힌 상처라고는 찾아볼 수 없는 완벽한 아기의 이미지들에서 비롯된 것이다.

이러한 죄책감으로부터 자유로운 엄마들을 나는 한 번도 본 적이 없다. 엄마들은 항상 아이들에게 교육적인 장난감을 충분히 사주지 못했다고 걱정한다. 그리고 일일이 처음부터 요리를 하지 않았다며, 설령 그랬다고 하더라도 신선하고 품질 좋은 재료들을 사용하지 못했다며 자책한다. 이들은 항상 묻는다. '나는 다른 엄마들에 비해 좋은 엄마인가?' 하지만 주변에는 좋은 엄마가 아니라고 자책하게 만드는 요인들이 너무나도 많다. 아이들을 위한 립프로그LeapFrog 컴퓨터, 유기농 이유식, 출산 후 체조 비디오, LED 전구, 프리우스까지 엄마들의 죄책감을 덜어주기 위해 개발된 수많은 제품들이 줄 서 있다.

언제나 시간이 부족한 사회에서 얼마나 많은 엄마들이 할인 마트로 차를 몰고 가서 신선한 재료들을 골라 산 다음 집으로 돌아와서 껍질을 벗기고 썰고 끓이고 튀기고 굽고 또 끓이고 있는가? 그런데도 대부분의 엄마 아빠들은 포장된 음식을 사들고 집으로 들어오는 것에 대단한 죄책감을 느낀다. 냉동 라사냐가 무척이나 간편하다고는 하지만 종이상자에 들어 있는 상태로 애들 앞에 내놓을 때 엄마들은 정말 자신이 의식 있는 엄마가 맞는지 자책하고 죄책감에 시달린다. 바로 이러한 엄마들의 죄책감을 덜어주기 위해 식품 기업의 마케터들은 '최종 마무리 finishing touch'라는 새로운 개념을 개발했다. 2000년대부터 할인매장에서는 피자를 팔기 시작했다. 하지만 이제는 기존의 냉동식품 코너에서 완성된 피자가 아닌, 굽지 않은 피자 반죽, 모차렐라 치즈, 소스를 사다가 집에서 직접 만들어 아이들 앞에 내놓으면서 자신이 직접 요리했다며 뿌듯해한다. 이를 '요리'라고 부르지만, 실은 마케터들이 설계해놓은 '조립식' 식품을 설명서대로 따라 만든 것에 불과하다. 실로 기발한 마케팅 전략이라 하겠다. 이러한 '최종 마무리' 식품 시장에는 필즈베리 Pillsbury 같은 브랜드도 뛰어들어 '피자 반죽' 신제품을 선보이고 있다. 일반 피자 반죽과 별반 다르지 않은 제품이다. 또 라구 Ragú와 같은 브랜드는 '피자 소스'까지 포함한 제품을 내놓고 있다. 이 소스도 레스토랑에서 나오는 토마토소스와 비슷하다. 조금만 노력해 '최종 마무리'를 하면 '완제품'을 만들 수 있는 식품으로 엄청난 매출을 올릴 수 있다는 사실을 영리한 기업들은 잘 알고 있다.

그동안 죄책감에 시달려왔던 엄마들은 이제 가족들 앞에 둥글고 영양 많은 '가정식 요리'를 자랑스럽게 내놓을 수 있게 되었다. 봉지에 든 양념을 시킨 대로 섞는 노력만으로 품질 낮은 공산품 식사를 가족들에게 내놓아야 한다는 죄책감을 한결 덜 수 있게 된 것이다.

인스턴트 파스타인 '햄버거 헬퍼Hamburger Helper'나 달걀과 물 반 컵만 부어서 만드는 덩컨 하인스Duncan Hines의 브라우니 믹스 또한 이런 관점에서 바라볼 수 있다.

공포 마케팅의 공식

탈모 치료제로 유명한 로게인Rogaine사의 광고 문구는 이렇다. "아버지는 자신이 가질 수 없었던 것을 여러분은 꼭 누릴 수 있기를 바란다. 머리카락처럼." 이 광고를 본 남성들은 오랫동안 가족을 위해 고생하신 아버지의 모습을 떠올렸다가 곧 자신도 아버지처럼 머리가 빠질 것이라는 두려움을 느끼게 된다. 죄책감과 공포가 여기서도 기막히게 조화를 이룬다.

알레르기 때문에 고생한 경험이 있는가? 플로네이즈Flonase라는 알레르기 스프레이 광고에 등장한 여성은 분명 그런 것 같다.

그 여인은 애처롭게도 벌게진 코를 연신 문지르고 닦는다. 그리고 결국 괴로움을 이기지 못하고 코를 세게 움켜쥔다. 절박한 표정이 불쌍해 보인다. 화면이 바뀌면 플로네이즈를 두 번 뿌린 그녀의 모습이 등장한다. 그녀는 이제 야외에 있고, 남편은 웃으며 잔디를 깎고 있다. 이상하게 치아도 갑자기 눈부시게 하얗다. 화사한 금발의 아들이 밝게 웃으며 그녀 옆에 서 있다. 그녀 주변에는 손수레와 물뿌리개가 놓여 있고, 아마도 실내보다 훨씬 많은 꽃가루와 먼지가 날아다니고 있을 것이다. 그런데 어떤가? 그녀는 아무렇지도 않다. 재채기와 콧물이 멈추지 않아서 괴로워하던 그녀를 플로네이즈가 섹시하고, 여성스럽고, 야외에서도 알레르기로 전혀 고통받지 않는 여인으로 바꾸어놓았다. 우리 모두가 바라는 모습이다.

그렇다. 제약 광고들은 질병과 노화 그리고 죽음의 공포를 집중적으로 공략하여 사람들이 약을 먹게 한다. 하지만 이들 광고에는 공포 외에 또 다른 전략이 들어 있다. 가장 섬세하면서도 강력한 심리적인 속임수를 활용하는 것이다. 바로 사회적으로 고립될지도 모른다는 두려움이다. 수많은 연구들이 인간에게는 소속감이라고 하는 보편적인 욕구가 있다는 사실을 증명한다. 이 욕구는 하나의 무리 또는 부족의 일원이 되어야만 생존이 가능했던 우리 선조들의 시대로부터 유래한 본능이다. 이 본능으로 인해 사람들은 배척당하거나 홀로 된다는 생각을 끔찍하게 싫어한다.

그렇다면 제약업체들은 이러한 두려움을 정확하게 어떤 방식으로 이용 혹은 착취하고 있을까? 믿거나 말거나, 스탠퍼드대학교의 한 연구에 따르면 두려움을 기반으로 하는 광고들은 특정 공식을 따른다고 한다. 먼저 우리가 가장 '두려워하는' 미래의 고독한 자아의 모습으로 시작한다. 가령 대머리의 남자, 뚱뚱한 여자, 불행하고 혼란스러운 아이들의 모습이 등장한다. 그런데 이 사람들의 시선은 모두 분산되어 있다. 다음으로 광고 제품이 나온다. 그 제품이 무엇이건 한결같이 모델들의 외모를 돋보이게 하고, 기분을 안정시켜주고, 고통을 완화하고, 더욱 밝고 행복하고 섹시한 모습으로 만들어준다. 이때 그들의 시선은 카메라 정면을 향한다.

여기에는 두 가지 의미가 있다. 첫째, 심리학자들이 설명하듯 분산된 시선은 수줍음과 사회적 고립을 의미하는 반면, 정면을 바라보는 시선은 자신감과 사회적 유대를 상징한다. 그래서 약을 먹고 나서 카메라를 똑바로 쳐다보는 시선은 광고 속 모델을 더 건강하게 보이도록 만들 뿐 아니라 더 인기 있고 사랑받고 인정받는 사람처럼 보이게 만든다. 둘째, 모델의 인생으로 시청자를 초대하고 있다. 광고업계에서는 더 나아진 '이후' 상태를 '요구demand' 사진이라고도 부른다. 그 이유는 날씬해진 / 정면을 바라보는 / 말끔하게 나은 모델은 시청자들과의 연결을 '요구'하기 때문이다. 이들은 말한다. "저를 보세요. 제 눈을 바라보세요. 여러분은 저를 잘 알고 있어요. 이 제품은 정말 좋아요. 저처럼 행복해지고 싶다면 지금 사용해보세요."[27]

제약업체들이 강조하는 두려움의 대상은 짜증스러운 피부병, 성기능 저하, 암 등 언젠가 우리가 걸릴지도 모르는 끔찍한 질병들만은 아니다. 이들은 또한 매년 어마어마한 예산을 들여 사람들이 예전에는 미처 알지 못했던 증상에 대한 두려움을 창조해내기도 한다. 하지불안증후군? 섬유근육통? 월경전불쾌장애 PMDD? 예전에 이런 병이 존재한다는 사실을 알고 있었는가? 제약업체들의 간교한 전략 그리고 TV에서 심심치 않게 볼 수 있는 광고들 덕분에 이제 많은 사람들이 그런 병이 있다는 사실을 알고 있다.

혹시 수줍음 때문에 사회생활에 어려움을 겪고 있는가? 광고를 보면 수줍음은 성격적인 특성이 아니라 질환이며, 이를 치료하기 위해서는 팍실Paxil을 복용해야 한다. 예전에는 속쓰림 정도로만 알고 있었던 위산 역류는 어떤가? 오늘날 넥시움Nexium, 프릴로젝Prilosec, 잔탁Zantac 등 10개가 넘는 위산 역류 치료제가 나와 있다. 장이 불편한 증상이 멕시코 요리 같은 자극적인 식사 때문이 아니라 실제 '증후군'이라는 사실을 사람들은 어떻게 알게 되었을까? 가임기 여성들은 수백만 년 동안 매월 호르몬 변화로 고통을 겪어왔지만 '월경전불쾌장애'라는 병에 대해서는 비교적 최근에야 알게 되었다.

현대인들은 과거에는 일상적인 불편함 정도로 여겼던 고통을 해결하기 위해 의사에게 적극적으로 처방전을 요청해야 한다고 알고 있다. 요크대학교의 두 연구원이 내놓은 연구에 따르면, 오늘날 대형 제약 기업들은 홍보 및 광고 비용으로 연구개발비의 2배 가까운 돈을 쓰고 있다고 한다. 당연하게도 미국인들은 지구상에서 약을 가장 많이 복용하며, 미국의 조제약 시장 규모는 2,354억 달러에 달한다.[28]

신선하다는 환상

매일 아침 신문을 사는 사람은 가판대 맨 위에 있는 신문은 꺼내지 않을 것이다. 아마도 맨 위에 놓인 신문을 들고 바로 그 아래에 있는 신문을 뽑았을 것이다. 의식적이든 무의식적이든 72%의 사람들이 이런 식으로 행동하고 있다고 한다. 그 이유는 뭘까? 그건 맨 위의 신문이 사람들의 손을 가장 많이 타서 제일 더러울 것이라고 짐작하기 때문이다. 하지만 아이러니하게도 그 72%의 사람들 중 많은 수가 두 번째 자리에서 뽑은 신문을 잠깐 훑어보고는 제자리에 놓는다고 한다. 결국 사람들은 계속해서 똑같이 손때 묻은 신문을 돌려보고 있는 셈이다. 이와 동일한 현상이 호텔, 매장, 레스토랑의 여자 화장실에서도 벌어지고 있다. 실험 결과 여성들 중 5%만이 첫 번째 칸에 들어가는 것으로 나타났다. 그 이유는 뭘까? 첫 번째 칸이 두 번째나 세 번째 칸보다 더 더러울 것이라고 짐작하기 때문이다. 정말 신기한 현상이 아닐 수 없다!

여기서 중요한 사실은 청결과 신선함에 대한 환상이 미묘하면서도 강력한 유혹이 될 수 있으며, 이러한 점을 마케터들이 잘 알고 있다는 것이다. 일상적인 환경에서 '오염'을 피하기 위해 우리가 들이는 노력에 대해 생각해보자. 먼저 엄청난 양의 세정제를 사용한다. 농약을 치지 않은 과일과 농산물을 먹기 위해 많은 돈을 지불한다. '무독성' 라벨이 붙은 가정용 세제를 더 비싼 값에 산다. 이러한 소비자 심리 덕분에 메서드Method는 '더욱 깨끗한 깨끗함'을 내세워 미국에서 일곱 번째로 빠르게 성장한 기업이 될 수 있었다.[29] 그렇다면 이러한 제품들이 우리를 더 건강하게 만들어주는가? 절대 그렇지 않다. 다만 질병에 대한 두려움을 완화시켜줄 뿐이다.

세계적인 전염병을 제쳐두고서라도 세균에 대한 사람들의 공포는 어떤 신문을 뽑을지, 어떤 식품을 사야 할지처럼 일상생활에서 일어나는 다양한 구매 결정 과정에 녹아들어 있다. NBC 〈투데이〉에 소개된 한 실험에서 우리 연구팀은 켈리라는 여성 피험자의 뇌를 스캔해 그녀가 할인매장을 돌아다니다가 구매 결정을 내리는 순간의 사고 패턴을 분석해보았다. 이 실험에서 가장 흥미로운 부분은 청결에 대한 인식이 구매 결정에 지대한 영향을 준다는 사실이었다. 비록 그녀가 그 사실을 전혀 인식하지 못했다고 하더라도 말이다.

그 실험에서 할인매장의 임직원, 생산자, 그리고 시청자 모두 우리가 뇌 스캔 작업을 통해 밝혀낸 사실 한 가지만큼은 이해하지 못했다. 우리는 켈리가 제품을 매대에서 집어 들어 바구니에 담거나 매대에 다시 올려놓기까지 약간의 망설임 또는 반응 시간의 증가를 확인할 수 있었다. 물론 그 자체로는 전혀 놀라운 일이 아니다. 구매 결정에는 시간이 필요하니까. 흥미로운 점은 따로 있었다. 켈리가 제품을 집어 들 때마다 그녀의 뇌에서 편도체가 활성화되었다는 점이다. 편도체는 기억을 저장하는 것은 물론, 공포와 위험 그리고 불편함이라는 감정을 처리하는 일을 담당한다. 그렇다면 이 말은 물건을 집어 드는 일 자체가 그녀에게 공포를 가져다주었다는 뜻이다.

그녀의 뇌에서 어떤 일이 벌어지고 있었을까? 스캔 영상을 다시 한번 분석해보고 나서 우리는 그녀가 이미 충분히 만져보고 알아보고 숙고했던 좋아하는 물건일 경우 망설임 없이 곧장 구매한다는 사실을 발견했다. 그러나 '그날 우연히 집어 든 제품에 대해서는 그렇지 않았다.' 이 경우 신문 구매자들과 마찬가지로 '더럽혀진' 샴푸, 커피 캔, 토르티야를 다시 매대 위에 놓고 나서 그 뒤에 놓인 똑같은 제품을 집어 들었다. 그런데 매대에 재고가 하나밖에 없는 경우 켈리의 뇌에서는 공포 반응이 더욱 두드러지게 드러났고 결국에는 다른 브랜드의 비슷한 제품을 선택했다. 그 이유를 물어보았더라면 아마도 그녀는 자신이 그렇게 행동했던 정확한 이유를 대지 못했을 것이다.

똑똑한 마케터들은 이미 우리의 머릿속에, 물론 무의식적으로, 어떤 제품이 우리가 믿는 만큼 '깨끗'하거나 또는 그렇지 않다는 생각의 씨앗을 뿌려놓았다. 이 말의 의미를 정확하게 설명하기 위해 마멀레이드를 예로 들어보자. 마멀레이드는 두꺼운 껍질과 과즙이 들어 있는 과일 저장 식품이다. 스코틀랜드에서 유래된 마멀레이드는 원래 뚜껑에 특유의 타탄 무늬가 인쇄된 항아리에 담겨 판매되었다. 미국에서 유통되는 마멀레이드 대부분이 미국 내에서 생산되었음에도 '수입품'이라는 이국적인 이미지를 심어주기 위해 제품 포장을 예전 그대로 유지하고 있다. 대부분의 소비자들은 여전히 마멀레이드가 먼 바다를 건너 미국으로 왔다고 믿는다. 그리고 마멀레이드가 수많은 사람들의 손을 거치는 동안 잘 관리되었는지, 그러니까 안전하고 신선하고 오염이 안 된 상태를 유지하고 있는지 확인하기 위해 그 병을 유심히 살펴본다.

하지만 어떤 기업도 마멀레이드의 신선도를 보장하지 못한다. 사실 마멀레이드는 신선 식품이 아니다. 만들자마자 팔아야 하는 식품이 아닌 것이다. 여러분이 집어 든 마멀레이드는 이미 8개월 전부터 그 매대 위에 있었을 수도 있다. 하지만 마케터들은 소비자들에게 그 불편한 진실을 알리고 싶어 하지 않는다. 그래서 어떤 노력을 하고 있을까? 마멀레이드 마케터들은 병뚜껑에 흰색 스티커 띠를 부착함으로써 신선함이라는 '환상'을 창조하고자 했다. 그 띠가 온전하게 붙어 있다는 말은 아무도 뚜껑을 건드리지 않았다는 의미다. 그 띠는 소비자들에게 이렇게 말하

　　　　　　　　　　　　　　　　　　　　　　　브랜드의 거짓말

고 있다. "걱정하지 마세요. 지금 신선한 제품을 고르신 겁니다!"

호텔 역시 이와 비슷한 전략을 쓰고 있다. 호텔 직원들은 욕실 변기 뚜껑 위에 종이 띠를 감아두거나 미니바 위의 물 컵에 종이 뚜껑을 덮어놓는다. 보잘것없는 종이 한 장으로 청소 후에 아무도 변기를 사용하지 않았고, 설거지 후에 아무도 그 컵을 사용하지 않았다는 환상을 창조할 수 있다는 아이디어는 참으로 놀랍다. 그리고 분명 어느 정도 효과를 보고 있는 듯하다. 하지만 한 호텔 직원의 고백에 따르면, 그들은 설거지를 하지 않고 그냥 수건으로만 닦아놓는다고 한다. 그럼에도 종이 뚜껑은 손님들에게 청결함의 환상을 선사하고 있다.

마케터들은 이를 '신선 띠fresh strip'라고 부른다. 다양한 형태의 신선 띠는 오늘날 요거트, 땅콩버터, 커피, 케첩, 아이스티, 머스터드, 주스, 비타민을 비롯한 각종 식품과 농산물 제품에서 표준으로 자리를 잡았다. 신선 띠들은 병, 가방, 용기 안에 든 내용물이 세균에 오염되지 않았으며, 결코 다른 사람들의 손에 닿지 않았다고 안심시킨다. 하지만 대개 환상에 불과하다. 마멀레이드 업체들은 한 발 더 나아가, 집에 와서 그 병을 열었을 때 '뻥' 소리가 나도록 병을 설계해놓았다. 이 소리는 내가 산 제품이 신선하고 깨끗하고 안전하다는 사실을 재차 확인시켜준다. 물론 '뻥' 소리가 실은 실험실에서 개발되어 특허를 받은 음향이라는 사실은 절대 알리지 않는다.

더 이상 속지 마라. 진실은 여러분이 집어 든 그 마멀레이드가 수개월 동안 아무도 신경 쓰지 않는 가운데 매대에 놓여 있었다는 것이다. 이따금 점원이 먼지를 털기는 했을 것이다.

팜게이트 전략

'신선함'이라는 단어를 들으면 뭐가 제일 먼저 떠오르는가? 풀밭을 자유롭게 돌아다니는 소와 닭? 손으로 수확한 과일이나 꽃? 아직 줄기가 매달려 있는, 집에서 재배한 토마토?

세계 최대 유기농 유통 기업인 홀푸드Whole Foods 매장으로 들어서면 신선함의 상징이자 마케터들이 '심볼릭스symbolics'라고 부르는 것들이 우리를 압도한다. 미국 전역의 홀푸드 매장을 방문하면 제라늄, 수선화, 노랑수선화와 같은 싱싱한 꽃들이 가장 먼저 손님을 맞이한다. 그리고 그 뒤로는 구릿빛 배경에 맑은 물줄기가 폭포수를 이루며 흘러간다. 이 또한 차분함과 고요함을 암시하는 '상징'이다. 누구나 알고 있듯이 꽃은 세상에서 가장 신선하고 가장 연약한 존재다. 바로 이러한 꽃들로 매장 앞을 가득 메워버림으로써 소비자들에게 신선함의 환상을 미리 '준비' 시킨다. 만약 매장 앞에 참치캔과 조화가 한 무더기를 이루고 있다면 우리는 절대 환상 속으로 들어갈 수 없을 것이다. 무의식적인 차원이기는 하지만, 신선함의 환상은 쇼핑을 하는 내내 그대로 이어진다.

생화는 물론, 과일과 채소의 가격표는 칠판에 분필로 휘갈겨 쓴 모양을 하고 있다. 이는 유럽의 전통 시장을 떠올리게 한다. 마치 농부가 분필과 칠판까지 들고 홀푸드 매장으로 와서 자신이 수확한 농산물을 진열한 다음 다시 트럭을 몰고 시골 농장으로 돌아간 듯하다. 게다가 휘갈겨 쓴 필체는 가격이 매일 또는 하루에도 몇 번씩 변할 수 있다는 사실을 암시함으로써 시골 농장이나 갓길 행상의 이미지를 떠올리게 만든다. 하지만 홀푸드 농산물 대부분은 며칠 전에 비행기로 날아온 것들이다. 그리고 가격은 홀푸드 본사에서 일괄적으로 정한 것이며, 쉽게 바뀌지도 않는다. 분필로 휘갈겨 쓴 것 같은 글씨도 실제로는 지워지지 않는다. 모두 공장에서 대량 생산된 가격표다. 이와 관련하여 마케터들은 '팜게이트Farmgate'와 '팩토리게이트Factorygate'라는 표현들을 쓴다. 팜게이트는 소비자들의 마음속에 시골 농장의 거짓 환상을 심어주는 마케팅 전략을 의미하며, 팩토리게이트는 실제로는 모든 것들이 공장에서 대량으로 생산된 것이라는 뜻이다.

'팜게이트' 전략은 얼음으로 가득 채운 매대에서도 확인할 수 있다. 홀푸드 매장 어디에서나 얼음 매대를 볼 수 있다. 그리고 그 위에는 후머스(이집트 콩으로 요리한 중동 음식 - 옮긴이)나 '오이 요거트 딥' 같은 식품들이 진열되어 있다. 그런데 이 식품들도 냉동 보관할 필요가 있는 걸까? 절대 그렇지 않다. 여기서 얼음은 홀푸드의 또 다른 '상징'으로 기능하고 있다. 즉 지금 우리가 보고 있는 모든 식품들이 신선하다는 인상을 무의식에 심어주

는 것이다. 세균을 두려워하는 우리의 무의식은 토르티야, 핫도
그, 피클 같은 음식들마저도 얼음 침대 위에 있을 때 더 신선하
고 더 안전하다고 믿는다. 소다 음료나 주스는 적당히 땀을 흘리
고 있어야 한다. 전문용어로 '스웨팅sweating'이라고 하는 장면을
연출하기 위해 매장들은 주스와 우유가 들어 있는 냉장고의 온
도를 적정하게 유지하려 안간힘을 쓴다. 이와 비슷하게 대형 슈
퍼마켓들은 채소에 물을 뿌려 이슬방울이 달리게 한다. 이는 덴
마크에서 처음 시작된 유행이다. 얼음 침대와 마찬가지로 스프
링클러 시스템 역시 신선함과 순수함을 상징한다. 하지만 아이
러니하게도 이슬방울이 달려 있을 때 채소는 더 빨리 시든다. 인
식과 현실 사이에 큰 격차가 있는 것이다.

전 세계 소비자들을 대상으로 실험을 하는 동안 나는 사람들
에게 껄끄러운 주문을 던져보았다. 냉장고 안에 있는 식품들을
다 꺼내서 테이블 위에 놓은 다음 '신선하다'고 생각하는 순서대
로 나열해보는 것이었다.

일등을 차지한 식품은 무엇이었을까? 다름 아닌 하인즈Heinz
케첩이었다. 그렇다. 사람들은 양배추나 토마토, 양파보다 케첩
이 더 신선하다고 믿고 있었다. 나는 병에 찍힌 유통기한이 채
6개월도 남지 않았다는 사실을 지적하면서 이렇게 물어보았다.
"왜 하인즈를 선택하셨죠?" 그러면 대부분 잠시 머뭇거리다가
이렇게 대답한다. "그러게요. 제가 왜 그랬는지 잘 모르겠군요."

그렇다면 케첩이 신선하다는 소비자들의 인식 뒤에는 무엇이

브랜드의 거짓말

도사리고 있을까? 역시 마케팅 전략이 숨어 있다. 하인즈는 특유의 붉은색을 통해 케첩이 '진짜 토마토'라는 사실을 강조한다. 토마토에서 추출한 물질로 만든 공산품임에도 마치 갓 따낸 토마토라는 인상을 전달하는 것이다. 케첩 뚜껑을 땄더라도 우리가 믿고 있는 것처럼 냉장 보관은 필요 없다. 냉장 보관이 필요하다는 설명 역시 신선함의 환상을 만들어내기 위한 또 하나의 도구에 불과하다.

신선함과 순수함의 환상을 심어주는 또 다른 강력한 '상징'에는 무엇이 있을까? 바로 과일이 있다. 주스 브랜드들은 포장에 과일 이미지를 더 많이 집어넣을수록 소비자들은 더 신선하다고 느낀다는 사실을 오랜 경험으로 알고 있다. 키위, 오렌지, 망고, 딸기, 나무딸기의 이미지들로 도배된 주스 제품들을 떠올려 보자. 이러한 혼합 주스 속에 과일 원액보다 물과 설탕이 더 많이 들어 있다고 하면 여러분은 충격을 받을 것인가?

오래전 치토스를 둥근 모양으로 변형한 '치즈볼' 스낵 개발에 참여했던 때가 생각난다. 나는 원형으로 배열된 고대 석상의 모양을 본떠서 작은 상자 안에 치즈볼 다섯 개를 집어넣은 디자인을 시안으로 보여주었다. 의뢰인은 기가 차다는 표정으로 나를 쳐다보면서 이렇게 말했다. "대체 누가 치즈볼이 달랑 다섯 개든 제품을 사겠습니까? 포장지 속에 치즈볼이 많이 들어 있는 것처럼 보여야 소비자들의 시선을 끌 수 있다고요!" 나는 그의 말이 옳았다는 사실을 차차 깨달았다. 그리고 그건 스낵뿐만이 아니라 모든 상품에 적용되었다. 결국 나는 치즈볼이 수백 개 들어 있는 것처럼 보이도록 포장을 바꾸었다. 왜 그랬을까? 포장만으로도 제품의 양이 풍부하다는 환상을 만들어낼 수 있기 때문이다. 물론 포장 자체는 내용물과 아무런 상관이 없다. 마찬가지 이유로 주스 브랜드들의 마케터들은 제품 포장을 키우나 망고 같은 과일들로 도배해놓았다. 물론 그 과일들의 함유량은 무시할 만한 수준이다.

이제 과일에 대해 얘기해보자. 여러분은 바나나를 그냥 바나나로 볼 것이다. 하지만 사실 그리 간단하지 않다. 돌Dole을 포함한 바나나 생산업체들은 신선함이라는 환상을 창조하기 위해 바나나 재배 과정을 일종의 '미니 과학'으로 만들었다. 돌은 청과 유통상들에게 '바나나 가이드'를 나누어주고 있다. 그 가이드는 라이프 사이클을 거치는 동안 바나나가 보여주는 다양한 색상 단계들을 담고 있다. 그리고 그 단계들은 바나나의 잠재적인 매출과 직결된다. 예를 들어 '팬톤컬러 12-0752'(일명 버터컵) 바나나는 '팬톤컬러 13-0858'(일명 바이브런트 옐로) 바나나보다 한 단계 더 따뜻하고, 더 잘 익고, 더 신선해 보인다. 당연히 매출도 높다. 바나나 브랜드들은 색상에 따른 매출 데이터를 바탕으로 가장 잘 팔리는 '색상'의 바나나를 생산하는 데 초점을 맞추고 있다.

과일의 이미지가 건강, 신선함, 청결이라는 강력한 연상 작용을 일으킬 수 있다는 연구 결과를 기반으로 기업들은 다양한 상품에서 과일을 적극적으로 활용하고 있다. 가령 샴푸, 헤어 컨디셔너, 아기 비누, 생수, 니코틴 껌, 립밤, 차, 비타민, 화장품은 물론 가구 광택제에까지 파인애플, 오렌지, 패션프루트, 바나나 같은 과일향을 집어넣는다. 물론 화학실험실에서 합성한 향들이다. 망고 파파야 컨디셔너를 써보았는지? 레몬 립글로스는? 아니면 오렌지향 파인솔Pine-Sol 세제는? 과연 이 제품들이 머릿결이나 마룻바닥을 일반 제품보다 더 깨끗하게 만들어줄 수 있을까? 당연히 아니다. 하지만 과일향 제품은 세균공포증 소비자들에게 청결함이라는 환상을 불러일으킬 수 있으며, 바로 그 사실이 중요하다. 요즘에는 샴푸에서 지나치게 달콤한 과일향이 나서 가끔은 게걸스럽게 마셔버리고 싶을 정도다.

샴푸 기업들은 또한 풍부한 거품을 가지고도 신선함과 청결함의 환상을 창조한다. 애프터셰이브나 스파클링 음료수의 '따끔거림' 또한 그 제품이 신선하고 오염되지 않았다는 사실을 알려주는 신호다. 몇몇 샴푸 브랜드들은 거품의 모양과 양을 개선해주는 화학제품을 첨가하여 머리를 감을 때 더 신속하게 깨끗해지고 있다는 느낌을 소비자들에게 무의식적으로 전달한다. 나는 이를 '인식된 정당화 상징perceived justification symbol'이라고 부른다. 이러한 상징으로부터 소비자들은 구매를 잘했다는 확신, 앞으로 충성스러운 소비자로 남아도 되겠다는 확신을 얻는다.

아쿠아프레시 역시 이와 비슷하다. 그 치약을 짜보면 흰색, 빨간색, 파란색이 띠를 이루어 나온다. 여기서 흰색은 미백, 빨간

색은 항균, 파란색은 상쾌함을 상징한다. 아쿠아프레시의 이러한 상징 전략은 큰 성공을 거두었다. 한 실험에서 나는 피험자들을 두 그룹으로 나누고 서로 다른 치약을 사용하게 했다. 하나는 한 가지 색상의 일반적인 치약이었고 다른 하나는 아쿠아프레시와 같은 세 가지 색상의 치약이었다. 그 결과 세 가지 색상의 치약을 사용한 그룹이 73%나 더 품질이 좋다고 평가했을 뿐만 아니라 미백 효과까지 있었다고 주장했다.

다시 홀푸드 이야기로 돌아가보자. 나는 그 매장에서 과일이 아닌 다른 냄새를 맡았다. 바로 해산물이었다! 매장의 한 코너에 또 다른 상징인 차가운 얼음 매대가 설치되어 있고 그 위에 생선과 저울이 놓여 있었던 것이다. 여기서도 얼음은 그 생선들이 모두 오늘 아침에 갓 잡아 올린 싱싱한 것이라는 인상을 주었다. 하지만 실제로는 이미 손질을 마치고 비닐 포장지에 개별적으로 담긴 채로 유리벽 뒤에 쌓여 있던 것들이다. 하지만 소비자들은 얼음 매대에 놓인 이 생선들을 보고 오늘 아침에 갓 잡아온 것이라는 환상에 다시 한번 속아 넘어가고 만다.

예전에 두바이의 한 생선 매장 사장에게 마케팅 컨설팅을 해준 적이 있다. 당시 그 사장은 처음으로 냉동 생선을 팔려고 했지만 관심을 보이는 소비자는 거의 없었다. 그래서 나는 각얼음으로 매대를 만들고 그 위에 생선을 진열해두라고 했다. 그러자 매출이 갑자기 74%나 증가했다. 똑같은 냉동 생선이었음에도 말이다!

브랜드의 거짓말

흥미롭게도 프랑스 소비자들은 냉동식품이 과일이나 채소보다 '더 신선하다'고 믿는다. 나는 그 이유가 신선한 농산물들이 생산지에서부터 유통업체와 슈퍼마켓을 거쳐 결국 가정집 냉장고에 이르기까지 얼마나 오랜 시간이 걸리는지를 강조했던 냉동식품 기업들의 기발한 마케팅과 광고 전략 때문이라고 생각한다. 그들은 이렇게 강조한다. 시금치는 유통 과정에서 금방 시들어버리지만 그들이 판매하는 냉동식품들은 생산 현장에서 즉각 냉동되기 때문에 신선하다고!

마지막으로 생선에 관련된 이야기가 하나 더 있다. 내 친구한 명은 예전에 스페인 카나리아 제도에서 가장 큰 섬인 테네리페에서 고기잡이를 한 적이 있었다. 그는 잡은 고기를 주로 그 지역의 유명 레스토랑인 '로스 아브리고스'에 납품했다. 그런데 그 레스토랑 사장은 그에게 특별한 요청을 했다. 그가 잡은 해산물들을 그 레스토랑이 아니라 인근의 작은 항구에 있는 조그맣고 오래된 배에 실어달라는 것이었다. 그 배는 내 친구는 물론 당시 어떤 어부도 사용하지 않는 구식이었다. 오전 10시에서 오후 3시 사이에 레스토랑을 찾은 손님들은 늙은 스페인 어부가 모는 조그마한 배가 천천히 항구로 들어와서 레스토랑 직원들에게 생선들을 건네주는 모습을 똑똑히 보게 된다. 마치 자신이 갓 잡아 올린 것처럼 말이다. 그야말로 완벽한 연출이었고 손님들은 모두 속아 넘어갔다. 덕분에 레스토랑은 언제나 손님들로 넘쳐나고, 많은 사람이 기다리다 지쳐 그냥 돌아간다.

세균이든 질병이든, 아니면 미래의 모습이든 간에 마케터들은 유행하는 다양한 두려움들을 정확하게 집어내고 활성화하고 과장함으로써 소비자의 가장 깊은 무의식을 건드린다. 이 책을 읽어나가는 동안 여러분은 오늘날 기업과 마케터들이 공포 이외에 다양한 심리적 도구들을 동원하여 소비자들을 유혹하고 있다는 사실을 깨닫게 될 것이다.

그것이야말로 우리가 세상에서 제일 무서워해야 할 것들이다.

3장

도파민

DOPAMINE

중독 대신
사랑에 빠뜨리다

휴대전화의 벨소리와 진동에
노출된 사람들은 사랑과 연민의 감정과
관련된 뇌 부위가 활성화되었다.
이 실험이 보여준 것은 사람들이
아이폰을 '사랑'한다는 사실이었다.
의학적 차원에서의 중독이 아니라
진정한 애정이었다.

아이폰을 '사랑'하는 사람들

휴대전화가 울린다! 친구의 안부 전화인가? 회의가 취소되었나? 아이가 아픈 걸까? 경조사가 생겼나? 그런데 만약 생명줄과도 같은 휴대전화를 잃어버린다면 어떻게 될까? 혼란스럽고 정신없고 단절되고 고립된 느낌이 몰려올 것이다.

밤에 잘 때에도 아이폰을 머리맡에 놓아두는 지인이 한 사람 있다. 새벽 1시면 어김없이 깨어나 이메일이 왔는지 확인한다. 3시에도, 5시에도 깬다. 그러고는 루이 암스트롱과 엘라 피츠제럴드의 감미로우면서도 분명한 〈캔트 위 비 프렌즈Can't We Be Friends〉를 모닝콜로 들으며 일어난다. 그러고는 아내와 아이들에게 키스를 하고 나서 순식간에 세 통의 문자메시지를 보내고, 세 개나 되는 이메일 계정들을 모두 확인하고,《뉴욕 타임스》의 헤드라인 기사를 훑어보고, ESPN에서 어제 뉴욕 닉스New York Knicks 경기의 하이라이트 영상을 확인한다. 바쁜 아침 시간에도 아이폰은 항상 그의 곁에 있다. 샤워를 하는 동안에도 욕실에 놓아두고, 강아지와 함께 잠깐 산책을 하는 동안에도 들고 나간다. 출근길 운전을 하는 와중에도 혹시 배터리가 닳을까 염려하며 충전 잭에 꽂아 보조석에 놓아둔다. 운전을 하는 동안 GPS 앱을 통해 어떤 길이 가장 덜 막히는지 확인한다. 그리고 파리와 뉴욕 외에도 세계적인 도시 다섯 곳의 날씨와 기온을 확인한다. 그리고 사무실 책상에 앉자마자 컴퓨터로 곧장 연결한다. 한가한 시간이면 '앵그리버드Angry Birds'나 '테트리스Tetris' 또는 '슈퍼마리오 카트Super Mario Kart'를 즐기기도 한다. 가끔은 눈에 잔뜩 힘을 주고 킨들Kindle 앱으로 독서도 한다. 그밖에도 스톱워치, 플래시, 계산기, 달력, 카메라, 주식시황판, 메모지 등 다양한 용도로 아이폰을 활용한다.

그런 그도 몇 번이나 스마트폰을 잃어버린 적이 있다. 그때 그는 자신의 정체성이 허물처럼 벗겨지는 느낌을 받았다고 했다. 그의 표현에 따르면, 방 안 어딘가에 있을 마지막 남은 담배 한 개비를 찾아 돌아다니는 흡연자, 또는 서랍 안에 마지막으로 숨겨놓은 마약 한 알을 필사적으로 찾아내려는 중독자가 된 느낌이었다고 한다. 스탠퍼드대학교 학생 200명을 대상으로 한 최근 연구 자료를 보면, 무려 34%가 휴대전화에 중독되어 있으며, 32%는 조만간 중독될지 모르겠다고 걱정하고 있었다. 그 수치는 앞으로 꾸준히 증가할 것이다. 여러분은 하루에 몇 번이나 휴대전화를 들여다보는가? 25번? 50번? 200번? 최소한 5분 이상

지나서 전화, 문자메시지, 이메일, 페이스북 계정을 확인했는데 아무런 소식이 없을 때 허무한 느낌이 드는가? 한 가지 질문이 더 있다. 잠을 잘 때 휴대전화를 어디에 두는가? 침실 탁자 위? 머리맡? 아니면 무음 모드로 해놓고 코를 고는 남편이나 아내의 베개 바로 옆에 두는가? 그렇다면 그건 여러분만의 습관은 아니다. 《뉴욕 타임스》는 2009년에 이런 기사를 실었다. "네트워크로부터 격리된 유일한 6~8시간, 즉 잠자는 시간이 끝나자마자 사람들은 휴대전화나 노트북으로 달려간다. 심지어 가끔은 발을 땅에 대기도 전에, 그리고 생물학적으로 급한 볼일을 보기도 전에."[1]

가족들과 아침을 함께하다가도, 아이들 축구 시합을 보러 가서도, 파리의 우아한 바에 있는 화장실에서도 우리는 휴대전화를 손에서 놓지 않는다. 완전히 충전된 휴대전화를 가방이나 주머니에 밀어 넣는 행동은 현대인들이 하루를 시작하는 의식과도 같은 것이 되어버렸다. 《USA 투데이》는 와이파이 사용자들을 대상으로 한 설문 조사에서 얼마나 시간이 흘러야 이메일이나 문자 또는 소셜 네트워크 사이트를 확인하고 싶어 '안달하게' 되는지 물어보았다. 47%의 사람들이 '한 시간 또는 그 미만'이라고 답했다.

나는 세계적인 음향 전문 회사인 일라이어스 아츠Elias Arts와 함께 한 가지 연구를 진행 했었다. 우리는 세상에서 가장 인상적이고 중독성이 강한 50가지의 소리를 밝혀내고자 했다. 3위는 무엇이었을까? 휴대전화 진동 소리였다. 아이폰이든 블랙베리나 안드로이드폰이든 상관없이 대부분의 사람들이 극단적으로 휴대전화에 밀착되어 있다는 강력한 증거였다. 하지만 그렇다고 해서 '중독'이라는 표현까지 쓸 필요가 있을까? 너무 심각하게 생각하는 것 아닐까?[2]

그렇지 않다. 미국심리학협회의 정의를 완전히 충족시키는 것은 아니지만, 일부 심리학자들은 스마트폰이 "우리 머릿속에서 도박과 같이 충동적인 행동이 유발하는 것과 동일한 연상 학습 과정을 일으킨다"고 지적한다.[3] 다시 말해 휴대전화를 사용할 때 우리의 뇌는 강력한 창조적인 연상 기억들을 만들어내며, 이는 다시 한번 그 행동을 하고 싶어지게 하는 조건 반응으로 이어진다. 마약, 담배, 식품 등 다양한 중독의 유형들과 마찬가지로 휴대전화의 경우에도 쾌감 신경 전달 물질인 도파민이 주요한 화학물질로 작용한다. 어떤 심리학자들은 이메일이나 문자 메시지가 도착하면 우리의 뇌가 도파민을 분비하고, 거기서 쾌감을 느끼는 과정이 반복되면서 휴대전화를 확인하는 행동과 쾌감의 연결고리가 학습된다고 설명한다. 술을 마시고 희열을 느끼는 과정을 반복하는 동안 점점 더 술을 갈망하게 되는 알코올 중독자처럼 우리는 문자메시지가 도착할 때마다 당장 확인하고 싶다는 갈망에 휩싸이게 된다.

나는 fMRI 기술을 바탕으로 아이폰이나 블랙베리 같은 스마트폰에 대한 집착이 진짜 중독인지 확인해보기로 했다. 우선

브랜드의 거짓말

18∼25세의 여성과 남성 각각 여덟 명을 피험자로 선정했다. 이 실험에서 연구원들은 아이폰의 벨소리와 진동에 주목했다. 그리고 피험자들에게 벨소리와 진동을 담은 오디오와 비디오 자료를 세 차례 연속으로 제시했다.

아이폰에 정말로 중독될 수 있는 것일까? 술, 코카인, 쇼핑 또는 비디오 게임처럼?

2주 후 나는 실험 결과를 받았다. 첫째, 벨소리와 진동을 담은 오디오와 비디오 모두 피험자들의 청각과 시각을 담당하는 피질을 활성화한 것으로 드러났다. 이는 곧 그들의 뇌가 휴대전화의 벨소리에 청각적인 연상은 물론, 시각적인 연상도 했다는 의미다. 더 놀라운 사실은 뇌도insula(측두엽의 측열에 깊게 놓여 있는 삼각형 부분 - 옮긴이) 부위 또한 크게 활성화되었다는 점이다. 이 부위는 사랑과 연민의 감정과 관련이 있다.

결론적으로 말해서 이 실험에 참여했던 피험자들의 뇌는 아이폰과 관련하여 전형적인 중독 징후는 보여주지 않았다. 하지만 벨이 울리거나 진동하는 휴대전화의 이미지와 소리가 보여준 것은 피험자들이 아이폰을 '사랑'한다는 사실이었다. 피험자들의 뇌는 애인이나 조카, 애완견을 대하는 것과 비슷한 방식으로 휴대전화의 진동과 소리에 반응했던 것이다. 즉 의학적 차원의 중독이라기보다는 진정한 애정이라고 볼 수 있었다.

쇼핑을 멈추지 못하는 이유

브랜드 중독이나 쇼핑 중독은 알코올 중독이나 마약 중독처럼 생명을 위협하지는 않는다. 그럼에도 실질적인 피해를 유발할 수 있으며, 극단적인 경우 치명적인 문제를 일으키기도 한다. 쇼핑 중독에 빠진 중년의 영국 여성인 캐럴린 롱미드의 사건을 한 번 살펴보자. 캐럴린은 작은 전자제품 매장에서 2년 넘게 일하면서 약 22만 5,000달러의 돈을 훔친 것으로 드러났다. 그 돈은 대체 어디에 썼을까? 대출금을 갚거나 아이들 대학 등록금에? 틀렸다. 루이비통Louis Vuitton, 프라다Prada, 구찌Gucci 등 명품을 사 모으는 데 모두 탕진했다. 체포 당시 그녀의 집에서 브랜드 의류와 핸드백 그리고 신발을 수거하는 데 27장의 포대가 필요했을 정도다.[4]

엄밀하게 말해 중독이란 술, 초콜릿과 같은 식품, 약, 흡연, 도박, 쇼핑, 섹스에 이르기까지 특정한 물질이나 행동에 대한 지속적이고 통제 불가능한 의존 상태라 정의할 수 있다. 대부분의 심리학자들은 중독이 유전적 성향과 환경 요인의 조합으로 발생한다는 주장에 동의한다. 하지만 아직까지 이 두 가지 요소의 상대적인 비중에 대해서는 정확하게 알려진 바가 없다. 그래도 전문가들 대부분은 정확한 원인과 형태를 떠나 중독이 생물학적 차원에서 뇌 질환이라는 사실은 인정한다. 다시 말해 '두뇌의 구조와 기능에서 나타난 지속적인 변화로 인해 발생한' 병이라는 것이다.[5] 그렇기 때문에 일단 중독에 빠진 사람들은 혼자 의지력만으로 벗어나기가 대단히 어려운 것이다.

미국의 《정신의학연보Annals of General Psychiatry》는 쇼핑 중독, 다시 말해 '충동적, 병리적 소비'(또는 오니오마니아oniomania)를 '저항하기 어렵고 침입적인, 또는 지각이 없는 상태로 종종 경험되는 구매에 대한 집착이나 충동'이라고 정의한다. 그리고 이를 엄밀한 중독이라고 인정하기 위해서는 "소비 행동이 명백한 문제를 일으키고, 사회적 활동을 방해하며, 잦은 경제적 곤란으로 이어져야 한다"라고 덧붙인다.[6] 중독에 대한 일반적인 정의를 바탕으로 스탠퍼드대학교 연구팀은 미국 인구의 약 6%에 해당하는 1,700만 명이 쇼핑 중독으로 고통받고 있다는 연구 결과를 내놓았다.[7] 그리고 일반적으로 불안 장애로부터 섭식 장애와 약물 남용과 같은 다른 증상들도 동시에 보이고 있다고 주장했다.[8]

전문가들에 의하면, 쇼핑 중독 역시 다른 중독들과 마찬가지로 일반적인 패턴을 따르는 경향이 있다. 《소비자 연구 저널》에 소개되었던 리치먼드대학교와 일리노이대학교의 공동 연구 결과 맨 처음 어떤 물건을 사려는 기대가 생기고, 다음으로 '부정적인 감정들로부터 탈출할 수 있는 즐겁고 짜릿한' 쇼핑의 경험이 이루어진다.[9] 하지만 구원의 순간이 점차 약해지면서 감정이 가라앉고 절망으로 빠져든다. 그러고는 마치 진탕 술을 마시고 깨어난 알코올 중독자처럼 죄책감에 괴로워하면서 한탄을 한다. 이 과정은 계속해서 반복된다.

쇼핑 중독을 임상적인 차원에서 진정한 중독이라고 인정해야 할지를 두고 정신과 의사들 사이에서 의견이 분분하지만, 충동적으로 물건을 구매하는 사람들이 "우울과 불안, 권태, 자기비하, 분노와 같은 부정적인 감정에서 벗어나는 탈출구로 쇼핑을 활용한다"는 주장에는 대부분 동의한다[10] (이 글을 쓰던 당시 미국 정신과학회는 『정신장애의 진단 및 통계 편람』 5판에 충동적 쇼핑을 포함시킬지를 놓고 논의를 벌이고 있었다). 오늘날 실제로 쇼핑 충동을 억누르지 못해 어려움을 겪는 많은 사람들이 시탈로프람citalopram이라는 항우울제를 복용하는 것으로 알려져 있다.

쇼핑 중독을 주제로 독일에서 4년 동안 진행된 한 연구에 따르면 매장 점원들의 대우를 받음으로써 자존심이 고취되는 것이 쇼핑 중독에서 대단히 핵심적인 역할을 하고 있다! 그 연구를 진행했던 아스트리드 뮬러는 이렇게 설명한다. "우리는 쇼핑 중독이 매장 직원들과의 상호작용으로부터 시작된다는 사실을 발견했다. 고객들의 기분을 맞추고, 미소를 보이고, 왕족처럼 모시는 점원들의 태도에 이들의 허약한 에고는 한껏 부풀어 오른다. 물론 그들의 의식은 매장 직원들이 물건을 팔기 위해 그러는 것이라는 사실을 잘 알고 있다. 하지만 그들의 무의식은 자신이 특별한 사람으로서 대우받는 상황을 즐긴다."[11]

그렇다면 쇼핑 중독을 비롯한 모든 중독은 어떻게 시작되는가? 그 대답은 다시 한번 도파민으로 돌아간다. 대뇌변연계에서 분비되는 도파민은 '감정 상승'과 '쾌감'을 불러일으키는 신경 전달 물질이다. 우리는 도파민이 분비되었다가 다시 정상 수치로 떨어지는 순간 도파민 분비를 자극했던 특정 행동을 반복하려고 한다. 하지만 담배든 술이든 마약이든, 아니면 새로 나온 마놀로 블라닉Manolo Blahnik 구두든 간에 중독을 유발하는 행동이나 물건을 탐닉할수록 우리 몸에는 강한 내성이 생긴다. 예전과 같은 감정 상승을 경험하기 위해서는 점점 더 많은 행동과 물건이 필요하다는 뜻이다.

브랜드에 애착이 뿌리내리는 2단계 과정

쇼핑 중독은 브랜드 '중독addiction', 그리고 이보다 증상이 좀 덜한 브랜드 '집착obsession'으로 이루어져 있다. 쇼핑 중독이 아직까지는 정신질환으로 분명하게 인식되지는 않지만, 그 증상은 놀랍도록 보편적으로 나타나고 있다. 내 주변에는 아침 업무를 시작하기 전에 다른 커피가 아닌 스타벅스 커피를 꼭 마셔야만 하는 동료, 뉴욕 양키즈New York Yankees가 져서 며칠 동안 우울해하는 처남, 마일리 사이러스Miley Cyrus의 콘서트 티켓을 사기 위해 영하 10도의 날씨에 밤새 줄을 서는 어린 조카들처럼 다양한 형태로 고통받는 사람들이 많다(스포츠팀과 연예인 역시 고도로 중독성 있는 브랜드다). 브랜드 집착을 겪는 사람들은 상당히 많으며, 이들은 심지어 '마이브랜즈MyBrandz'라는 온라인 커뮤니티에서 각자의 사례를 공유하기까지 한다. 할리 데이비슨을 무려 10대나 보유하고 있는 남성부터 다이어트 코크를 하루에 25캔이나 마시는 여성에 이르기까지 그동안 나는 참으로 다양한 형태의 브랜드 중독 사례들을 만나보았다. 그리고 쇼핑 중독과 일반적인 중독 사이에 분명 차이가 있기는 하지만, 그 차이가 그리 크지 않다는 사실을 확인할 수 있었다.

오늘날 기업과 광고대행사들은 브랜드 중독을 만들어내기 위해 어떤 노력을 기울이고 있을까? 물론 이들은 우리의 뇌 속으로 직접 침투할 수 없고 DNA를 바꿀 수도 없다. 세계적으로 큰 성공을 거둔 브랜드 기업들과 함께 일하면서 회의실이나 밀실에서 보고 들었던 내용에 비추어볼 때 비록 직접적으로 중독을 만들어내지는 못한다고 하더라도 이들은 소비자들을 중독으로 몰아가고, 중독 증세를 더 심각하게 만들기 위한 다양한 기술과 도구들을 이미 확보하고 있다. 흡연자들의 갈망을 유도하기 위해 교묘하게 제작된 이미지로 광고와 포장을 도배하는 담배 기업처럼 때로 기업들은 소비자들의 무의식과 심리를 활용한다. 제품 자체의 중독성을 직접적으로 높이는 경우도 있다. 가령 담배 기업들은 중독성을 높이기 위해 제품을 화학적으로 가공하고 스낵업체들은 감자칩 한 봉지를 몽땅 비울 때까지 손을 멈출 수 없도록 특별한 공법을 개발했다. 또 쇼핑에 중독되도록 소비자들의 뇌를 재구성하는 특정 행동들을 자극하기도 한다.

브랜드의 거짓말

쇼핑 중독 과정을 살펴보기 위해 나는 필립모리스Philip Morris 전 임원을 만나서 이야기를 나누어보았다(필립모리스는 중독에 관한 연구를 시작하기에 아주 적절한 출발점으로 보인다). 여기서 나는 소비자들의 취향이나 습관이 정도를 넘어 중독으로 가는 과정과 그 흐름을 가속화하려는 기업들의 전략을 살펴보고자 했다. 그에 따르면 필립모리스는 이미 소비자가 브랜드 중독으로 넘어가는 과정을 묘사하는 모델을 개발했다고 한다.

그 모델은 크게 두 단계로 이루어진다. 첫 번째, '일상적 단계routine stage'일 때는 사람들이 특정 브랜드나 제품을 단지 일상적인 습관이나 의식ritual의 차원에서 사용한다. 가령 크레스트로 양치를 하고, 도브 비누로 샤워를 하고, 토요타Toyota 자동차를 모는 것이 여기에 해당한다. 제품들이 다 떨어지거나 고장 났을 때 우리는 새로 구매하고 교체하고 보충한다. 이들은 우리의 일상적인 활동에 필수적인 물건들이다.

두 번째, '꿈의 단계dream stage'에서 사람들은 새로 나온 옷이나 이어폰 혹은 향수를 구매한다. 그들은 이러한 물건들이 꼭 필요해서가 아니라 그 제품이 제공하는 '감성적' 신호들을 뇌 속으로 받아들임으로써 구매한다. 그렇다면 우리는 언제 꿈의 단계로 넘어가는가? 익명을 요구한 그 임원의 설명에 따르면, 주말이나 여름휴가처럼 일상의 경계심을 늦추고 이완이 일어날 때 전환이 발생한다고 한다. 한번 생각해보자. 필수품이 아닌 물건을 사기 위해 우리는 평일에 얼마나 자주 지갑을 여는가? 아마 자주 그러지는 않을 것이다. 그 이유는 우리가 '쇼핑 모드'가 아니라 '업무 모드'에 있기 때문이다. 하지만 주말이 다가오면 사람들은 업무 모드를 거추장스러운 허물처럼 벗어버리고 꿈의 단계로 훌쩍 넘어가버린다.

그 임원은 '그 순간'이 한 브랜드에 대한 실질적인 애착이 뿌리내리는 시기라고 설명한다. 그리고 그 시기는 이렇게 찾아온다. 일상적 단계, 즉 업무 모드가 끝나고 휴식을 취하는 동안 우리의 몸과 마음은 이완되고 자유로워지면서 새로 출시된 옷이나 화장품, 술, 음식에 더욱 수용적이 된다. 그리고 새로 나온 칵테일이나 페이스 크림 또는 레몬향이 나는 향초로부터 무의식적으로 느꼈던 좋은 기억과 즐거움들을 즉각적으로 떠올린다. 이후 다시 월요일이 시작되거나 여름휴가가 끝나고 일상적 단계로 들어서서도 꿈의 단계에서 경험했던 브랜드와 제품들을 수용함으로써 그때의 좋았던 느낌을 '재활성화'하고자 한다. 바로 이런 식으로 꿈의 단계의 일부가 일상적 단계의 한 부분으로 자리 잡을 때 이를 떨쳐내기란 절대 쉽지 않다.

다시 말해 꿈의 단계에서 시작된 특정한 습관이 일상적 단계로 넘어오면 강화가 일어나면서 영구적으로 자리를 잡는다. 그러면 우리는 바닷가, 스파, 야외 콘서트 등 예전에는 꿈의 단계에서만 누렸던 경험들을 일상적인 단계에서 무의식적으로 갈망하게 된다. 바로 이러한 이유로 그토록 많은 음료수 브랜드들이 여름밤의 뮤직 페스티벌이나 콘서트에 모습을 드러내는 것이다.

이를 통해 새로운 소비자들을 끌어들일 수 있다는 사실을 음료수 브랜드들은 잘 알고 있다. 그래서 레드불 Redbull 은 젊은이들이 많이 모이는 쇼핑몰에서 무료로 샘플을 나누어준다. 10대 청소년과 대학생들은 그런 장소를 돌아다니면서 일상적이고 의무적인 단계에서 벗어나고자 한다(그런데 젊은이들이 그러한 장소에 많이 몰리는 것은 우연이 아니다. 그 장소들은 또한 기업의 마케터들이 치밀하게 고안해낸 즐거운 '곳'이기도 하다. 마케터들은 때로는 섹시하고 근사한 아르바이트생들을 고용하여 매장 근처에 자연스럽게 서 있게 한다. 그러면 마술처럼 수많은 젊은이들이 순식간에 그곳으로 몰려든다. 임무 완수!). 일단 꿈의 단계로 넘어가면 다시 월요일이 시작되어 수업을 듣고 업무를 처리해야 하는 일상 속에서도 젊은이들은 레드불을 마시면서 멋진 쇼핑몰을 아무런 걱정 없이 돌아다니는 느낌을 다시 떠올리고자 한다. 실제로 이런 방식으로 많은 젊은이들이 브랜드에 걸려들고 있다.

물론 기업들의 마케팅 전략이 항상 성공을 거두는 것은 아니다. 한 브랜드가 소비자들에게 확실히 각인되려면 육체적이든 심리적이든 중독의 차원으로 넘어가야 한다. 그렇다면 소비자의 욕망을 자극하여 그들 기업의 브랜드와 제품에 저항하지 못하도록 만들기 위해 마케터와 광고 회사들은 구체적으로 어떤 노력을 하고 있는가? 이를 설명하기 위해 생생한 사례 하나를 소개하고자 한다.

무의식을 자극하는
탄산음료 '칙' 소리

과거 세계적인 음료업체의 의뢰로 문제 해결을 위한 프로젝트에 참여한 적이 있다. 지난 3년간 그 업체의 대표적인 탄산음료 매출이 계속 하락하고 있었고, TV 광고와 바이러스 캠페인 등 다양한 방법에도 별 효과가 없었다. 그런데 마케팅 임원들 모두가 한 가지 사실을 간과하고 있다는 점에서 나는 희망을 발견했다. 사소해 보이지만, 심리적 차원에서 엄청나게 중요한 요소를 그들은 놓치고 있었다.

여기서 나는 세계적인 성공을 거둔 다양한 식품, 음료, 화장품 브랜드들의 중요한 비밀 병기인 '갈망craving'이라는 요소를 살펴보고자 한다. 갈망이란 모든 기업들이 쟁취하기 위해 안간힘을 쓰는, 그리고 히트 브랜드가 되기 위해서는 반드시 필요한 중요한 마케팅 요소다.

자, 생각해보자. 퇴근길에 눈에 띄는 패스트푸드든, 헬스장에서 집으로 돌아가는 길에 구미가 당기는 초콜릿 바든, 아니면 모닝커피와 함께하는 담배든 간에 사람들은 모두 특정한 상황에서 갈망을 경험한다. 갈망 때문에 우리는 새벽 2시에 일어나 냉장고를 뒤지고, 치토스 봉지를 끝까지 놓지 않고, 편의점이나 슈퍼마켓에서 초콜릿 코너를 지나칠 때마다 갈등을 겪는다. 대부분 갈망이 자연 발생적으로 나타났다고 생각하지만, 사실 갈망은 특정 상황이나 물리적, 감성적 단서에 의해 촉발되는 요소다.

우리의 의지력과는 상관없이 여기서 중요한 진실은 갈망을 촉발하는 단서 앞에서 우리 모두는 한없이 작은 존재라는 사실이다. 그리고 기업들 모두 이 사실을 잘 알고 있다. 그래서 제품 포장이나 광고에 '무의식적 단서'를 집어넣기 위해 필사적으로 노력하는 것이다. 가령 코카콜라CocaCola 마케터들은 인쇄 광고나 매장 냉장고에 탄산 거품을 얼마나 그려 넣어야 하는지를 놓고 오랫동안 논의한다. 소비자들의 입맛을 자극하는 탄산의 차갑고 신선한 느낌을 떠올리게 하려면 얼마나 많은 거품이 필요한지를 연구했던 일부 임원들은 내게 소비자의 갈망을 자극하기 위한 거품의 양을 결정할 수 있는 공식을 비밀리에 개발했다고 귀띔해주기도 했다. 그리고 바로 이것이 나에게 도움을 요청한 그 음료업체가 간과한 '무의식적 상징'이었다. 편의점이나 레스토랑, 카페 전면에 붙어 있는 코카콜라, 펩시Pepsi, 또는 다른 탄산음료의 광고나 이미지를 떠올려보자. 음료 브랜드들이 '스웨팅'이라고 부르는 것, 그러니까 이미지 속에서 음료수들이 땀을 뚝뚝 흘리고 있는 장면이 기억나는가? 그 작은 이슬방울들은 무의식적 차원에서 그 음료수는 시원할 뿐만 아니라 얼음장같이 차갑다는 신호를 보내고 있다. 그리고 그 신호를 받는 사람들은 그 음료수가 다른 제품들보다 100만 배 더 신선하고 맛있을 것이라고 느낀다.

음료 기업들이 수십 년 동안 광고에서 사용하고 있는 이 이슬방울들은 믿거나 말거나 우리의 뇌 속 갈망과 충동을 자극한다. 그런데 내게 도움을 요청했던 그 음료 기업은 갈망의 씨앗인 그 이슬방울들이 어지럽고 지저분해 보인다는 이유로 모두 제거해 버렸고, 이후 기업 매출은 고전을 면치 못하고 있었다. 이러한 결론은 단지 나만의 추측이 아니었다. 실제로 매출 추이를 살펴보니, 무의식적 상징들을 제거했던 순간과 매출 하락의 시기가 거의 일치한다는 것을 객관적으로 확인할 수 있었다.

그러므로 다시 매출을 끌어올리기 위해서는 새로운 무의식적 상징을 내놓아야 했다. 이슬방울보다 더욱 강력하고 유혹적으로 갈망을 자극하는 상징을. 이를 위해 나는 그 기업이 있던 나라를 여행하기 시작했다. 그리고 탄산음료를 좋아하는, 다양한 연령대와 인종으로 구성된 많은 사람들을 만나고, 함께 많은 이야기를 나누고, 식사를 같이하고, 파티를 벌였다. 물론 그들과 더불어 엄청나게 많은 음료수도 마셔댔다. 마침내 무언가가 내 머릿속에서 떠오르기 시작했다.

나는 소리가 무의식에 미치는 영향에 대해 연구한 적이 있었다. 그 과정에서 전 세계 총 50명의 사람들의 뇌를 스캐닝하는 방식으로 사람들의 귀에 착 달라붙는 중독적인 소리 열 가지를 뽑아낼 수 있었다. 그 대망의 1위는 아이의 웃음소리였다. 흥미로운 사실은 그 목록 속에 스테이크 굽는 소리, 얼음으로 가득한 유리잔에 음료수를 붓는 시원하고 상쾌한 소리가 들어 있다는 점이었다.

그 실험 결과의 핵심은 소리가 놀랍도록 효과적으로 갈망을 자극할 수 있다는 사실이었다. 그래서 나는 그 탄산음료 브랜드에 대한 가장 강력한 갈망을 자극할 수 있는 소리를 찾아보기로 했다. 나는 여러 곳을 돌아다니며 많은 사람들을 만나 음료수와 관련된 다양한 소리들을 들려주었다. 가령 뚜껑을 돌릴 때 나는 '칙' 소리, 병따개로 뚜껑을 따는 소리, 얼음 가득한 유리잔에 음료수를 따르는 상쾌한 소리, 빨대로 마지막 한 모금을 빨아들일 때 나는 소리 등등.

거기서 발견한 것은 뚜껑을 따거나 음료수를 붓는 소리에 사람들은 저마다 다른 방식으로 반응한다는 사실이었다. 사람들은 이들 소리를 똑같은 방식으로 인식하지 않았다. 믿거나 말거나, 탄산음료 마니아들은 브랜드별로 소리의 차이를 '구분'해냈다. fMRI를 기반으로 했던 예전 연구에서 나는 캐멀 흡연자는 낙타나 그 로고를 볼 때 강한 갈망을 느꼈던 반면, 말보로Marlboro 흡연자들은 그 상징인 말보로맨Marlboro man을 보았을 때 갈망을 느낀다는 사실을 확인할 수 있었다.

특정 브랜드의 마니아들은 일반인들이 거의 인식하지 못하는 미묘한 차이와 특징을 식별해낸다. 의식적이든 무의식적이든 '자신이' 좋아하는 탄산음료 뚜껑을 돌리는 소리는 뇌의 무의식적 갈망 중추를 미묘한 방식으로 활성화한다. 그리고 대단히 흥미롭게도 탄산음료 기술자들이 친숙한 그 소리를 살짝만 바꾸어도 마니아들은 갈망을 느끼지 못한다. 그만큼 소리는 미묘한 요소다. 그렇기 때문에 한 브랜드가 소리를 통해 소비자들의 갈망을 자극하고자 한다면 그 브랜드하고만 연결 지을 수 있는 특정한 상징을 '소유'해야 한다.

그래서 나는 그 음료 브랜드를 위해 다른 기업의 제품들과 미묘하게 다른 방식으로 소리를 내는 '효과음'을 개발해보기로 했다. 우리 연구팀은 이를 위해 캔의 디자인을 계속 바꾸어보았다. 마침내 원하는 소리를 찾았을 때 곧장 스튜디오로 가서 녹음을 했고, 그 효과음을 TV나 라디오 광고뿐만 아니라 온라인 광고의 사운드트랙에까지 집어넣었다. 그 기업은 이후 그들이 후원하는 대형 콘서트나 스포츠 행사에서도 그 효과음을 선보였다.

이것은 2009년의 일이다. 그 기업은 지금까지도 여러 후원 행사에서 그 효과음을 적극 활용하고 있다. 그리고 그 효과를 매출에서 즉각적으로 확인하고 있다. 나중에 사람들에게 왜 '갑자기' 그 음료를 선택했는지 물어보면 대부분 이렇게 대답했다. "잘 모르겠어요. 그냥요."

잊을 수 없는
맛의 비밀

초콜릿, 치즈 퍼프, 쿠키 등 지방 함유량이 높은 식품들이 중독성이 강하다는 사실은 전문가가 아니어도 잘 알고 있다. 그러나

브랜드의 거짓말

많은 사람들이 모르고 있는 사실은 이러한 식품들을 판매하는 기업들에게 그 중독성은 결코 행복한 우연만은 아니라는 것이다. 사실은 그 반대다. 이런 식품들이 중독적인 이유는 식품 기업들이 제품 속에 MSG, 카페인, 콘 시럽, 설탕과 같은 중독을 유발하는 성분들을 필사적으로 집어넣기 때문이다.

《네이처 뉴로사이언스Nature Neuroscience》에 발표된 논문에 따르면 고지방·고칼로리 식품은 코카인이나 헤로인과 비슷한 방식으로 뇌에 영향을 미친다고 한다. 플로리다에 위치한 스크립스 연구소Scripps Research Institute의 두 연구원은 쥐를 대상으로 실험한 결과 치즈 케이크나 캔디 바, 베이컨 등 고지방 식품을 먹이로 주었을 때 마약과 비슷한 수준으로 도파민 분비를 활성화한다는 사실을 확인했다. 더 놀라운 사실은 도파민 수준을 유지하기 위해 쥐들이 계속해서 더 많은 고열량 인스턴트 식품을 원했다는 것이다. 마약 중독자가 '환각 상태'를 유지하기 위해 계속해서 더 많은 약을 원하는 것처럼 말이다. 두 연구원은 쥐들에게 이런 음식들을 상당량 먹였을 때 "마약 중독과 흡사한 충동적 섭식 장애로 이어졌다"고 결론 내렸다.[12] 이 연구에서 가장 놀라운 발견은 무엇일까? 인스턴트 음식에 중독된 쥐와 헤로인이나 코카인에 중독된 쥐의 뇌를 비교해보았을 때 인스턴트 음식의 중독 효과가 '7배나 더 오래 지속'되었다는 사실이다.

지방이 다량 함유된 식품은 심리적인 차원에서뿐만 아니라 화학적인 측면에서도 중독성이 대단히 강하다. 한편 21세기에 들어서면서 주목받고 있는 또 다른 범인인 소금의 경우는 어떨까? 짜게 먹으면 건강에 해롭다는 사실쯤은 누구든 알고 있다. 짜게 먹는 식습관은 고혈압을 유발하고, 심장 질환과도 관련이 있으며, 그밖에 많은 병의 원인이 될 수 있다. 하지만 동서양 할 것 없이 수많은 식품 기업들이 글루탐산나트륨, 이른바 MSG를 들이붓다시피 하는 바람에 현대인 대부분이 소금 중독에 빠지고 있다는 사실을 아는가? 다양한 자료들에 의하면, 가공식품, 포장식품, 혹은 식당에서 판매하는 음식에서 MSG 사용량이 매년 2배씩 늘고 있다고 한다. 그러나 천연 조미료나 곡식, 식용유와 같이 '실제로' 음식의 맛을 높여주는 것들보다 가격이 훨씬 저렴할 뿐만 아니라 더 많은 손님들을 다시 불러들일 수 있다는 측면에서 그리 놀라운 일은 아닐 것이다. 그리고 그 결과 우리 몸에 건강하지 못한 내성이 생기게 된다. 다양한 연구 결과 음식에 MSG가 들어가면 더 많이 먹게 되고, 이후에도 MSG가 들어간 짠 음식을 더 많이 갈망하게 된다. 《뉴욕 과학학술원 연보 Annals of the New York Academy of Sciences》에 실린 한 논문을 보면 MSG를 추가했을 때 젊은 성인들은 새로운 음식들을 훨씬 더 자연스럽게 받아들인다고 한다.

소금에 대한 논의만으로는 좀 부족하다는 생각이 든다면, 세계적으로 많은 사람들이 그토록 갈망하는 레드불 속에 대체 뭐가 들었는지 살펴보도록 하자. 어떤 이들은 코카인이 들어 있다고까지 주장한다. 독일 정부 역시 그 사실을 확인했다고 발표한 적이 있으며, 독일의 여섯 개 주에서는 지금까지도 판매를 금지하고 있다.[13] 하지만 미국에서는 확인된 것이 없다. 내가 생각하는 레드불 중독의 주범은 코카인과는 다른 흰색 가루다. 이는 합법적이기는 하지만 중독성이 강한, 설탕이라는 물질이다. 170그램의 레드불 한 캔에 무려 27그램의 설탕이 들어 있다. 티스푼으로 여섯 숟가락 또는 초콜릿 바 하나에 들어 있는 양이다. 다른 마약들처럼 설탕 역시 도파민을 자극한다. 프린스턴대학교의 바트 회블 교수는 쥐를 오랜 시간 굶겼다가 갑자기 다량의 액상 설탕을 주는 실험을 했다. 여기서 그는 설탕을 먹고 난 직후 쥐의 몸속에서 도파민의 분비가 급증했다는 사실을 확인할 수 있었다. 그뿐 아니라 고도로 중독적인 마약인 모르핀에 반응하는 기관인 '오피오이드opioid 수용체'도 자극했다는 사실을 발견했다. 그리고 며칠 뒤에는 그 쥐들이 액상 설탕을 더 많이 원할 뿐만 아니라 실제로 뇌 속에서 더 많은 도파민 수용체를 만들어낸 것으로 밝혀졌다. 이후 갑자기 액상 설탕의 공급을 중단하자 쥐들은 이빨을 부딪치는 등 뚜렷한 금단 증상을 보였다. 이 실험에 대해 회블 교수는 마약 중독보다는 경미하지만 설탕 역시 일반적인 중독과 유사한 특성을 나타낸다고 결론을 내렸다.[14] 그는 이렇게 설명했다. "설탕 과다 섭취는 뇌에 장기간 영향을 미치며, 알코올이나 마약 남용의 가능성을 높인다."[15]

그러면 카페인은 어떨까? 전문가들은 카페인이 도파민 재흡수를 방해함으로써 쾌락 중추를 활성화하고, 에너지가 넘치는 듯한 좋은 기분을 가져다준다는 사실에 동의한다(코카인이나 헤로인도 똑같은 기능을 하지만 그 정도에서 커다란 차이가 있다). 카페인은 또한 아드레날린 분비를 자극함으로써 에너지가 충전되는 느낌을 준다. 또한 수면을 유도하는 아데노신의 흡수를 방해함으로써 각성 상태를 유지시켜준다. 그런데 아드레날린이 떨어지면? 커피 애호가라면 잘 알고 있겠지만, 피곤하고, 몸이 무겁고, 짜증나고, 불안하고, 뇌 속의 혈류 공급이 원활치 못해 두통을 느낀다. 우리 몸에 익숙한 아드레날린 수치로 돌아가기 위해 우리는 더욱 커피를 갈망하게 된다.

습관은 중독의
다른 이름이다

치토스 한 봉지를 단번에 깨끗이 비우는 사람이라면 짜거나 지방 함유량이 높은 음식을 중간에 멈추기가 얼마나 힘든지 잘 알 것이다. 하지만 인스턴트 음식들이 중독성 강한 유일한 제품이라고 안심하고 있다면 립밤 같은 입술 보호제를 떠올려보기 바란다.

이렇게 되묻는 소리가 들리는 것 같다. "잠깐만요, 립밤이라고요?" 여러분의 가방이나 주머니에 들어 있는, 딸기향이 나는 작고 귀여운 플라스틱 통이나 튜브에 든 입술용 크림 말이다. 립

브랜드의 거짓말

밤에도 중독성이 있다는 말을 도무지 믿을 수 없다면 하루에 몇 번이나 그 끈적이는 물질을 입술에 바르는지 생각해보자. 5번? 10번? 25번? 지금 북극에 살고 있는 것이 아니라면 매시간 그렇게 부지런하게 바르지 않아도 입술은 부르트지 않는다. 실제로 립밤 중독에서 벗어나고자 하는 사람들을 위한 온라인 사이트까지 등장했었다.[16] 일부 전문가들은 립밤의 중독성이 제품 그 자체에 있는 것이 아니라 립밤을 반복해서 바를 때 느끼는 심리적인 안정감에 있다고 지적한다. 반면 또 다른 전문가들은 립밤, 특히 박하향이 든 브랜드 제품들을 바를 때 '상쾌함'을 느낄 수 있기 때문이라고 설명한다.[17]

다양한 립밤 제품에 부가적으로 들어 있는 박하향은 그 자체로는 전혀 문제가 되지 않지만 습관을 형성하는 요인으로 작용할 위험이 있다. 그래서 일부 금연 단체들은 멘솔 담배가 '더 중독적이고, 위험하고, 청소년들을 더 쉽게 유혹할 수 있다'며 유해성을 강조한다. 2009년에 FDA(미국식품의약국)는 박하향을 담배에 추가하지 못하게 하는 법안까지 고려했다고 한다.

하지만 박하향 외에도 립밤 브랜드들이 제품의 중독성을 높이기 위해 추가하는 성분들은 다양하다. 많은 기업들은 '민감성을 높이고 염증을 유발할 수 있는 향료와 방부제, 라놀린, 염료'까지 제품에 첨가하고 있다.[18] 그뿐 아니라 페놀이나 석탄산과 같이 스스로 수분을 만들어내는 피부 세포의 자연적인 능력을 저해함으로써 입술을 더욱더 '건조하게' 만들 수 있는 성분들까지 추가하고 있다. 그런 제품들을 반복적으로 사용하면 어떤 일이 벌어질까? 스스로 수분을 보충하는 능력이 떨어지면서 입술이 더 빨리 건조해지기 때문에 립밤을 더 자주 발라야 한다. 결론적으로 립밤 역시 사용하면 할수록 더 많이 갈망하게 만드는 제품이다. 이는 중독이 내성을 만드는 과정과 동일하다.

사우스웨스턴 오클라호마 주립대학교 교수인 스티븐 프레이 박사에 따르면 유명 립밤 브랜드인 카멕스Carmex의 경우는 훨씬 더 심각하다고 한다. 그 시작은 1990년대 초 프레이 박사의 학생 한 명이 수업 중에 손을 들고 립밤이 정말로 중독적인 제품인지 질문을 던졌던 때로 돌아간다. 이후 프레이 박사는 립밤 제품들의 성분을 분석해 그 속에 페놀뿐만 아니라 티눈, 굳은살, 사마귀와 같은 죽은 조직을 제거하는 성분인 살리실산까지 들어 있다는 사실을 확인하고는 충격에 빠졌다. 프레이 박사는 내게 치명적인 성분인 페놀이 말 그대로 입술을 마비시키고 나면 "살리실산은 '살아 있는 조직'인 입술을 괴사시킨다"고 설명해주었다.

1993년 프레이 박사는 카멕스 측 사람을 만나 그들의 제품에 얼마나 많은 페놀과 살리신산이 함유되어 있는지 자료를 요청했지만 돌아온 대답은 '기업 비밀'이라는 변명뿐이었다(이후 카멕스는 페놀 농도는 0.4%, 살리실산은 1% 미만이라고 밝힌 바 있다). 그렇다면 '립밤이라는 문제의 제품'이 죽은 피부 세포를 떨어져 나가게 하면서 실제적으로 입술을 '침식'시킨다는 프레이 박사의 비

브랜드의 거짓말

난에 어떻게 대처했을까? 그들은 살리실산을 '비활성' 성분이라고 설명했다. 이 말에 대해 프레이 박사는 살리실산이 제품에 핵심적인 '활성' 성분이 아니라 기침 시럽 속의 감미료처럼 단지 제품을 좀 더 좋아 보이게 하는 부수적인 요소일 뿐이라는 변명에 불과하다고 얘기했다.

기업 비밀이라고? 세상에 비밀이란 없다.

플레이스테이션의 매출이
의미하는 것

17세의 영국 청소년인 자크 리처드슨은 페어럼 한츠 지역에서 어머니와 함께 산다. 그런데 학교도 가지 않고, 그렇다고 일을 하는 것도 아니다. 또래 아이들이 숙제를 하고 햄버거를 구울 때 자크는 하루 종일 집에 처박혀 비디오 게임을 연속으로 14시간씩 하고 있다. 가끔은 노트북으로 온라인 축구를 하기도 한다. 자크는 아침 9시에 엑스박스Xbox를 켜서 오후를 넘기고 자정 무렵이 되어서야 게임기를 내려놓는다. 며칠 동안 한 번도 집 밖으로 안 나갈 때도 있다. 당연히 어머니는 근심이 크다. "걔를 막을 방법이 없어요." 의사들은 자크가 겪고 있는 두통과 기억상실의 원인을 비디오 게임 중독으로 진단하고 있다. 그래도 여전히 자크는 게임 속에 빠져 있다.

자크의 말을 들어보자. "1년도 더 전에 학교를 그만두었는데 마땅히 할 일이 없었어요. 일자리를 구할 때까지 비디오 게임을 하면서 시간을 때우려던 게 시작이었죠. 처음에는 하루에 두세 시간 정도만 했어요. 그냥 취미 정도였죠. 하지만 이제는 저도 어쩔 수가 없어요. 저도 제가 중독되었다고 인정해요."[19]

극단적인 사례이기는 하지만, 그 핵심은 게임이 극단적인 중독으로 발전할 수 있다는 사실이다. 친구들과 하든, 도쿄에 사는 모르는 사람과 하든, 아니면 혼자 하든, 그리고 그 목표가 높은 포인트든, 더 많은 배지든 혹은 최고의 가상 농장을 구축하는 것이든 간에 모든 게임은 끊기 힘들게 설계되어 있다. '해리스 인터랙티브 서베이Harris Interactive survey'의 발표에 따르면, 8~12세 아이들의 경우 일주일에 평균 14시간씩 비디오 게임을 한다고 한다. 한편 게임을 하는 8~18세의 경우 8.5%가 비디오 게임에 임상적으로 '중독된' 상태로 분류되어 있다.[20]

이러한 점을 즉각 알아차린 마케터와 광고업체들은 게임 시나리오를 일부 차용하여 아이들이 즐기는 게임 속의 전략들을 그대로 활용함으로써 구매욕을 자극한다.

기업들이 게임으로 정확하게 어떤 일을 하고 있는지 살펴보기 전에 먼저 이렇게 한번 물어보자. 엄밀한 의미로 게임에 중독될 수 있는가? 앞서 언급했던 것처럼 진정한 중독이라고 부르려면 갈망을 충족시키고 감정적 '상승'을 유발할 정도로 충분한 양의 도파민을 분비하기 위해 특정한 물건이나 행동을 계속해서

브랜드의 거짓말

더 많이 요구하는 방향으로 뇌 구조를 변형시키는 것이어야 한다. 그렇다면 비디오 게임과 온라인 게임은 이러한 중독의 정의를 만족시키고 있는가?

1999년에 실시된 한 연구에 따르면, 우리 뇌는 마약, 알코올, 지방 함유량이 높은 식품처럼 쾌감을 느끼게 하는 도파민을 더 많이 분비하는 방향으로 게임에 반응한다고 한다.[21] 게임을 즐기는 사람이라면 잘 알겠지만, 이 연구는 또한 수행 과제의 난이도가 단계적으로 어려워질수록 도파민의 분비량이 증가한다는 사실을 발견했다. 《뉴로사이언스 저널Journal of Neuroscience》에 게재된 또 다른 연구는 안타깝게 약간의 차이로 목표를 달성하지 못했을 때 도파민 분비가 최고조에 달한다는 사실을 보여준다. 이 연구의 저자들은 게임을 할 때, 또는 나중에 자세히 살펴보게 될 온라인 경매에 참여할 때 목표에 근접한 순간이 우리 뇌의 보상 시스템을 강하게 자극한다고 설명한다. "이 뇌 영역들은 학습과 관련이 있다. 이 말은 목표에 근접하는 순간에 우리 뇌는 새로운 정보를 수집하고 있다고 착각하게 된다는 뜻이다."[22] 또 다른 연구에 따르면 '월드 오브 워크래프트World of Warcraft'와 같은 게임들은 "아주 뚜렷한 보상을 가져다주는 과제들로 가득하며, 특히 게임을 즐기는 사람의 도파민 경로, 즉 흥미와 관심이 보상으로 이어지는 흐름이 활발하게 일어나도록 설계되어 있다."[23]

이러한 발견은 기업과 마케터들에게 플레이스테이션PlayStation 과 위Wii의 폭발적인 매출 기록보다 더 의미심장한 메시지를 던져준다. 똑똑한 마케터들이 알고 있듯이 효과적으로 게임을 설계할 수 있다면, 반복적으로 게임을 하는 행위는 사람들을 게임 자체로 끌어들일 뿐만 아니라 '쇼핑과 구매 행동'에 중독되도록 소비자들의 뇌를 실질적으로 변화시킬 수 있다.

게임과 쇼핑의 경계가
허물어진다

그렇다. 마케터들은 우리를 쇼핑 중독에 빠뜨리기 위해 게임을 활용한다. 그리고 브랜드워시 전략의 일환으로 아주 어린 나이로부터 시작한다. 한 연구에 따르면, "습관적으로 게임을 하다가 보상 메커니즘을 변형하는 방법을 알게 되면 우리 뇌는 '동기자극motivation stimulus'을 바꾸어버린다. 식욕이나 성욕과 관련된 자연 발생적 행동과 같이 우리 몸에 이로운 행동을 할 때 뇌는 도파민을 분비함으로써 그 행동에 대한 보상을 준다. …… 그런데 이 보상 메커니즘은 화학물질 투여, 도박, 인터넷 쇼핑과 같은 행동에 대해서도 그대로 작동한다."[24]

'클럽 펭귄club Penguin'이라는 디즈니 네트워킹 게임을 한번 살펴보자. 앙증맞은 펭귄을 아바타로 사용하는 멀티플레이 온라인 가상 게임인 클럽 펭귄은 6~14세 아이들을 대상으로 한다(사용자들 대부분은 그 연령대에서 어린 쪽에 집중되어 있다). 클럽 펭귄은 부모들에게 '안전한 공간'이라고 선전한다. 즉 인터넷의 그늘로부터 아이들을 보호할 수 있는 온라인 공간이라는 사실을 강조한다. 클럽 펭귄은 실제로 비밀번호로 회원들을 관리하고 사용자의 활동에 적극적으로 개입하면서 필터링 시스템을 통해 부적절한 언어 사용을 모두 차단하고 있다. 게다가 가입은 무료다! 클럽 펭귄은 쇼핑 중독자로 자라날 어린 재목들에게 인생 처음으로 신용카드란 것을 '발급'해준다. 그것은 다름 아닌 게임에서 얼마든지 쓸 수 있는 가상 코인이다.

이제 아이들은 '공짜 게임머니'로 펭귄들에게 먹이를 주고 이글루를 지어준다. 그런데 이글루에는 가구와 장식품들이 필요하다! 펭귄 옷도 사줘야 한다! 장난감도! 심지어 외로움을 타는 펭귄들에게 '퍼플'이라는 애완동물도 사줘야 한다. 사야 할 품목들은 계속 이어진다. 이렇게 게임을 계속하는 동안 아이들은 가상세계의 펭귄들에게 얼마나 많은 것이 필요한지 깨닫고 깜짝 놀란다. 그리고 어느 순간 정식 회원이 아니면 더 이상 가상 코인을 쓸 수 없는 상황에 직면한다.

하지만 별일 아니다. 한 달에 5.95달러만 내면 클럽 펭귄의 정식 회원이 될 수 있다! 부모 입장에서 크게 가혹한 조건은 아니지 않는가? 온라인 세상에 퍼져 있는 음란물로부터 아이들을 보호하고 부모도 약간의 평화와 안식을 찾기 위한 약간의 비용일 뿐이다. 그러나 공짜 코인이 다 떨어지면 어떻게 될까? 아이들은 게임 속에서 코인을 벌 수 있다. 더 많이 벌면 더 많이 살 수 있다. 그리고 더 많이 사면 더 많이 벌고 싶다. 클럽 펭귄은 아이들이 비교적 안전한 온라인 공간에서 놀 수 있도록 보호해주는 동시에 충동적인 쇼핑의 고통과 쾌감을 고스란히 가르쳐주고 있는 셈이다.

물론 이와 비슷한 성인용 게임들도 나와 있다. 대표적으로 중독성이 대단히 높은 페이스북 게임인 '팜빌Farm Ville'을 꼽을 수 있다. 팜빌은 페이스북에서 가장 인기 있는 게임으로서 6,160만 명 이상의 사용자와 2,410만 명 이상의 팬을 확보하기도 했다. 《뉴욕 타임스》에 따르면, 이 글을 쓰던 2010년 당시에 2,000만 명의 사용자들이 사이트에 접속해 게임을 하고 있었다.[25] 게임 구조는 전반적으로 비슷하다. 호박을 심고 사과를 따고 달걀을 거두면서 돈을 벌고 레벨을 높인다. 진짜 돈을 내고 게임 머니를 구할 수도 있다. 그리고 더 높은 레벨로 올라갈수록 더 크고 좋은 것들을 살 수 있다. 스스로 팜빌 중독자라고 밝힌 한 사람은 초롱초롱한 눈빛으로 이 가상 세계에서 가장 멋지고 화려한 것, 곧 팜빌 빌라를 사들일 수 있는 재력을 갖추는 것이 '인생의 꿈'이라고까지 했다. 카네기멜론대학교 교수이자 게임 디자이너인 제시 셸에 따르면, 2010년에는 페이스북 팜빌 계정이 트위터의 규모를 훨씬 넘어섰었다.[26] 미국 조사 전문 기관인 '닐센 리포트Nielsen report'는 소셜 네트워크와 온라인 게임이 오늘날 인터넷 총 사용 시간의 3분의 1정도를 차지한다고 밝혔다.[27]

온라인 게임은 새 트랙터를 사들이거나 헛간을 수리할 때마다 도파민 분비를 자극하는 것은 물론, 실제 세상에서 물건을 사도록 열심히 설득하는 역할도 한다. 도파민을 추구하면서 '경험치'를 계속 쌓아나가는 동안 사용자들은 광고의 폭격에 무방비로 노출된다. 팜빌을 개발한 징가Zynga는 2009년 다이렉트 마케팅 프로그램을 통해 사용자들이 다양한 행사에 클릭을 하고, 설문에 응하고, 앱을 다운받을 수 있는 가상 머니를 지급했다. 예를 들어 어버이날 이벤트로는 꽃 배달 서비스를 신청한 사람들 모두에게 가상 머니를 지급했다.[28] 하지만 2010년 팜빌을 포함한 페이스북 유명 앱 열 군데에서 사용자들의 개인정보를 마케팅 회사에 팔아넘겼다는 사실이 드러나면서 사회적 논란이 불거지기도 했다.[29]

이러한 게임만큼이나 페이스북 자체도 충분히 중독적이라고 말해도 놀라는 사람은 별로 없을 것이다. 나도 페이스북을 사용한다. 그래서 시험 기간과 같이 힘든 시기에 잠깐 페이스북을 쉬고자 하는 10대나 대학생 또래의 젊은이들과 많은 이야기를 나누어보았다. 그들은 페이스북을 한시도 쉬지 못했다. 대부분의 사용자들에게, 특히 청소년들에게 페이스북은 모 아니면 도와 같은 것이었다. 집 안에 있는 술을 몽땅 없애버려야 안심할 수 있는 알코올 중독자처럼 이들은 페이스북 계정을 없애버려야 비로소 집착에서 벗어날 수 있다고 생각했다. 믿거나 말거나, 대부분의 사용자들이 페이스북을 하면서 이 같은 느낌을 받는 이유는 그 사이트가 바로 그렇게 설계되었기 때문이다. 《타임》의

한 기사는 페이스북이 '발견의 순간'을 치밀하게 계산해서 집어넣었다고 설명한다. 이 기사를 쓴 기자 댄 플레처는 발견의 순간에 대해 '오랫동안 잊고 살았던 초등학교 친구를 우연히 만나거나 갓 태어난 조카의 사진을 보거나 헤어진 남자 친구를 찾아보는 것과 같은 특별한 감성적인 연결'이라고 묘사했다.

페이스북은 사용자들이 실제로 이러한 경험을 하기 전에 이미 얼마나 많은 발견의 순간을 경험하게 될지 예측했다. 물론 그 마법의 숫자를 공식적으로 발표하는 일은 없을 테지만. 그런데 페이스북은 어떻게 그 순간을 예측하는 것일까? 플레처는 "사용자들이 처음으로 페이스북 사이트를 항해하는 동안 그들의 표정 변화를 비디오로 담아두었기 때문"이라고 설명한다.[30]

마지막으로 포스퀘어Foursquare라는 위치 기반 모바일 소셜 네트워크 사이트를 살펴보자. 술집이나 매장, 레스토랑 등에서 이 사이트에 접속해 '체크인'을 하면 포인트와 배지를 얻을 수 있다. 이러한 방식으로 포스퀘어 사용자들은 일명 '시장직mayorship'을 놓고 경쟁한다. 그 과정에서 포스퀘어는 자연스럽게 해당 업체의 광고를 무료로 제공하는 셈이다. 소셜 네트워크 분야에서 포스퀘어는 페이스북 다음으로 높은 인기를 얻고 있다. 이 글을 쓰던 당시 사용자 규모는 250만 명에 달했다. 내가 얘기를 나눠본 포스퀘어 사용자들은 이 사이트를 '마약과 같다'고 묘사했다. 그리고 포스퀘어 마니아들은 어딜 가더라도 '체크인'을 하지 못하면 불안하고 초조하다고 했다.《뉴욕 타임스》의 한 기사는 포스퀘어 사용자들의 집착을 설명하면서 '여자 친구의 집'에 대한 시장직을 놓고 바로 그 여자 친구와 경쟁을 벌이고 있는 필라델피아의 한 남자의 사례, 매일 오후 1시 23분에 자동적으로 어떤 골목에 체크인을 하도록 프로그램을 개발하면서까지 시장직을 얻기 위해 골몰하고 있는 한 남자의 사례를 소개했다. 도무지 이해하기 어려운 이러한 현상을 설명하기 위해 그 기사는 뉴욕대학교의 언론문화와 커뮤니케이션 학부 부교수인 알렉산더 갤러웨이의 말을 인용하고 있다. "포스퀘어는 경쟁 환경에 처했을 때, 특히 동료들과 경쟁을 벌여야 하는 상황에 처했을 때 무조건 이기려고 하는 사람들의 본능을 활용하고 있다. ……포스퀘어는 공간을 게임으로 바꾸어놓았고, 바로 그 게임적인 측면이 사람들을 유혹하고 있다."[31]

이 책의 출간 당시 쇼핑을 게임으로 인식하게 만드는 웹사이트 서비스들이 우후죽순 생겨나고 있었다. 대표적인 것들로 길트Gilt, 오트룩HauteLook, 루랄라Rue La La, 아이딜리ideeli와 같은 소셜 커머스 사이트를 꼽을 수 있다. 이들 사이트는 세계 최고 디자이너들이 제작한 고가의 제품들을 '제한된 시간 동안' 판매한다. 이들 사이트에 가입하면 코치Coach 핸드백이나 톰포드Tom Ford 선글라스 75% 할인 쿠폰을 담은 이메일이 숨 가쁘게 날아올 것이다. 사냥의 스릴! 발견의 즐거움! 아이템을 획득하는 성취감! 이러한 느낌 역시 대단히 중독적이다. 그래서 이러한 사이트들이 점점 더 세력을 확장해나갈 수 있는 것이다. 이 글을 쓰던 순간에 길트의 회원 수는 200만 명에 육박하고 있었다.[32] 미국 IT 시장조사업체인 히트와이즈Hitwise에 따르면, 오트룩의 온라인 시장점유율은 2010년 한 해 동안 무려 750%나 성장했으며, 길트 그룹과 루랄라 역시 점유율 기준으로 각각 200%, 160% 성장을 이루었다.[33]

그렇다면 컴퓨터 게임 혹은 도박 중독이 어떻게 쇼핑 중독으로 넘어가는 것일까? 아주 간단하다. 도파민 분비가 중단되면 사람들은 필사적으로, 그리고 무의식적으로 또 다른 쾌락의 원천을 찾는다. 결론적으로 일단 우리 뇌 속에서 중독 현상이 일어났다면, 영원히 사라지지 않는 것이다.

'그룹group'과 '쿠폰coupon'의 합성어인 그루폰Groupon 역시 그 연장선상에서 독창적이고 게임 같은 느낌을 주면서 급속한 인기몰이를 하고 있는 사이트다. 이 글을 쓰던 당시 그루폰 회원 수는 약 400만 명에 이르렀고, 소문에 따르면 시장 가치는 150억 달러에 달했다.[34] 그루폰은 짐보리Gymboree 1개월 82% 할인권과 같은 특별한 선물을 지역에 맞게 매일 보내준다. 하지만 머뭇거릴 틈이 없다. 특정 기간 안에 선착순 150명만이 그 혜택을 누릴 수 있기 때문이다.

아이딜리의 CEO인 폴 헐리는 내게 큰 성공을 거둔 그 사이트가 '사회적인 측면'과 '게임적인 구조'를 모두 담고 있다고 설명했다. 그루폰과 아이딜리 그리고 다양한 소셜 커머스 사이트들을 들여다보면 제한 시간, 도전 과제, 자신과 같은 사용자들, '초대장을 받은 사람만 참여할 수 있는' 배타성, '즐거움'같이 중독성 강한 게임이 지녀야 할 모든 요소들을 그대로 지니고 있다. 온라인 경매 사이트 스우포swoopo를 연구한 사람들은 경매 참여자들이 안타깝게도 낙찰을 받지 못했다고 하더라도 그 과정에서 경험했던 긴장감을 통해 "그 게임에 대한 욕망이 증가하게 된다"고 주장했다.[35] 이기든 지든 우리의 뇌는 게임이 계속되기를 바란다.

제시 셸 교수는 앞으로 게임과 쇼핑 사이의 경계가 온라인을 중심으로 계속 허물어질 것이라고 예상한다. 게임은 '꿈의 단계'에서 '일상적 단계'로 넘어갈 것이며, 일상 속으로 점점 더 깊이 파고들 것이다. 아침에 눈뜨자마자 그루폰과 길트의 이메일을 열어 세일 제품을 확인하는 사람들로부터 스타벅스에서 체크인을 하는 것이 모닝커피를 마시는 것만큼 일상화되어버린 포스퀘어 사용자들에 이르기까지 그러한 현상은 이미 우리 주변에서 일어나고 있다.

그렇다면 이러한 흐름은 우리를 어디로 데려갈까? 그건 아마도 시간이 말해줄 것이다. 그래도 한 가지만큼은 확실하다. 소비자의 갈망을 자극하든, 중독적인 화학성분들을 제품에 집어넣든, 쇼핑을 도무지 멈출 수 없는 게임으로 만들든 간에 앞으로 기업과 마케터들은 소비자들이 그들의 브랜드와 제품에서 벗어나지 못하도록 인간의 심리와 욕망을 더욱더 적극적으로 활용할 것이다.

4장

섹스어필

SEX APPEAL

인간의 가장
원초적인 본능을 건드리다

남성용 스킨 브랜드가 향수에 '페로몬'이라는 포지션을 취한 것은 "이 향수를 뿌리면 많은 여성들과 성관계를 맺을 수 있다"는 메시지를 전달하기 위해서였다. 남성 고객을 움직이는 원동력은 한결같다.

자동차에
섹슈얼리티를 담다

남성들은 섹스에 대해 얼마나 자주 생각할까? 하루 두 번? 다섯 번? 20번? 만약 32번 생각한다면 일주일에 224번 생각하는 셈이다.

연구를 통해 나는 남녀 모두 성적인 암시를 주는, 또는 노출 수위가 높은 자극적인 광고에 특정한 반응을 보인다는 사실을 확인했다. 그리고 그 반응들은 일상적인 차원에서 상당히 비슷한 형태로 나타났다. 일반적으로 여성들은 노골적인 광고보다 헌신과 맹세, 사랑을 강조하는 로맨틱한 광고에 더 끌리는 경향을 보였다. 반면 남성들은 비키니 차림의 여성 모델처럼 직접적인 묘사가 나오거나 외설적인 유머가 함축된 광고에 분명한 반응을 나타냈다. 이 연구 결과는 소비자들을 유혹하려는 선정적인 광고들이 때로는 기대와는 완전히 다른 방향으로 빗나갈 수도 있다는 사실을 말해준다.

또 다른 연구에서 나는 두 남성 그룹을 대상으로 비슷한 광고를 보여주었다. 첫 번째 그룹에게는 성적인 암시를 포함한 광고를 보여주었고, 두 번째 그룹에게는 거기서 성적인 내용들만을 제외한 광고를 보여주었다. 그 결과, 브랜드와 제품의 이름을 기억하는 테스트에서 첫 번째 그룹이 두 번째 그룹보다 더 나은 성적을 보여주지 못했다. 다시 말해 피험자들은 광고를 보면서 성적인 장면들을 즐기기는 했지만, 그 광고가 전달하고자 했던 제품과 이미지를 더 잘 기억하지는 못했던 것이다.

이처럼 성적인 암시가 담긴 광고가 항상 효과를 발휘하는 것은 아니다. 그 주요한 이유는 노출이 심한 매력적인 젊은 모델이 에너지 드링크나 속옷 또는 새로 나온 화장품을 광고하는 모습을 볼 때 뇌 속의 거울뉴런mirror neuron(다른 사람의 특정 행동을 바라보는 것만으로도 그에 상응하는 감정을 스스로 느끼게 만드는 신경세포 – 옮긴이)이 반응함으로써 우리 자신이 그들처럼 매력적이고 섹시하다고 상상하기 때문이다. 이처럼 제품에 대한 특별한 꿈과 희망을 전달할 수 없다면 그 광고가 무슨 쓸모가 있단 말인가?

그럼에도 우리는 수많은 광고들 속에서 '성'을 본다. 애버크롬비는 매장에 비치된 카탈로그에 소프트 포르노 이미지들을 다시 실었고, 아메리칸 어패럴American Apparel은 옷을 거의 걸치지 않은 모델들 사진을 매장 윈도에 거대하게 전시해놓았다. 이 글을 쓰던 당시에는 축구 스타 데이비드 베컴이 팬티 한 장만 달랑 입은 채 타임스스퀘어 대형 광고판에 누워 있었다.

성적인 광고들이 항상 효과를 발휘하는 것은 아니지만, 치밀하게 제작되었을 때 소비자들을 강력하게 유혹할 수 있다는 증거는 이미 나와 있다. 뉴멕시코대학교의 진화심리학자 제프리 밀러 박사는 이성의 사진이나 데이트에 관한 이야기들을 광고로 먼저 접한 경우 소비자들은 해당 제품이나 활동에 돈과 시간을 더 투자하고자 한다는 사실을 확인했다.[1]

섹스어필 광고가 기업의 매출에 도움이 되었던 한 가지 사례를 소개한다. 몇 년 전 나는 세계적인 자동차 기업으로부터 자사의 대표적인 브랜드의 매출이 감소한 원인을 밝혀달라는 요청을 받았다.

나는 사람들을 특정 브랜드로 끌어들이기 위해 소비자의 성향을 탐구하는 작업을 계속해왔다. 이번에는 특히 소비자와의 연결 고리를 발견하기 위해 최첨단 접근 방식을 시도하기로 했다. 이를 위해 우선 동물들의 이미지로 구성된 200장의 카드 세트를 만들었다. 그러고 나서 그 자동차 브랜드의 타깃 소비자층인 중년 남성 그룹에게 그 카드들을 보여주면서 해당 브랜드의 느낌을 가장 잘 표현하는 다섯 가지를 골라보게 했다.

다음으로 나는 좀 더 심층적인 연구를 위해 'fMRI 뉴로이미징'이라는 기법을 도입했다. 즉 그들이 선택했던 다섯 장의 카드를 모두에게 보여주는 동안 그들의 머릿속을 fMRI로 촬영했던 것이다. 네 장의 카드에서는 특별한 반응을 관찰할 수 없었다.

하지만 마지막 카드를 보여주었을 때 사람들의 뇌 속에서 성적 매력과 성행위와 관련된 영역이 활성화되는 것을 분명히 확인할 수 있었다. 다음으로 우리 연구팀은 다시 그 남성들에게 아주 값비싸거나 몰고 다니기에 너무 오래된 듯한 자동차들의 이미지를 보여주었다. 그 결과, 다섯 번째 사진의 경우와 동일한 두 뇌 영역이 활성화되는 모습을 확인할 수 있었다.

평균 23세에 결혼해서 2.5명의 자녀를 둔, 말끔하게 차려입은 비즈니스맨들로 구성된 이 남성 그룹은 꿈의 자동차와 특정한 동물 이미지로부터 무의식적으로 동일한 한 가지를 연상했다. 그것은 다름 아닌 '섹스'였다. 여기서 우리 연구팀은 해답을 찾았다.

그 결과에서 우리 팀은 한 발 더 나아가 '아스테릭스'라는 암호명을 붙인 한 동물을 기준으로 자동차의 설계와 성능, 그리고 디자인의 세부 사항을 결정했다. 그 동물은 검고 날쌔고 귀한 존재인 데다 날렵한 곡선이라는 '여성적인' 부드러움까지 모두 갖추고 있었다. 우리는 그 특성을 따라 새로운 자동차 모델에 더 부드럽고 날렵한 곡선을 넣어 역동감까지 반영했다. 이를 통해 우리는 마치 그 동물의 등에 올라타 민첩하고 강력하고 유연하고 우아하게 조종하고 있다는 느낌을 남성 운전자들에게 선사하고자 했다. 그 자동차 기업의 엔지니어들은 우리가 제시했던 감각적인 아이디어들을 기어스틱, 인테리어, 가죽, 문손잡이 등 다양한 부분에 구현했다. 바로 그렇게 섹스를 연상시키는 자동차 모델이 탄생한 것이다. 그리고 4년간의 개발 기간을 거쳐 마침내 그 자동차가 출시되었을 때 그 기업은 역대 가장 놀라운 매출 성장을 기록하기에 이르렀다(여기서 공개하자면, 그 동물은 바로 '아라비아 말'이다. 성기가 압도적으로 큰 것으로 유명하다).

향수가 아니라
판타지를 팝니다

실제로 남성은 섹스에 대한 생각을 하루 32번 한다고 한다. 이 사실은 누가 어떻게 알아냈을까? 나는 이에 관한 연구 결과를 유니레버Unilever의 임원이자 소비재 시장 전문가인 데이비드 쿠지노한테서 들었다. 또 그는 오늘날 수백만 달러 규모로 성장한 '액스Axe'라는 브랜드를 출시하는 과정에서 유니레버 연구팀이 발견했던 놀랍고도 다양한 연구 성과들도 함께 들려주었다.

'액스'는 유니레버의 남성용 스킨케어 브랜드로서 대표적인 제품으로 디오더런트 바디 스프레이, 샴푸류, 아폴로·킬로·피닉스·쓰나미·부두 같은 이름을 붙인 바디워시 등이 있다. 2002년 미국 시장에 첫선을 보인 액스는 병에 담긴 페로몬이라는 독특한 포지셔닝 전략으로 마케팅 전문가들 사이에 널리 알려졌다. 이들은 여드름 가득한 번들거리는 피부의 볼품없는 촌뜨기들을 한순간에 자신감과 성적 매력이 넘치는 남성으로 탈바꿈시켜주는 신비의 약으로 그 브랜드를 소개했다. 유니레버의 전설적인 액스 광고 속에 숨겨진 마케팅 전략은 광고에서 성이 어떤 역할을 할 수 있는지뿐만 아니라 기업과 마케터들이 소비자들의 소망과 꿈 그리고 판타지를 얼마나 깊이 탐험하고 있는지를 보여주는 흥미로운 사례다. 스캔들을 불러일으키며 큰 성공을 거두었던 도발적이고 성적인 액스 광고를 통해 유니레버는 기존에 사람들이 알고 있었던 광고의 한계를 뛰어넘었다.

먼저 유니레버 연구팀은 폭넓고 심층적인 온라인 조사를 실시했다. 여기에는 미국은 물론 영국, 멕시코, 남아프리카공화국, 튀르키예, 일본에 이르기까지 전 세계 1만 2,000명에 달하는 15~50세의 남성들이 포함되었다. 그런데 이들에게 연구 팀이 던진 질문들은 지극히 개인적이면서 당황스러운 것이었다. 예를 들면 "여자를 유혹하는 여러분만의 전략은 무엇입니까?", "자신이 없다고 느껴질 때는 언제입니까?", "여성들로부터 거절당했던 적은 언제였습니까?", "자신만의 성적인 판타지는 무엇입니까?", 그리고 앞서 언급했던 것처럼 "섹스에 대해 하루 몇 번 정도 생각하십니까?" 등이었다. 도대체 유니레버는 남자들에게 왜 이런 걸 물어보았을까? 쿠지노는 당시를 이렇게 떠올렸다. "남자들의 진실을 알고 싶었거든요." 유니레버 연구팀은 그 설문조사 데이터를 국가별로 분석했다. 그리고 이런 결론에 도달했다. "어디서 태어나 어디서 살고 어떤 일을 하든 남자를 움직이는 원동력은 모두 동일하다."

그 결과는 누가 보더라도 놀라웠다(온라인 익명 조사만큼 남성들이 솔직하게 대답할 수 있는 기회는 없을 것이다). 우선 남성들이 가진 대표적인 성적 판타지부터 말해보자면, 진부하고 저질스러운 포르노의 한 장면처럼 느껴질 수도 있겠지만, 대충 이런 식으로 흘러간다. '서너 명의 벌거벗은 여성들에 둘러싸인 채 뜨거운 욕조나 스파에 편안하게 앉아 있다. 옆에는 샴페인이 놓여 있고 욕조에는 거품이 가득하다.' 설문 결과에 대한 분석을 마쳤을 때 액스 브랜드 연구팀은 한 가지 결론에 도달했다. 남성들의 성적 판타지는 한 명이 아닌, '여러 명'의 매력적인 여성들이 자신의 치명적인 매력에 빠져 있는 상황으로 펼쳐진다. 액스 광고에서 대단히 중요했던 획기적인 발견이었다. 쿠지노는 이렇게 설명한다. "우리는 발견했습니다. 그리고 확신했습니다. ……성공적인 액스 광고를 위해서는 반드시 페로몬이라는 요소를 강조해야 한다는 사실을요." 액스 브랜드 연구팀의 발견은 이게 다가 아니다.

다음으로 쿠지노를 포함한 유니레버 연구팀은 같은 남자의 입장에서 15~50세의 남성 100여 명이 술집에서 어떻게 행동하는지를 새벽 서너 시까지 관찰했다. 목표는 군중 속에서 남성들이 어떻게 여성들에게 다가가 유혹을 하는지, 다시 말해 어떻게 '게임'을 풀어나가는지 확인하는 것이었다. 이후 연구팀은 '시장 세분화segmentation'라는 분석 방법을 기반으로 남성들, 즉 액스 브랜드의 잠재 고객들을 여섯 가지 부류로 나눌 수 있었다.

약탈자 | 겉으로는 강한 척하지만, 내면적으로는 자신감이 부족한 부류다. 고급 자동차를 몰고 명품으로 치장하고 끊임없이 배회하지만, 여성들을 존중하지 않고 그들을 어떻게든 속이려 든다. 이들은 특히 혼자 외로워하거나, 술이 많이 취해서 몸을 제대로 가누지 못하는 여성들을 집중적으로 공략한다. 결론적으로 약탈자들은 여성들에게, 그리고 그 부모님에게 악몽과도 같은 존재다.

타고난 남자 | 지적이고 운동을 잘하고 성공적이고 매력적이고 자연스러운 자신감이 묻어나는 부류다. 동료들에게 인기가 많을 뿐 아니라 여성들 역시 본능적으로 이들에게 끌린다. 이들은 속임수를 쓰지 않고서도 원하는 여성들을 얻는다. 흥미롭게도 액스 연구팀이 설문 조사를 했을 때 대부분의 남성들이 이 부류가 되기를 원할 뿐만 아니라 자신이 그 부류에 속한다고 믿고 있었다. '워비건 호수 효과Lake Wobegon effect(모두 스스로 평균 이상이라고 믿는 착각—옮긴이)'가 성적인 차원에서 발현된 것이다.

남편감 | 부드럽고 자신 있고 존경스럽고 당당한, 그래서 말 그대로 여성들이 부모님께 인사시키고 싶어하는 부류다. 싱글 여성들의 생각과는 좀 다르기는 하지만 유니레버 연구팀의 조사 결과 젊은 남성들의 상당수가 이 부류에 속한다.

좋은 친구 | "미안하지만…… 그냥 좋은 친구로 지내면 안 될까?" 여자를 밝히는 젊은 남성들에게 이보다 더 충격적인 말이 있을까? 쿠지노는 친

절하게 이렇게 덧붙인다. "그 말을 듣는 순간 한가득 부풀었던 희망이 한 꺼번에 꺼져버릴 겁니다." 어쩌면 당연한 결과이기도 하겠지만, 공식적이 거나 비공식적으로 게이인 남성들 대부분이 이 부류에 속한다.

자신 없는 풋내기 ㅣ 이 가엾은 남성들은 자신이 지금 여성들에게 '무엇' 을 하고 있는지 모른다. 남편감과 타고난 남자와 더불어 미국에는 수많은 자신 없는 풋내기들이 살고 있다. 아이러니하게도 겉으로는 약탈자와 비 슷해 보이지만 이들 대부분은 여성들을 아주 불편하게 만든다. 하지만 동기만큼은 순수하며 속임수도 쓰지 않는다.

열정적인 풋내기 ㅣ 이들 역시 자신이 무엇을 하고 있는지 전혀 모른다. 자신 없는 풋내기와 다른 점이 있다면 꾸물거리지 않고 항상 부지런하다 는 것이다. 대부분의 경우 실패를 겪지만, 그렇다고 누가 그들에게 최선 을 다해보라고 조언하지는 않는다.

이 분류를 가지고 액스 연구팀은 무엇을 했을까? 우선 그들은 어떤 부류를 타깃 소비자층으로 삼아야 할지 고민했다. 그리하 여 자신 없는 풋내기를 첫 번째 타깃으로, 열정적인 풋내기와 타 고난 남자를 두 번째 타깃으로 정했다. 그 이유는 무엇일까? 액 스 마케터들은 자신 없는 풋내기와 열정적인 풋내기는 자신감 과 경험이 부족하기 때문에 여성들로부터 인기를 얻을 수 있다 는 그들의 설득에 잘 넘어갈 것이라고 생각했다. 아마도 이들은 자신감을 높이기 위해 최대한 많이 스프레이를 뿌릴 것이다. 한 편 타고난 남성들에게는 더 이상의 자신감은 필요 없지만, 밤 사냥을 위한 마무리로 액스를 사용할 것이라고 예상했다. 마케터들은 약탈자를 마지막 타깃으로 정했다. 그들은 자신의 섹시한 매력 말고는 아무것도 필요치 않다고 확신할 것이기 때문이었다.

유니레버는 첫 번째 타깃으로 정한 자신 없는 풋내기 남성들을 대상으로 30초짜리 TV 광고들을 제작했다. 가장 보편적인 남성의 판타지를 적극적으로 활용한 광고였다. 즉 광고에 등장한 남성은 한 명이 아닌, '여러 명'의 섹시한 여성들의 관심을 받는다. 여기에는 전형적인 천재적 마케팅 전략이 숨어 있다. 그중 하나를 살펴보면, 비키니 차림의 글래머들이 저항할 수 없는 어떤 힘에 이끌려 드넓은 해변으로 달려간다. 기운 없고 야윈, 하지만 액스 제품을 뿌려대고 있는 젊은 남성을 차지하기 위해서다. 또 다른 광고에서는 갑자기 욕실 바닥이 갈라지면서 샤워를 하던 젊은 남성이 아래층으로 떨어진다. 벌거벗은 그의 몸에서는 여전히 비눗물이 뚝뚝 떨어지고 있다. 그런데 그 아래층은 포르노 배우처럼 뇌쇄적인 춤을 추면서 허리를 돌리고 있는 비키니 여성들이 가득하다.

또 다른 액스 광고를 보면, 쇼를 진행하는 한 여성이 게스트에게 이렇게 부탁한다. "더러운 공으로 게임을 하고 싶은 사람은 없죠. 모니카, 이 더러운 공들을 좀 닦아줄래요?" 그러고는 매니큐어를 칠한 손으로 깨끗해진 골프공 두 개를 음미하듯 만

　　　　　　　　　　　　　　　브랜드의 거짓말

진다. 또 다른 광고에서는 "뿌려라, 여성들이 몰려올 것이니"라는 암시적인 약속을 던지고 있다. 여기서는 대학생으로 보이는 두 여성이 또래의 한 남자를 방으로 끌고 들어가는 장면이 나온다. 또 다른 광고에서는 젊은 여성들이 액스를 뿌린 남자의 향기를 들이마시고 서로 자신의 전화번호를 주기 위해 싸운다. 다른 광고에서는 액스의 '다크 템테이션' 바디 스프레이를 뿌린 남성이 갑자기 초콜릿으로 변해버린다. 그가 길을 나서자 흥분한 여성들이 달려들어 그의 몸을 물어뜯는다. 액스의 광고들이 전달하고자 하는 메시지는 너무나도 뚜렷하다. '액스를 사용하면 수많은 여성들과 섹스를 할 수 있다.'

액스의 광고들은 나오자마자 히트를 쳤고, 액스는 순식간에 디오더런트 시장에서 최고의 남성 브랜드로 올라섰다.[2] 이를 통해 유니레버는 2006년에 경쟁 기업인 태그Tag보다 5,000만 달러 많은 7,100만 달러의 매출 성장을 기록했다.[3] 유니레버의 다른 브랜드들의 매출 또한 동반 성장을 했다. 젊은 남성들은 한 제품이 마음에 들면 그 브랜드의 다른 제품들도 적극적으로 구매하는 성향이 있다. 마케터들은 이를 '후광 효과'라고 한다. 게다가 액스는 기존의 한계를 뛰어넘는 광고를 통해 세계적인 인지도를 구축했으며, 소비자들에게는 재미있고 기발하고 공격적이고 섹시하다는 브랜드 이미지를 심어줄 수 있었다.

그러나 초기에 성공을 거두고 얼마 지나지 않아 액스는 장애물에 부딪혔다. 문제는 광고 캠페인의 초점을 지나치게 자신 없는 풋내기와 열정적인 풋내기 부류에 맞추는 바람에 일반적인 소비자들의 외면을 받는다는 것이었다. 어느 지역에서나 괴팍하고 가엾은 남성들이 액스 제품들을 열광적으로 구매하기 시작했고 이로 인해 액스의 브랜드 이미지는 점점 망가져갔다. 적어도 미국의 고등학생과 대학생 시장에서 액스는 루저들의 브랜드로 전락했다. 당연하게도 매출은 큰 타격을 입었다.

문제는 여기서 끝나지 않았다. 자신감이 부족한 고등학생들이 액스만 사용하면 성적으로 매력적인 남성이 될 것이라는 광고의 약속을 철석같이 믿고 말 그대로 스프레이를 온몸에 뿌려대기 시작했던 것이다. 그들의 생각은 이랬다. '액스=섹스'라면 '더 많은 액스=더 많은 섹스'일 거야. CBC의 한 기사는 이러한 현상을 이렇게 언급했다. "아름다운 여성들이 디오더런트를 사용한 남성에게 매력을 느낀다는 광고를 그대로 받아들인 일부 청소년들이 액스 스프레이를 온몸에 끼얹고 있다." 심지어 마구 뿌려대는 스프레이의 지독한 냄새 때문에 학교 전체가 숨을 쉬기 어려운 지경에 이르렀다. 한 교사는 이렇게 설명한다. "머리와 목 전체에 뿌려댑니다. 그런데도 아이들은 그 냄새가 얼마나 지독한지 몰라요. …… 마치 걸어 다니는 냄새 폭탄 같아요."[4]

이제 유니레버는 정확하게 어디에 액스 스프레이를 뿌려야 하는지 알려주는 일종의 바이러스 동영상을 제작 배포함으로써 다시 한번 브랜드 재활에 박차를 가하고 있다. 그런데 이 영상들 역시 성적인 묘사들로 가득하다. 동영상에 등장하는 한 여성은 마네킹에 스프레이를 뿌리더니 갑자기 오른팔을 떼어내어 빙빙 돌리면서 이렇게 외친다. "난 너무 밝힌단 말이야!"[5]

몇 차례 어려움이 있었지만 그래도 큰 성공을 거둔 액스 광고는 기업과 그들의 똑똑한 마케터들이 소비자의 마음속에 깊숙이 뿌리내린 가장 개인적인 성적 판타지와 욕망을 집중 공략했을 때 어떤 상황이 벌어지는지를 잘 보여준다. 그리고 그 판타지와 욕망이 강력한 설득자라는 사실을 증명한다.

지금까지 살펴본 것처럼 선정적인 마케팅 전략이 사회적으로 굳건히 자리 잡고 있음에도 대부분의 소비자들은 기업과 광고업체들이 새롭고 얄팍한 방법들을 동원하여 성을 상품화하고 있다는 사실을 제대로 인식하지 못하고 있다. 그래서 이 장에서는 '광고 속의 성'이라는 주제를 가지고 내가 직접 수행했던 실험들의 충격적인 결과들을 살펴보고자 한다.

동성애적 광고의 효과

매장 윈도와 타임스스퀘어의 대형 간판들 그리고 런던과 파리에 이르기까지 참으로 다양한 곳에서 우리는 크고 아름다운 갈색 눈에 상의 없이 딱 달라붙는 청바지를 입고, 넓고 아름다운 어깨와 울룩불룩한 식스팩 복근을 드러낸 채로 무관심한 표정을 짓고 있는 남성 모델들이 숲에서 뒹굴거나 여름 해변을 한가로이

거니는 애버크롬비 광고를 만날 수 있다.

그 모습들은 너무나 섹시하다. 그런데 조금만 생각해보면 뭔가 이상하다. 그 청바지 광고는 '남성' 소비자들을 향한 것이다. 그렇다고 애버크롬비의 대다수 소비자들 그리고 타깃 소비자들이 동성애자들인 것도 아니다. 섹시함이나 노출을 가지고 소비자를 유혹하려고 한다면 당연히 '여성' 모델들을 써야 하지 않을까? 여자를 좋아하는 남성 소비자들에게 청바지를 팔려고 하면서 왜 섹시한 남성 모델들을 등장시키고 있는가? 이 질문에 답을 찾기 위해 세월을 거슬러 올라가보도록 하자.

우선 1990년대 초로 돌아가서 마돈나 배저(당시 캘빈 클라인 에이전시의 수석 아트 디렉터. 현재 뉴욕 부티크 광고 에이전시 '배저 & 윈터스'를 운영하고 있다)와 사진가 허브 리츠는 두 가지 버전의 캘빈 클라인Calvin Klein 속옷 광고를 제작하고 있었다. 하지만 두 사람은 당시만 해도 그들의 광고가 어떤 결과로 이어질지 전혀 알지 못했다. 아마도 여러분은 이들이 만든 광고를 어디선가 보았을 것이다. 그중 하나는 근육질에 성적 매력이 넘치는 영화배우인 마크 월버그가 속옷 차림으로 등장해서 한 손으로 사타구니를 붙잡고 이상한 표정을 짓고 있는 광고다. 그리고 두 번째는 케이트 모스가 앙상한 팔로 여윈 가슴을 안고 있는 여성 속옷 광고다. 동성애적 느낌이 물씬 풍기는 이 광고를 통해 캘빈 클라인의 남성 속옷과 여성 속옷 모두 매출이 약 35% 정도 늘어났다. 그렇다. 캘빈 클라인의 이 광고는 남성에게 상품을 팔면서 남성 모

델을, 여성에게 상품을 팔면서 여성 모델을 통한 섹스어필을(약
간 보이시하기는 하지만) 활용할 수 있다는 사실을 분명하게 보여
주었다. 이후 20년 동안 광고업계는 이 교훈을 충실히 따랐다.

이제 30년도 더 지나서 우리는 선정적이다 못해 포르노에 가
깝다고 고소를 당했던 아메리칸 어패럴의 대형 입간판에서 속
옷만 입은 젊은 남성들이 비스듬히 앉아서 다리를 벌리고 있는
모습을 보게 되었다. 다음으로 아디다스Adidas의 한 운동화 광고
에서는 완벽하게 단련된 근육질 몸매를 자랑하는 캐나다 모델
팀 로저스가 운동화를 들어 중요 부위를 교묘하게 가리고 있다.
동시에 우리는 식스팩을 자랑하는 멋진 남성들의 상반신 탈의
사진이 매월 표지를 장식하는 남성 잡지《맨즈 헬스Men's Health》가
미국에서 가장 인기 있는 잡지들 중 하나라는 사실을 주목할 필
요가 있다. 여기서 눈여겨볼 대목은 1990년대 후반 캘빈 클라인
이 처음으로 기존 광고의 벽을 허물면서 시작된 새로운 흐름이
오늘날에까지 이어지면서 의류는 물론 향수, 스포츠 용품에 이
르기까지 다양한 제품들을 남성 소비자들에게 팔기 위해 남성
모델의 선정적인 이미지를 활용하는 전략이 더는 특별한 시도
가 아니라는 점이다.

그럼에도 대부분의 남성들은 역삼각형 몸매와 널찍한 가슴,
입체적인 복근과 불룩한 사타구니를 당당하게 드러낸 매력적인
남성 모델들의 성적 이미지가 어떠한 방식으로든 그들의 구매
행동에 실질적인 영향을 미치고 있다는 사실은 좀처럼 인정하

려 하지 않는다. 적어도 아직 미국 사회의 남성들의 대부분은 다른 남성을 좋아한다는 사실을 받아들이려 하지 않는다. 실제로 어떤 형태로든 벗은 남성의 사진을 들이대면 대부분의 남성들은 시선을 돌리곤 한다. 그래서 남성들은 공중 화장실에 들어설 때 볼일을 보고 있는 사람들과 최대한 멀리 떨어진 변기를 찾아가는 것이다. 실수로라도 다른 남성의 주변을 배회하고 있다는 인상을 주지 않을까 하는 걱정 때문이다.

데이터는 거짓말을 하지 않는다. 동성애적 광고들은 분명 효과가 있었을 뿐만 아니라 기대 이상의 좋은 반응을 몰고 왔다. 이러한 광고들에서는 무슨 일이 벌어지고 있었던 것일까? 〈골드짐Gold's Gym〉과 〈투데이Today〉 쇼의 심리학자로 활동하고 있으며 《셰이프Shape》라는 잡지의 고문인 벨리사 브래니치 박사는 남성들이 이러한 광고를 보면서도 자신이 단지 신체의 일부만을 보고 있는 것이라고 스스로를 합리화한다고 말한다. 말하자면 청바지가 엉덩이와 얼마나 잘 맞는지, 티셔츠가 가슴 부위에서 얼마나 탄력을 유지하고 있는지 확인하는 것이라고 스스로에게 변명을 한다는 것이다. 브래니치 박사는 1973년에 남성 누드를 실었던 한 잡지를 언급하면서 그것이 일종의 '플레이걸Playgirl' 마케팅이라고 설명했다. "여성들에게 강한 인상을 주고 싶어하는 남성들을 위한 광고, 그러니까 남성을 위한 남성 광고죠."

젊은 남성들에게 애버크롬비 광고에 등장했던 모델에 대해 어떻게 생각하는지 물어보니 흔쾌히 이렇게 대답했다. "여자들은 잘 어울렸어요." 하지만 내가 다시 "남자 모델들은 어땠나요?"라고 물었을 때 그 방에 흐르는 불편한 기운을 분명히 느낄 수 있었다. 남성들은 대부분 이렇게 합창했다. "사실 잘 못 봤어요." 또는 "그걸 왜 물어보시죠?" 마치 내가 그들의 성 정체성을 의심하고 있는 것이 아닌가 하는 눈초리다. 물론 그건 아니다. 하지만 그들이 광고 속의 남성 모델을 정말로 주목했든 아니든 간에 남성의 성 또는 그들의 몸을 강조한 광고는 그들에게 강력한 설득자 역할을 하고 있으며, 남성들이 스스로 인정하는 것보다 그들의 구매 습관에 더욱 중대한 영향을 미치고 있다는 사실을 확신할 수 있었다. 그래서 나는 성적으로 도발적인 남성 모델들의 이미지가 남성 소비자들의 뇌에 어떻게 영향을 미치는지 확인해보기로 했다.

우리 연구팀은 이번 '속옷' 실험을 위해 18~25세의 남성 16명을 피험자로 선택했다. 그중 여덟 명은 이성애자고 여덟 명은 동성애자였다. 그들에게 꼭 달라붙는 흰색 내의와 트렁크 팬츠만 걸친 남성 모델들이 등장하는 다섯 장의 이미지를 보여주고 그들의 뇌를 fMRI로 촬영해보았다. 기막힌 결과가 나왔다.

두 그룹 모두 뇌 시각전도로의 최종 지점인 '시각령visual cortex'이 뚜렷한 활성 상태를 나타냈다. 시각령은 시각적인 자극이 주어질 때 활성화되는 부위다. 그런데 더욱 놀라운 발견은 '하전두회inferior lateral prefrontal gyrus'라는 부위 역시 두 그룹 모두 뚜렷한 활동 상태를 보였다는 사실이다. 하전두회는 '작업기억working memory(정보를 일시적으로 보유하면서 다양한 인지적 활동을 처리하는 기억 장소 - 옮긴이)'과 밀접한 관련이 있으며, 거짓말을 하거나 사실을 조작하거나 진실이 아닌 것을 억지로 받아들일 때 활성화되는 영역이다. 간단하게 말해서 이 부위는 '속이는 영역'이다. 실험 결과, 피험자들은 벗은 남성 모델들에게 매력을 느끼고 있다는 사실을 인정하지 않으려고 애썼다. 그러나 그 말은 곧 매력을 느꼈다는 뜻이다. 한 발 더 나아가 남성 속옷 광고에 일반적인 남성들의 뇌가 보여준 부정적인 반응, 그리고 이에 따라 일어난 다양한 관심도는 동성애자 남성 그룹의 반응과 차이가 없었다. 실험 결과를 분석한 전문가들에 따르면, 이는 이성애자 남성들 역시 그 광고를 보고 동성애자 남성들과 같은 자극을 받았다는 확고한 증거가 될 수 있다. 두 그룹 간에 다른 점이 있다면, 이런 사실을 부정하기 위해 이성애자 남성들의 뇌가 부지런히 노력하고 있었다는 것뿐이다.

언어만으로는
너무 지루하다

2004년 12월 세계적인 향수 개발업체인 '인터내셔널 플레이버스 앤드 프래그런시스International Flavors & Fragrances'는 캘빈 클라인이 출시를 준비하고 있던 '유포리아'의 납품업체로 선정되기 위해 입찰 경쟁에 뛰어들었다. 이들은 IFF의 '브랜드이모션BrandEmotions' 부서를 담당하고 있던 에리카 스미스와 그녀의 동료인 알렉스 모스크빈에게 그 임무를 맡겼다. 새로운 향수 제품이 탄생하는 공정을 살펴보자면, 먼저 브랜드 기업(캘빈 클라인 화장품은 유니레버 그룹에 소속되어 있다)이 향수 제조업체들에게 그들이 원하는 감성을 자극할 수 있는 향수를 주문한다. 그리고 향수의 시안들이 도착하면 그 브랜드 기업은 포커스 그룹(시장 조사나 여론 조사를 위해 각 계층을 대표하도록 뽑은 소수의 사람들로 이뤄진 그룹)을 통해 애초에 원했던 소비자들의 감성을 자극하는 향수를 선택하고 출시하게 된다.

이 사례에서 캘빈 클라인, 즉 유니레버는 향수 개발업체들에게 이른바 '무드 에딧mood-edit'을 보여주었다. 그것은 아주 매혹적인 분위기에서 여성들이 기꺼이 눈을 가리고 손발이 묶이는 장면과 같이 무의식적이면서 성적인 암시를 주는 영화 속의 짧은 영상들을 조합한 자료였다. 그런데 왜 향수 기업들은 원하는 바를 직접 설명하지 않고 이러한 영상 자료들을 사용하는 것일까? 쿠지노의 설명에 따르면 "언어는 너무 지루하기 때문이다."

"여성들을 '이와 같은'(감성적인) 공간으로 데려갈 수 있는 향수를 개발해주시기 바랍니다." 유니레버 연구팀은 IFF를 포함한 모든 입찰 참여 업체들에게 이렇게 요청했다. 그리고 IFF의 향수가 도착했을 때 유니레버는 여성들로 포커스 그룹을 조직하고, 그들의 피부에 그 '주스'를 문질러보았다(업계에서는 향수를 주스라고 한다). 그러고 나서 포커스 그룹 여성들에게 눈을 감게 한 뒤, 향수 냄새를 맡고 가장 먼저 떠오른 감정들을 이야기하도록 했다. 그 결과, 포커스 그룹 여성들은 한결같이 로맨틱하고 성적이고 열정적인 감정들을 떠올린 것으로 나타났다. 그들 내면에서 정욕과 순수, 구속과 자유, 육체적인 사랑과 부드럽고 로맨틱한 사랑이 양립하는 상황이 벌어졌다. 유니레버는 바로 그 IFF 주스를 캘빈 클라인의 새로운 향수로 선택했다.

하지만 신제품 출시는 이제부터가 시작이었다. 유니레버는 IFF의 향수를 선택하기는 했지만 이를 그들의 입맛에 더욱 맞도록 수정하기로 했다. 이를 위해 유니레버는 추가 조사를 실시했다. 그들은 처음 질문을 다시 한번 던졌다. '이 향수는 사람들의 감성을 어디로 이끌 것인가?' 그리고 한 가지 문제가 떠올랐다. 그 향수가 과연 여성들을 어두침침하고 관능적인 곳으로 이끄는지 객관적으로 확인할 방도가 없다는 것이었다.

그래서 유니레버는 자신들이 여성들을 데려가고 싶은 감성적 장소가 어디일지에 대해 심층 연구를 시작했다. 그리고 실제 여성들을 한 명씩 미로와 같은 복도로 이어진 어두운 방으로 데려갔다(감각적인 혼란을 줄이기 위해 방의 조명은 어둡게 해놓았다). 그리고 각각의 방에 IFF가 개발한 향수를 다양하게 변형한 향수를 뿌려놓았다. 유니레버 연구팀은 각각의 방으로 들어간 여성들의 반응을 자세하게 살펴보면서 그 향수가 여성들을 '어디로' 데리고 가는지 분석했다. 하지만 연구팀은 조금씩 변형된 서너 가지 향수들 중에서 과연 어떤 것이 그들이 원하는 바로 그 장소로 여성들을 데려가는지, 그리고 '앨커미'라는 제품명을 붙일 자격이 있는지 좀처럼 결정할 수 없었다.

그래서 유니레버는 그 여성들에게 향수 개발업체들에게 보여주었던 것과 같은 '무드 에딧' 영상을 보여주고 나서 영상과 향수가 불러일으킨 어둡고 유혹적인 '공간'을 방문한 느낌에 대해 기술해보게 했다. 그 대답들 속에는 '어두운', '불길한', '두려운'과 같이 다양한 형용사들이 등장했다. 드디어 연구팀이 기대했던 중요한 반응들이 떠오르고 있었다. 여성들은 모두 자신이 성적으로 통제력을 잃어버릴지도 모른다는 두려움에 '끌리고' 있었던 것이다. 쿠지노는 당시를 이렇게 회상한다. "우리는 여성들이 통제력을 잃어버릴지도 모른다는 두려움, 그리고 통제력을 기꺼이 포기하고 싶다는 욕망을 동시에 느끼기를 원했습니다."

이러한 과정을 거쳐 2004년 마침내 관능적이면서도 애잔한 유포리아가 탄생했다. 이후 어두침침하고 관능적이면서도 우수에 젖은 30초짜리 광고가 제작되었다. 캘빈 클라인 브랜드가 붙은 유포리아는 출시되자마자 불티나게 팔려나갔다. 이 책을 쓰던 당시 유포리아는 지난 10년 동안 출시된 향수들 중에서 여전히 세계 판매 순위 10위에 남아 있는 유일한 향수였다.

그렇다면 섹스어필을 강조하는 향수에서 맡을 수 있는 진정한 향기란 다름 아닌 '돈 냄새'라고 하는 게 맞을 듯하다.

나보다 어린 아이돌에
열광하는 이유

유통 인류학자 파코 언더힐은 그의 저서 『쇼핑의 과학』에서 자녀 혹은 배우자의 소비에 돈을 지불하는 어른들에 대한 이야기를 한다. 학교 준비물, 옷, 화장품, 또는 아이팟에 다운로드받은 음악 등 10대들은 대부분의 소비를 부모에게 의존한다는 점에서 언더힐은 어른들을 '지갑을 들고 다니는 사람'으로 묘사한다. 지갑을 들고 다니는 집안 경제권의 주인으로서 어른들은 아이들의 소비에 중대한 발언권이 있다. 하지만 마케터의 관점에서 이는 다음과 같은 과제를 의미한다. '아이들에게 물건을 팔기 위해 어떤 마케팅 또는 광고 전략으로 부모들을 설득해야 할까?' 이제 여러분은 이 질문에 숨겨진 교묘한 비밀들을 확인하게 될 것이다.

기술 발달로 오늘날 부모들은 역사상 전례 없이 10대 자녀들과 많은 것들을 공유하고 있다. 엄마와 아빠, 아이들은 모두 휴대전화와 페이스북 계정을 갖고 있고 대체로 유사한 문화적 감수성을 지니고 살아간다. 같이 극장에 가고, 최신 음악을 듣고, TV 프로그램을 시청하고, 아이튠즈iTunes, TV 녹화 장치인 티보Tivo, 동영상 서비스 사이트인 훌루Hulu와 같은 것들도 함께 즐긴다.

이러한 흐름을 감지한 할리우드와 음악업계는 어린 청중들도 함께 즐길 수 있는 성인용 콘텐츠 개발에 주목했다. 그렇다면 지

브랜드의 거짓말

금 엔터테인먼트 업계에서는 실제로 어떤 일들이 벌어지고 있을 까? 먼저 노래 가사나 영화 대사들을 교묘하고 애매모호하게 만 들어 성인들에게 재미를 주는 동시에 아이들에게는 전혀 해가 없는 완전하게 다른 메시지를 전달하려는 움직임이 나타났다.

여덟 살짜리 아이들과 함께 보는 애니메이션 〈심슨 가족The Simpsons〉을 예로 들어보자. 그 만화에서 아이들이 유치한 농담이 나 "호머 심슨은 얼간이래요" 같은 말에 웃음을 터뜨릴 때 여러 분은 아마도 사장인 번즈와 그의 비서인 스미더스 사이에 드러나 지 않는 미묘한 동성애적 긴장을 지켜보며 속으로 웃을 것이다.

〈슈렉〉이나 〈토이스토리〉 같은 영화들 역시 비슷한 전략을 쓰 고 있다. 가령 〈슈렉〉에 등장하는 영주 '파쿼드Farquaad'는 얼핏 픽 로드Fuck lord처럼 들린다. 〈토이스토리 2〉에서는 카우걸 제시 를 사랑하는 버즈의 마음이 등에 달린 날개가 곧게 서는 모습 으로 표현된다. 지갑을 들고 다니는 아버지들은 이러한 장면들 을 보고 미소를 짓겠지만 자녀들이 알아차릴 만큼 노골적이지 는 않다. 이러한 현상에 대해 BBC는 이렇게 지적한다. "최고의 영화란 모든 연령대, 모든 유형의 청중들이 함께 볼 수 있는 영 화라는 사실을 깨닫지 못했더라면 오늘날의 할리우드 거물들은 없었을 것이다."[6]

엔터테인먼트업계가 이러한 전략을 통해 큰 성공을 거두는 모습을 지켜본(업계에서는 이를 '심슨', 또는 '슈렉' 전략이라 부르기도 한다) 다양한 분야의 마케터들이 할리우드의 방법을 브랜드 전략 전반에 도입하고 있다. 예를 들어 샌드위치 체인인 퀴즈노스 Quiznos는 '토스티 토피도Toasty Torpedo'라는 신메뉴를 출시하면서 TV 광고에서 '12인치의 맛'이라는 표현을 강조했다. 하지만 팝 계에 폭풍을 몰고 온 저스틴 비버만큼 슈렉 전략으로 큰 성공을 거둔 브랜드는 없을 것이다(그렇다. 저스틴 비버는 분명 하나의 브랜드다).

저스틴 비버는 순수한 얼굴의 10대 아이돌 가수였다. 2007년 비버가 침대 위에서 노래 부르는 모습을 그의 어머니가 비디오로 찍어 유튜브에 올리면서 일약 스타가 되었다. 비버의 동영상 조회 수는 몇 주 만에 1,000회를 넘어섰고, 이후 100만 회를 훌쩍 넘어서더니 2년 뒤에는 그의 앨범 〈마이 월드 2.0My World 2.0〉이 빌보드 1위를 차지했다. 이 글을 쓰던 당시 비버의 유튜브 채널 가입자는 5,000만 명에 육박했고《타임》은 "전적으로 인터넷을 통해 인기를 끌어모은, 디지털 시대의 진정한 첫 번째 아이돌"이라고 평가했다.[7] 이러한 차이점을 빼면 비버는 그저 예쁘장한 외모를 사랑하는 10대 소녀들의 침실을 꾸미는 순수한 10대 아이돌 역사에서 마지막으로 자리를 잡고 있는 인물이다. 도톰한 입술, 우수에 젖은 눈망울, 뽀얀 피부, 애교 가득한 달콤한 미소, 그리고 특유의 머리 털기까지! 덧붙이자면, 1970년대 아이돌 도니 오즈먼드가 히트곡 〈헤이, 데어, 론니 걸Hey, There, Lonely Girl〉을 부를 때의 모습과 〈원 레스 론니 걸One Less Lonely Girl〉을 부르는 비버의 모습을 비교해보면 그 가사와 얼굴이 무척이나 닮았다는 사실에 깜짝 놀라게 된다.

하지만 비버를 숭배하는 수백만 명의 팬들 모두가 10대 소녀들은 아니다. 믿거나 말거나, 이 예쁘장한 17세 소년의 열광적인 팬들 중 상당수는 30~40대 여성들이다. 엄마뻘 여성들이 그를 좋아하는 것이다. 몇 년 동안 나는 종종 젊은 남자 연예인의 열광적인 팬을 자처하는 수많은 중년 여성들과 얘기를 나누어보았다. 여기서 나는 여성들을 비도덕적이거나 파렴치하다고 매도하려는 게 아니라는 사실을 미리 밝혀둔다. 사실 나는 지금도 비버에 열광하는 중년 여성 팬들을 만나 이야기를 나누고 있다. 그들은 종종 대단히 저돌적인 모습을 보인다. 비버가 등장할 때 그를 보기 위해 소리를 질러대는 소녀들을 밀치며 파고드는 열성 엄마들을 보는 것은 드문 일이 아니다.

비버를 좋아하는 10대 팬들은 이상할 게 하나도 없다. 10대 소녀 팬들은 수십 년 전에도 있었고 비버는 매력이 넘치는 17세 소년이다. 하지만 나이가 곱절도 넘는 여성들에게까지 매력을 발산하는 이유는 무엇일까? 중년 여성들이 그에게서 성적인 매력을 느끼는 걸까? 아니면 10대 시절부터 가지고 있었던 오래된 판타지의 투영인가?

나는 이를 본격적으로 알아보고자 채용 기업인 머리 힐 어소시에이츠Murray Hill Associates와 함께 연구팀을 꾸렸다. 그리고 레이프 가렛이나 데이비드 캐시디 또는 데이비 존스 같은 과거의 아이돌에 열광했던 경험이 있는 여성과 엄마들로 포커스 그룹을 만들었다. 이 여성들에게 개인적인 질문을 던지기 전에 먼저 심리학자이자 엄마인 한 여성과 이야기를 나누어보았다. 그녀 역시 잘생긴 어린 남자 연예인들에 대한 열정을 다시 한번 경험하고 있다고 인정했다. 나의 질문에 그녀는 많은 관심을 보이며 흥미로워했다.

잠시 생각하더니 그녀는 이렇게 설명했다. "꼭 성적인 것만은 아니에요, 마틴." 그러고는 다시 한번 잠깐 생각에 잠기더니 이렇게 대답했다. "하지만 '성적이지 않은' 것도 아니랍니다." 나는 더 많이 공부해야만 했다.

어느 비 내리는 저녁, 45세 엄마 열 명과 함께 시카고에서 포커스 그룹 모임을 열었다. 나는 엄마들에게 이렇게 말했다. "좀 이상한 질문들을 던지고자 합니다." 약간 망설이다가 나는 이렇게 시작했다. "나이가 들어서 젊은 남성에게 반한 경험이 있습니까?"

나는 내심 불안했다. 화난 엄마들이 펜과 커피 잔을 집어던질지도 모르는 일이었다. 하지만 놀랍게도 어느 누구도 그 질문에 공격적인 반응을 보이지 않았다! 사실 그 반대였다. 모든 여성들이 인정과 해방감이라고밖에 해석할 수 없는 미소를 내게 지어보였다. 나는 분명 그들의 중요한 부분을 건드린 것이었다. 〈새터데이 나이트 라이브〉라는 프로그램을 보면, 비버의 고등학교 선생 역을 맡은 티나 페이가 "내가 그와 결혼을 하고 싶은 것인지, 유모차에 태우고 싶어하는 것인지, 아니면 돌아다니며 데이트를 하고 싶은 건지 모르겠군"이라고 중얼거리는 장면이 나온다. 그날 저녁 내가 여성들과 나눈 얘기들 역시 보편적으로 나타나고 있지만 사회적으로는 거의 이야기되고 있지 않은 중년 여성들의 감성이었다.

포커스 그룹 여성들은 '행동'으로까지 옮기지는 않았다는 점을 강조하면서 자신들의 이러한 경험들에 대해 놀려댔다. 하지만 나는 그 방에서 어떤 공감대가 형성되고 있다는 느낌을 분명히 받았다. 여성들은 매력적인 젊은 남성이나 아이돌의 이름을 마구 쏟아내면서 서로 얘기를 나누었고 나는 그들의 대화를 제대로 이해하지 못했다. 한 여성은 딸과 함께 스테프니 메이어의 『트와일라잇』 시리즈를 원작으로 한 영화인 〈이클립스〉를 보러 갔던 이야기를 들려주었다. "(당시 열여덟 살이었던) 테일러 로트너가 등장할 때마다 터져 나오려고 했던 '세상에, 정말 잘생겼다!'라는 말을 끝까지 참아야만 했어요. 딸아이가 그 말을 들었다면 아마 쓰러졌겠죠?"

10분 넘게 포커스 그룹의 대화는 이런 식으로 흘러가다가 마침내 테이블 끝에 앉아 있던 여성이 손을 들었다. 그녀는 10대 시절 프린스의 광팬이었다고 했다(그 시절 프린스는 말 그대로 왕자님이었다). 내가 취향에 관한 질문을 던졌을 때 그녀는 통찰력이 번득이는 대답을 들려주었다. "남성들보다 여성들이 아름답고 예쁜 존재에 더 많이 끌린다고 생각해요. 그리고 그 속에 소년들도 포함되어 있는 거죠."

포커스 그룹 모임이 끝나갈 무렵 나는 나의 두 가지 추측이 모두 옳았다는 사실을 깨달았다. 젊은 남성 연예인들에 대한 엄마들의 열광은 10대 시절의 성적 호기심을 되살리고 있다는 점에서 성적이다. 하지만 젊은 시절의 폴 매카트니와 데이비드 캐시디를 좋아했던 어릴 적 자신의 열정과 흥분을 되살리고 있다는 점에서 성적이라기보다는 향수에 더 가깝다. 그리고 무엇보다 모성이라는 두꺼운 갑옷을 벗으면, 엄마들 역시 한 사람의 소녀라는 사실을 스스로에게 그리고 딸들에게 증명하려고 노력하고 있다는 느낌을 받았다.

여기서 더 중요한 사실은 마케터들은 이러한 비버 현상을 정확하게 이해하고 있다는 점이다. 그래서 표면적으로는 10대들을 위한 제품이라고 내놓지만, 사실 그들은 '엄마들도' 비밀리에 타깃 소비자로 삼는다. 대중매체와 관련된 기업들은 중년 엄마들이 딸과 함께 TV 프로그램을 보려고 하고, 운전 중에 딸이 좋아하는 음악을 같이 듣고 싶어한다는 사실을 잘 알고 있다. 컨설팅 기업인 프랭크 N. 마지드 어소시에이츠Frank N. Magid Associates에서 '밀레니얼 전략 프로그램'을 담당하고 있는 잭 매켄지는 이렇게 말했다. "밀레니얼 세대를 타깃으로 삼고 있다면 (즉 1980~2000년 사이에 태어난 사람들을 공략하고 있다면), 그들의 엄마를 두 번째 타깃으로 삼아야 합니다. 세상은 지금 그렇게 흘러가고 있습니다. 똑똑한 기업이라면 이 기회를 놓치지 말아야 합니다."[8]

제모에 빠진 마초들

오늘날 미국 사회에서 남성 소비자로 살아간다는 것의 의미가 변하고 있다.

역사적으로 미국 사회에서 성의 경계선을 넘나든다는 차원에서는 남성들보다 여성들이 훨씬 자유롭다. 예를 들어 오랫동안 여성들은 청바지나 헐렁한 바지를 입고, 사향 향수를 뿌리고, 남성용 시계를 자연스럽게 차고 다녔다. 반면 대부분의 남성들은 꽃 그림이 그려진 핑크색 셔츠를 입거나 향수를 뿌리거나 메이크업을 하는 것을 마음 편하게 받아들이지 못했다. 하지만 오늘날 이러한 모습도 빠른 속도로 변하고 있다. 적어도 미국에서는 더 많은 남성들이 '여성'의 세계에서 건너온 물건들을 조금씩 받아들이고 있다. 가령 귀고리, 스키니진, 화장품, 향수를 그대로 사용한다(사실 유럽 남성들이 미국 여성들보다 향수를 더 많이 사용한다). 오늘날 남성들은 예전에 비해 외모에 더 많이 신경 쓰고, 이를 위해 더 많은 돈을 지불하려고 한다. 당시 남성 미용 시장은 전 세계적으로 약 270억 달러 규모로 추산되었으며, 2014년 즈음에는 그 규모가 310억 달러로 성장할 것이라 전망되었다. 2009년 한 해 동안 성형수술을 받은 남성들은 미국에서만 90만 명에 이른다.[9]

남성 소비자들이 전통적인 여성의 시장으로 들어가기 시작하면서 마케팅과 광고의 역할이 전혀 예상치 못한 부분으로까지 변화하고 있다. 우선 바디워시를 예로 들어보자. 도이치뱅크와 조사 전문 기관인 인포메이션 리소스Information Resources의 연구에 따르면, 2009년에 미국 역사상 처음으로 바디워시의 매출이 일반 비누의 매출을 넘어섰다(시장 규모는 각각 7억 5,630만 달러, 7억 5,420만 달러였다). 그리고 믿거나 말거나, 이러한 변화가 일어나는 까닭은 지금까지 '여성' 시장에서만 활동했던 마케터들이 적극적으로 남성 소비자들을 찾아다니고 있기 때문이다. 그렇다면 왜 많은 남성들이 갑자기 바디워시를 그들의 인생 속으로 받아들이기 시작한 걸까?

여기에는 몇 가지 이유가 있다. 첫째, 앞에서 살펴본 것처럼 위생에 대한 범세계적 관심의 증가가 남성 소비자들 사이에 뿌리내리기 시작했기 때문이다. 두려움을 이용하고자 하는 마케터들은 점점 더 많은 남성 소비자들에게 기존에 쓰던 비누는 끈적끈적하고 세균이 많고 그래서 더 '더럽다'는 사실을 설득하기 위해 많은 노력을 퍼붓고 있다(상대적으로 여성 소비자들에게는 더 적은 노력으로도 설득이 가능하다).

둘째, 손 세정제 브랜드들이 새로운 남성 소비자 세대를 끌어들이기 위해 노력하고 있다. 예를 들어 초등학교 남자 화장실에, 고등학교나 대학 체육관 샤워 시설에, 대학교 기숙사에 세정제를 전략적으로 배치해 어린 남성 소비자 세대를 유혹하고 있다. 그 결과 이제 남성 소비자들도 위생 관련 제품들을 직접 구매하고 있다. 그리고 아주 자연스럽게 일상적으로 액체 비누를 손과 몸에 바른다.

몇 년 전 한 바디워시 기업은 제품을 사용하는 방식, 다시 말해 손으로 직접 몸에 바르는 방식이 너무 여성적이라는 생각 때문에 남성들이 바디워시 사용을 꺼린다는 사실을 발견했다. 그렇다면 그 기업은 어떻게 대응했을까? 그들은 새로운 형태의 샤워타월을 출시하여 손과 몸 사이에 일종의 물리적 장벽을 만들어주었다. 이를 통해 그 기업은 미국 시장에서 수십만 개에 달하는 판매고를 올렸다. 놀랍게도 그 이후 기존의 비누 매출이 감소하면서 반대로 바디워시 매출이 급상승하기 시작했다.

셋째, 더 많은 남성 소비자들이 바디워시를 사용하기 시작한 이유는 마케터들의 노력 때문만은 아니다. 거기에는 싱글맘의 비중이 높아진 사회적 현상도 기여했다. 오늘날 싱글맘 밑에서 자라는 많은 아들들은 엄마가 쓰는 바디워시를 그대로 사용한다. 1장에서 살펴보았던 것처럼 어린 시절에 익숙해진 제품들은 성인이 되어서도 계속 쓰는 경향이 있다. 물론 이러한 점은 유니레버나 P&G와 같은 대기업들의 입장에서는 크나큰 축복이다. 일반 비누를 판매하는 것보다 바디워시를 판매하는 것이 수익 면에서 훨씬 유리하기 때문이다.

이러한 관점에서 나는 세계적인 마케팅 커뮤니케이션 에이전시인 유로RSCG 시카고의 최고 마케팅 관리자이자 유명한 남성 소비자 전문가인 로즈 캐머런과 이야기를 나누어보았다. 캐머런의 표현을 빌리자면, 당시 밀레니얼 세대들은 성인이 되어가고 있었다. 남성 소비자의 욕구가 변화하고 있고 이에 따른 마케터들의 초점 또한 변하고 있다는 주장에는 의문의 여지가 없다. 캐머런은 그들을 이렇게 설명하고 있다. "그들은 어린 나이에 향이 첨가된 제품들을 사용했던 첫 번째 남성 소비자 세대입니다."

나는 물었다. "그렇다면 다음은 어떻게 될까요? 이 모든 것이 우리를 어디로 몰고 가게 될까요?"

"문신이나 제모가 유행할 것이라고 생각합니다. '스무디 smoothies'라는 말을 들어보셨어요?"

"음료수 말인가요?"

"아뇨. 소비자들, 특히 남성 소비자들에 관한 말입니다." 몸에 난 '모든' 털을 제거하는 것은 먼저 게이들 사이에서 시작되었지만, 여러 가지 이유들로 오늘날에는 프로 스포츠 세계에서 유행으로 자리 잡았다. 캐머런은 이렇게 지적했다. "스포츠에서 털은 속도를 느리게 만드는 원인이 될 수 있습니다. 최소한 합리적인 이유가 있는 셈이죠. 하지만 사실 그 유행은 포르노 산업에서 온 것이기도 하죠. 점점 더 많은 포르노 배우들이 몸에 난 털을 밀고 있습니다. 아시다시피 포르노는 거대한 산업이죠."

이는 특별한 발견이다. 나는 대형 소비재 기업에서 일하는 사람으로부터 미국 남성들 중 15%가 은밀한 부위를 면도하고 있다는 사실을 확인할 수 있었다(농담이 아니다). 게다가 이 비율은 점점 증가하는 추세라고 한다. 이러한 흐름에 발맞추어 질레트는

브랜드의 거짓말

'제초를 해서 나무가 더 커 보이게 만드는 방법Trim the Bush to Make the Tree Look Taller'이라는 제목으로 사타구니 부위를 면도하는 자세한 방법을 담은 동영상을 웹사이트에 잽싸게 올리기까지 했다.

일반적으로 여성이 제품을 선택할 때 그 이유는 80%가 감성적이고 20%가 이성적이라는 주장이 마케팅업계에서 오랫동안 인정받아왔다. 대다수의 여성들은 컨디셔너, 새로 나온 메이크업 제품, 또는 세탁 세제 광고들까지도 감성적인 차원에서 인식한다. 가령 '옛날에 엄마가 늘 이 브랜드를 사용하셨지', 또는 '옆 동네 사는 그 가족들이 이 차를 몰고 다녔지'와 같이 감성적인 차원에서 먼저 결정을 내리고 나중에 이성적인 근거들로 이를 보완하려고 한다. 그래서 여성을 타깃으로 하는 광고들은 대부분 두려움, 질투, 옛날에 대한 향수 등 감성적인 측면에 집중하는 경향이 있다.

반면 남성 시장의 경우 마케터들은 그 비율을 정반대로 받아들인다. 남성 소비자들은 구매를 결정할 때 감성적 이유가 20%, 이성적 이유가 80%를 차지한다고 말이다. 하지만 나는 인정할 수 없다! 남성과 여성은 모두 똑같이 감성적인 존재다. 다만 차이가 있다면 남성은 의사 결정 과정에서 감성적 동기들을 제품의 특성과 사양들 아래로 숨기려고 노력한다는 사실뿐이다. 남자들도 여자와 같은 비율로 의사 결정을 내린다.

남성 소비자들이 변하고 있다. 동시에 그들을 겨냥하고 있는, 오랜 세월 검증된 마케팅 전략들 또한 변하고 있다. 남성용 화장품 코너를 돌아다니다 보면 '립트 퓨얼Ripped Fuel', '에지Edge', '페이셜 퓨얼Facial Fuel', '액스'와 같이 마초적 이미지가 강한 제품들을 쉽게 발견할 수 있다. 이들은 스포츠 모임, 익스트림 스포츠와 같은 남성적인 운동, 오토바이, 심지어 전쟁의 느낌을 불러일으킨다. 화장품에 이러한 이름들이 붙는 이유는 전통적 관점에서는 용납할 수 없는 '미용' 관련 제품들을 살 때에도 터프 가이들한테나 어울릴 법한 이름이 붙은 것들을 선택함으로써 자신이 여전히 거칠고 스포티하다는 느낌을 받고 싶어하는 남성 소비자들의 심리를 마케터들이 잘 알고 있기 때문이다. 마스크, 컨실러, 언더아이 트리트먼트 등 천연 화장품으로 큰 성공을 거둔 온라인 남성 화장품 브랜드인 메나지Mēnaji 역시 제품에 '카모Camo'나 '이레이저Eraser'와 같은 공격적인 이름을 붙였다. 심지어 액스는 검은 병에 원형으로 홈을 파서 수류탄을 연상시키는 제품까지 출시했다. 이들 브랜드 제품들의 감성적 전제는 부드럽고 매끈하게 보이면서도 동시에 거칠고 남성적인 이미지를 놓치지 말아야 한다는 것이다.

바로 이러한 허영심 때문에 남성 소비자들은 기업들이 여성들을 공략하기 위해 사용했던 간교한 속임수에 똑같이 넘어가고 있다. 면바지나 청바지를 고르다가 꼭 맞는 사이즈를 발견했을 때 소비자들은 자신의 허리 치수가 대학생 시절과 같다는 사실을 확인하고는 기뻐한다. 하지만 마냥 좋아할 일이 아니다. '배너티 사이징vanity sizing'이라는 마케팅 전략에 걸려든 것일 수

　　　　　　　　　　　　　　브랜드의 거짓말

도 있기 때문이다. 배너티 사이징이란 실제 사이즈보다 치수를 줄여서 기재해 소비자들이 더 날씬해졌다고 여기도록 하는 교묘한 마케팅 전략이다.[10] 실제로 여성 의류 브랜드들은 오랫동안 이 전략을 사용해오고 있다. 그런데 똑같은 전략이 남성 시장에도 파고들고 있다. 《에스콰이어》의 기자인 어브램 사우어는 여러 브랜드 매장에서 줄자로 남성들의 바지 치수를 재보았다. 그 결과, 36인치로 표기된 바지가 실제로는 37인치부터(H&M) 시작해서 38.5인치(캘빈 클라인)와 39인치(갭, 해거, 다커스)를 거쳐, 41인치에(올드 네이비) 이른다는 사실을 확인했다.[11] 예전에 남성들은 허리 사이즈에 별로 관심이 없었다. 하지만 이제는 남녀 모두 자신이 날씬하고 날렵하다는 느낌을 전해주는 제품을 더 선호한다.

외모에 집착하는 남성상을 점점 더 용인하는 사회적 흐름을 마케터들이 적극적으로 활용함으로써 엄청난 돈을 벌어들이고 있다는 주장에는 의문의 여지가 없어 보인다. 혼자서 쇼핑하는 남성의 비중이 1995년 53%에서 2009년에는 75%로 높아졌다. 마케팅 컨설팅 기업인 WSL 스트래티직 리테일WSL Strategic Retail 의 설립자이자 CEO인 웬디 리브만은 물건을 사기 전에 여성의 의견을 먼저 구했던 남성들의 모습은 옛말이 되어가고 있다고 지적했다. "우리는 지금 문화적인 변화를 목격하고 있다. 이제 남성들은 더 늦게 결혼을 하고, 더 오랜 시간을 혼자서 살아간다."[12] 이 말은 오늘날의 남성들 역시 매장을 둘러보다가 구매 결정을 내리기 전에 이미 자신이 어떤 브랜드를 좋아하는지를 정확히 알고 있다는 뜻이다. 심지어 자신이 좋아하는 브랜드를 결혼 생활에도 적용해 아내의 구매 패턴에 영향을 미치기까지 한다. 어머니 치마폭을 벗어나자마자 곧바로 아내의 품에 안겼던 옛날 남성들과는 달리, 오늘날 미혼 남성들은 어떻게 쇼핑해야 하는지, 어떻게 입어야 잘 어울리는지, 어떤 천이 더 고급인지를 잘 알고 있는 것이다.

이러한 이유로 샌안토니오에 위치한 슈퍼마켓 H-E-B는 '남성존'을 새롭게 만들었다. 미용에 관심이 많은 남성들은 나머지 매장 구역들과 완전히 떨어진 이 안전한 피난처에서 마초다움과 남성성을 그대로 유지하면서도 자신이 좋아하는 스킨케어 제품들을 마음껏 고를 수 있다. 공상과학 영화에나 나올 법한 푸르스름한 바닥과 평면 스크린으로 가득한 이 독신 남성들을 위한 공간은 지친 피부를 달래는 제품부터 처진 눈꺼풀을 당겨주고 매일 신선한 레몬향을 풍기게 해주는 제품에 이르기까지 총 534가지 화장품들을 진열해놓고, 다섯 개의 터치스크린을 통해 '외모를 가꾸는 방법과 제품 사용법'을 소개하고 있다.[13] 남성존의 분위기가 지나치게 소녀 취향으로 흘러가고 있다는 위험이 감지될 경우 사방의 평면 스크린들은 축구나 자동차 경주, 농구 등 다양한 스포츠 영상들을 돌려댄다.[14]

P&G 역시 이제는 매장 내에서 남성용 화장품을 여성용 화장품 코너와 분리하여 진열해야 한다고 확신한다. 그래야만 독립

적인 남성 소비자들은 립스틱을 고르는 여성들 곁에서 불편함을 느끼거나 거세된 듯한 느낌을 받는 일 없이 자유롭게 페이셜 크림이나 언더아이 스무더를 고를 수 있다. 그런데 이들 기업들은 남성용 제품을 따로 진열함으로써 매출을 끌어올릴 수 있다는 사실을 어떻게 알았을까? 그건 한밤중에 이루어진 비밀 연구 덕분이었다.

유니레버, 크래프트푸드, 펩시, 코카콜라 등 대부분의 대형 소비재 기업들은 산업 단지 내에 있는 외딴 창고에 '가짜 슈퍼마켓'을 차려놓았다. 그리고 그 안에 자사 제품은 물론 경쟁사들 제품까지 한꺼번에 진열해놓았다. 그런 다음 어느 늦은 밤에 사람들을 초대하여 '쇼핑'을 하게 했다. 그렇게 사람들이 매장을 돌아다니면서 다양한 브랜드 제품들을 고르거나 내려놓는 과정을 카메라, 심지어 뇌 스캐너와 같은 장비로 촬영했다. 이 슈퍼마켓들 한쪽에는 영화 〈마이너리티 리포트〉에서처럼 스크린들이 가득한 통제실이 있었다. 여기서 연구원들은 화면을 통해 제품의 진열 위치에 따른 소비자들의 뇌파 변화를 실시간으로 확인했다. 그리고 그 데이터를 분석하여 '플래노그램planogram'이라는 모델을 개발했다. 플래노그램은 개별 제품들을 어디에 놓았을 때 매출이 극대화되는지 확인해준다. 이 플래노그램에 따라 슈퍼마켓과 편의점에서 최적의 진열 위치를 결정하면 되는 것이다.

남성 '미용' 제품들을 따로 진열하면 매출이 증가하는 이유가 뭘까? 성 역할이 변화하고 있기는 하지만, 그래도 아직까지는 대다수의 남성들이 미용 코너를 돌아다니는 모습을 남들한테 들키고 싶어하지 않기 때문이다. 주변의 시선으로부터 자유롭게 제품들을 구경하고 선택할 수 있다면 그들은 기꺼이 더 비싼 제품을 선택하고 더 많은 제품을 구매할 것이다.

광고 속의 성은 이 책에서 소개하는 가장 오래된 마케팅 기술들 중 하나다. 그러나 오랜 경험을 바탕으로 한 가지만은 장담할 수 있다. 가장 깊고 은밀한 성적 판타지를 보여주든, 성적인 전성기에 대한 향수를 불러일으키든, 성적으로 더 매력적인 사람으로 만들어주겠다는 약속을 교묘하게 팔아먹든 간에 오늘날 마케터와 광고업체들은 근본적이고 원초적인 인간의 본능을 활용하기 위한 다양하고도 새로운 기술들을 이미 확보해놓고 있으며 또 이를 통해 엄청난 부를 챙기고 있다는 사실이다.

5장

군중심리

CROWD PSYCHOLOGY

모든 사람이
원하는 것처럼 보여주다

정보를 지닌 개인들이 단 5%만 있어도
200명에 이르는 군중들의 방향에
영향을 미친다. 나머지 95%는 자기도
모르는 사이 군중을 따라간다. 이는
외톨이가 되거나 사회로부터 배척을
당하지 않기 위한 진화의 산물이다.

사회적 동물의 구매법

1931년 열정적인 조류 전문가 에드워드 셀루스는 오랫동안 관찰해왔던 신비한 현상에 대해 생각해보기 시작했다. 그는 궁금했다. 까마귀, 갈매기, 물떼새, 거위, 찌르레기 같은 많은 새들이 어떻게 완벽하게 호흡을 맞추어 함께 육지를 박차고 날아오를 수 있는 것일까? 마치 미리 안무를 연습한 춤꾼들처럼. 우리는 새들의 머리가 그다지 좋지 않으며, 서로 의사소통할 수단이 없다고 알고 있다. 그런데 어떻게 그렇게 완벽하게 협조를 하는 것일까? 셀루스는 새들에게는 서로의 마음을 읽을 줄 아는 능력이 있기 때문이라고 결론을 내렸다. 하지만 셀루스는 자신의 생각을 입증할 과학적인 증거는 하나도 제시하지 못했다. 지금과 마찬가지로 당시의 과학계도 추측보다는 사실을 중시했다. 결국 1930년대에는 이 문제와 관련하여 셀루스보다 더 나은 추측이나 이론을 내놓은 사람이 나오지 않았다.

　그러나 이후 과학계가 밝혀낸 증거에 따르면, 셀루스의 주장이 터무니없는 것만은 아니었다. 새들이 보여준 일치된 행동은 결국 마음과 밀접하게 관련된 것이었기 때문이다. 그렇다고 새들이 독심술을 가지고 있다는 말은 아니지만, 어떤 면에서 새들은 '집합적 두뇌collective brain'를 공유하고 있는 것으로 보인다. 이러한 점은 새들 말고 다른 동물들에게서도 찾아볼 수 있다. 가령 흰개미를 살펴보자. 직설적으로 표현하면, 흰개미 한 마리는 극도로 멍청하다. 흰개미의 개별 두뇌는 자신이 무엇을 하고 있는지 정확히 인식할 수 있는 물리적인 신경조직을 충분히 갖추고 있지 않다. 하지만 흰개미 100만 마리는 거대하고 복잡한 구조물을 거뜬히 들어 올릴 정도로 놀라운 집합적 두뇌의 힘을 발휘한다. 실제로 흰개미들이 만들어내는 집의 높이는 9미터를 넘기도 한다.

　이러한 현상에 대해 과학계가 설명을 내놓기 시작한 것은 1950년대 후반에 이르러서였다. 생물학자 피에르 폴 그라세는 다양한 흰개미 그룹들이 집 짓는 모습을 보면서 개미들이 간단한 세 가지 단계만을 수행하고 있다는 사실을 발견했다.

　첫째, 흰개미들은 흙을 입에 한가득 물고 침을 발라 작은 덩어리로 만든다.

　둘째, 무작위로 주변을 돌아다니다가 가장 높은 곳에 도달하면 즉시 그 덩어리를 내려놓는다.

　　　　　　　　　　　　　　　　브랜드의 거짓말

셋째, 이 두 단계 작업을 반복한다.

지극히 느리고 무작위로 움직이면서 협력적으로 일하지 못하는 비지성적인 생명체들이 어떻게 이처럼 거대하고 치밀하게 설계된 구조물을 지을 수 있는지 미스터리가 아닐 수 없다. 하지만 그들은 분명 거대한 집을 만들어낸다. 흰개미들이 흙덩어리들을 더 많이 떨어뜨릴수록 둔덕은 더욱 탄탄해진다. 그리고 둔덕이 탄탄할수록 구조물을 더 높이 올릴 수 있다. 그라세에 따르면, 그렇게 높아지다가 특정 높이에 다다르면 "새로운 행동 패턴으로 들어가 그 위에 아치 구조물을 만들기 시작한다. 중앙 집중적인 통제 없이, 아주 간단한 몇 가지 법칙만으로 수천 마리의 흰개미들은 작은 방들과 터널 그리고 정교한 공기 순환 통로까지 갖춘 정교한 건축물을 만든다."[1] 그라세는 이러한 놀라운 현상에 '의사소통 없는 협력'이라는 이름을 붙였다.

간단하게 말해서 집을 지을 때 흰개미 여왕이 나서서 이래라저래라 명령하지 않는다는 것이다. 전략 기획도, 공식적인 정보 조직도 없다. 흰개미들은 다만 하나의 거대한 흰개미 브레인 속의 작은 신경세포처럼 작동하면서 하나의 세상을 만들어낸다.[2]

그 과정을 '복합적 적응 시스템'이라는 이론으로 설명해볼 수 있다. 복합적 적응 시스템이란 새들이 동시에 비상하고 흰개미가 거대한 성을 쌓는 것처럼 자연계의 다양한 시스템들은 본질적으로 '창발적emergent'이고 '비결정적nondeterministic'이라는 의미다. 다시 말해 전체가 부분합보다 위대하기에 침을 발라 흙덩어리를 만드는 흰개미 한 마리, 또는 막 비상하는 새 한 마리처럼 개별적인 행동을 관찰하는 것만으로 그 총체적인 결과를 단언할 수 없다는 뜻이다. 복합적 적응 시스템에 따르면, 우리 눈에 분명하게 드러나지 않는다고 하더라도 실제로 흰개미들은 '그 구조물 속에서 다른 개체들과의 연결성을 유지하면서 살아가기 위해 어디에 흙덩어리를 놓아야 하는지'를 직관적으로 알고 있다.[3] 다시 말해 개별 흰개미들은 동료들의 행동을 관찰하고 따라 하는 동안 자신이 어떤 행동을 해야 하는지 알아나가는 것이다.

나는 소비자들의 행동에서도 이와 비슷한 패턴을 반복적으로 확인했다. 사람들 역시 주변 사람들의 행동을 관찰하고, 이에 따라 자신의 행동을 수정한다는 점에서 새나 흰개미처럼 집단의식으로 묶여 있다고 할 수 있다. 2008년 리즈대학교 연구팀은 피험자 그룹에게 다른 사람들과 말이나 제스처를 주고받지 말고 그냥 넓은 실내에서 걸어보라고 했다. 그런데 연구팀은 사전에 일부 피험자들에게 어느 방향으로 걸어야 하는지 세부적인 지시를 내려주었다. 실험 결과, 연구팀은 피험자 그룹의 규모와는 상관없이 모든 사람들이 이미 자신의 방향을 알고 있는 몇몇 사람들을 무의식적으로 따라가는 현상을 목격했다. "이번 실험은 양이나 새처럼 인간 또한 소수의 개인들을 무의식적으로 따라가면서 무리를 형성한다는 사실을 보여주었다."[4] 연구팀은 결론을 내렸다. 그리고 '정보를 지닌 개인들'이 단 5%만 있어도 200명에 이르는 군중들의 방향에 영향을 줄 수 있다고 했다. 나

브랜드의 거짓말

머지 95%는 자기 자신도 모르는 사이에 그냥 무리를 따라가는 것이다.[5]

무리 내에서 튀거나 남다른 행동을 하면 대다수의 사람들은 상당한 불편함을 느낀다. 우리는 종종 그런 상황을 목격한다. 나는 유니레버 포커스 그룹 모임에서 소비자들과 함께 샴푸를 주제로 많은 이야기를 나누었다. 그런데 모임 사회자가 가려움에 대해서 이야기를 꺼내자마자 방 안의 모든 사람들이 머리를 긁기 시작했다. 갑자기 없던 이라도 생긴 것일까? 물론 그건 아니다. 사람들은 그저 무의식적으로 다른 사람들의 행동을 그대로 따라 했던 것이다.

이와 관련하여 오랫동안 내가 주목했던 또 한 가지 현상이 있다. 그것은 파티에서 함께 찍은 사진이나 페이스북 사진 앨범을 보여주면 사람들은 자신의 모습부터 살펴본다는 사실이다. 당연하게도 우리의 자의식 때문일 것이다. 하지만 그다음에는? 사람들은 '주변 사람들'의 모습을 살펴보기 시작한다. 그 이유는 뭘까? 자신의 모습이 어떤지 먼저 확인한 다음 다른 사람들의 모습과 비교하여 자신을 다시 한번 분석하기 위해서다. 사람들과 잘 어울리고 있는가? 좋은 인상을 주고 있는가? 다른 사람들이 자신을 따뜻한 시선으로 바라보고 있는가? 사람들의 이러한 반응은 개인으로서 인간은 자기 자신의 모습이나 행동을 완전한 진공 상태에서 평가하지 않는다는 사실을 보여준다. 다시 말해 우리 모두는 '주변 사람들과의 관계' 속에서 스스로를 평가한다.

여기서 주목할 점은 인간은 사회적인 존재이며, 집단적으로 움직이는 존재라는 사실이다. 그 증거를 14개월 된 아기들에게서 발견할 수 있다. 한 연구팀은 일련의 실험에서 14개월 아이들에게 다섯 가지 장난감을 가지고 노는 방법을 보여주었다. 이후 이 아이들은 그 장난감들을 한 번도 본 적이 없는, 데이케어 센터(미취학 아동이나 노인 또는 환자를 낮 동안 돌봐주는 시설 - 옮긴이)에 있는 다른 14개월 아이들이 지켜보는 가운데 그들이 본 대로 장난감을 가지고 놀았다. 그리고 이틀 뒤, 한 연구원이 그 장난감을 들고 데이케어 센터에 있던 아이들 집으로 갔다. 그러자 아이들은 아무런 망설임 없이 데이케어 센터에서 보았던 '방식 그대로' 장난감을 가지고 놀았다. 이것은 무엇을 말해주는가? 14개월 아이들은 또래 아이들의 행동을 관찰했고, 48시간 뒤에 그때 보았던 것들을 집에서 그대로 따라 했던 것이다.[6]

어느 길로 가고, 어떤 음악을 듣고, 어떤 차를 몰아야 할지와 같이 본인 스스로 내린 결정을 평가하기 위해 사람들은 본능적으로 타인의 행동을 살펴본다는 사실을 보여주는 많은 연구들이 있다. 간단하게 말해서 이러한 습성은 자신이 원하는 것을 자신보다 다른 사람들이 더 잘 알고 있을 것이라는 본능적인 생각을 보여준다. 심리학자들은 이러한 심리를 '동료압박peer pressure'이라고 부른다.

동료압박이라는 말에 많은 사람들은 청소년 시절 그랬던 것처럼 깊고 암울한 한숨을 속으로 쉰다. 그러고는 불안감과 여드름으로 가득했던 어린 시절, 그리고 친구들이 "이거 한다고 죽지는 않아"라고 핀잔을 주었던 그 시절의 작은 세계를 떠올리면서 착잡해하면서도 조금은 인정하는 표정을 짓는다. 이러한 형태의 케케묵은 동료압박 역시 분명히 존재하기는 하지만, 여기서 살펴보고자 하는 것은 그러한 것들이 아니다. 나는 사회적으로 수용되고자 하는 인간의 원초적인 욕망, 다시 말해 외톨이가 되거나 사회로부터 배척당하지 않으려는 진화적 차원의 본능을 활용하는 함축적인 시도에 대해 말하고 싶다. 쉽게 말하면, 군중심리다. 계속 살펴보겠지만, 오늘날 더욱 교활해진 기업과 마케터들은 바로 이러한 함축적인 동료압박 속에 담긴 강력한 유혹의 힘을 우리가 상상하기 힘든 수준으로 활용하고 있다.

블랙프라이데이의 인기는
가격 너머에 있다

유명한 사회심리학자인 로버트 치알디니는 흥미로운 실험을 통해 동료압박의 강력한 설득력을 보여주었다. 그는 수백 명의 지원자들을 한 방에 모아놓고 설문 조사를 실시했다. 하지만 그 설문은 위장용으로서 원래 목표는 주변 사람들이 개인의 행동에 어떠한 영향을 미치는지를 알아보는 것이었다. 그는 가까운 책상 위에 먹음직스러운 쿠키로 가득한 유리병을 가져다 놓았다.

그리고 참가자들에게 물었다. "쿠키 드실 분?" 그러자 5분의 1 정도가 쿠키를 먹었다(참을성 많은 사람들인 듯하다). 다음으로 연구팀은 쿠키가 얼마 들어 있지 않은 유리병을 가져다 놓고 사람들에게 물었다. 이 유리병은 다른 사람들 모두 쿠키를 하나씩 집어 먹었을 것이라는 인상을 주었다. 그래도 쿠키를 달라고 한 사람들은 5분의 1 정도에 불과했다.

마지막 실험에서도 연구원은 쿠키 병을 들고 와서 자신의 옆 테이블에 놓아두었다. 하지만 이번에는 쿠키를 먹을 사람이 있는지 물어보기 전에 갑자기 한 사람이 방 안으로 들어와 모든 사람들이 지켜보는 가운데 유리병 뚜껑을 열고 쿠키를 꺼낸 뒤 다시 밖으로 걸어 나가도록 했다. 그런 뒤에 사람들에게 쿠키를 원하는지 물어보자 놀랍게도 대부분의 사람들이 손을 들었다.

이 실험은 광고업체와 마케터들이 오랫동안 본능적으로 알고 있었던 진리를 보여준다. '인간은 다른 사람들이 원하는 것을 원한다'라는 명제다. 다른 사람들의 욕구가 강렬할수록 우리 역시 더욱더 원하게 된다. 다른 사람들이 쿠키를 좋아할지 또는 얼마나 좋아할지 전혀 모르는 상태에서 사람들은 그 쿠키를 별로 원하지 않았다. 하지만 다른 사람이 쿠키를 집어 가는 모습을 보자마자 그들의 뇌는 이렇게 외쳤다. "나도 먹고 싶어!"

2009년에 필수 크리스마스 장난감으로 떠오르면서 모든 어린이들의 보물 1호로 각광을 받았던 '주주 펫 햄스터'를 살펴보자. 원래 10달러에 출시되었던 이 특별한, 솔직히 말해서 기괴한 장난감은 미국 사회의 엄청난 수요에 힘입어 아마존에서 무려 원래 가격의 3배에 달하는 가격으로 거래되고, 이베이에서는 원래 가격의 5배까지 가격이 올라갔다. 이런 일시적 유행은 전염성이 대단히 강하다. 게다가 아이들을 위한 물건일 경우에는 죄의식까지 더해진다. 여기서 중요한 질문 한 가지가 떠오른다. 왜 어떤 것은 유행하고, 다른 것은 유행하지 못하는 걸까? 어떤 브랜드는 사회적 유행으로 자리를 잡고 다른 브랜드는 실패하는 것일까? 왜 주주 펫 햄스터는 성공하고 다른 장난감들은 그러지 못했을까? 그렇다고 그 햄스터가 무슨 특별한 일을 하는 것도 아니다. 노래를 부르거나 춤을 추는 것도 아니고, 소원을 들어주지도 않는다. 기껏해야 찍찍, 뻑, 음매 같은 소리를 낼 뿐이다. 그런데도 2009년이 저물어갈 무렵 그 장난감을 개발하고 판매했던 세피아Cepia는 수천만 달러의 매출을 기록했다.

세피아가 그 이상한 장난감을 크리스마스 선물로 포장하여 히트를 쳤다는 사실은 바이러스 마케팅, 즉 동료압박의 기술과 위력을 그대로 보여주는 흥미로운 사례다. 세피아는 병원, 동물원, 프로농구 경기장을 중심으로 '햄스터 경품행사'를 벌였다. 그리고 초대장이 있어야 들어갈 수 있는 '햄스터 파티'를 300회 정도 후원했고, 그 행사에서 영향력 있는 엄마 블로거들에게는 장난감을 선물로 주었다. 또 햄스터 터널이나 '햄스터 크런치' 레시피 등 다양한 경품들을 나누어주었다. '맘 토크 라디오Mom Talk Radio'라는 유명 채널을 통해 라이브 파티를 열기도 했다. 거기서 진행을 맡았던 마리아 베일리가 토론을 이끌어가는 동안 '쥬니버스Zhuniverse'의 팬들은 주주 펫이 그들에게 특별한 물건이 될 수밖에 없었던 사연들을 나누었다.[7] 이 모든 노력의 결과, 미국 사회의 엄마들은 어딜 가나 그 장난감을 보고 들을 수밖에 없었고, 이 과정에서 형성된 뜨겁고 강렬한 열기는 그 햄스터가 미국 시장에서 몽땅 매진되는 사태로까지 이어졌다.

다음으로 세피아는 독창적이면서도 아주 진부한 시도를 했다. 그들은 주주 펫의 생산량을 고의적으로 줄이기 시작했다. 도대체 왜? 교묘하게 재고를 줄일 때 소비자들의 열망은 더욱 거세진다. '모든 사람'이 원할 때 우리의 마음속에서 그 가치는 더욱 높아지게 마련이다.[8] 어떤 물건이 희귀하다는 정보는 군중심리, 즉 그것을 갖지 못할지도 모른다는 두려움을 자극한다.[9] 또 다른 사람들이 가지고 있는 물건을 탐내는 것은 인간의 자연적인 본성이기도 하다.

다른 동료들이 열망하는 물건을 손에 넣지 못할 수도 있다는 두려움으로 인해 맹렬한 소비자 무리는 갓 출시된 아이패드2나 구하기 힘든 색상의 어그 부츠를 사기 위해 새벽 4시에 줄을 선다.[10] 그리고 똑같은 이유에서 몇 년 전 블랙프라이데이(미국 추수감사절 다음 날인 11월 마지막 금요일로 연중 최대 세일 시즌이 시작된다-옮긴이)에 롱아일랜드 지역의 월마트 직원이 엄청나게 몰려든 손님들의 발에 밟혀 사망하는 사건이 벌어지기도 했다. 이베이 입찰에 참여했을 때 여러분은 아마도 무의식적으로 이와 같은 덫에 걸려들었을 것이다.

가령 펭귄 티 세트가 경매에 올라왔을 때 세상에서 단 하나뿐인 오렌지색 부리를 가진 머그잔 세트를 다른 사람이 사갈까 두려운 나머지 입찰자들은 기하급수적으로 그 가격을 높여간다. 이러한 상황에서 사람들은 제품의 실제 가치보다 훨씬 더 높은 가격을 기꺼이 지불하려고 경쟁을 벌인다.[11]

이러한 사회적 전염이 일단 시작되면 스스로 생명을 이어나가게 된다. 바로 이러한 이유로 다양한 분야의 기업들은 대단히 능숙한 솜씨로 사회적 유행의 씨앗을 뿌려놓고는 그 씨앗들이 싹을 틔우고 자라나기를 기대하는 것이다. 이 책의 마지막 장에서 자세하게 살펴보겠지만, 가장 유혹적인 마케팅 메시지는 잡지나 TV 혹은 대형 입간판 광고를 통해 퍼져나가지 않는다. 최고의 메시지란 동료들한테서 넘어오는, 또는 적어도 그렇게 넘어오는 것처럼 보이는 정보들이다. 가장 효과적이면서 간교한 바이러스 마케팅은 기업이 직접 제작한 블로그나 유튜브 동영상이다. 일반적으로 그 콘텐츠들은 아주 재미있고 자극적이고 도발적이고 때로는 위협적이기까지 하다. 또 이 모든 측면들의 조합으로 나타나기도 한다. 그래서 이를 접한 소비자들은 이런 질문을 떠올리게 된다. '농담인가, 진담인가?'

바이러스 동영상 중에서 가장 간교하고 기막힌 사례를 들라고 한다면, 미디어 대기업인 비아콤Viacom만 한 게 없을 듯하다. 2010년 유튜브를 소유한 구글Google을 상대로 TV와 영화 분야의 저작권 침해를 놓고 오랫동안 소송전을 벌여온 비아콤은 유튜브가 그 사용자들이 불법적으로 다운받은 동영상들을 마음대로 포스팅하도록 내버려두고 있다고 주장했다. 즉 트래픽을 올리고 매출을 강화하기 위해 비아콤이 저작권을 소유하고 있는 영화와 TV 프로그램들을 도둑질하는 일을 조장하고 있다고 구글을 비난했던 것이다. 하지만 구글은 비아콤이 그 동영상들을 몰래 업로드하고 가짜 댓글까지 달았다며 맞고소로 대응했다. 구글은 비아콤이 "그 동영상들이 비아콤과는 전혀 관련 없이, 팬이 만들고 포스팅한 것처럼 보여야 한다"라고 구체적으로 지시를 내렸다는 증거까지 확보하고 있었다.[12]

연방법원이 유튜브는 미국의 저작권법에 의해 보호를 받는다는 판결을 내림으로써 구글이 소송에서 이기기는 했지만,[13] 이와 관련하여 한 가지 분명한 사실이 있다. 그것은 유튜브 사용자들이 문제의 동영상들을 다른 사용자가 아니라 마케터들이 올린 것이라는 사실을 알았더라면 비아콤은 그 동영상들을 통해 전염성 강한 사회적 이슈를 일으키지 못했을 것이라는 사실이다.

베스트셀러 전략

우리는 주변 사람들 때문에 짜증이 난다. 교차로에서 길을 가로막고 있는 허머(제너럴모터스에서 판매했던 픽업트럭 차종 중 하나 – 옮긴이)에 타고 있는 남성, 긴 줄에도 아랑곳하지 않고 카운터에서 동전을 하나씩 세고 있는 여성, 편의점 앞에 쭈그리고 앉아 길을 가로막고 있는 푸른색 후드티 차림의 청소년들. 우리는 이 사람들 때문에 짜증이 난다. 하지만 구매 결정을 내릴 때 우리는 바로 이 사람들에게, 그리고 이들과 비슷한 사람들에게 크게 의존하게 된다. 실질적인 조언을 해주는 기업 마케터들보다 더 많이.

물건을 구매하는 과정에서 다른 사람들의 생각은 대단히 중요하다. 그들이 전혀 모르는 사람들이라고 해도 상관없다. 조사 전문 기업인 '오피니언 리서치Opinion Research'의 연구 결과를 보면 "응답자 중 61%는 새로운 물건이나 서비스를 구매하기 전에 다른 소비자들의 블로그나 온라인 후기들을 읽어본다"고 한다.[14] 이와 비슷하게 《파워리뷰PowerReviews》가 2008년 2월에 실시했던 연구를 살펴보면, "1년에 네 번 이상, 그리고 500달러 이상 온라인으로 쇼핑을 했던 미국 소비자들 중 절반에 가까운 수가 구매 결정을 내리기 전에 4~7건의 소비자 리뷰를 읽어보고 싶어한다"고 결론 내리고 있다.[15] 이러한 구매 후기들 중 '적어도' 25%는 관계자들, 즉 해당 기업 직원, 마케터 등이 작성한 거짓 후기라는 사실을 잘 알고 있음에도 그들의 주장이 대단히 설득력 있기 때문에 사람들은 '일부러' 이를 눈감아주고 있다. 《런던 타임스》가 지적했던 것처럼 인간은 원래 잘 믿는 동물이다. 그래야 집단적인 믿음을 통해 다른 사람들과 더 긴밀하게 연결될 수 있기 때문이다. 간단하게 말해서 우리는 비판적인 입장을 취할 때에도 집단적인 믿음이 전하는 메시지를 기꺼이 받아들이고자 한다.

완전히 모르는 사람의 취향이나 구매 선택이 얼마나 강력하게 우리의 결정을 흔들어놓는지 베스트셀러를 통해 알아보자. 여러분이 지금 대형 서점으로 들어섰다고 상상해보자. 매장은 축구장만큼이나 크다. 그 엄청난 선택권 앞에서 우리는 할인을 전혀 받지 못한 채 27.99달러를 다 지불할 수도 있고, 재미있어 보이지만 결국 형편없는 책인 유명인의 전기를 선택할 수도 있다. 그런데 바로 오른편에 뭔가가 떡하니 버티고 있다. 바로 금주의 '뉴욕 타임스 베스트셀러' 코너다. 픽션과 논픽션을 모두 합해도 20권 정도밖에 되지 않는다. 그걸 보면 곧바로 이런 생각이 든다. '그렇게 많은 사람들이 선택한 거라면 분명 괜찮은 책들이겠군.' 이런 생각도 든다. '그렇게 많은 사람들이 선택한 책을 내가 읽지 않는다면 왕따를 당하겠지?' 이제 여러분은 베스트셀러 코너를 살짝 살펴보는 것만으로 무려 4층이나 되는 매장을 다 돌아다니면서 수많은 선택 상황에 직면해야 하는 형벌에서 해방되었을 뿐만 아니라 동료 독자들이 강력하게 보증해준 책들을 고를 수 있게 되었다.

하지만 이것은 단지 출판사들이 우연히 얻은 행운은 절대 아니다. 독자들이 아무리 긍정적으로 받아들인다고 하더라도 서점에 자리 잡은 베스트셀러 코너는 매출을 올리고 어떤 책들이 이미 '사전 승인을 통과했음'을 강조하는 판매 전략일 뿐이다. 거꾸로 말하면 이러이러한 책을 읽지 않는다면 여러분은 교양 없고, 시대에 뒤떨어지고, 세상 사람들 모두가 나누는 대화에 끼지 못할 것이라고 협박하는 것이다.

베스트셀러 전략은 워낙 설득력이 강력해서 출판 시장을 뛰어넘어 다양한 영역으로 확대되고 있다. 가령 세포라Sephora의 베스트셀러 화장품 목록,《엔터테인먼트 위클리Entertainment Weekly》의 10대 인기 TV 프로그램,《버라이어티Variety》의 금주의 인기 영화 10선, 애플 아이튠즈의 뮤직스토어 베스트셀러와 추천 싱글 앨범·영화·뮤직비디오 목록(결국 모두 똑같은 것이다) 등을 들 수 있겠다.

그중에서 아이튠즈의 경우를 자세히 살펴보자. 아이튠즈 시작 페이지는 반스앤노블Barnes & Noble 매장처럼 다양한 선택들로 뒤죽박죽이다. 하지만 사용자들을 당황스럽게 만드는 끝없는 목록들은 다행히도 '주목받고 있는 노래', '인기곡', '떠오르는 신곡', '최고의 노래' 등 몇몇 추천 카테고리별로 일목요연하게 정리되어 있다.

여기서 우리는 두 가지 점에 주목해야 한다. 첫째, 이 목록들은 단지 사용자들의 구매 결정을 도와주기 위해 애플이 임의로 정리한 것이 아니라 애플의 음악 전문가팀이 최근 몇 달 동안 수천 장의 음반들을 분석해서 일부 곡들, 즉 노른자만을 신중하게 골라 첫 페이지에 올려놓았다는 인상을 준다. 하지만 그것은 진실과 거리가 멀다. 뒷거래를 통해 순위의 상당 부분이 조작되었을 가능성이 농후하다. '뇌물' 관행으로 오랫동안 사회적으로 비난받아왔던 음반 기업들이 21세기에는 자사가 투자한 노래와 앨범을 첫 페이지의 베스트 목록에 올리기 위해 애플 측에 엄청난 돈을 갖다 바치고 있다. 덧붙이자면, 출판사들 역시 자사의 책을 베스트셀러 목록에 올리기 위해 대형 서점들과 거래를 하고 있다. 그럼에도 소비자들은 이렇게 조작된 베스트셀러 목록을 보고 우리를 대신해서 어떤 전문가 혹은 전문가팀이 끝이 보이지 않는 콘텐츠를 몽땅 살펴보고 나서 신중하게 결정해준 결과물이라 생각한다.

둘째, 베스트셀러에서도 전형적인 블록버스터 효과가 나타난다. 블록버스터 효과는 본질적으로 이중적인 모습으로 작동한다. 다시 말해 소수 브랜드들을(아이튠즈의 경우 노래와 아티스트들) 성공의 길로 이끄는 반면, 대다수 다른 브랜드들은 실패의 구덩이로 처넣어버린다. 한번 생각해보자. 사용자들에 대한 단순한 노출만으로, 그리고 사람들이 '최고의 노래'라고 인정했다고 해서 첫 페이지에 오른 모든 앨범과 아티스트들이 인기를 얻게 되는 것일까? 전부 그런 것은 아니지만 그런 식으로 성공하는 사례가 많다는 것을 나는 오랫동안 관찰해왔다. 일단 노래나 앨범이 베스트셀러 목록에 올라가면 소비자들에게 이는 일종의 보증 역할을 한다. 그러면 감수성이 풍부한 소비자들은 관심을 가지면서 이렇게 생각하는 것이다. '다른 사람들은 다 알고 있는데 나는 모르고 있었다니? 중요한 걸 놓칠 뻔했어!'

금주에 가장 많이 팔린 소설이든, 올해 가장 많은 주목을 받은 영화든 간에 우리는 기업들이 베스트셀러 전략을 적극적으로 활용함으로써 소비자들에게 '다른 모든 사람들이 좋아하는' 제품을 산다는 확신을 주려고 한다는 것을 알아야 한다. 이제는 '세상의 모든 것'을 판매하는 사이트로 확장된 온라인 서점 아마존 역시 이를 위한 독창적인 단계를 밟고 있다. 아마존은 고객들에게 발송하는 이메일을 통해 특정 제품을 구매한 다른 독자들이 또 다른 새로운 제품들을 구매했다는 정보를 알려줌으로써 소비자들이 다양한 제품에 눈길을 돌리게 한다. 이는 노골적으로 조작된 동료압박 전략일 뿐만 아니라 인터넷과 같은 정보의 바다에서 유용한 정보를 추출해내는 기술, 즉 '데이터 마이닝data mining'을 적극적으로 활용한 사례다. 이에 관해서는 다음에 자세하게 살펴볼 것이다.

《사이언스》지에 게재되었던 한 흥미로운 연구 사례로부터 우리는 이러한 마케팅 전략의 위력을 확인할 수 있다. 연구팀은 10대 청소년 27명에게 한 웹사이트에 들어가서 무료로 노래를 듣고 다운받아보게 했다. 그리고 그중 일부에게만 다른 청소년들이 이러저러한 노래들을 다운받았다는 정보를 알려주었다. 그 결과, 정보를 미리 받은 청소년들은 같은 노래들을 다운받는 경향을 뚜렷하게 드러냈다. 이 실험의 2부는 더 많은 사실을 보여준다. 연구 팀은 이번에는 10대들을 여덟 그룹으로 나누고, 그들이 속한 그룹의 아이들이 다운받았던 곡들을 알려주었다. 그 결과, 청소년들은 그들 그룹의 구성원들이 다운받았던 노래들을 그대로 다운받았을 뿐만 아니라 그룹별로 '히트곡'들이 다양했다. 이런 결과의 의미는 분명하다. '어떤 노래가 이미 인기곡으로 알려져 있는지 아닌지'가 특정 곡이 히트할 수 있는지 아닌지를 결정하는 것이다.[16]

내가 하고 싶은 말은 초기 단계에서 인기를 얻은 것들이 결국 최종 승리를 거머쥔다는 사실이다. 얼핏 생각하면 나쁜 일 같지는 않다. 하지만 이런 식으로 다시 한번 생각해보자. 실제로는 훌륭하지 않은데도 단지 유명하다는 이유만으로 사람들이 선택한다면, 거꾸로 '톱 10' 목록에 올라 있지 않다는 이유만으로 우리는 여태껏 얼마나 많은 훌륭한 책이나 노래들을 그냥 흘려버렸던 것일까?

하지만 사람들의 입에 오르내리는 브랜드의 인기가 도대체 '어떻게' 소비자들의 구매 결정에 그토록 큰 영향을 주는지에 대해서는 여전히 의문이 남는다. 그래서 앞의 연구팀은 fMRI 기술을 기반으로 감수성이 풍부한 10대들이 동료압박에 굴복할 때 그들의 머릿속에서 '실제로' 무슨 일이 일어나는지 확인해보기로 했다. 우선 그들은 12~17세 청소년들을 대상으로 마이스페이스Myspace에서 다운받은 15초짜리 노래 샘플들을 평가해보게 하고는 전반적으로 인기가 높은 곡들의 목록을 알려주었다. 그 결과, 자신의 평가가 다른 사람들의 평가와 일치했을 때, 즉 자신이 좋다고 평가한 곡들이 인기곡 목록에 들어 있을 때 보상과 연관이 있는 미상핵caudate nucleus 부위가 활성화되는 것으로 나타났다. 반대로 불일치했을 때, 즉 자신이 좋게 평가했던 곡들이 인기곡 목록과 무관할 때 걱정과 연관된 뇌 영역이 활성화되었다. 연구팀은 이렇게 설명했다. "자신의 생각이 다른 사람들의 생각과 일치하지 않을지도 모른다는 걱정이 자신의 선택을 바꾸라는 압력으로 작용한다. 바로 이러한 압력이 10대들의 음악 취향을 획일화하는 중요한 힘이다."[17]

초반의 인기가 한 브랜드나 제품의 최종적인 성공에 중요한 역할을 한다는 사실이 분명해지면서 할리우드 역시 수많은 관객들의 예견 능력을 활용하기 위해 많은 노력을 하고 있다. 과학 전문지 《뉴사이언티스트New Scientist》에 따르면, 박스오피스의 흥행 성적을 예측하기 위해 영화 제작사들이 가장 보편적으로 사용하는 기술은 '가상 시장'이었다. '할리우드 주식시장'이라는 가상 시장에서 영화 팬들은 배우, 개봉 예정작, 또는 최근 개봉작이라는 종목을 놓고 가상 주식을 사고팔 수 있다. 할리우드 달러라는 통화를 기반으로 돌아가는 이 가상 시장의 주가는 특정 작품의 흥행성, 흥행 예감을 그대로 반영한다(분명한 사실은 이 시장에서 사람들은 모두 히트 예감이 드는 가상 주식들만을 산다는 것이다). 팰러앨토에 위치한 HP 연구소의 버나도 휴버먼은 이렇게 설명했다. "이는 박스오피스 영수증과 마찬가지로 최근 업계에서 유행하고 있는, 흥행성을 예측하기 위한 일종의 황금본위제다."[18] 그리고 놀랍게도 그 결과는 굉장히 정확해서 선거 운동

캠프에서도 결과를 예측하는 도구로 사용되고 있다.

물론 사회적인 인기가 자신의 취향을 특정 방향으로 몰아가고 있다는 사실을 우리가 항상 의식하고 있는 것은 아니다. 과거나는 열 명의 루이비통 여성 팬들로 구성된 포커스 그룹 모임에서 이런 질문을 던져본 적이 있다. "그 브랜드를 그렇게 사랑하는 이유는 무엇입니까?" 그러자 여성들은 지퍼와 가죽의 고급스러운 품질에 대해 이야기하더니 마지막에는 그 브랜드에 담긴 영원성에 대해 이야기를 늘어놓았다. 하지만 나는 의심스러웠다. 그래서 이들의 뇌를 fMRI로 촬영해보았다. 그 결과, 여성들에게 루이비통 제품 이미지를 보여주었을 때 모두들 대뇌전두극부Brodmann area 10가 활성화되었다. 이 부위는 사람들이 '멋진' 물건을 볼 때 활성화된다. 포커스 그룹 여성들은 뛰어난 품질 때문에 루이비통이라는 브랜드를 좋아한다고 스스로를 합리화했지만, 그들의 뇌는 그 제품이 단지 '멋지기' 때문에 선택한 것이라 말하고 있었다.

히트곡이든, 크리스마스 선물이든, 명품 핸드백이든 우리 뇌가 다른 사람들로부터 소외당할지도 모른다고 두려워하기 때문에 우리는 자신이 정말로 원하는 것이 아니라 '원해야만' 하는 것을 선택하는 경향이 있다.[19] 사실 마케터들조차 여기에 속아 넘어가곤 한다. 내가 알고 지내는 광고대행사의 '플래너'(유럽 지역의 광고대행사에서 소비자 조사를 수행하는 사람들을 부르는 말)들 모두 몰스킨Moleskine 브랜드의 가죽 다이어리를 들고 다닌다. 물론 그 브랜드를 꼭 써야만 하는 이유는 없다. 하지만 광고대행사 플래너들 사이에서는 그 제품을 쓰는 것이 일종의 불문율로 자리 잡았다. 그 다이어리를 사용하지 않는 플래너는 '무리'에 끼지 못하는 이방인인 셈이다.

마케터들은 외톨이가 될지도 모른다는 두려움을 자극하는 전략으로 많은 돈을 벌어들이고 있다. 하지만 그들 역시 동료압박에 취약한 면모를 무의식적으로 드러내는 것이다.

'좋아요' 뒤에 숨은 압박

인터넷, 그중에서도 특히 소셜 네트워크는 얼마나 많은 사람들이 자신의 생각이나 존재가 하찮을지도 모른다는 두려움을 가지고 있는지 분명히 보여준다. 다른 사람들과의 연결을 유지하는 기술이 실제로는 외로움에 대한 우리의 두려움을 높이는 것처럼 언제나 개인 의견을 달고, 주장을 하고, 스스로를 알릴 수 있도록 해주는 오늘날의 기술 환경은 거꾸로 아무도 우리의 말에 귀 기울이지 않을지도 모른다는 두려움을 강화한다. 나는 바로 이러한 불안감, 소외감에 대한 두려움이 우리 시대에 가장 전염력이 강한 대표적인 사회적 현상인 페이스북의 성공에 크게 기여했다고 생각한다.

우선 페이스북 관련 데이터를 확인해보자. 2011년 기준으로 페이스북에서 약 7억 명의 사용자들이 활동하고 있으며, 이는 인터넷 사용자의 22%에 해당한다. 게다가 사용자 수는 매월 5%씩 증가하는 추세다.[20] 페이스북 사용자들 중 50%는 하루에 적어도 한 번 그 사이트에 로그온을 하고, 3,500만 명이 넘는 사용자들이 자신의 상태를 매일 업데이트하고 있으며, 전체적으로 하루에 6,000만 건의 상태 업데이트가 이루어지고 있다.[21]

그렇다면 이러한 질문을 던져볼 수 있다. 페이스북은 과연 어떻게 세계적인 현상으로 성장할 수 있었을까? 수많은 소셜 네트워크 사이트들이 있음에도 일반적인 수준을 훌쩍 뛰어넘어 수많은 사람들이 그 일부가 '되어야만' 한다고 느끼도록 만드는 하나의 온라인 세상으로 커나갈 수 있었던 것일까?

아주 단순하게 말하자면, 거기에 모든 사람들이 살고 있기 때문이다. 사람들은 거기서 초대를 하고, 파티 사진들을 올리고, 메시지를 주고받는다. 그리고 점점 더 많은 사람들이 사회생활을 영위하는 삶의 현장으로 바뀌어가고 있다. 한 달에 무려 250억 건의 정보가 공유되고 일주일에 10억 장에 가까운 고유한 이미지들이 올라오는 세상 밖에서 어느 누가 외롭지 않을 수 있단 말인가?[22] 그래서 페이스북을 하지 않는다는 것은 사회적 고립을 의미한다. 마치 스코틀랜드 북동쪽에 위치한 셰틀랜드 아일랜드의 오두막집으로 이사를 가는 것과 다를 바 없다.

오늘날 대부분의 사람들이 이러한 현상을 잘 느끼고 있는 듯하다. 하지만 아직까지도 많은 사람들이 잘 모르는 진실이 있다.

바로 많은 기업들이 광고와 브랜드 홍보를 위해 페이스북의 사회적, 유혹적 위력을 어떻게 활용하고 있는가다. 페이스북의 기능들을 한번 살펴보자. 예전에는 '팬으로 등록'이었다가 '좋아요'로 바뀐 버튼은 원래 페이스북 친구들이 올린 글이나 사진이 '마음에 든다'는 의사표현을 하기 위한 것이었다. 가령 제니가 햄치즈 샌드위치를 먹었다거나 빌리가 아루바에서 멋진 시간을 보내고 있다는 새로운 소식이 마음에 들면 사람들은 '좋아요'를 누른다. 하지만 페이스북은 점점 사용자들이 좋아하는 밴드나 책, 영화, 브랜드, 제품들을 대상으로 '좋아요' 버튼을 누르도록 자극하고 있다. 사실 이러한 시도는 꽤 반응이 좋아서 하루에 무려 1억 번가량의 '좋아요' 클릭이 이루어지고 있다.[23]

〈프라이데이 나이트 라이츠Friday Night Lights〉라는 TV 프로그램을 본 적이 있는가? 그 프로그램의 페이스북 페이지에 들어가 보면 얼마나 많은 페이스북 친구들이 그 프로그램에 대해 '좋아요'라고 말하는지 확인할 수 있다. 앗, 에리카가 〈프라이데이 나이트 라이츠〉를 좋아한다고? 평소에 에리카가 대단히 멋진 친구라고 생각하던 그 사용자는 이제 마케터들이 말하는 '사회적 증거'란 것을 얻게 된 것이다. 그 프로그램이 볼 만한 가치가 있다고 확신하면서 '자신의' 친구들에게 추천해도 좋다고 생각하는 순간 여러분의 손가락은 이미 '좋아요' 버튼을 누르고 있다. 일단 그 버튼을 누르면 여러분의 모든 친구에게 뉴스피드의 형태로 전달되고, 이를 본 친구들이 덩달아 '좋아요' 버튼을 누르면서 그 물결이 모든 페이스북 사용자들에게 계속 퍼져 나간다. 게다가 관련 댓글을 접한 사용자들은 모두 '밥과 프레드, 마틴 그리고 71만 2,563명의 페이스북 사용자들이 〈프라이데이 나이트 라이츠〉를 좋아합니다'라는 메시지를 끊임없이 보게 된다. 이는 동료압박의 힘을 극단적으로 활용한 광고 사례다. 이와 같은 광고 전략은 실제로 꽤 효과가 있다. 페이스북 최고운영관리자인 셰릴 샌드버그는 기업의 마케터들은 그 사실을 예전부터 잘 알았다고 말했다. 그녀는 이렇게 덧붙였다. "저도 친구가 추천했던 것들을 해보거나 사고 싶어요."[24]

이처럼 사용자들을 게릴라 마케터나 홍보대사로 활용하는 소셜 네트워크 사이트들은 페이스북 외에도 많이 있다. 앞서 살펴보았던 지역 기반 소셜 네트워크 게임 서비스인 포스퀘어 역시 그렇다. 오늘날 휴대용 GPS 애플리케이션의 출시로 우리의 위치 정보는 실시간으로 노출되어 있다. 그렇기 때문에 사용자들이 아이폰이나 블랙베리에서 포스퀘어 앱을 실행하기만 하면 자신의 위치 정보가 자동적으로 입력되면서 근처에 있는 레스토랑이나 술집, 매장, 쇼핑몰들이 화면에 뜬다. 포스퀘어의 목표는 최대한 많은 장소들을 '체크인'하는 것이다. 그리고 체크인을 하는 순간 사용자의 위치는 모든 친구들에게 자동적으로 전송된다. 게다가 레스토랑이나 술집, 카페, 쇼핑몰 같은 곳을 방문하여 체크인할 때마다 자동적으로 트위터나 페이스북에 즉각적으로 업데이트되도록 설정할 수도 있다. 사실 많은 사용자들이 포스퀘어를 그렇게 사용하고 있다. 어떤 장소에 체크인할 때마다 사용자들은 포인트를 얻을 수 있으며, 그 장소를 가장 많이 방문하는 사용자는 그 장소의 '시장'으로 임명된다.

3장에서 살펴본 것처럼 이 게임은 놀라울 정도로 중독적일 뿐만 아니라 예전에는 자주 가지 않았던 장소에 정기적으로 가서 돈을 쓰도록 만든다. 더군다나 포스퀘어 동료들은 물론, 페이스북 친구 그리고 트위터 팔로어들에게 자신의 위치를 지속적으로 알리기 때문에 여러분은 자신이 방문하는 모든 매장들을 위해 무료로 광고 서비스를 제공하는 셈이다.

10대가 유독
브랜드에 열광하는 이유

동료압박에 가장 취약한 계층이 10대라는 주장에는 이론의 여지가 없을 것이다(이 책을 집필할 당시 청소년들은 그 나이 때 부모들보다 이미 5배나 많은 돈을 쓰고 있었다는 사실에 주목하자). 왜 그런 것일까? 가장 주된 이유는 10대 청소년들은 자신이 진정으로 어떤 존재인지 아직 잘 모르기 때문일 것이다. 그래서 10대들은 자신의 정체성을 완성해줄 도구로서 브랜드에 집착한다. 2010년 미국 정신보건연구소National Institute of Mental Health에서 시작했던 한 장기적인 연구를 살펴보면 인간의 뇌는 25세까지(혹은 그 이후에도)

성장한다고 한다. 이 말은 인간의 인식 능력과 자의식은 10대 시절에는 미완성 상태라는 의미이기도 하다.

여러 연구 결과들에 따르면 10~12세 아이들이 홀리스터 Hollister 청바지나 최신 유행인 위 게임기를 크리스마스 선물로 요구할 때 그들이 정말로 원하는 것은 단지 그 옷이나 게임기가 아니라고 한다. 이를 통해 아이들이 진정으로 바라는 것은 자존감을 높이는 일이다. 미네소타대학교의 데버러 뢰더 존은 8~18세의 250명을 대상으로 100개의 단어들과 이미지들 중에서 몇 개를 선택해서 "무엇이 나를 행복하게 하는가?"라는 질문에 대한 대답을 구성해보게 했다. 그 결과 존은 자존감 높은 아이들이 비물질적인 활동이나 성취와 관련된 단어들, 가령 좋은 성적, 친구들과 함께 스케이트보드 타기와 같은 항목들을 선택한 반면, 자존감 낮은 아이들은 새로운 옷이나 아이팟처럼 소유와 관련된 항목들을 선택했다는 사실을 확인했다.[25]

내가 전국 규모의 SISStrategic Information System(전략적 정보 시스템) 연구의 일환으로 2,035명의 10대들을 대상으로 설문 조사를 실시했을 때 응답자의 60%가 특정 브랜드의 옷, 장비, 자동차를 사용하거나 소유함으로써 행복을 '살 수 있다'고 믿고 있었다. 실제로 성인들에 비해 10대들은 유명 브랜드를 더 많이 사려고 한다. 그들은 특정 브랜드의 옷, 장비, 자동차를 소유함으로써 인기를 더 많이 누릴 수 있다고 확신했다. 10대들은 그들이 좋아하는 브랜드들이 더 멋지고, 자신감 넘치고, 친근하고, 개성적이고, 창조적이고, 열정적인 느낌을 가져다주었다고 확신했지만, 그 제품들이 실제로 그런 기능들을 하고 있는지에 대해서는 별로 관심이 없었다! 반면 성인들은 자신이 좋아하는 브랜드들이 더 믿음직스럽고, 재능 있고, 유능하다는 느낌을 주며, 향수를 불러일으킨다고 대답했다.

《소비자 조사 저널Journal of Consumer Research》에 게재되었던 한 논문에 따르면 "아이들은 11~12세 무렵부터 제품과 브랜드의 복합적인 의미에 대해 상당히 많은 것들을 이해하기 시작한다. 그리고 그 시기는 아이들의 자존감이 추락하는 때와 정확하게 일치한다. 아이들은 이렇게 생각한다. 난 별로 인기가 없어. 친구들은 나를 별로 좋아하지 않는 것 같아. 어떻게 해야 하지? 그런데 인기 많은 아이들은 갭 옷을 입고 나이키 운동화를 신고 있어. 나도 그 옷이나 신발을 사면 그 아이들처럼 인기가 높아질 거야."[26] 간단하게 말해서 자신감과 자존감이 낮은 아이들일수록 브랜드에 더욱 의존하게 된다(성인의 경우에도 브랜드 제품으로 치장을 많이 할수록 자신감이 더 부족한 것이라 결론을 내릴 수 있다).

어떤 면에서 아이들의 생각이 터무니없는 것은 아니다. 같은 브랜드 제품을 가지고 있다면 개성을 드러내기는 힘들더라도 친구들과 어울리는 데에는 도움이 될 것이기 때문이다. 놀이와 양육 전문 심리학자 아만다 그럼에 따르면, 동료압박은 "5~12세 사이, 즉 자신의 정체성을 인식하기 시작할 무렵의 아이들에게서 가장 놀라운 힘을 발휘한다. …… 소속감은 어린아이들에게, 특히 자의식이 아직 미성숙한 아이들에게 강력한 동기로 작용한다. 외적인 힘과 자신을 조화시키는 방식으로 아이들은 특정한 물건이나 그룹의 특성을 통해 자기 자신을 정의 내리려고 한다."[27]

나는 '머리 힐 센터Murray Hill Center'와 함께 10대 여자아이들로 이루어진 포커스 그룹과 얘기를 나누어보았다. 아이들은 인기가 높은 브랜드일수록 가격 정보를 더 잘 알고 있었다. 홀리스터와 애버크롬비가 '쿨걸' 브랜드가 된 것은 디자인 때문이 아니라 비싼 가격 때문이었다. 기업들은 10대 아이들은 물론 성인들 또한 멋지고 유명한 브랜드에 대해 기꺼이 더 높은 가격을 지불하려고 한다는 사실을 잘 알고 있다. 그렇기 때문에 애플은 아이폰 4에 229달러를, 애버크롬비는 탱크톱 한 장에 40달러를 받을 수 있었던 것이다.

값비싼 하이엔드 브랜드가 인기와 인정, 그리고 사회적 지위를 가져다줄 것이라는 보편적인 믿음은 수많은 도시의 거리들에서 가짜 브랜드 의류들이 팔려나가는 현상을 잘 설명해준다. 하지만 아이러니하게도 코치Coaches, 베르사체Versaces, 프라다Pradas, 레이밴RayBans의 짝퉁 제품들을 사도 비슷한 느낌을 얻을 수 있을 것이라는 우리의 기대와는 달리, 한 연구는 정반대의 영향을 미칠 수 있다는 사실을 보여준다.

노스힐 캐롤라이나 채플힐 캠퍼스의 프란체스카 지노, 하버드 비즈니스 스쿨의 마이클 노턴, 듀크대학교의 댄 애리얼리 등

브랜드의 거짓말

세 명의 심리학자들은 클로에Chloé 선글라스를 여성들에게 나누어주면서 절반에게는 가짜라고, 절반에게는 진짜라고 소개했다. 다음으로 그 여성들에게 복잡한 수학 문제를 내주고 아무런 감독 없이 풀게 하면서 정답을 맞힌 만큼 수당을 지급하겠다고 했다. 그 결과, '가짜' 클로에 그룹의 여성들이 부정행위를 더 많이 저지른 것으로 드러났다(사실은 모두가 가짜였다). 그들 중 무려 "70%가 자신의 성적을 부풀렸다. …… 그리고 더 많은 돈을 부당하게 챙겼다."[28] 세 연구원은 이렇게 결론지었다. "가짜 선글라스를 쓰는 것은 자기 자신의 에고와 스스로 희망하는 자아상을 강화하지 못할 뿐만 아니라 실제적으로 진실성에 대한 내적 인식을 깎아내리는 부작용을 낳는다. '가짜라는 인식'은 사람들의 내면에 거짓과 사기라는 느낌을 전달한다."[29] 이 점에서 나는 유명 광고인 데이비드 오길비의 말이 진실이라고 생각한다. "가짜 롤렉스를 차는 것은 여러분 자신을 제외한 모든 사람을 기만하는 행위다."

많은 이들이 인정하고 있듯이 애플의 컬트 문화만큼 소비자들을 종교 집단처럼 끌어 모은 사례는 찾아보기 힘들다. 한 실험에서 fMRI로 애플에 열광하는 소비자들의 뇌를 촬영했을 때, 나는 열성적인 기독교 신자들의 결과와 유사하다는 사실을 확인했다. 애플의 전략에서 동료압박은 핵심적인 역할을 하고 있다. 그중 '조기 모집early recruitment'은 13~17세 청소년들을 집중적으로 공략하는 전략이다. 실제로 그 전략은 큰 성공으로 이어졌다.

당시 그 또래 미국 청소년들 중 46%가 아이팟을 가지고 있었으며, 친구들과 가장 많이 얘기를 나누는 제품 역시 아이팟이라고 했다. 한 연구는 휴대용 음악 플레이어를 사용하는 고등학교 학생들 중 82%가 아이팟을 갖고 있다는 사실을 보여주었다.[30]

아이들이 대학교에 진학할 즈음 애플은 '공식 모집'을 시작한다. 그들은 '애플 캠퍼스 대표'로 활동할 학생들을 선발한다. 또는 구내서점 전체를 미니 애플 매장으로 바꾸어놓기도 한다. 애플의 온라인 모집 광고는 '애플을 대표하면서 즐거움을 누릴 수 있는 절호의 기회'라는 점을 강조한다. 애플 캠퍼스 대표로 뽑힌 학생들은 워크숍을 주최하고, 이벤트를 열고, 학생들 및 교수와 학부모들과의 관계를 형성하는 임무를 담당하게 된다. "그리고 애플팀과 협력하여 세일즈 프로모션으로부터 제품 홍보에 이르기까지 캠퍼스 내에서 이루어지는 모든 마케팅 프로그램을 운영하는 역할을 맡게 된다. …… 그리고 동료들에게 영감을 주고, 애플의 캠퍼스팀과 함께 일할 수 있는 리더의 직책을 맡게 된다."[31]

참으로 기발한 접근 방식이다. 리더, 유행을 창조하는 사람, 동료들에게 영감을 불어넣는 인물이 될 수 있는 기회를 어느 누가 마다한단 말인가? 자주 영화를 보러 가는 사람이라면, 지구상의 모든 사람들이 애플 사용자라는 사실을 이해할 수 있을 것이다. 애플은 간접광고와 동료압박이 하나로 뭉친 성공 사례다. 2009년 애플은 할리우드 영화 두 편 중 한 편, 정확하게 46%에 달하는 영화 속에 애플, 또는 그 제품들을 등장시켰다.

10대 청소년들은 유명한 아이들이 가지고 있는 물건을 원한다. 너무나 간단하고 분명하다. 한 동료가 캘리포니아에서 출시된 컴퓨터 게임에 얽힌 흥미로운 이야기를 들려주었다. 게임 시장을 꿰뚫고 있던 그 게임업체는 전통적인 방법의 제품 광고 대신에 서던캘리포니아 고등학교 내에서 인기가 높은 100명의 아이들을 선발하여 공짜로 게임을 나누어주었다. 이후 그들은 가만히 앉아 그 게임이 들불처럼 퍼져나가는 모습을 흐뭇하게 바라보았다.

10대들이 구매를 결정하는 과정에서 동료압박이 강력한 힘을 발휘하는 것과 반대로 특정 브랜드가 '지나치게' 유명하고 널리 알려져 있을 때 오히려 역효과로 이어지는 경우가 발생한다. 오랫동안 추진했던 다양한 연구들을 통해 나는 새로운 유행의 '일부'가 되는 것을 항상 경계하는 성향이 젊은 층에게 있다는 사실을 확신했다. 그리고 기성세대가 특정 브랜드나 유행을 받아들이기 시작하는 시점이 되면, 젊은이들은 이미 시대에 뒤떨어지고 철이 지난 것이라 단정 짓는 성향이 있다는 사실도 확인할 수 있었다. 나는 이러한 현상을 '세대추월generation lap'이라는 말로 설명한다. 세대추월이란 기성세대들로부터 멀어짐으로써 자신의 개성을 강조하려고 하는 젊은 세대의 성향을 의미한다. 이는 곧 세대 간의 심리적 거리감을 나타내는 것이다.

세대추월이라는 개념 역시 또 하나의 동료압박으로 작용할 수 있다. 정확히 말해 거꾸로 된 동료압박이다. 가령 리바이스의 사례를 살펴보자. 1980년대에 리바이스 청바지는 선망의 대상이었다. 누구나 리바이스를 입었다. 하지만 2001년 리바이스는 중대한 위기에 처했다. 갑자기 매출이 절반으로 떨어지면서 시장점유율은 1986년 18.7%에서 12.1%로 추락했다.[32] 그러던 어느 날 문득 리바이스는 누구도 입으려고 하지 않는 브랜드가 되어버리고 말았다. 대체 그 이유는 무엇일까?

아이들은 성장하는 동안 통과의례로 반항적인 시절을 거친다. 한 연구에 따르면 여성과 남성 모두 35세를 넘어서야 비로소 자신의 모습이 부모와 유사하다는 사실을 인정하고, 부모님의 영향력을 인식하기 시작한다. 그래서 이러한 사실을 잘 알고 있는 기업들은 자사의 브랜드와 제품 속에 '나쁘고', '파괴적인' 이미지를 고의적으로 심어두는 마케팅 전략을 구사한다. 이것이 바로 과거 리바이스의 전략이었고, 덕분에 리바이스는 큰 성공을 거두었다.

리바이스는 베이비붐 세대를 위한 혁신적인 브랜드였다. 영화 〈이유 없는 반항〉의 배우 제임스 딘도 리바이스를 입었고, 1960년대 히피와 반항아들에게 리바이스는 말 그대로 유니폼이었다. 1970년대에 들어서 리바이스는 최초로 나팔바지 스타일을 선보였다. 하지만 베이비붐 세대가 성장하고 아이를 가지면서 세대추월이 나타나기 시작했다. 반항적인 아이들은 '아버지'가 입었던 청바지를 입으려 하지 않았다. 아버지 때의 유행을 내가 따른다면 어떻게 그들의 굴레에서 벗어난다는 말인가? 이제 아이들은 부모 세대로부터 자신을 차별화해줄 다른 청바지를 입기 시작했다. 스키니진의 유행은 바로 이런 식으로 시작되었다. 스키니진은 젊은 세대에게 자신이 성인임을 입증하는 상징이다. 한번 생각해보자. 지구상에서 가장 유행에 민감한 젊은이들은 40대들이 담배 파이프 구멍만큼 좁다란 스키니진에 다리를 집어넣는 모험을 감행하지는 못할 것이라고 확신한다.

바로 이러한 관점에서 나는 많은 기업들에게 '반항적인 브랜드' 이미지, 즉 부모님이 용인하지 않을 정도로 세심하게 계획된 아이디어나 제품, 기기들을 만들어내야 한다고 조언해왔다. 엉뚱하고 노골적이고 이상하고 …… 기성세대가 싫어할 만한 거라면 그 무엇이든! 물론 이러한 작업은 우리가 상상하는 것보다 훨씬 힘들다. 하지만 내가 조사한 바에 따르면, 일단 이러한 아이디어를 제품 속에 담아냈을 때 젊은 세대를 대상으로 성공을 거둘 수 있는 가능성이 90%에 달하는 것으로 나타났다.

이처럼 동료압박이 가끔은 완전히 반대방향으로 작용하기도 하지만 그 뒤에 자리 잡은 심리, 즉 사회적으로 수용을 받으려는 욕망은 똑같다. 비슷한 연배의 세대에서 유행하는 것들로부터도 항상 '멀찌감치' 떨어져 있으려는 소비자 유형이 분명히 존재한다는 사실을 나는 오랫동안 관찰해왔다. 이들은 친구들이 '인디밴드'를 좋아하면 아예 그런 음악은 거들떠보지도 않거나 친구들이 애버크롬비를 입기 시작하면 지역의 봉사단체나 구세군에서 운영하는 매장으로 달려간다. 토요일에 친구들이 풋볼 시합을 하러 학교로 몰려갈 때 이들은 하루 종일 집 안에서 실로폰을 연주하거나 폼을 잡고 담배를 피워댄다. 유명하거나 모두가 좋아하는 것 또는 오랫동안 줄을 서서 기다려야 하는 것들은 전부 표준 이하이며, 인기에 영합하는 짓이라고 여긴다. 그들에게는 '언쿨uncool'이 '쿨cool'인 셈이다.

하지만 조금만 더 생각해보면, 이와 같은 현상을 충분히 받아들일 수 있다. 이러한 성향이 뚜렷한 사람들은 그들끼리 모인다. 그중 한 사람이 인디밴드인 아케이드 파이어Arcade Fire의 공연이 '매진'된 것을 두고 비난하거나 컨버스가 '잘난 체하는 아이들'의 운동화라고 싸잡아 매도하면 주변의 모두가 동의할 것이다. 이런 점에서 결국 불일치 또한 일치의 다른 얼굴인 것이다.

프랑스와 사랑에 빠진
일본인들

오랫동안 마케팅 세상에서 일하면서 나는 한 가지 진실을 발견했다. 그것은 세상 그 어디에도 아시아만큼 브랜드워시 작업이 잘되는 곳이 없다는 사실이다. 아시아 지역에서는 한 남성이 고급 스위스 시계를 대여섯 개나 가지고 있거나 한 여성이 월급을 몽땅 털어 프라다 하이힐을 사는 모습이 전혀 이상한 일이 아니다. 미국보다 그 정도가 훨씬 더한데, 아시아에서 사람들이 입고 있는 옷은 그 사람을 말해준다. 하지만 여기서 더 흥미로운 점은 전염성 강한 브랜드 취향이 그 사회에 등장하는 과정이다. 아시아 여성들은 루이비통이라는 브랜드를 너무나 사랑하기 때문에 그 가방을 들고 다니는 것이 아니다. 한 전문가는 이렇게 설명한다. "그것을 살 수 있는 능력 또는 취향이 강력한 동기로 작용한다. 아시아는 집단적인 사회이기 때문에 개인이 속한 집단의 정체성이 대단히 중요하다. 일본의 경우 한 여성이 사무실에 루이비통 가방을 들고 오면 이는 그 브랜드를 들고 다니는 것이 그 조직 내에서 적절한 행동이라는 의미다. 그러면 다른 여성들도 하나둘 같은 행동을 하기 시작한다."[33]

루이비통은 기가 막힐 정도로 아시아 집단 문화의 허를 찔렀다. 그들은 일본 여성의 78%가 가지고 있는, '파리에서의 결혼'이라는 꿈을 자극했다. 어떻게? 우선 마케팅, 광고, 매장 디스플레이에서 '프랑스다움'이라는 개념을 적극적으로 강조했다. 그들은 다른 지역보다 일본에서 유독 매장 디자인을 프랑스적인 느낌으로 설계했다. 즉 파리의 거리 풍경이나 에펠탑 또는 개선문 등 프랑스의 랜드마크 이미지들을 전통적인 스타일로 활용했다. 게다가 매장 매니저들은 대부분 프랑스 출신이며, 정통 악센트를 구사한다. 또 대표적인 루이비통 매장에 들어서면 프랑스 명찰이 새겨진, 이른바 '트렁크'라고 하는 여행 가방들이 진열되어 있다. 루이비통의 우수 고객은 매장 내에서 프랑스산 모에샹동 샴페인까지 맛볼 수 있다. 매장 카탈로그 역시 파리로 도배되어 있고 모델들 또한 '절대' 일본스럽지 않은, 국적 불명의 인종, 혹은 '프랑스인처럼 생긴' 스타일리시한 모습이다. 루이비통 전체 시장에서 프랑스가 차지하는 비중이 지극히 일부임에도 루이비통 홈페이지에서 어떤 언어를 선택하더라도 프랑스어로 전환하는 옵션이 나와 있다(사실 프랑스 엘리트들 대부분이 이 브랜드를 꺼린다고 한다). 마지막으로 루이비통은 제품 대부분을 인도에서 생산한다. 하지만 '프랑스' 이미지를 고수하기 위해 일본 시장으로 넘어오는 제품들만큼은 프랑스 제조로 채우고 있다.

한편 상대적으로 자본주의 물결이 늦게 유입된 중국이나 러시아 같은 나라에서 브랜드에 대한 집착이 더 강하게 나타나고 있다. 이러한 현상 역시 결국에는 소외감에 대한 불안과 욕망의 문제로 귀결된다. 오랜 세월 동안 중국과 러시아 국민들은 스스로를 세계 시장의 희생자라고 느껴왔다. 이들은 나머지 세상이 그들을 인정하지 않고 존중하지 않는다고 여긴다. 그래서 브랜드를 통해 국가적인 상실감을 만회하려는 경향이 강하다. 즉 이들 사회에서는 더 요란하고, 더 대담하고, 더 노골적으로 비쌀수록 더 대접을 받는다.

예전에 어떤 콘퍼런스에 참석했을 때 한 러시아 남자가 들려준 이야기를 잊을 수가 없다. 그는 특별 허가를 받고 난생처음 미국으로 여행을 떠났던 이야기를 들려주었다. 당시 그는 경유를 위해 더블린 공항에서 대기하다가 공항 매점에서 코카콜라 한 캔을 샀다. 하지만 잘못해서 캔을 따는 손잡이가 부러지고 말았다. 그는 어떻게든 콜라를 맛보기 위해 구멍을 내려다가 그만 캔이 터지고 말았다. 하지만 그래도 좋았다. 그가 원했던 것은 음료수를 마시는 것이 아니라 오리지널 코카콜라 캔을 직접 산다는 경험이었다. 그에게 코카콜라란 미국을 상징하는 물건이었다.

3,000개의 브랜드 사이에서 살아남기

이제 마지막으로 마케터들이 전염성 강한 유행을 어떻게 창조하는지 살펴보기 위해 러시아로 떠나보자. 작년에 나는 '영국 마케팅 클리닉UK's Marketing Clinic'의 그레그 터커 그리고 크리스 루크허스트와 함께 시장을 석권할 수 있는 보드카 브랜드를 개발해달라는 요청을 받고 러시아로 날아갔다. 그때 처음으로 러시아 슈퍼마켓에서 보드카 코너를 보았다. 보통 규모의 마트였는데도 수십도 수백도 아닌, 수천 가지의 보드카가 진을 치고 있었다. 나중에 나는 러시아에 약 '3,000종'의 보드카 브랜드가 있고 '5,000가지'의 보드카 맛이 존재한다는 사실을 알게 되었다. 여기서 그레그와 내가 맡은 임무는 3,001번째의 브랜드를 만들어, 이를 시장의 리더로 키우는 일이었다.

하지만 나에게는 또 다른 임무가 있었다. 러시아 사람들의 음주 습관을 바꾸는 일이었다. 여러분도 러시아 사람들의 음주 문화에 대해 잘 알고 있을 것이다. 러시아 사람들이 마셔대는 알코올의 어마어마한 양은 오늘날 사회적인 문제로 나타나고 있으며, 러시아 정부는 이로 인해 오랫동안 골머리를 앓았다. 그렇다면 이런 궁금증을 갖는 사람도 있을 것이다. 보드카 기업이 왜 러시아 사람들이 '더 적게' 술을 마시게 할 방법을 알아내고자 했던 것일까? 좋은 질문이다. 그 기업은 당시 두 가지 문제에 직면하고 있었다. 첫째, 코냑이 러시아 시장에 침투해오면서 오랫동안 굳건한 자리를 지켜온 러시아 보드카 산업의 중요한 경쟁자로 떠오르고 있었다. 둘째, 세대추월 현상이 나타나고 있었다. 러시아 기성세대들 사이에 보편적으로 퍼져 있는 지나친 음주 습관 때문에 오히려 젊은이들은 술을 멀리하려 했다. 늘 술에 취해 있는 부모의 모습을 보고 러시아 젊은이들은 이렇게 다짐한다. '난 절대 저렇게 살지는 않을 거야.'

나는 러시아를 돌아다니면서 왜 그들이 그렇게 술을 마셔대는지 알아보고, 내가 할 수 있는 일이 뭐가 있을지 찾아보기로 했다. 그리고 아이러니하게도 동시에 성공적인 보드카 브랜드를 창조하기 위한 아이디어를 찾아보기로 했다. 불가능하지는 않지만, 그래도 이번 임무는 양립할 수 없는 과제로만 보였다. 하지만 러시아인들이 '왜' 그토록 술을 많이 마시는지 이해하게 되었던 어느 날 밤 나는 그 실마리를 찾았다.

러시아의 음주 문화 뒤에는 사회적으로 전염력이 강한 하나의 '의식ritual'이 주요한 원인으로 자리 잡고 있었다. 일명 '스콜'

브랜드의 거짓말

이라는 이 의식은 일반적으로 50밀리리터 정도의 유리잔에 보드카를 들이붓는 것으로 시작된다. 그리고 사람들은 이 잔을 한 번에 털어 넣으면서 "나스트로비아!(러시아어 '나 즈도로비에'의 잘못된 발음으로, 미국에서는 '건강을 위하여' 또는 단순히 '건배'를 의미하는 일반적인 건배사로 잘못 알려져 있다 - 편집부)"라고 외친다. 중간에 끊어서 마시는 것은 허용되지 않는다. 모두 단번에 마셔야 한다. 이는 러시아의 가장 오래된, 그리고 가장 널리 알려진 관습이며, 생일, 저녁 모임, 장례식에 이르기까지 다양한 상황과 모임에서 주요한 의식으로 자리 잡았다. 심지어 이 의식을 따르지 않으면 액운이 찾아온다는 설도 있다.

러시아의 다양한 도시와 마을을 돌아다니며 수백 명의 사람들을 만나는 동안 나는 충격적인 사실을 발견했다. 러시아 사람들 대부분이 보드카의 독한 맛을 대단히 '싫어하고', 동시에 스콜이라는 의식도 못마땅하게 여기고 있다는 사실이었다. 실제로 사람들은 보드카를 들이붓고 나서 목구멍을 타고 내려가는 쓰라림 때문에 허겁지겁 안주를 집어 먹는다. 다시 말해 러시아 사람들은 좋아서 그렇게 마셔대는 게 아니라 다만 '모든 사람들이 하기 때문에' 따라서 하고 있는 것이다. 그래도 그 의식이 전통으로 이어지고 있는 까닭은 이를 통해 소속감과 동지애를 다질 수 있고 이를 대체할 만한 뾰족한 대안을 찾지 못했기 때문이다.

나는 바로 여기서부터 출발했다.

러시아 사람들이 진정으로 즐길 수 있는 '새로운' 음주 문화를 개발할 수 있다면 보드카 브랜드의 인지도를 높일 수 있을 뿐만 아니라 러시아 사회에 더 건전한 음주 문화를 정착시킬 수 있겠다는 희망이 보였던 것이다.

스콜 의식을 위해 사람들은 모두 똑같은 속도로 빨리 술을 마셔야 한다. 하지만 이러한 방식은 보드카 브랜드 입장에서도 그다지 반갑지는 않다. 술을 너무 빨리 마시다 보면 그만큼 더 빨리 취하게 되고, 이는 전체적인 음주량 감소로 이어질 수밖에 없기 때문이다. 러시아의 스콜 문화는 마치 남학생 사교 클럽의 신고식과 같은 형태로 술을 무조건 많이 마시라고 하는 동료압박과 비슷한 형태로 기능하고 있었다. 그렇기 때문에 나는 그 의식을 다른 것으로 대체하기 전에는 러시아인들의 음주 속도를 절대 늦추지 못할 것이라고 결론 내렸다.

하지만 나는 많은 러시아 사람들이 그렇게 생각하고 있음에도 아무도 큰 목소리로 주장하지 못한다는 사실 또한 발견했다. 전반적으로 남성적인 러시아의 문화에서 술을 조금씩 천천히 마시는 모습은 나약하고 까다롭고 여성적인 것이라 여겨지고 있었다. 그러다 보니 아무리 혈기왕성한 러시아 남성이라도 감히 그러한 사회적인 인식에 도전하려고 들지 않았다. 따라서 이 문제를 해결하기 위한 핵심은 더 작은 잔으로, 더 천천히 보드카를 마시면서도 '러시아적'이라고 인식될 수 있는 또 다른 '남성적'인 음주 방법을 개발하는 것이었다. 이를 위해 나는 많은 러시아 사람들이 존경하고 흠모하는 핀란드로 시선을 돌리기로 했다.

이후 수백 개에 달하는 시음 그룹을 조직하고, 러시아 전역 소비자들의 취향을 분석하고, 사람들이 혐오하는 고통스러운 느낌을 제거함으로써 우리 팀은 새로운 보드카 브랜드를 출시했다. 그리고 새롭게 탄생한 보드카의 맛을 더 작은 전용 잔으로 마시는 새로운 의식과 결합하는 방식으로 보드카 시장을 공략해 들어갔다(계약상 더 이상 세부 사항을 밝힐 수 없다는 점이 너무나 아쉬울 따름이다). 우리가 창조한 그 보드카 브랜드가 히트를 칠 것인지, 사회적으로 건전한 군중심리를 유행시키고자 했던 우리의 시도가 성공을 거둘지는 좀 더 기다려보면 알게 될 것이다.

6장

레트로

RETRO

행복했던 과거의 순간을
떠올리게 하다

과거에 대해 이야기할 때 사람들은
어릴 적 들었던 음악이나
좋아했던 TV 프로그램을
오늘날의 것보다 더 좋다고 평가한다.
이러한 평가는 장밋빛 회상으로
고통스러운 기억들을 가려
자신을 보호하기 위한
적응 기제에 기반한다.

"그때가 좋았지"

지인 중에 어린 시절을 프랑스에서 보낸 한 여성은 '마스Mars' 초
콜릿 바를 끔찍이 좋아한다. 하지만 미국이 아니라 오로지 프랑
스에서 생산된 마스 바만을 먹는다. 그녀는 아마 기꺼이 오른손
을 들어 어린 시절 먹었던 마스 바가 지금 미국에서 팔리고 있
는 마스 바와는 비교가 되지 않을 정도로 맛있었다고 선서까지
하려고 들 것이다. 하지만 그녀도 그 정확한 이유를 설명하지 못
한다. 꼬치꼬치 따져 묻는다면, 프랑스산이 좀 더 달콤하다거나
캐러멜의 크림맛이 더 풍부하다는 말을 하는 정도일 것이다. 주
변의 누군가가 프랑스에 간다고 하면 그녀는 꼭 마스 바를 사다
달라는 부탁을 잊지 않는다.

　오래전에 고향을 떠났음에도 나는 덴마크에서 보낸 어린 시
절이 지금도 무척이나 그립다. 눈이 펑펑 내리던 어느 날 온 가

족이 마당에 나와 옹기종기 나무 주위에 모여 부엌에서 흘러나오는 향긋한 냄새를 즐기던 그때를 잊을 수 없다. 돌이켜보건대 모든 게 단순했던 그 시절이 주말 내내 집 안에서 TV 소리가 끊이지 않는 지금보다 훨씬 더 좋았던 것 같다. 아무리 멋진 휴가를 보내고 돌아와도, 내 마음속에는 어릴 적 보냈던 휴가가 더 멋진 추억으로 남아 있다.

과거에 대해 이야기할 때 사람들은 어릴 적 들었던 음악이나 좋아했던 TV 프로그램이 최근 유행하는 노래나 TV 프로그램보다 솔직히 '더 좋았다'고 평가한다는 사실을 아는가? 그리고 인생에서 느끼는 기쁨의 99%를 과거의 첫 경험으로부터 끄집어낸다는 사실은? 노래나 영화는 원곡과 원작이 가장 좋고, 고향의 옛집은 지금보다 더 안락하고 포근하다. 그리고 이야기는 두 번째나 세 번째가 아니라 첫 번째 들었을 때의 감동이 크고 더 믿음이 간다(실제로 똑같은 이야기를 몇 번 반복해서 듣는 상황을 놓고 조사를 한 적이 있다. 그 결과, 72%의 사람들이 맨 처음 이야기를 들을 때 진정성을 제일 강하게 느꼈다고 답했다).

물론 최초의 경험이 객관적으로 더 좋을 때가 있기는 하다. 하지만 그렇지 않다고 하더라도 모든 상황들은 '세월이 지나 되돌아 볼 때 더 좋아 보인다.' 우리의 뇌가 인간으로서 또는 소비자로서 과거가 더 완벽하다고 믿도록 속이기 때문이다. 그 이유는 무엇일까? 아주 간단하면서도 강력한 심리적 설득자인 '향수'라는 요인 때문이다. 마케터들은 그 존재를 잘 알고 있다.

이제는 경기 자체보다 어마어마한 광고 비용으로 더 유명해진 2009년 슈퍼볼 경기에 대해 생각해보자. 어떤 사람들은 그때 누가 출전했는지 기억하지 못하고, 어떤 사람들은 아예 관심도 없다. 하지만 그 경기를 관람했던 사람이라면 그때 어떤 광고가 제일 인상적이었는지 기억할 것이다. 당시 무려 1억 5,160만명에 이르는 사상 최대의 시청자들이[1] 그 경기 중간에 영화배우 돈 리클스가 등장한 텔레플로라Teleflora, 영화배우 아베 비고다와 베티 화이트가 등장했던 스니커즈Snickers 초콜릿 바, 스티비 원더가 등장했던 폭스바겐Volkswagen, 오래된 양말 원숭이 인형이 나왔던 기아자동차KIA 신제품 광고를 지켜보았다.

게다가 이러한 광고들 외에도 경기가 진행된 세 시간 내내 1970년대 펑키밴드 '쿨 앤드 더 갱Kool & the Gang'(혼다Honda의 어코드 크로스오버), 록밴드 '칩 트릭Cheap Trick'(아우디), 1970년대 중반 전성기를 누렸던 영국 심포니 록그룹 '일렉트릭 라이트 오케스트라Electric Light Orchestra'(버드와이저의 셀렉트 55 맥주), 1970년대 싱어송라이터인 빌 위더스(EA의 〈단테스 인페르노〉)의 광고송이 계속해서 흘러나왔다. 그리고 하프타임에는 1980년대에 인기를 끌었던 브루스 스프링스틴과 E 스트리트 밴드가 등장해서 〈텐스 애비뉴 프리즈 - 아웃Tenth Avenue Freeze-Out〉, 〈본 투 런Born to Run〉, 〈워킹 온 어 드림Working on a Dream〉, 〈글로리 데이스Glory Days〉를 불렀다.

대체 우리는 어느 시대에 살고 있는 것인가? 그날 무슨 일이 벌어졌던 것일까?

늙지 않는 사람들

'향수nostalgia'라는 말은 1688년에 스위스 의사인 요하네스 호퍼가 그리스어 'nostos(집에 오다)'와 'algos(고통)'를 조합하여 만들어낸 합성어다. 이는 원래 해외에 살던 스위스 사람들이 고향을 그리워하며 겪고 있던 특이한 증상을 설명하던 용어로, 호퍼 박사는 그 증상이 보편적인 고립감으로 나타나고, 심한 경우 죽음으로까지 이어질 수 있다고 생각했다. 하지만 웹스터 사전에 올라와 있듯이 오늘날에는 '과거 특정한 시절에 대한 동경이나 과도한 감성적 소망 또는 회귀'라는 의미로 사용되고 있다.

2006년 사우샘프턴대학교의 한 연구에 따르면, 설문에 응했던 172명의 학생들 중 79%는 일주일에 한 번 이상 향수를 느끼고, 16%는 매일 향수의 순간을 경험한다고 응답했다. 인간이 종종 향수에 빠지게 되는 데에는 그만한 이유가 있다. 우선 향수는 우리에게 도움을 준다. 미국 과학 잡지 《사이언티픽 아메리칸Scientific American》에 따르면, "시간을 낭비하거나 불건전한 탐닉에 빠지는 것보다 추억 속으로 빠져드는 편이 기분을 전환하고 자존감을 높이고 인간관계를 강화하는 데 도움이 된다."[2] 피험자들에게 관계를 형성하고, 감정을 솔직하게 전달하고, 동료에게 감성적인 위로를 하는 세 가지 활동을 기준으로 본인의 사회적 경쟁력을 평가하라고 했을 때 연구원들은 "향수에 종종 빠져드는 사람들이 그렇지 않은 통제그룹의 사람들보다 세 가지 기준에서 점수가 더 높았다"는 사실을 확인했으며[3], "향수와 관련된 생각이…… 행복감을 높여줄 수 있다"고 결론 내렸다.[4]

사람들이 향수를 사랑하는 또 다른 이유는 우리의 뇌 자체가 과거의 경험들을 실제보다 더 좋게, 더 즐겁게 회상하기 때문이다. 나는 이러한 현상을 '장밋빛 기억' 또는 '장밋빛 회상'이라고 부른다. 영국 소비자지식센터Consumer Knowledge Centre의 CEO인 브라이언 어빅은 우리의 장밋빛 회상이 고통스러운 기억들을 삭제함으로써 자기 자신을 보호하기 위해 형성된 적응 기제라고 설명한다. 또는 종족의 영속성을 확보하기 위해 진화한 것이라는 증거도 있다. 어쨌든 여성들 모두 출산의 고통을 고스란히 기억하고 있다면 자발적으로 임신을 하려고 드는 여성은 거의 없을 것이다.

많은 연구 결과들은 우리의 뇌가 과거를 긍정적으로 기억할 뿐만 아니라 때로는 일어나지 않았던 즐거운 기억들까지 '창조' 해내기도 한다는 사실을 보여준다. 한 연구 사례를 들여다보면 사람들이 디즈니랜드를 방문하는 동안 벅스 버니를 보았다고 말하는 장면이 있다. 하지만 벅스 버니는 디즈니에 대항해서 워너 브라더스가 내놓은 캐릭터이므로 디즈니랜드에서 이를 본다는 것은 불가능하다. 그 실험을 실시했던 연구원들은 '기억이 잘

못되었다는 사실을 깨달았다고 하더라도 의미 있고 즐거웠던 추억이 퇴색하는 것은 아니며', '실제적인 경험보다 그 사건에 대한 기억이 더 중요하다'고 결론 내렸다.[5]

여기서 주목해야 할 점은 우리 모두는 과거 속에, 그리고 어느 정도는 미래에 살고 있다는 점이다. 우리의 뇌는 과거와 미래를 좋아한다. 그래서 사람들은 자신의 '신체적인 나이'를 좀처럼 인정하지 않는다. 생일 케이크에 꽂힌 초의 개수와는 상관없이 사람들 대부분은 '심리적 연령'을 가지고 있으며, 그 나이는 인생 전반에 걸쳐 안정적이고 일관적이다. 예전에 나는 50세 정도로 보이는, 유명 금융 기업의 CEO에게 '내면 나이inner age'를 물어보았다. 그러자 그는 대뜸 '열아홉'이라고 대답했다. 강당을 가득 메운 청중들에게 이 질문을 던진다고 하더라도 단 한 사람도 자신의 실제 나이로 대답하지 않을 것이라고 나는 장담한다.

우리 모두는 두 가지 자아를 가지고 살아가는 듯하다. 하나는 우리 스스로가 생각하는 자아이고, 다른 하나는 나이가 훨씬 더 많은, 다른 사람들이 바라보는 자아다. 20세, 40세, 60세와 같이 10년을 뛰어넘는 의미 있는 생일을 맞이할 때 자신의 실제 나이가 어색하지 않은 사람이 어디 있을까? 나이를 먹어간다는 느낌을 좋아하는 사람은 없다. 나는 이러한 심리가 단지 늙어간다는 두려움 때문만은 아니라고 생각한다. 대신 스스로 인식하는 '내적 나이'였던 시절에 대한 장밋빛 기억과 밀접한 관련이 있을 것이다.

이 시점에서 여러분은 이렇게 생각할지 모른다. '음, 그런 것 같군. 그런데 그게 기업들이 소비자를 속여 물건을 사게 만드는 일이랑 무슨 관련이 있다는 거지?' 엄청난 관련이 있다. 기업과 마케터들은 사람들이 스스로 '인식하는' 나이가 구매 결정과 소비 습관에 지대한 영향을 미친다는 사실을 잘 알고 있다. 50대 여성이 염색약과 주름 개선 크림을 사는 이유는 뭘까? 40대 남성이 레이밴 선글라스를 끼거나 나이에 걸맞지 않게 페라리 컨버터블을 모는 이유는 뭘까? 물론 젊어 보이려는 이유도 있지만, 그보다는 객관적인 나이와 내면적으로 '느끼는' 나이의 간격을 메우기 위한 노력이라고 볼 수 있다. 꽉 끼는 청바지, 스포츠카, 컨버스Converse 올스타, 핑크플로이드Pink Floyd 음반 등 어릴 적 사랑했던 모든 물건들을 나이가 들어서도 사려고 하는 것은 대단히 보편적인 성향이다. 젊은 시절을 떠올리게 해주는 모든 물건들을 통해 우리는 스스로 내면의 나이로 살아가고 있다는 사실을 확신하게 된다.

똑똑한 기업들은 사람들이 나이가 들수록 과거를 더 그리워한다는 사실을 잘 알고 있다. 그리고 근심 없던 어린 시절, 사춘기, 또는 20대 초반에 좋아하던 음악, 영화, 유행, 제품 등 모든 것들에 대한 취향이 평생 그대로 남아 있다는 사실도 잘 알고 있다. 《뉴요커New Yorker》지의 1998년 기사에서 신경과학자이자 작가인 로버트 새폴스키는 음식, 체험, 음악 등 새로운 것들에 대한 자신의 호기심이 점점 시들해지는 현상에 대해 고찰했다. 그는 궁금했다. 실험실에서 함께 일하는 20대 동료들은 시규어 로스나 소닉 유스, 블랙 아이드 피스 등 새롭게 등장한, 또는 나온 지는 좀 되었지만 여전히 유행하는 다양한 음악들을 들으면서 춤을 추는데 자신은 왜 아직까지도 밥 말리 히트곡들만 반복해서 듣는 것일까?

음악적 취향이 1970년대를 벗어나지 못하고 있는 이유를 밝혀내기 위해 새폴스키는 '개인의 문화적 취향을 형성하고, 새로운 경험을 받아들이는 창문'에 대해 연구하기 시작했다. 그는 '개방성의 창문이 닫히는' 특정한 연령이 존재하는지 알고 싶었다.[6] 그리고 결국 그러한 연령이 존재한다는 사실을 인정해야만 했다. 새폴스키 연구팀은 특정 시대의 음악들을 틀어주는 여러 라디오 채널 관리자들에게 전화를 걸어 두 가지 질문을 던졌다. '현재 틀어주고 있는 음악들은 평균적으로 어느 시대에 처음 나왔습니까?' '청취자의 평균 연령은 어느 정도입니까?' 그 대답들을 종합 분석한 결과, 대부분의 사람들에게 스무 살 즈음, 또는 이보다 더 어린 시절에 들었던 음악들을 평생 좋아하는 경향이 있다는 사실을 발견했다. 또 35세를 넘긴 사람들이 새롭게 등장한 음악 장르를 받아들이지 않을 확률이 95%나 된다는 사실도 확인했다. 음악 외에 음식과 패션과 관련해서도 동일한 설문 조사를 마치고 나서 새폴스키는 혀에 피어싱을 하는 것과 같이 새로운 경험에 도전하고자 하는 '개방성의 창문'은 23세에, 소의 췌장이나 간과 같은 새로운 음식에 도전하려는 창문은 39세에

영원히 닫혀버린다고 결론 내렸다.[7]

무의식적인 차원에서 평생 특정 브랜드를 선택하게 하는, 브랜드에 관한 결정적인 기억의 순간이 존재한다는 사실을 나는 오랜 경험을 통해 확인했다. 내가 펩시나 코카콜라와 함께 일을 했을 무렵 평생 코크Coke의 팬으로 살아왔던 한 55세 여성과 이야기를 나누었던 기억이 난다. 그녀는 어떤 계기로 코크 마니아가 되었던 것일까? 여섯 살 때부터 그녀는 부모님의 허락을 받아 동네 구멍가게에서 '진정한 코크'를 사 먹을 수 있었다고 한다. '진정한 코크'란 소다와 시럽을 섞어 얼음이 담긴 유리병에 부은 것이었다. 그때의 차갑고, 거품 많고, 달콤했던 구멍가게 코크는 그녀의 어린 시절 추억 속에서 빛나는 한 페이지를 장식하고 있다. 그녀는 코크를 마시고 집으로 돌아오다가 다른 아이들을 만나 어두워질 때까지 뛰어놀곤 했다. 이것이 바로 내가 '오아시스' 기억이라고 부르는 것이다. 근심 걱정 없이, 충만하고 즐겁고 안전하고 아련하게 반짝이는, 세상의 모든 것이 아름다워 보였던 시절에 대한 추억 말이다.

지금 그녀의 삶은 쉽지 않다. 힘든 두 가지 일을 하면서 동시에 아이들을 돌봐야 한다. 게다가 한 아이는 심각한 장애를 겪고 있다. 하지만 내 앞에 앉은 그녀가 코크를 한 모금 들이켤 때 나는 그녀의 눈 속에서 분명 반짝이는 것을 보았다. 콜라 한 모금이 순간적으로 그녀를 어릴 적 오아시스 기억 속으로 되돌려놓은 것이다.

이것이야말로 향수의 진정한 위력이라 하겠다.

불경기일수록
찾게 되는 레트로 브랜드

향수 마케팅nostalgia marketing이란 소비자들이 오래전에 보고 듣고 느낀 것들을 떠올리게 함으로써 오늘날의 브랜드와 제품을 판매하는 장기적인 전략을 말한다(국내에선 '레트로 마케팅'으로 통용되고 있다-옮긴이). 향수 마케팅은 때로는 옛날 광고나 포장 스타일, 아이콘, 또는 슈퍼볼 광고에서처럼 과거에 활동했던 유명인들을 새로이 등장시킴으로써 30~40대, 혹은 그 이상의 사람들이 어린 시절을 자연스럽게 떠올리도록 자극한다. 그리고 지금보다 더 단순했던 시절의 느낌과 질감을 함축적으로 제시하는 미묘한 형태로 이루어지기도 한다. 또는 과거의 브랜드 자체를 다시 한번 들고 나오는 형태도 있다.

아칸소대학교에서 실시한 연구는 과거의 성공과는 무관하게 더욱 오래된 브랜드일수록 사람들은 더 호의적으로 받아들인다는 사실을 보여주었다. 그 주요한 이유는 시리얼이나 운동화 등 다양한 카테고리에서 과거의 향수를 자극하는 브랜드와 마주칠 때 사람들은 그 브랜드를 처음 접했던 시절, 즉 우리 뇌의 '장밋빛 기억' 현상으로 모든 것이 포근하고 간단하고 좋았던 시절을 다시 체험할 수 있기 때문이다.

이를 인식하고 있는 사람들은 거의 없지만, 브랜드나 광고 캠페인의 목표는 바로 그 '순간'을 소유하는 것이다. 무슨 말이냐고? 40대 후반이나 50대 초반의 사람이라면 코닥Kodak의 인스터매틱Instamatic이라는 카메라를 기억할 것이다. 1963~1970년 인기 절정이었던 인스터매틱은 저렴한 가격에 누구나 쉽게 찍을 수 있는 카메라로서 문화적인 전설로 확고한 위치를 차지하면서 그 유명한 '코닥 모멘트'라는 말까지 유행시킨 제품이다. 많은 사람들이 알고 있듯 코닥 모멘트란 가령 돌잔치 날 아이가 케이크의 촛불을 끄려고 하거나 딸이 고등학교 졸업장을 받기 위해 손을 내미는 것처럼 고유한 감성적 경험이 일어나는 인상적인 순간을 말한다. 코닥은 오래전 인스터매틱의 생산을 중단했지만, 그 브랜드가 남긴 인상은 아직까지도 남아 있다. 이러한 점에서 마케터들에게 '코닥 모멘트'란 황금과 같은 존재라 하겠다.

한 제품이 특정 순간을 소유한다는 것은 시장에서 자신만의 영역을 확보한다는 의미다. 다시 말해 다른 브랜드들이 공격해 들어오지 못할 확고한 영토를 차지하면서 이렇게 선언하는 것이다. '출입 금지 — 이 순간에 손대지 마시오!' 예를 들어 네스퀵Nesquik은 '아이들이 훌쩍 커버리는 순간They Only Grow Up Once'을 슬로건으로 내세웠다. 이를 통해 네스퀵은 아이가 유치원에 첫 등원을 하는 날 점심때 먹을 우유를 챙겨주면서 비로소 소년이 되었음을 실감하는 바로 그 순간을 잡고자 했다. 한편 제니 크레이 그Jenny Craig 체중 조절 프로그램은 너무 살이 쪄서 안전벨트가 잠기지 않는 때를 '안전벨트 순간'으로 포착했다. 이러한 독창적인 슬로건들이 목표로 삼는 것은 그들의 제품을 금세 지나가는 순간들은 물론, 이러한 순간을 둘러싸고 있는 소비자들의 '감성'과 미묘하게 연결하는 것이다. 그래서 사람들은 아이가 중학교를 졸업하던 때를 떠올리면서(그때가 언제였던가?) 네스퀵을 선택하고, 청바지가 작게 느껴지는 황당하고 걱정스러운 순간에 자동적으로 '제니 크레이그 프로그램에 등록할 때가 왔군'이라고 생각하게 되는 것이다. 물론 이러한 생각은 무의식의 차원에서 일어나지만, 바로 그렇기 때문에 강력할 수 있는 것이다.

'정말로' 야심찬 기업과 마케터들은 한순간이 아니라 특정 시대 전체에 대한 소유권을 주장하기도 한다. 가령 맥도널드는 '맥도널드의 뛰어난 맛을 즐길 시간' 또는 '맥타임'이라는 슬로건을 내세우면서 지난 30년간에 대한 소유권을 주장해왔다. 그것이 성공할 수 있었던 이유는 수많은 사람들이 '30년 동안의 좋은 시절과 뛰어난 맛'을 공유해왔기 때문이다.[8] 그 결과는? 소비자들의 마음속에서 맥도널드의 버거와 프라이가 30년 세월과 결합되었다.

또 다른 방식으로 시간에 대한 암시를 통해 소비자들을 유혹할 수 있다는 사실에 주목해보자. 광고 캠페인에서 단지 시간을 '언급'하는 것만으로도 제품 구매를 자극할 수 있다는 사실을 알고 있는가? 이러한 전략이 가능한 이유는 시간이 얼마나 빨리 흘러가는지를 떠올리는 순간 우리는 곧장 '더 늦기 전에 사서 즐겨야'라고 생각하기 때문이다. 특정 시간을 떠올리도록 우리의 마음이 '미리 준비가 되었을 때' 특정 제품에 대한 개인적인 연상 작용이 크게 강화된다는 사실을 알고 있는가?[9] 예를 들어 여행 가방 브랜드가 '바퀴가 달린 새로운 모델을 사야 할 때', 또는 커피 브랜드가 '에스프레소를 즐길 시간'이라고 언급하면 소비자들은 이 제품들을 더 긍정적으로 바라보게 된다. 그 이유는 무엇일까? 사람들은 모두 즐거움을 더 많이 누리려고 하지만, 시간은 그럴 여유를 충분히 주지 않고 무심히 흘러가버린다는 사실을 상기시키기 때문이다.

흘러가버린 세월을 로맨틱하게 포장하는 인간의 성향은 불안정한 경기 침체기에 향수 마케팅이 특히 더 높은 성과를 올리는 이유를 설명해준다. 주식시장이 하락하고, 개인 부채가 증가하고, 기후변화가 심각한 사회적 화두로 떠오르고, 고용 시장이 불안할 때 걱정 많은 소비자들은 우리에게 위안을 주는 음식, 소리, 향기, 디자인, 그리고 어린 시절 인기가 높았던 브랜드에 대한 기억과 친숙한 폰트를 찾는다. 그리고 성인으로서 겪어야 하는 수많은 걱정과 고통이 없던 어린 시절을 그리워한다. 그리고 아주 이상하게도 과거를 회상하는 것만으로 우리는 평온과 안전의 원천을 발견하고 미래를 바라보는 희망적이고 낙관적인 시각을 회복함으로써 현재의 과제들을 해결해나갈 마음의 준비를 하게 된다.

그래서 힘든 시절을 겪는 동안 미국 소비자들은 마카로니나 치즈, 으깬 감자와 같은 '옛날' 음식들을 더 찾고, 오랫동안 그들 곁에 있었던 허쉬Hershey나 하인즈 같은 전통적이고 상징적인 브랜드로 몰려든다.[10]

마찬가지로 2차 대전의 혼란기 속에서도 향수 마케팅은 위용을 떨쳤다. 그리고 그 이후로도 거의 10년에 한 번씩 그 힘을 과시하고 있다. 마치 특정한 패턴을 따르는 것처럼 보이기도 한다. 일반적으로 마케터와 광고업체들은 현재의 문화와는 극단적으로 상반된, 그래서 더욱 낭만적으로 보이는 방향으로 달려가기도 한다. 예를 들어 경제적, 정치적으로 혼란스러웠던 1970년대에는 안정적이고 보수적이었던 1950년대를 연상시키는 제품들을 중심으로 향수 마케팅이 붐을 이루었다. 반면 안정적이었던 레이건 시절인 1980년대에는 마케터들이 자유분방한 1960년대를 주목했고, 9·11과 중동 지역의 두 전쟁 그리고 대공황 이후 최악의 경기 침체기였던 21세기의 첫 10년 동안에는 풍요와 평화로 가득했던 1980년대의 유행과 스타일을 재조명했다.

〈TV 랜드〉, 〈닉 앳 나이트Nick at Nite〉, 〈아메리칸 무비 클래식 American Movie Classics〉과 같은 '옛날' TV 채널의 인기도 빼놓을 수 없다. 또 문화 현상으로까지 떠올랐었던, 1960년대 초 매디슨 애비뉴의 특징과 정수 그리고 매력을 정확하게 담아내고 있는 AMC 채널의 〈매드멘Mad Men〉 시리즈는 어떤가? 향수를 자극하기 위해 세피아톤으로 교묘하게 광고를 했던 이 프로그램은 시청자들에게 단순한 즐거움을 주는 것으로만 끝나지 않았다. 사람들은 이 프로그램을 보면서 짧고 심플한 튜닉 드레스, 스키니 타이즈, 마티니 등 향수를 자극하는 온갖 물건들로 이루어진 과거의 유행과 패션에 다시 한번 몰입하면서 이를 즐기기 위해 기꺼이 돈을 지불할 마음의 준비를 하고 있는 것이다.

코카콜라부터 맥도널드, 타깃, 유니레버에 이르기까지 오늘날 수많은 기업과 브랜드들은 지금보다 옛날이 더 좋았다는 환상, 그 시절이 더 단순하고 풍요롭고 진실하고 안전했다는 판타지를 교묘하게 활용함으로써 막대한 부를 일구고 있다.[11] 하지만 마케터와 광고업체의 향수 마케팅에도 분명 위험 요소가 있다. 과거를 '지나치게' 강조할 경우 소비자들에게 자신들의 브랜드나 제품이 낡고, 퇴색하고, 유행에 뒤처져 있다는 인식을 줄 수 있다는 것이다. 그러나 앞으로 살펴볼 다양한 기업과 브랜드들은 위태로운 줄타기에서 떨어지지 않기 위해 놀라운, 그리고 심리적으로 아주 복잡한 창조적 전략들을 개발해냈다.

'결함'은 곧 '진정성'이다

뉴욕 콜럼버스 서클에 위치한 타임워너센터에서 에스컬레이터를 타고 내려가다 보면 3장에서 만나보았던 홀푸드가 나온다. 어렴풋이 들리는 아바의 1979년 곡 〈김미! 김미! 김미!Gimme!

Gimme! Gimme!)가 삽입된 댄스곡 메들리가 내 귀를 사로잡는다. 35세가 넘은 사람들이라면 아마도 이 노래를 들으면서 향수와 아련함에 젖을 것이다.

두 가지 관점으로 이야기를 시작해보자. 우선 여기 홀푸드에서는 방목한 소에서 얻은 쇠고기로부터 글루텐이 첨가되지 않은 쿠키, 유기농 채소, 나무통 숙성 맥주에 이르기까지 21세기 최첨단의 농업적, 식습관적 유행이, 그것들이 존재하기도 전인, 근심 걱정 없던 시절에 유행하던 노래들과 하나로 연결되고 있다. 물론 그 노래는 무작위로 흘러나오는 게 아니다.

화려하고 엄청나게 넓은 최첨단 홀푸드 매장과 향수 마케팅 사이의 연관성은 처음에는 그다지 분명하게 드러나지 않는다. 홀푸드는 우리가 볼 수 있는 가장 현대적인 형태의 매장이 아닌가? 과거의 슈퍼마켓들은 미로와 같은 홀푸드 통로들과는 달리 훨씬 덜 복잡하고 평범하지 않았던가? 대부분의 사람들에게 '오래된 좋은 시절'이란 체인 매장, 대량 생산된 먹거리에 대한 걱정, '유기농'이라는 말이 등장하기 한참 전의 세월을 의미한다. 그때 그 시절의 식료품 가게에서는 모든 농산물이 다 신선했다. 기본적인 채소들만 있었으며, 병아리콩이나 통밀 크래커 같은 제품에 10가지가 넘는 브랜드들이 경쟁을 벌이지도 않았다.

'농산물 쇼핑'이라는 말이 부모님과 함께 과일과 채소를 늘어놓은 노점상에 들르는 것을 의미하던 시절이 있었다. 거기서 사람들은 그날 아침에 갓 수확한 옥수수의 이파리를 벗겨 속을 확인하고, 인근 과수원에서 딴 사과를 한 바구니 담고, 작은 칠판에 가격을 적어놓은 꽃들을 한 다발 뽑아보기도 했다. 혹시 이러한 장면이 영화 속에 나오던 것은 아니었을까?

사실 그건 별로 중요치 않다. 나는 한 실험에서 소비자들을 대상으로 여러 가지 사진을 보여주면서 신선하다는 느낌이 드는 순서대로 순위를 매겨보게 했다. 그들은 만장일치로 카우보이 모자를 쓰고 신선한 채소가 담긴 나무 상자를 들고 있는 젊은 농부의 사진을 첫 번째로 꼽았다. 나는 그들에게 그 사진 속의 이미지를 실제로 본 적이 있는지, 혹은 똑같지는 않더라도 이와 비슷한 장면을 목격한 적이 있는지 물었다. 그러자 거기 모인 400명 중 오직 한 사람만이 손을 들었다.

여기서 주목해야 할 점은 옛날 노점상에서 농산물을 사본 경험이 있는지와는 상관없이 사람들은 오래된 나무 상자나 꽃, 손으로 휘갈겨 쓴 가격표를 보면서 진정성과 역사, 그리고 더 좋고 편안했던 과거를 떠올린다는 사실이다(2장에서 살펴본 것처럼 신선함도 함께 떠올린다). 사람들은 오늘날 홀푸드 매장에서 바로 이러한 경험을 하고 있다. 홀푸드 매장에 들어서는 순간 독창적인 마케터들이 지금보다 더 단순했던 옛날을 소비자들이 떠올리도록 대단히 치밀하게 매장을 설계했다는 사실을 인식할 수 있다.

예를 들어 매장 안에 나무 상자 10개가 3미터 높이로 쌓여 있고, 각각의 상자 안에는 신선한 멜론이 8~10개 들어 있는 모습을 확인할 수 있다. 매장 직원들이 금방이라도 이 상자들을 다른 모양으로 해체해놓을 것만 같다. 하지만 이 상자들은 언제나 이 모양을 유지하고 있다. 그 이유가 뭘까? 매장을 찾은 손님들에게 시골처럼 '순박한' 느낌을 전해주기 위해서다. 마치 상상 속의 농부가 멜론 상자를 가득 실은 트럭을 몰고 와서 이렇게 쌓아놓은 것 같은 모양새다.

잠깐, 그런데 뭔가 좀 이상하다. 좀 더 다가가서 살펴보자. 우습게도 코앞에서 살펴보니 상자가 하나씩 쌓여 있는 것이 아니라 상자가 쌓여 있는 모양의 거대한 구조물이다. 그것이 가능한가? 가능하다. 사실 이 상자 모양의 탑은 소비자들이 보는 쪽만 정교하게 틈을 만들어 마치 여러 개의 상자가 쌓여 있는 것처럼 '보이는' 거대한 합판 구조물이다(아마 중국 공장에서 대량 생산되었을 것이다). 농부들이 신선한 과일 상자를 매장에 직접 하나씩 쌓아 올리던 시대를 떠올리게 한다는 점에서 이 상자 모양의 탑은 대단히 독창적인 발명품이다. 하지만 그렇다고 하더라도 홀푸드 매장에서 볼 수 있는 다양한 인테리어처럼 이것 역시 가짜에 불과하다.

옛날 옛적 과일 노점상들을 향한 홀푸드의 존경심은 또 한 번 나무 상자 위에 진열된 사과로 나타나고 있다. 일부러 상처를 낸 거칠고 우중충한 느낌의 나무 상자는 지금 거기에 있는 사과들이 마치 1940년대처럼 지저분한 평상에 담겨 매장으로 배달된 것이라는 느낌을 준다. 마치 아기 사과들을 내려다보는 엄마 아빠처럼 그 뒤에 서 있는 유기농 사과 주스 두 병 역시 마찬가지

브랜드의 거짓말

다. 너무 높은 곳에 있어서 키가 180센티미터는 넘어야 간신히 주스 병을 만져볼 수 있을 것 같다. 하지만 그건 중요하지 않다. 이 유기농 병들을 보는 순간 우리의 뇌는 어릴 적 집에서 만들어 마셨던 사과 주스를 떠올린다. 인생이 더 쉽고, 더 편하고, 더 맛있었던 옛 시절을 떠올리도록 치밀하게 고안된 또 하나의 마케팅 전략이다.

여기에 한 가지 흥미로운 역설이 존재한다. 과거는 완벽하기 때문에 과거에 나온 물건도 완벽하다? 그건 아니다. 오랫동안 소비자, 그리고 브랜드 작업에 대한 소비자의 반응을 연구하면서 나는 향수를 구성하는 필수 요소들 중에는 '진정성authenticity' 이라는 개념이 있으며, 진정성이 담긴 제품들 속에는 반드시 어떤 결함이 있다는 사실을 깨달았다. 정말일까?

멍든 사과, 이 빠진 접시, 오래된 가구에 나 있는 상처와 같은 불완전함은 소비자들에게 진정함, 또는 약간은 '사용된' 인상을 준다. 그리고 이러한 인상은 다락방에서 발견한 오래된 장난감이나 할머니에게서 물려받은 팔찌에 얽힌 추억을 떠올리게 한다. '미리 세탁 과정을 거친' 티셔츠를 사본 적이 있는가? 이러한 옷을 사면서 사람들은 이미 세탁이 되어서 더 이상 사이즈가 줄어들지 않을 것이라는 이성적인 이유를 댄다. 하지만 감성적인 차원에서 말하자면, 해지고 낡은 모양이 주는 '진정함'이라는 느낌 때문에 이러한 옷들이 불티나게 팔리는 것이다. 마찬가지 이유로 애버크롬비나 홀리스터 또는 아메리칸 어패럴과 같은 전략적인 의류 브랜드의 '진정성'을 의심하는 10대 소녀들 사이에서는 공익단체나 구세군과 같은 곳에서 운영하는 기부 기반의 매장들이 인기가 높다.

미국의 대형 마트인 트레이더 조Trader Joe에서 고급 초콜릿인 기라델리Ghirardelli를 팔고 있는 것을 보았다. 그런데 기존의 화려한 포장지와 번쩍이는 상자는 없고 대신 예스러운 손 글씨가 적힌 커다란 갈색 종이 가방만 보였다. 가방 안을 들여다보니 크기가 제각각으로 잘린 초콜릿 '덩어리'들이 들어 있었다. 마치 부부가 경영하는 가게에서 손으로 자른 듯했다. 그 모양새에서 뭔가 진정성을 느낄 수 있었다. 하지만 기라델리 두 봉지를 사 와서 비교해본 결과 각각의 덩어리들은 똑같았다. 부러진 것처럼 보이는 덩어리들은 손으로 자른 게 아니었다. 다만 그렇게 보이도록 대량 생산된 초콜릿이었다.

대부분의 소비자들이 사소한 불완전함에 더 끌린다는 사실을 기업들은 잘 알고 있다. 일본의 미적 개념 중에 '와비사비ゎびさび'라는 것이 있다. 바나나의 갈색 점이나 나무의 옹이와 같은 자연스러움 속에서 아름다움을 발견해내는 태도를 의미한다. 그 개념을 자세하게 설명하기 위해 아버지가 일본 주재 호주 대사였던 지인의 이야기를 해볼까 한다. 어느 날 그녀의 아버지는 도쿄 중심가에 위치한 자신의 집 정원에서 차를 마시고 있었다. 15미터쯤 앞에서는 정원사가 낙엽을 줍고 있었다. 그렇게 정원 전체를 청소하는 데 두 시간 정도가 걸렸다. 그런데 바닥에 낙엽 한

브랜드의 거짓말

장 남기지 않고 깨끗하게 청소하고 나서 20분쯤 뒤에 돌아온 정원사는 별안간 잔디 위에 무작위로 조심스럽고 부드럽게 낙엽들을 흩뿌리기 시작했다. 여기 조금, 저기 조금 정성스럽게 낙엽을 흩어놓았다. 왜 그랬을까? 낙엽이 하나도 없는 잔디밭은 자연스러운 맛이 느껴지지 않기 때문이다. 정원이 '지나치게' 완벽하게 보였던 것이다.

이처럼 완벽은 사람을 의심하게 한다. 완벽한 존재가 현실적으로 불가능하다는 사실을 우리 모두는 잘 알고 있다. 그래서 지나치게 완벽할 때 우리는 그 속에서 결함을, 그리고 가식을 발견하고자 한다. 슈퍼마켓에서 완벽한 모양의 햄버거를 발견했을 때 사람들은 거대한 도살장에서 대량으로 도축된 쇠고기로 만들어졌을 것이라고 생각한다. 올드 네이비 매장에 진열되어 있는, 바느질이 완벽하고 색상이 똑같은 청바지들을 보면서 소비자들은 노동 착취가 만연한 중국 공장에서 근로자들이 바지를 만들고 있는 모습을 상상한다. 마찬가지로 빈틈없이 깨끗한 아기의 얼굴, 흠잡을 데 없이 완벽한 모델의 몸매에 사람들은 점점 싫증을 내고 있다. 사람들은 왜 그토록 유튜브 동영상에 열광하는가? 그 영상들이 불완전하고 아마추어 같은 데다 등장인물들이 우리와 비슷한 모습을 하고 있기 때문이다. 주요 영화나 TV 프로그램에도 '현실 속' 사람들이 등장하고 있다. 그 같은 흐름은 앞으로 더 거세질 것이다. 《뉴욕 타임스》의 2010년 기사는 이렇게 말하고 있다. "예를 들어 폭스 브로드캐스팅Fox Broadcasting의 임원들은 오디션을 보기 위해 LA로 몰려드는 재능 있고 외모가 멋진 수많은 젊은 배우들의 천편일률적인 모습에 식상한 나머지 호주와 영국에서 자연스러워 보이는 배우들을 찾기 시작했다."[12]

그렇다면 여기서 '진정한authentic'이란 말은 과연 어떤 의미일까? 웹스터 사전을 보면 '인정하고 믿을 만한 가치가 있는'이라고 정의되어 있다. 하지만 마케팅과 광고 세계의 어두운 구석에서는 그 의미가 좀 다르다. TV 프로그램에서 더빙된 웃음소리를 듣고 진정하다는 느낌을 받는가? 라스베이거스에 있는 파리 호텔은 어떤가? 패션위크 행사장에서나 보았을 법한, 그래서 무려 4배의 가격에 팔리고 있는 H&M의 스웨터나 자라의 스커트는? 전략적인 차원에서 나는 '네'라고 대답하고 싶다. 그것들이 의도하고 있는 것에만큼은 진정하다. 하지만 동시에 이것들 모두 모방에 불과하다고 말하고 싶다. 즉 소비자들이 지금 '진정한 제품'을 사고 있다고 믿게 하는 교묘한 책략에 불과하다.

이러한 형태의 전략은 마케터와 광고업체들에게 케케묵은 것으로 보이겠지만, 그래도 나는 흥미로운 변화를 목격하고 있다. 오늘날 많은 마케터들이 소비자들의 마음속에 진정한 '인상'을 불어넣기 위해, 그리고 앞서 얘기했던 '비진정한 진정성inauthentic authenticity'을 전달하기 위해 작고 미묘한 형태로 불완전한 요소들을 제품에 삽입하고 있다. 예를 들어 홀푸드와 같은 매장들은 줄기에 그대로 매달려 있는 양배추나 토마토, 뿌리에 흙이 잔뜩 묻어 있거나 줄기에 잎들이 매달린 채소들을 진열하고 있다. 과

　　　　　　　　　　　　　　　　　　　브랜드의 거짓말

일이나 채소 노점상에서 갈겨쓴 듯한 가격표, 흙먼지가 군데군데 묻은 나무 상자, 촌스러운 종이 가방, 대충 손으로 싼 것 같은 포장들 역시 같은 맥락이다(이런 것들도 실제로는 기계를 통해 만들어진 것이다. 심지어 한 해외 공장에서는 일부러 스티커를 삐뚤게 붙여놓는다). 이와 관련된 기억들이 실제로 존재했던 것이든, 아니면 우리가 만들어낸 것이든 간에 이러한 방법들 모두 우리 머릿속에 있는 향수 버튼을 눌러서 더 쉽고 간단했던 시절의 장밋빛 기억을 떠올리게 한다.

이처럼 홀푸드가 구사하고 있는 다양한 기술 이외에도 향수 마케팅 전략 속에는 더욱 다양한 기술들이 들어 있다. 다음으로 향수 마케팅의 또 다른 변형이라고 할 수 있는 '구식 스타일'에 대해 살펴보자.

추억의 그 광고

소비자들의 향수를 자극하기 위한, 전통적이면서도 효과가 분명한 마케팅 전략 중 하나로 이미 과거에 선보였던 광고나 슬로건을 새로운 형태로 다듬어서 내놓는 방법이 있다. 대표적인 것이 2009년 하인즈 광고다. 하인즈는 1970년대에 인기를 끌었던 '콩은 역시 하인즈Beanz meanz Heinz'라는 슬로건을 그대로 들고 나왔다.[13] 새로우면서도 오래된 하인즈 광고를 보면, 엄마가 하인즈 콩이 가득한 접시를 사랑스러운 표정으로 아이들에게 가져다주고 그 배경으로 이러한 슬로건이 나온다. "내가 슬플 때마다 엄마는 말하지. 엄마는 내게 힘을 주는 방법을 알아. 그리고 콩은 역시 하인즈란 것도 알지." 이 광고는 소비자들에게 강한 인상을 남겼고, 첫 출시 이후 30년 만에 '광고 명예의 전당Advertising Hall of Fame'에서 실시한 투표에서 가장 유명한 슬로건으로 선정되었다.

은행과 타이어 기업들 역시 옛날 슬로건을 재활용하는 흐름에 합류했다. 예를 들어 시티그룹은 1978년 슬로건인 '시티는 잠들지 않는다The Citi never sleeps'를 그대로 가져왔다. 사람들이 은행을 불신하고 혐오하기 이전으로 거슬러 올라감으로써 자사의 이미지를 더욱 든든하고 믿음직스럽게 보이려는 노력이었다. 다음으로 미쉐린 타이어는 1898년에 탄생했던 아이콘, '미쉐린 맨'을 다시 등장시켰다(물론 최근 버전은 오늘날 건강에 대한 사회적 관심을 고려하여 한층 날씬한 모습이다).[14] 미국 손해보험 회사인 올스테이트Allstate의 새로운 광고를 보면, 대공황 시절의 사진들로 가득한 복도를 걸어가면서 한 남성이 이렇게 말한다. "1931년은 분명 새로운 비즈니스를 시작하기에 적절한 시기는 아니었음에도 올스테이트는 바로 그 시절에 문을 열었습니다. 이후 12번의 경기 침체를 겪는 동안 사람들은 두려움이 사라진 다음에야 즐거운 일들이 벌어진다는 사실을 깨달았습니다. 사람들은 일상 속에서 작은 것을 즐기기 시작했습니다. 그건 기본으로 돌아가는 것이며, 기본은 좋은 것입니다. 기본을 지키세요. 그리고 믿을 만한 사람에게 맡기세요."[15]

이제 명품 브랜드로 넘어가보자. 루이비통은 할리우드의 변하지 않는 매력의 상징인 숀 코너리와 카트린 드뇌브를 등장시켜 향수를 자극하는 광고를 내놓았다. 또 다른 광고에서 루이비통은 과거 우주 탐험 시대의 우주비행사 버즈 올드린, 샐리 라이드, 짐 러벌을 등장시킴으로써 지나간 시절의 추억을 불러일으키고 있다. 화면 속에서 세 사람은 낡은 픽업트럭에 앉아 밤하늘을 물끄러미 바라보고 있다. 그리고 동시에 경이로운 역사의 뒤안길을 되돌아보고 있다.

가만히 생각해보면 이 마케팅 전략은 대단히 기발하다. 소비자들의 젊은 시절(미쉐린의 경우에는 할아버지 세대의 젊은 시절)에 나왔던 광고를 다시 한번 등장시킴으로써 기업들은 그 시절에 대한 향수를 자극할 뿐만 아니라 그 시절의 장밋빛 기억과 그들 제품 사이의 연결 고리를 창조하고 있다. 어린 시절 한 번도 하인즈 콩을 먹어보지 않았거나 평생 시티은행과 거래한 적이 없다고 하더라도 문제 없다. 이 오래된 광고들이 우리 모두 소중하게 간직하고 있는 옛 추억을 자극하기 때문이다. 게다가 기업 입장에서는 광고 제작비가 절감된다는 장점도 있다.

퇴직자들이 주로 모여 살고 있는 플로리다의 보인턴 비치에 《노스탤직 아메리카Nostalgic America》라는 무료 잡지가 등장했다. 이 잡지는 과거의 상징적인 사진들과 지역 광고를 함께 엮어서 지역 노인들의 관심을 얻고자 한다. 예를 들어 1964년 비틀스가 TV 프로그램 〈에드 설리번 쇼Ed Sullivan Show〉에 출연했던 이미지가 장기요양시설 광고와 나란히 지면을 차지하고 있다. 〈싱잉 인 더 레인Singin' in the Rain〉을 부르는 진 켈리의 사진 옆에는 '상조 서비스' 광고가 실려 있다.[16] 〈왈가닥 루시I Love Lucy〉라는 드라마가 처음 등장했던 1951년 광고 이미지 옆에는 역모기지 상품 광고가 실려 있다. 노인층을 성공적으로 공략했던 광고로는 처비 체커라는 가수가 등장하는 미국 사회보장국Social Security Administration 광고를 꼽을 수 있다. 흑백 화면에 등장한 체커는 1960년대 복장을 한 사람들과 함께 트위스트를 추고 있다. 그리고 화면이 컬러로 바뀌면서 앞으로 튀어나온 체커는 이렇게 말한다. "법률 분야의 새로운 트위스트 덕분에 '노인 의료보험 처방약 플랜Medicare prescription drug plans'을 통해 돈을 절약하기가 예전보다 훨씬 쉬워졌습니다."[17]

홀푸드와 같은 대형 유통 매장이 아니라 동네에 흔한 일반적인 슈퍼마켓들 역시 다양한 향수 마케팅을 펼치고 있다는 말에 놀라는 사람은 별로 없을 것이다. 대표적인 사례로 호랑이 토니가 있다. 1952년부터 프로스트 플레이크 박스 위에 자리를 잡은 토니는 오늘날 어른들 속에 숨어 있는, 힘세고 강한 사람이 되고 싶어했던 아이의 모습을 자극하고 있다. 마찬가지로 호주 브랜드인 뉴트라그레인Neutragrain은 어릴 적에 아이언맨 같은 남자가 되기를 소망했던 오늘날의 40, 50대 남성들에게 가장 공격적인 마케팅 전략을 구사했다(뉴트라그레인은 2011년 〈아이언맨〉 시리즈의 공식 후원자였으며, 홈페이지는 근육질의 젊은 운동선수들 사진으로 가득하다).

　나는 시리얼이라는 음식 자체가 하나의 향수라고 생각한다. 어느 대학교 캠퍼스든 카페테리아를 들러보면 숟가락으로 시리얼을 마구 떠먹는, 고향을 그리워하는 대학생들을 많이 만날 수 있다. 그 이유는 무엇일까? 물론 맛있기 때문이기도 하다. 하지만 시리얼은 고향을 떠난 학생들을 부모님과 함께 살았던 포근했던 어린 시절로 되돌아가게 해주는 일종의 생명줄과도 같은 존재다. 마찬가지로 치리오스, 트릭스Trix, 코코아퍼프스Cocoa Puffs의 제품 포장 역시 과거로 거슬러 올라간 빈티지 박스형이다. 또 라이스 크리스피Rice Crisps의 '새로 나온' 흑백 광고를 보면 마치 타임머신을 타고 옛날로 돌아간 듯한 착각에 빠지게 된다. 그 광고는 라이스 크리스피를 매개체로 할머니, 엄마, 아빠, 그리고 자녀들의 추억을 하나로 묶고 있다.

　식품 시장의 향수 마케팅은 시리얼에서 그치지 않는다. 나비스코Nabisco는 2009년에 리츠 크래커와 오레오 쿠키를 옛날 포장으로 새롭게 내놓았고, 하와이안 펀치Hawaiian Punch는 "멋진 하와이안 펀치 한잔 어떠세요?How about a nice Hawaiian Punch?"라는 옛날 슬로건을 재활용했다. 또 지피팝Jiffy Pop 팝콘의 광고 문구는 이렇다. "여러분의 기억보다 더 좋은 것도 있답니다." 몇 년 전 앤하이저부시AnheuserBusch는 처음 버드와이저를 출시했던 1936년 광고를 다시 내놓았다. 그 광고는 맥주 캔을 따는 방법을 자세히 보여주는 세 단계 설명까지 그대로 담고 있다(당시만 해도 사람들에게 맥주 캔은 생소한 물건이었다).

오늘날 사람들이 비단 음식만이 아니라 과거의 다양한 유산들을 그리워하고 있다는 사실을 마케터들은 잘 알고 있다. 예를 들어 모노폴리Monopoly나 파치지Parcheesi와 같은 보드게임이나 루빅스 큐브 같은 것을 살 때 사람들은 장난감만을 사는 것이 아니라 어린 시절로 돌아가는 여행 티켓도 함께 사는 것이다. 이러한 차원에서 미국 대형 할인점인 타깃 역시 '추억의 옛날 장난감'이라는 이름으로 검볼 머신gumball machines을 다시 선보이고 있다. 검볼 머신에는 양말 원숭이 인형과 조그마한 장난감이 든 동그란 플라스틱 공들이 가득하다. 소비자들은 지난주에 출시됐지만, 얼핏 어린 시절의 유물처럼 '보이는' 게임에 많은 관심을 보인다. 가령 미국 완구업체인 하스브로Hasbro의 유명 게임인 '터부Taboo'가 그렇다. 1990년대 후반에 출시된 이 게임 속에는 타이머 대신 구식 모래시계가 들어 있다. 이것을 보면 나는 항상 어린 시절 또 하나의 고전인 〈오즈의 마법사〉를 떠올리게 된다. 게다가 게임의 디자인 역시 아주 단순하고 예스럽다.

대형 전자 유통업체인 베스트바이Best Buy가 미국 시장을 중심으로 100개에 달하는 매장 내에 LP 음반 코너를 마련한 것 또한 향수 마케팅의 일환이다. MP3의 유행으로 많은 CD 매장들이 문을 닫았음에도 LP 코너가 이 대형 매장에 다시 등장한 것이다.

브랜드의 거짓말

이베이에 들어가봐도 옛날 LP 음반 수천 장을 경매로 올려놓은 판매자들을 만날 수 있다. 가끔은 음반 한 장 가격이 수백 달러를 호가하기도 한다. LP를 아직도 사랑하는 페이스북 그룹이나 동호회 사이트 그리고 베스트바이에서 레코드판은 아직 시들지 않은 유행이다.

옛날 느낌을 떠올릴 수 있도록 설계된 '장소'들 역시 소비자들을 유혹한다. 여러분이 자주 가는 레스토랑이나 카페를 한번 떠올려보자. 혹시 20대 시절에 자주 들렀던 곳처럼 나무 벽재와 바닥으로 장식되어 있지 않은가? 또는 전화박스, 백열전구, 1950년대 스타일의 주크박스가 보이지는 않는가? 마호가니 가구와 가죽들로 장식된 18세기 스타일의 스테이크하우스는 어떤가? 이곳들이 모두 재활용을 통해 과거로 돌아가고 싶어하는 것인가? 그건 아닐 것이다. 똑똑한 마케터들은 '옛날 스타일'을 보고 느끼게 함으로써 많은 소비자들을 유혹하고 큰돈을 벌 수 있다는 사실을 잘 알고 있다.

《뉴욕 타임스》에 보도된 것처럼 이러한 흐름은 뉴욕의 앞서가는 웨스트 빌리지 지역에서 하나의 유행으로 자리 잡고 있다. '서로 다른 시대를 차지하고 있는…… 새롭게 태어난 레스토랑의 자부심'은 그 지역 일대를 '과거 속 테마파크'로 바꾸어놓았다. 그 기사는 이렇게 덧붙이고 있다. "디자이너들은 아득한 어린 시절을 떠올리게 하는 세부적인 이야기를 공간을 통해 표현하려는 시도가 중요하다고 말한다."[18]

중국산 에비앙은
왜 실패했을까

미국의 작곡가이자 작가 그리고 배우였던 오스카 레번트는 이런 말을 남겼다. "행복은 경험하는 것이 아니라 기억하는 것이다."[19] 그동안 내가 만났던 기업과 브랜드들은 사람들이 '언제나' 현재보다 과거가 더 좋았다고 느낀다는 사실을 잘 알고 있다. 우리 뇌가 그런 방식으로 생각하도록 설계되었기 때문이다. 물론 그것은 우리를 위해서다. 우리의 뇌는 고통스러운 기억으로부터 스스로를 보호하고, 앞으로 모든 게 다 잘될 거라는 희망을 심어준다. 뇌의 이러한 기능이 우리가 인식하지 못하는 사이에 멍든 사과로부터 양말 원숭이와 클래식 오토바이에 이르기까지 과거를 떠올리게 하는 모든 것에 열광하도록 몰아갈 위험이 있다. 더욱 무서운 사실은 몇 마디의 노래, 옛날 폰트, 이미 세상을 떠난 영화배우의 사진처럼 아주 미묘하거나 무의식적인 단서만으로 간교한 설득자인 향수라는 존재를 사람들의 마음속에서 깨울 수 있다는 것이다.

미국의 베이비붐 시절에 태어난 대략 7,800만 명의 시민들이 이제 60대로 접어들었다. 그들이 기업들의 향수 마케팅 전략에서 앞으로 더 중요한 비중을 차지할 것이라는 전망에는 의심의 여지가 없다. 기술 발전이 전례 없이 빠른 속도로 이루어질 때, 울워스Woolworth's로부터 타워레코드Tower Records에 이르기까지 전설적인 대형 브랜드들이 위태로울 때, 세상의 그 어느 것도 영원하지 않다고 느껴질 때 소비자들은 어린 시절부터 함께해왔을 뿐만 아니라 더 쉽고 안전했던 옛날의 기억을 되살려주는 브랜드들에 더 집착하는 경향이 있다.

앞서 소개했던, 프랑스에서 건너온 마스 초코바가 미국 마스의 제품보다 훨씬 맛있다고 주장했던 내 지인의 이야기가 기억나는가? 나는 그녀의 말을 믿는다. 그 이유는 잠시 뒤에 설명하겠다.

수십 년 전부터 프랑스의 부모들 중 열에 아홉은 자녀들에게 에비앙 생수만을 마시도록 했다. 프랑스 부모들에게는 이러한 미신이 있다. '어린 프랑수아 또는 오딜이 에비앙 생수를 마시도록 하지 않으면 아이들은 장차 위대한 인물이 되지 못할 것이다.' 그래서 젊은 프랑스 부모들은 가정에 두 가지 브랜드의 생수를 가져다 둔다. 에비앙은 어린 자녀들을 위한 것이고, 다른 하나는 부모들이 마시는 물이다. 앞의 '들어가며'에서 우리는 냉장고에 든 케첩이나 머스터드, 면도 크림이나 향수 등 부모님이 사용하는 모든 물건이 아이들의 브랜드 취향에 지대한 영향을 미칠 수 있으며, 이렇게 형성된 브랜드나 제품에 대한 기호는 성인이 된 이후에도 그대로 이어진다는 사실을 살펴보았다.

밝혀진 바에 의하면, 이러한 개인적인 경험 이외에도 다양한 요소들이 개인적인 취향 형성에 영향을 줄 수 있다고 한다. 사람들은 또한 역사적, 문화적으로 과거의 취향이나 기호에 과도하게 집착하는 경향이 있다. 세계적인 식품·음료기업이자 에비앙 브랜드를 보유하고 있는 다논Danone은 몇 년 전 이렇게 자문했다. '프랑스에서 큰 성공을 거두었다면, 왜 잠재적으로 수익성이 높은, 10억 명 이상의 잠재 소비자가 기다리고 있는 중국 시장으로 진출하지 않는가?'

그때만 해도 다논은 프랑스의 알프스 지역에서 끌어올린 지하수를 기반으로 에비앙 생수를 생산하여 전 세계 유통업체와 소비자들에게 판매했다. 그러나 물의 중량을 감안할 때 프랑스에서 생산한 물을 중국으로 가져가는 비용은 다논의 입장에서 큰 부담일 수밖에 없었다. 이 문제를 해결하기 위해 다논의 임원들은 프랑스의 수질 전문가들을 모아 수백 군데에 달하는 중국의 지하수를 조사하여 에비앙 생수의 기준을 만족하는 원천을 찾아보기로 했다. 수백만 달러를 투자한 끝에 다논은 결국 기준에 적합한 지하수원을 발견했다(혹은 그렇다고 확신했다). 그렇게 중국산 에비앙 생수가 탄생했다.

하지만 그 결과는 완전한 실패였다. 프랑스 소비자들이 중국산 에비앙을 꺼렸을 것이라는 점은 쉽게 짐작할 수 있다. 그건 대다수 서구 소비자들이 중국이라는 나라를 오염과 산업 쓰레기와 연결 짓기 때문이다. 특히 자국의 청정 지역에서 길어온 물을 여태껏 먹어왔던 프랑스 소비자들에게 중국에서 날아온 물은 이미 기대 이하에 불과했다. 그런데 이상한 것은 중국 소비자들 역시 에비앙 생수를 꺼린다는 사실이었다. 대체 어찌 된 일일까?

브랜드의 거짓말

우리 모두 알고 있듯이 물맛은 말로 표현하기 어렵다. 물에서는 모든 맛이 나면서도 또한 아무 맛도 나지 않는다. 공기 같은 맛이라고도, 풀과 같은 맛이라고도, 또는 추운 밤과 같은 맛이라고도 표현할 수 있다. 그렇기 때문에 중국 소비자들이 중국산 에비앙을 꺼리는 이유를 밝혀내고자 했던 에비앙 연구팀은 사람들에게 물맛이 어떤가 물어보는 대신, 어린 시절에 관한 질문을 던져보았다. 가령 "어릴 때 어디서 뛰어놀았습니까?", "어릴 적 처음으로 마셨던 음료수는 무엇인가요?", "부모님들이 마시지 못하게 했지만 어떻게든 마셨던 음료수는 무엇인가요?" 같은 질문들이다.

그리고 그 대답에서 실패의 원인을 발견할 수 있었다.

20년 전만 하더라도 베이징과 상하이, 광저우와 같은 대도시들은 넓은 논밭을 소들이 가로지르는 전형적인 농촌이었다. 중국 노동 인구의 약 60%가 농업에 종사하고 있었지만, 그 수치는 1990년에 30%로 떨어졌다. 그리고 1990년대 중반에 농업 인구가 더욱 급감하면서 중국의 산업혁명은 베이징, 상하이, 광저우 등을 경제개발 지역으로 바꾸어놓았고 공산당 정부는 공장을 건설한다는 명목 아래 논밭을 불도저로 몽땅 밀어버렸다.

여기서 소비자들은 취향에 관련된 옛날 기억들을 반복해서 떠올리고 재창조한다는 사실을 다시 한번 명심해두자. 물론 의식적으로 그러는 것은 아니지만, 소비자들의 이러한 성향은 중국산 에비앙 생수가 실패하는 과정에서 중대한 이유로 작용했다. 중국 소비자들은 오늘날의 복잡하고 시끄러운 도시적 환경에 익숙하지 않다. 그들 대부분은 농촌에서 자라났다. 즉 현대의 선전 지역이 아니라 프랑스의 알프스 지역과 비슷한 환경에서 성장했다. 그리고 생수라고 하면 프랑스인들과 마찬가지로 희미하고 미묘한 그리고 푸르른 들판의 느낌을 떠올린다. 이제 그들이 살던 고향은 공장 지대로 바뀌었지만, 기억 속의 고향은 영원히 푸르게 남아 있다. 그렇기 때문에 에비앙이라는 외국 브랜드가 그들의 고향에서 길어낸 물로 생수를 내놓았을 때 중국 소비자들은 어린 시절의 추억을 도둑맞았다고 느꼈다.

이것이 바로 에비앙 전문가들이 간과했던 요인이었다. 그들은 어제의 중국이 아니라 오늘의 중국을 상대로 마케팅을 해야 한다고 착각했던 것이다. 이후 설문 조사를 바탕으로 에비앙은 정수 작업을 거치고 나서도 여전히 희미한 풀 내음이 나고 곰팡이 흔적이 있는 중국 내의 우물들을 다시 찾아내기로 했다. 이 현명한 전략적 변화를 통해 다논과 에비앙은 앞으로 국제적인 비즈니스를 어떻게 이끌어갈 것인지에 대한 관점의 변화를 가져올 수 있었을 뿐만 아니라 중국 생수 시장에서 3위 기업으로 도약하게 되었다.

프랑스산 마스 초코바에 대한 내 지인의 집착이 정당한 것임을 설명하기 위해 지금까지 많은 얘기를 했다. 적어도 그녀에게는 프랑스산 마스 바가 미국의 마스 바보다 훨씬 더 맛있다.

이 책이 출간되고 얼마 지나지 않아 그녀는 페이스북에 가입했다. 거기서 프랑스 고등학교 동창들과 다시 친구를 맺으면서 옛날 추억과 더불어 많은 이야기를 나누었다. 그리고 그들 모두 마스 바에 대해서만큼은 그녀의 의견에 만장일치로 동의했다. 그들은 그 합당한 근거로 프랑스의 소와 우유 그리고 초원을 들었다. 하지만 거기에는 분명 향수도 포함되어 있을 것이다.

7장

인플루언서

INFLUENCER

판타지를 자극하다

인플루언서가 등장하는 마케팅은
소비자들에게 미래의 자아상에 대한
이상적인 판타지를 제안한다.
기업들은 아이들에겐 스포츠 스타와
공주에 대한 판타지를, 성인들에게는
부유하고 매력적인 사람에 대한
판타지를 자극한다.

고급 브랜드로서의 왕실

설문 조사 결과에 따르면, 미국과 멀리 떨어져 있는 국가들의 왕실 인기가 날로 추락하고 있다고 한다. 왕실이 과연 가치가 있는지에 대한 사회적인 의문이 몇 년에 한 번꼴로 등장하는 듯하다. 세금으로 왕궁 경호원들에게 월급을 주고, 엄청난 품위 유지비를 지원하는 이유는 대체 무엇이란 말인가? 왕실의 존재 가치는 정확하게 무엇인가? 오늘날 각국 왕실들은 국민들과의 관계에서 위기를 맞이하고 있으며, 궁정 고문들 역시 난감한 상황에 처해 있다. 바로 이러한 때 나는 한 왕실로부터 전화 한 통을 받았다.

왕실의 이미지 회복에 내가 도움을 줄 수 있을까? 왕실의 인기를 회복하기 위한 아이디어를 낼 수 있을까? 그러니까 왕실이라는 브랜드를 새롭게 전환하고, 다시 활력을 불어넣는 데 내가 보탬이 될 수 있을까?

이후 몇 차례 전화 통화가 더 오가고 나서 나는 전 세계가 인정하는 한 나라의 왕실을 위해 일해보기로 결심했다.

왕실에는 사람들의 상상력과 영감을 자극하는 많은 것들이 있다. 누구나 한 번쯤은 호화로운 연회, 우아한 옷, 값비싼 음식, 번쩍이는 다이아몬드, 공손한 시중을 누리는 왕실의 일원으로 살아보고 싶다는 생각을 해보았을 것이다. 왕실이라는 존재는 세상의 모든 동화 그리고 아이들은 물론 성인들도 보고 읽는 판타지 속에 항상 등장한다. 바르셀로나에 위치한 레고의 아이디어 연구실에서 디자인 매니저로 활동 중인 마르타 탄토스 아란다가 설명하고 있듯이, 레고의 연구에 따르면, 모든 소녀들은 공주가 되기를 꿈꾸면서 자라난다고 한다. 마르타는 내게 이렇게 말했다. "소녀들은 공주 옷을 입고 잠자기를 좋아하죠."

왕실 사람들과 마주할 때면 억만장자 CEO로부터 할리우드 스타에 이르기까지 지구상에서 가장 부유하고 힘 있는 사람들조차 흥분하고 혀가 꼬인 아이들처럼 행동한다. 빌 게이츠조차도 영국 왕실 사람들과 식사를 할 때에는 그 엄청난 비용을 직접 계산한다. 그 이유는 아마도 왕실이 우리가 살아가는 문화 속에서 가장 높은 자리를 차지하고 있기 때문일 것이다. 다시 말해 왕실 사람들은 이 시대 최고의 유명인이자 명예와 지위, 부러움의 최고봉을 차지하는 인물들이다.

하지만 아직도 많은 사람들이 간과하고 있는 것은 그러한 왕실 이미지가 저절로 만들어진 것이 아니라는 사실이다. 화려한 이미지 뒤에 숨겨진 진실은 왕실이 비즈니스 세상과 마찬가지로 신중하고 치밀하고 지속적으로 관리되는 하나의 고급 브랜드라는 사실이다. 실제로 유럽 전역의 왕실들은 정기적으로 만나 서로 정보와 경험을 공유하고 이를 바탕으로 장기 전략을 세운다. 한 지인은 내게 이렇게 말했다. "왕실과 일반 브랜드 사이에 차이가 있다면, 브랜드는 향후 6개월에 초점을 맞추는 반면, 왕실은 향후 75년을 위한 마케팅 플랜을 마련하고 있다는 사실일 겁니다." 왕실의 이미지 관리 전략 중 대표적인 것은 환상과 현실, 경외와 친근 사이에서 아슬아슬한 줄타기를 하는 것이다. 왕실은 현대적인 의미를 잃어서도 안 되지만, 그렇다고 '과도하게' 현실적이고 친근한 모습을 보이면 자칫 그들을 감싸고 있는 마법을 잃어버릴 위험이 있다.

예를 들어 2003년 버킹엄 궁전에 위장 취업한 영국 조간신문 《데일리 미러 Daily Mirror》의 한 기자가 왕실 아침 식탁에 플라스틱 주방용품 브랜드인 타파웨어 Tupperware 그릇이 올라온 사진을 공개했을 때 영국 시민들은 깜짝 놀랐다.[1] 사람들은 타파웨어를 가지고 식사를 하는 왕실 사람들의 모습을 원치 않았다! 대신 황금 접시에 고풍스러운 은수저로 식사하는 광경을 기대했던 것이다! 하지만 그렇다고 해서 지나치게 고상하고 고귀한 모습만 보여준다면 대중은 아마도 왕실이 오만하고 현실과는 동떨어진 존재라고 비판할지도 모른다.

업계 전문가들은 이를 '픽시더스트 pixie-dust'라고 부른다. 픽시더스트란 유명인 혹은 그들의 대변인들이 대중과 접촉할 때마다 얻을 수도 혹은 잃을 수도 있는 그들을 둘러싼 마법의 기운을 말한다. 지나치게 편안하고 친숙한 모습을 보일 때 픽시더스트는 사라진다. 오랫동안 유명인들과 함께하는 동안 나는 그들과 더 많은 시간을 보낼수록 그들이 '일반적인' 존재로 변해간다는 사실을 깨달았다. 그들을 감싸고 있던 미스터리와 마술 그리고 권위가 점점 퇴색하고 만다. 다시 말해 '브랜드 위축brand withdrawal' 현상으로 이어지는 것이다. 적정 수준의 픽시더스트를 유지하기 위해서 유명인이라는 '브랜드'들은 끊임없이 절묘한 균형을 잡아야 한다. 그래서 유명인의 매니저 및 홍보 담당자들은 '외부의 팬'들과 만날 때 그 시간을 최대 30분으로 제한하는 것이다. 비슷하게 왕족들은 대부분 기다란 장갑을 끼는데 그 진정한 이유를 아는 사람은 많지 않은 듯하다. 그것은 단지 우아함을 과시하기 위한 것이 아니라 의도적으로 대중들과 심리적인 거리를 유지하기 위한 것이다.

역사적인 관점에서 왕실은 실질적인 세계 최고의 유명인이라 할 수 있다. 왕실은 한 국가의 가치와 전통을 상징하며, 기념일, 생일, 장례식, 신년회 등 다양한 국가적 행사를 통해 국민들을 하나로 묶는 역할도 해왔다. 게다가 걸어다니는 문화관광부이기도 하다. 실제로 각국 왕실은 해외로부터 많은 자본과 기업 그리고 산업을 유치하고 있다. 결론적으로 그들은 하나의 브랜드, 그것도 대단히 높은 수익성을 자랑하는 브랜드다.

오늘날 영국 왕실은 왕족을 '상품화merchandising'했다고도 볼 수 있다. 여왕의 품위를 관리하고, 우표와 동전, 화폐, 포스터에서 볼 수 있는 여왕의 모습과 똑같은 이미지를 사람들에게 심어주기 위해 영국 왕실은 '이미지 통제 시스템'을 개발했다. 이에 따라 오늘날 만찬이나 환영회와 같이 여왕이 대중들과 접촉하는 모든 행사에서는 오직 왕실 사진가만이 여왕의 모습을 카메라에 담을 수 있다. 당연히 여왕의 어머니를 포함한 모든 사람들이 여왕과 함께 사진을 찍고 싶어하지만 왕실 사진가가 찍은 사진을 엄청난 가격에 사는 수밖에 없다. 자신이 여왕과 함께 서 있는 사진은 온라인으로도 구매할 수 있다.

이제 '내가 도움을 주기로 결정했던' 그 왕실의 브랜드 이야기를 해보자. 2년 전 그 왕실은 많은 어려움을 겪고 있었다. 그들은 당시 더 많은 픽시더스트를 원하고 있었다. 먼저 나는 대중들에게 위대한 군주국은 왕실을 진정으로 '신뢰해야' 한다는 사실을 강조하면서 국가적인 책임감에 대한 사회적인 인식에 호소하는 캠페인을 벌였다. 국민들이 믿음을 가지고 있을 때 국가 전체적으로 사망률이 감소하고, 더 많은 사람들이 만족감을 느끼며, 그래서 사회복지제도의 부담을 덜 수 있다는 사실을 많은 연구 결과가 보여준다. 바로 이러한 정보를 사회적으로 알리기 위해 노력했던 것이다. 다음으로 나는 국민의 책임과 권리 그리고 공공사업의 중심에 왕실이 존재하고 있다는 사실을 널리 알리고자 했다. 우리는 엄격하게 선별한 유명 자선단체들을 통해 왕실 구성원들이 책임 있는 모습을 보여줄 수 있도록 기회들을 마련했다.

그다음으로 기록 보관 전문가를 고용하여 역사 자료를 검토함으로써 현재 사라져버린 왕실 의례 중에 부활시킬 만한 가치가 있는 것들을 찾아보았다. 수년간의 연구를 통해 나는 합당한 의식이 존재할 때 소비자들은 그 브랜드에 대해 더욱 강력한 감성적 애착을 가지게 된다는, 그래서 브랜드 충성도를 더욱 끌어올릴 수 있다는 사실을 확인했다. 또 해당 브랜드와 제품을 중심으로 신비주의를 창조하는 것이 대단히 효과적인 마케팅 전략이 될 수 있다는 점도 확인했다.

다행스럽게도 왕실에는 일반 대중에게 알려지지 않은, 수백 년 된 의식과 이야기, 신화, 상징, 의례들이 가득했다. 실제로 왕실 의식들 중 상당 부분이 혼란기에 왕실을 보호하고 대중들을 '통제'하기 위해 만들어진 것이었다. 예를 들어 왕족이 먼저 말을 건네지 않는 이상 평민은 왕족과 얘기를 나눌 수 없다거나 평민들은 왕실 사람들을 대면할 때 '반드시' 올바른 칭호로 불러야 한다는 불문율은 고귀하고 빛나는 왕실 가문에 복종해야 한다는 사실을 사람들에게 상기시키는 기능을 했다.

그 왕실을 위해 일하는 동안 나는 많은 비밀 의식과 전통을 알게 되었다. 보안상 그것들 대부분을 발설할 수 없지만 이것만큼은 분명히 말할 수 있다. 그것은 전 세계 모든 왕실이 인기를 효과적으로, 빠르게 끌어올릴 수 있는 방법은 결혼식을 올리는

브랜드의 거짓말

것이라는 사실을 잘 알고 있었다는 것이다. 가령 윌리엄 왕자와 케이트 미들턴의 결혼을 둘러싸고 사회적으로 일어났던 폭풍 같은 여론을 떠올린다면 그 말이 무슨 뜻인지 금방 이해할 것이다. 결혼식에 밀려 근소한 차이로 2위를 차지한 왕실 행사는 무엇일까? 그것은 왕자나 공주의 탄생이다. 그렇기 때문에 왕실은 가능한 한 많은 후손을 생산해야 한다. 왕자와 공주들이 더 많이 탄생할수록 미래에 결혼과 출생의 기회가 많아지고, 그래서 인기를 더 쉽게 끌어올릴 수 있다는 사실을 왕실은 항상 명심해야 한다. 각국 왕실이 수십 년 내다보는 마케팅 전략을 마련해두고 있다는 말을 이제 이해할 수 있을 것이다.

이쯤 되면 이런 생각이 들 것이다. '음, 흥미롭군. 그런데 그게 우리와 무슨 상관이 있다는 말이지? 우리나라에는 왕실도 없잖아?' 객관적으로는 그렇지만, 분명 왕실과 비슷한 존재들이 자리를 잡고 있다. 그들은 바로 브래드 피트와 앤절리나 졸리, 줄리아 로버츠, 리즈 위더스푼, 조지 클루니, 톰 크루즈, 케이티 홈스, 저스틴 팀버레이크, 버락 오바마와 미셸 오바마 등 수많은 유명인이다. 미국 사회에서 이들은 유명인인 동시에 왕 혹은 여왕이다. 그리고 궁전 고문들이 왕실이라는 브랜드를 그 후원자들에게 팔고 있는 것처럼, 마케터와 광고업체들 역시 소비자들을 브랜드워시하기 위해 유명인의 명성을 영리하게 활용하고 있다는 사실을 이해할 필요가 있다.

어른들에게도
영웅과 공주가 필요하다

이러한 궁금증이 떠오른다. '유명인의 얼굴이 정말로 내가 돈을 쓰는 방식에 영향을 미칠까? 내가 그 정도로 순진하다는 말인가?'

나의 대답은 '그렇다'다. 그뿐 아니라 유명인의 유혹은 우리가 생각하는 것보다 훨씬 더 이른 나이부터 시작된다. 남자아이들은 3~4세가 되면 배트맨, 슈퍼맨, 스파이더맨, 엑스맨 등의 영웅들 혹은 마블Marvel이나 픽사Pixar의 마케터들이 새로운 영웅이라고 지목한 캐릭터들을 숭배하기 시작한다. 그리고 7~8세가 되면 그 숭배는 살아 있는 인물들로 옮아간다. 예를 들어 데이비드 베컴이나 전설의 레이서 데일 언하트, 미식축구 선수 페이턴 매닝과 같은 스포츠 스타들을 떠받들기 시작한다. 물론 기업들은 이러한 사실을 잘 알고 있다. 그래서 그렇게 많은 스포츠 스타들이 소년들을 공략하는 제품들의 홍보대사로 활동하고 있는 것이다. 레고의 시장 및 제품사업부 부사장인 매즈 니퍼는 이렇게 회상한다. "레이싱 스타 미하엘 슈마허가 활동할 당시 레고는 페라리와 제휴를 맺고 있었습니다. 독일에서 그 라이선스 금액은 엄청나게 높았죠. 그래도 레고는 이를 계기로 흐름을 타고 성장할 수 있었습니다." 레고는 강한 브랜드였다. 하지만 유명인은 그보다 훨씬 강한 브랜드였다.

그런데 왜 하필 영웅이나 스포츠 스타인가? 2장에서 우리는 미래의 자아에 대한 소비자들의 두려움을 활용하는 공포 마케팅에 대해 살펴보았다. 그런데 유명인 마케팅은 이와 정반대의 일을 한다. 즉 사람들에게 '이상적인' 미래의 자아상에 대한 판타지를 제안한다. 마케터들이 실시했던 심리 실험이나 마케팅 컨설턴트들의 활약을 통해(나도 그중 한 사람이다) 오늘날 기업들은 대부분의 소년들이 자라서 힘세고 강력한 인물이 되고 싶어한다는 사실을 분명하게 알고 있다. 그래서 소년들은 초자연적인 능력 혹은 스포츠와 관련된 특별한 능력을 지닌 영웅들에게 이끌리는 것이다. 관련된 사례 하나를 살펴보자. 내가 아는 한 미국인 남성은 다섯 살 무렵 어머니에게서 시커먼 배트맨 옷과 여러 액세서리를 선물받았다. 중년으로 접어든 지금도 그는 어릴 적 배트맨 옷을 입고 보잘것없는 박쥐 부메랑을 허리에 찼을 때 자신을 얼마나 강한 존재라고 느꼈는지 생생하게 기억하고 있었다. 그때 그는 단지 배트맨 옷을 입은 것이 아니었다. 그때 그는 정말로 배트맨이었던 것이다.

반면 소녀들은 어떤가? 일반적으로 소녀들은 강한 캐릭터에 끌리지 않는다. 소녀들의 이상적인 미래 자아는 우아하고 여성스럽고 눈부시게 아름다운 모습을 하고 있다. 그 이유는 우리 문화 속에 널리 퍼져 있는 공주 판타지 때문이다. 저널리스트 페기 오렌스타인은 저서 『신데렐라가 내 딸을 잡아먹었다』에서 공주라는 단어가 여성의 이상적인 자아상과 동의어가 된 이유를 다루고 있다. 오렌스타인은 '공주 산업 콤플렉스princess industrial complex'라는 현상을 소개하면서 기업과 마케터들이 공주 판타지를 가지고 어린 소녀들에게 물건을 팔아먹고 그 과정에서 막대한 이익을 챙기는 다양한 전략들을 총망라하고 있다. 오렌스타인은 무려 2만 6,000가지가 넘는 공주 관련 제품들과 더불어 "'공주'라는 개념은 기업들이 창조해낸, 가장 급속하게 성장하는 브랜드일 뿐만 아니라 소녀들이 누릴 수 있는 지상 최대의 특권"이라고 지적했다.[2]

마르타 탄토스 아란다는 소녀들의 롤모델이 공주로부터 시작해서 그다음으로 "드라마 〈한나 몬타나Hannah Montana〉의 주인공이나 TV에 나오는 체조 선수 또는 전형적인 금발의 매혹적인 10대 소녀로 발전한다"고 설명했다. 디즈니 만화에 등장하는 공주가 어린 소녀의 이상적인 자아상이라고 한다면 10대 소녀들의 이상형은 다소 비현실적이기는 하지만 올해 무려 53세가 된 바비Barbie다. 사실 이 금발 미녀는 그동안 숱한 비난을 받아왔다. 바비 인형 자체를, 또는 그 비현실적인 몸매를 인정하지 않는다고 하더라도 바비의 인기와 수익성까지 부정할 수는 없을 것이다. 바비 인형을 만들어낸 마텔Mattel은 바비 인형을 세계적으로 1초에 두 개씩 팔고 있으며, 약 15억 달러의 연매출을 이어나가고 있다.[3] 이 수치는 마텔의 총매출의 20%에 달한다. 이러한 점을 감안할 때 무려 반세기 동안 바비가 가장 유명한 문화적 아이콘의 하나로 그리고 가장 유명한 브랜드 중의 하나로 살아남

브랜드의 거짓말

았다는 사실은 그리 놀랍지 않다. 결국 바비 인형은 어느 시대에 태어났든 세상의 모든 소녀들이 되고 싶어하는, 예쁘고 매력적이고 인기 많고 고귀한 이상을 고스란히 담고 있으며, 마텔의 마케팅 역시 이에 따라 이루어지고 있다.

바비보다는 훨씬 최근에 탄생한 새로운 팝문화의 아이돌 마일리 사이러스(《한나 몬타나》의 주연 - 옮긴이) 역시 똑같은 전통을 이어받고 있다. 아직 〈한나 몬타나〉란 드라마를 보지 못한 사람들을 위해 부연 설명을 하자면, 주인공 마일리 스튜어트는 낮에는 그냥 평범한 학생이지만 밤이 되면 금발 가발을 쓴 한나 몬타나라는 유명한 팝스타로 변신한다. 스포츠 스타들이 소년들을 자극하는 것처럼, 한나 몬타나는 10대 소녀들에게 이상적 자아라는 판타지를 선물한다. 극중에서 사이러스는 매사에 분명하고 즐겁고 거칠고 당돌하다. 그러한 모습이야말로 불안한 10대 소녀들이 꿈꾸는 미래의 자아다(미국 소녀들이라면 자기 방 거울 앞에서 가짜 마이크를 들고 사이러스를 따라 해본 경험이 다들 있을 것이다).

이들이 소년 소녀들의 영웅이었다면, 그 소년 소녀들이 성인이 되었을 때에는 누가 영웅의 자리를 차지할까? 여기서 분명한 사실은 명성과 인기에 대한 집착은 성인이 되었다고 해서 끝나지 않는다는 것이다. 소년들이 영웅이 되고 싶어하고 소녀들이 공주가 되고 싶어하는 것처럼(물론 예외가 있기는 하지만) 남녀 성인들 역시 대단히 보편적이고 이상적인 '미래의 자아상'을 꿈꾸고 있다. 그것은 다름 아닌 부유하고 매력 있고 인기 많은 사람이 되는 것이다.

나는 꽤 유명한 연예인의 '브랜드' 관리를 맡아달라는 요청을 몇 차례 받았다. 이러한 경우에도 나는 몇 가지 차이 나는 부분을 제외하고는 왕실 작업 때 활용했던 전략들을 그대로 사용한다. 왕실과는 달리 유명인에게는 혈통이나 역사, 오래된 의식 또는 행사와 같은 것들이 없다. 다만 다양한 시상식에서 레드카펫을 밟는 의식 정도가 있을 뿐이다. 또 유명인들은 왕실처럼 혈통이 아니라 연기, 노래, 춤, 스포츠, 멋진 외모 등 개인의 재능을 무기로 사람들의 인기를 차지한다(사실 이것도 옛말이 되어가고 있는 듯하다. 못 믿겠다면 ABC의 〈댄싱 위드 더 스타Dancing with the Stars〉를 시청해보라).

어쨌든 사회적인 관심을 기반으로 존재를 유지한다는 점에서 부유하고, 영향력 있고, 접근하기 어려운 연예인은 대체가 가능한 현대의 왕실인 셈이다. 그리고 그들이 보유하고 있는 자산 중 가장 핵심적인 요소는 대중의 부러움이다. 사람들은 그들처럼 되기를 원한다. 똑같이 될 수 없다면 비슷하게라도 되고 싶어한다. 바로 이러한 이유로 광고업체와 마케터들은 옷, 자동차, 시리얼, 스포츠 음료에 이르기까지 다양한 제품들을 소비자들에게 팔기 위해 배우는 물론, 스포츠 스타, 토크쇼 진행자에 이르기까지 다양한 유명인들에게 엄청난 돈을 투자하고 있는 것이다. 따라서 유명인 마케팅은 그다지 놀라운 전략이 아니다.

사람들은 대부분 스타 마케팅이라는 개념을 잘 알고 있다. 모르는 편이 더 어려울 것이다. 그러나 스타 마케팅이 어떻게 돌아가고 있는지 알고 있는 사람은 그리 많지 않다. 미국 전역의 1만 1,000명에 달하는 성인과 청소년들을 대상으로 실시한 온라인 설문 조사에 따르면, 대부분의 사람들이 광고에 나오는 유명인이나 전문가들이 자신의 구매 결정에 영향을 주지 않는다고 믿고 있었다. 실제로 80%의 응답자들이 유명인이 광고에 등장하든 아니든 간에 자신이 좋아하는 물건을 살 것이라고 확신했다.

정말일까? 나는 그들을 믿는다. 적어도 그들이 유명인이 등장하는 광고에 현혹되거나 설득을 당하고 있지 않다고 확신한다는 말을 믿는다. 그러나 바로 그게 문제의 핵심이다. 'NPD 인사이트'에서 수석 산업 애널리스트로 활동하고 있는 마셜 코헨은 이렇게 설명한다. "종종 눈에 보이지 않는 영향력이 소비자의 관심을 자극하거나 제품을 구매할 동기를 부여한다. 유명인이 등장하는 광고는 아주 강력하게, 그리고 무의식적인 차원에서 소비에 영향력을 미칠 수 있다. 어떤 경우에는 유명인이 관련 있다는 사실만으로 소비자들은 해당 제품이나 브랜드를 주목하기도 한다."[4]

여러 다양한 연구에 따르면 유명인들이 특정 제품을 광고할 때 사람들은 그 브랜드로부터 더욱 진정한 메시지를 전달받을 뿐만이 아니라 해당 제품을 더욱 높게 평가하고 더욱 오래 기억했다. 그래서 세라 제시카 파커 향수든, 레이철 레이가 포장지에서 웃고 있는 트리스킷Triscuits 과자든, 라파엘 나달이 인증하는 나이키Nike 운동화든 간에 유명인이 등장하는 제품에 우리는 본능적으로 그리고 무의식적으로 더욱 다가서려고 한다.

유명인 마케팅이 생물학적인 차원에서 근거가 있다는 연구 결과도 나와 있다. 네덜란드의 한 연구팀은 유명인이 특정 제품을(여기서는 신발) 광고하는 모습을 보여주었을 때 피험자 여성들의 뇌 속에서 실질적인 변화를 관찰할 수 있었다. 이 흥미로운 실험에서 연구원들은 24명의 여성들을 대상으로 유명인과 일반인 여성이 동일한 신발을 신고 있는 40장의 컬러 사진들을 보여주면서 그들의 뇌를 촬영했다. 그 결과, 유명인 사진을 보았을 때 애정의 느낌과 관련된 뇌 영역인 왼쪽 안와전두엽내측피질left medial orbitofrontal cortex이 활성화된 것을 확인할 수 있었다. 반면 일반인 사진을 보았을 때는 활동성이 포착되지 않았다.[5] 영국에서 나온 연구 결과를 보면, 사람들은 굉장히 매력적인 일반인보다 강한 매력이 없는 평범한 유명인에게 더욱 뚜렷한 감성적인 반응을 보였다. 이 연구팀은 제품 구매를 설득하는 것과 관련하여 인기가 매력보다 훨씬 강력한 힘을 발휘할 수 있으며, 유명인이 광고하는 제품에 긍정적으로 반응하게 하는 '뇌 속 특정 부위'가 있다고 결론 내렸다.[6]

이처럼 사람들이 유명인에게 실질적인 반응을 보이고, 날씨나 스포츠처럼 유명인에 대한 이야기를 낯선 사람들과 공통 화제로 삼을 수 있다는 사실을 감안할 때 방송에 등장하는 '인플루언서'가 지난 10년 동안 3배로 증가한 것이 별로 놀라운 일은

　　　　　　　　브랜드의 거짓말

아니다. 정말로 '3배로' 증가했다. 다양한 리얼리티 프로그램과 인터넷이 유명인이 될 수 있는 새롭고 때로는 황당하기까지 한 기회를 제공하고 있기 때문에 오늘날 '유명인'의 범위는 우리의 상상력을 훌쩍 뛰어넘는다. 스포츠 스타나 영화배우들만이 유명인이었던 시절은 끝났다. 이제는 유튜버(브리트니 스피어스의 광팬인 크리스 크로커), 마이스페이스 유저(틸라 테킬라), 유명 블로거(페레스 힐튼), 그리고 리얼리티 프로그램 출연자들(너무 많아서 열거하기도 힘들다) 모두가 유명인 반열에 들어섰다. 그리고 그중 많은 인물들이 말도 안 될 정도로 짧은 순간을 효과적으로 활용하여 유명인의 대열에 합류했다.

이러한 흐름에 발맞춰 전 세계적으로 유명인이 등장하는 광고의 비중 역시 약 17% 정도로 10년 동안 2배로 성장했다.[7] 다음으로 유명인을 위해 '일하는' 전문가들 역시 유명인 범주로 뛰어들고 있다. 가령 스타의 주치의, 치과 의사, 성형외과 의사, 부동산중개인, 요리사, 블로거, 패션 디자이너, 미용 전문가, 헤어드레서, 파티플래너, 안무가, 플로리스트 등이 그렇다. 토크쇼 진행자(일렉트로룩스Electrolux 광고의 켈리 리파), TV 요리사(고든스 진 Gordon's Gin 광고의 고든 램지), 전직 복서(베스트셀러 그릴 광고의 조지 포먼), 정치인(비아그라Viagra 광고의 밥 돌), 비즈니스 거물(스톨리Stoli 보드카 광고에 등장한 트위터 공동 설립자 비즈 스톤), 유명인들의 자녀(프렐Prell 광고에 등장한, 빌리 조엘과 크리스티 브링클리의 딸 알렉사 레이 조엘)는 물론 가정 파괴자들까지(경매 사이트 비드히어닷컴Bidhere.com

광고에 나온 타이거 우즈 애인) 제품을 홍보하고 대변하는 유명인으로 활동하고 있다.

차차 살펴보겠지만, 오늘날 기업과 마케터들은 유명인의 범위가 넓어지고 있다는 사실을 분명히 인식하고 있을 뿐만 아니라 새로운 유형의 유명인에 대한 소비자들의 관심을 최대한 활용할 교묘하고 비밀스러운 새로운 전략들까지 구사하고 있다. 그 덕분에 오늘날 수많은 유명인들이 숨겨진 강력한 설득자로 맹활약 중이다.

줄리아 로버츠의 립스틱을 사세요

이야기를 효과적으로 진행하기 위해 먼저 유명인, 그러니까 요샛말로 인플루언서Influencer란 많은 사람들이 열망하는 다양한 특성들을 소유하고 드러낼 수 있는 상징 또는 아이콘이라고 정의하자. 그리고 그러한 특성으로는 아름다움, 매력, 섹스어필, 호감, 유행, 편안한 느낌, 음악, 또는 스포츠 재능 등을 꼽을 수 있을 것이다. 여기서 이야기하는 유명인 마케팅 혹은 유명인 광고는 단지 특정 브랜드에 유명인이 이름을 빌려주거나 광고 또는 포장지에 얼굴을 내미는 것만을 의미하지 않는다. 물론 이런 형태의 마케팅 전략 또한 효과가 없는 것은 아니지만 여기서 다루고자 하는 유명인 마케팅의 범주는 이보다 훨씬 넓다. 나는 식품, 음료수, 자동차, 향수, 페이스 크림, 여행 가방, 신용카드 등 다양한 제품들 속에 유명인의 특성이 그대로 녹아들어가 있다고 소비자들이 믿게 하는 아주 다양하고 미묘한 심리적 전략들을 모두 다루고자 한다. 이러한 마케팅 전략들은 꽤 효과가 좋아서 실제로 많은 소비자들이 그 제품을 사면 해당 유명인이 상징하는 특성들을 고스란히 소유할 수 있다고 생각한다.

오늘날 많은 이들에게 유명인들은 꿈을 실현한 존재다. 연예 잡지를 읽거나 시상식을 시청할 때 사람들은 레드카펫, 1만 달러짜리 드레스, 매력적인 배우자, 완벽한 외모, 5번가의 펜트하우스, 말리부 해변의 별장을 즉각 떠올린다. 특히 불안한 경기 침체기에 그들의 삶은 더욱 완벽해 보인다. 유명인들의 삶은 사소한 문제들이나 일상생활에 따르는 다양한 의무와 책임에 전혀 오염되지 않은 것 같다. 흥미롭게도 페기 오렌스타인은 경제 침체기에 빠져들면서 공주에 대한 열망은 오히려 더 높아졌다고 말한다. 사람들은 이렇게 씁쓸해한다. '줄리아 로버츠는 2순위 저당 때문에 고민할 필요가 없겠지? 왜 내 인생은 그녀처럼 쉽지 않을까?' 바로 그런 사람들을 위해 광고는 이렇게 외치고 있다. '줄리아의 립스틱 또는 핸드백을 사세요. 그러면 여러분도 그녀처럼 될 수 있어요.'

이러한 주장이 지나치게 단순하다거나 소비자의 입장에서 별로 설득력이 없다고 생각한다면 좀 더 이야기를 해보도록 하자. 듀크대학교 푸쿠아 경영대학원Fuqua School of Business과 캐나다 위털루대학교 연구원들이 공동으로 했던 한 흥미로운 연구를 살펴보면, 애플이나 코카콜라와 같은 대형 브랜드에 순간적으로 노출되는 것만으로도 사람들은 그 브랜드들이 주장하고 제안하는 행동을 그대로 따라 하려는 경향이 있었다.[8] 예를 들어 창조성을 상징하는 애플의 로고를 보면 사람들은 상상력을 더 풍부하게 끌어올리려고 한다. 그렇다면 멋있는 유명인이 광고에 등장하는 브랜드에 대한 노출은 소비자들에게 그 유명인처럼 매력적인 사람이 되고 싶다는 욕망을 자극하는 것일까?

영화 스타가 광고하는 페이스 크림, 향수, 아이섀도를 아낌없이 사용하면서 사람들은 자신이 선망하고 부러워하는 유명인들이 지닌 다양한 특성들에 한 발 더 다가섰다고 느낀다. 그리고 그 제품들을 항상 가지고 다니면서 유명인의 가치와 성격, 자신감과 태도, 재능, 개성, 세련됨, 매력을 자신도 지닐 수 있다고 믿는다. 간단하게 말해서 소비자들은 적어도 마음속 깊은 곳에서 자신이 바로 그 유명인처럼 될 수 있다고 확신한다.

'사우스비치 다이어트South Beach Diet'에 대해 들어본 적이 있는가? 매혹적인 아르데코 스타일의 마이애미 지역 이름을 본뜬, 심장 전문의 아서 애거스턴이 개발한 사우스비치 다이어트는 설탕과 탄수화물에 대한 욕망을 낮추어 살을 빼는 프로그램이다. 하지만 어떤 중대한 사회적 이슈가 없었더라면, 2003년에 로데일출판사Rodale Press에서 같은 제목으로 책이 출판되기도 했던 이 프로그램에 대해 아는 사람은 거의 없었을 것이다.

패스트푸드 애호가로 유명했던 빌 클린턴 전 미국 대통령이 2004년 말 심장우회수술을 기다리고 있다는 기사가 나왔을 즈음한 인터뷰에서 클린턴은 사우스비치 다이어트 프로그램으로 체중을 줄이는 방법에 대해 언급했다.[9] 이후 다른 기사에서는 힐러리도 그 프로그램에 함께 참여하고 있다는 얘기가 나왔다. 그 뒤로 그 책의 매출이 치솟기 시작했다. 오늘날 사우스비치 다이어트는 미국에서 앳킨스Atkins 다이어트 다음으로 유명한 다이어트 프로그램으로 자리 잡았으며, 책 또한 500만 부 이상 팔렸다.[10]

이 에피소드는 유명인이 제품의 강력한 설득자로 힘을 발휘할 수 있다는 사실을 보여준다. 『사우스비치 다이어트』를 사서 읽으면 미국 역사상 가장 유명하고 힘 있는 정치인 부부의 식습관을 공유하게 될 것이라고 사람들은 믿는다. 게다가 체중도 줄일 수 있을 것이라 기대한다. 정치적 입장이나 가치관과는 무관하게 나는 클린턴이 분명 사람들이 염원하는 '어떤' 특성을 보여주었다고 생각한다. 여러 연구 결과들에 따르면 힘, 두뇌, 카리스마, 매력, 결단력은 물론 유명인들이 먹는 음식 또한 강력한 감성적 촉매가 될 수 있다. 예를 들어 클린턴이 좋아하는 치킨 푸타네스카 스파게티를 직접 만들어보면서 사람들은 말 그대로 전직 대통령을 더 가깝게 느낀다. 그리고 마이클 조던의 운동화를 신고 높이 뛰어올라보면서 조던처럼 덩크슛을 할 수 있을 것이라 상상한다. 또 케이트 모스의 캘빈 클라인 속옷을 입고 엉덩이의 탄력을 느껴보면서 여성들은 자신도 그녀처럼 섹시하고 매력적이라 상상한다.

물론 이성적으로는 이런 생각이 바보 같다는 사실을 잘 알고 있다. 하지만 감성적인 차원에서? 그건 분명 다른 문제다.

영화 주인공의
이름을 단 아이들

마케터들이 사람들의 심리를 근본적인 차원에서 어떻게 이용하고 있는지 이해하기 위해 현재 코카콜라가 소유한 '비타민워터 Vitaminwater'라는 브랜드의 사례를 살펴보자. 비타민워터는 유명인 마케팅 그 자체다. 몇 년 전 그 마케터들은 이런 기발한 아이디어를 내놓았다. '브랜드 홍보의 대가로 유명인들에게 회사의 주식을 주면 어떨까?' 바로 이 아이디어를 통해 비타민워터는 두 가지를 얻었다. 첫째, 코카콜라 주식으로 떼돈을 번 래퍼 '50센트50Cent'를 포함하여 그들의 브랜드 홍보에 앞장서는 유명인 올스타팀이 탄생했다. 둘째, 더욱 중요한 것으로, 코카콜라 주식을 보유하고 있는 유명인들이 자발적으로 그 달콤한 음료수를 들이켜면서 카메라 앞에 등장하기 시작했다. 코미디언 엘런 드제너러스는 자신의 유명한 TV 토크쇼를 진행하다가 갑자기 칼로리가 없는 '비타민워터 제로'를 라이브로 광고했다. 엘런은 그 음료수를 몇 모금 마시고 나더니 날렵한 몸짓으로 무대를 가로

브랜드의 거짓말

지르며 공중제비를 넘었다. 비타민워터 제로가 자신에게 얼마나 많은 에너지를 주는지 몸으로 보여준 것이다. 실로 대단한 광고였다.

어떤 제품을 손에 들고 있는 유명인의 모습이 사진이나 영상으로 퍼질 때, 특히 그 모습이 '일상적이고' '자연스러울' 때 그 제품의 매출이 갑자기 치솟는다는 사실을 기업 마케터들은 잘 알고 있다. 2007년에 전 스파이스걸스의 멤버이자 축구 스타의 아내인 빅토리아 베컴이 카메라에 잡혔던 순간을 예로 들어보겠다. 영국에서는 베스트셀러였지만 미국에서는 그다지 유명하지 않았던 요리책 『스키니 비치』를 빅토리아가 LA의 한 매장에서 사는 모습이 파파라치에게 포착되었다. 그리고 그 사진이 연예 잡지에 실리면서 그 책의 온라인 매출은 3만 7,000부까지 치솟았고 《뉴욕 타임스》 베스트셀러 목록에 84주간이나 올랐다.[11]

하지만 이러한 사진들 역시 보이는 것처럼 '솔직한' 것이 아니다. 이런 사진들을 통해 큰돈을 벌 수 있다는 사실을 잘 알고 있는 마케터와 광고업체들은 그들의 제품을 들고 있는 유명인들의 모습을 카메라에 '담기' 위해 기발한 아이디어로 끈질기게 노력하고 있다. 이를 위해 비타민워터는 '패션위크 2009' 행사를 대단히 성공적으로 활용했다. 비타민워터 마케터들은 패션쇼 런어웨이 맨 앞자리 열에 음료수들을 놓아두었다. 그 자리에는 주로 세라 제시카 파커, 타이라 뱅크스, 하이디 클룸과 같은 A급 유명인들이 앉는데, 그들이 자리에 앉을 때 잠깐이라도 그 음료수를 들게 되는 것이다.

흥미롭게도 유명인의 힘은 이른바 '물흐름 효과trickledown effect'를 타고 자녀들에게까지 이어진다. 몇 년 전 〈폭스 뉴스Fox News〉는 앤절리나 졸리와 브래드 피트의 자녀들에 대해 이렇게 언급했다. "세상에서 가장 많은 모방을 불러일으키는 아이들…… 아기 포대기에서 헤어스타일, 티셔츠, 국제 입양에 이르기까지." 그리고 이렇게 덧붙였다. "수많은 사람들이 졸리의 입양을 따라 하고 있다. …… 커다란 눈을 가진 캄보디아 아이 매덕스…… 에티오피아에서 온 자하라."[12] 이와 관련된 사례를 살펴보자. '인간대포알Human Cannon Ball'이라는 문구가 선명한 티셔츠를 입은 매덕스의 사진이 공개되었을 때 그 티셔츠를 만든 인키 딩크 티스Inky Dink Tees의 매출이 갑자기 껑충 뛰었다.[13] 업체 대변인에 따르면, "우리 브랜드를 어떻게 알게 되었나요?"라는 이름의 온라인 게시판에 글을 남긴 대부분의 사람들이 "매덕스가 입은 걸 봤어요"라고 밝혔다고 한다. 많은 사람들이 졸리와 피트 부부가 가지고 있는 '모든 것'을 원하는 듯하다. 아프리카 입양 단체의 미국 지부를 맡고 있는 셰릴 카터 쇼츠는 졸리가 에티오피아 소녀를 입양했다는 소식을 《피플》을 통해 알리고 나서 입양 관련 정보를 요청하는 사람들의 전화와 이메일이 쇄도했다고 밝혔다.[14] 부유하고 유명한 사람들이 선호하는 베이비본BabyBjörn사의 오리지널 유모차에서 마크 제이콥스Marc Jacobs의 기저귀 가방, 심지어 명품 기저귀에 이르기까지(팸퍼스는 디자이너 신시아 롤리와 손잡고 11가지 스타일과 패턴을 출시하여 특정 소비자층을 공략하고 있다)[15] 부모들은 선망하는 유명인과 조금이라도 관련이 있는 아이들 물건은 뭐든 사려고 든다.

유명인은 아이들의 이름을 짓는 데에도 큰 영향을 미친다. 2009년 사회보장국 자료에 따르면, 미국에서는 소녀의 경우 말리아(오바마 부부의 큰딸), 소년의 경우 컬런(스테프니 메이어의 베스트셀러이자 블록버스터 영화인 〈트와일라잇〉 시리즈에서 매력적인 뱀파이어 주인공의 성)이라고 이름을 짓는 사례가 급증했다고 한다. 〈트와일라잇〉 시리즈에 나오는 '제이콥', '벨라'라는 이름도 인기가 높다(제이콥과 벨라라는 이름은 10년 전부터 인기가 높았지만, 〈트와일라잇〉의 인기가 절정에 달했던 시점에 인기가 폭발했다는 사실은 절대 우연이 아니다).[16] 2009년에 각광을 받았던 또 다른 이름들로는 소녀들의 경우 클로이(클로이 카다시안), 스칼릿(스칼릿 조핸슨), 바이올렛(벤 애플렉과 제니퍼 가너의 딸), 발렌티나(셀마 헤이엑의 딸)가 있고, 소년들의 경우 제트(존 트라볼타의 죽은 아들), 로미오(베컴 부부의 새로 태어난 아이), 매덕스(앞에서 살펴보았다)가 있다. 반면 이미지가 망가지거나 인기가 시들해지면서 인기 목록 100위에서 탈락한 이름으로는 린제이(린제이 로한)와 토리(토리 스펠링)가 있다.

여행·숙박·금융·게임 시장의 다양한 기업들은 소비자들이 스스로 유명인이나 왕족이라는 느낌을 갖도록 오랫동안 마케팅 전략을 펼쳐왔다. 이들 기업들은 그 누구도 자신을 그냥 평범한 사람이라고 인정하기 싫어한다는 사실을 잘 알고 있다. 그래서 아메리칸 익스프레스는 30년이 넘는 세월 동안 사람들을 그들의 폐쇄적인 '클럽'으로 끌어들이기 위해 로버트 드니로, 제리 사인펠트, 퀸시 존스, 그리고 티나 페이와 같은 유명인 '멤버'들을 내세웠다(물론 그 클럽은 전혀 폐쇄적이지 않으며 비싼 연회비를 낼 의사만 있다면 누구나 멤버가 될 수 있다).

자신이 특별하다는 환상을 심어주는 마케팅 전략은 아주 효과가 좋아서 이제는 모든 분야의 기업들이 '선호하는 숫자'로 업그레이드해주거나 VIP 자격을 부여하는 것에서부터 사파이어 · 실버 · 골드 · 플래티넘 · 티타늄 카드, 대통령 리무진 서비스와 에메랄드 클럽 멤버십, 호텔 특실에 이르기까지 다양한 서비스를 제공함으로써 소비자들을 유혹하고 있다. 덧붙이자면, 이러한 특별 서비스 역시 대부분 유명인들을 통해 광고하고 있다. 몇 년 전 아메리칸 익스프레스American Express는 아주 재미있는 광고를 내놓았다. 광고 속에서 티나 페이는 공항 VIP 라운지에 들어가려다가 저지당하는 바람에 마틴 스콜세지와 함께할 수 있는 기회를 놓칠 위기에 처한다. 그때 항공사 직원이 그녀에게 아멕스 그린카드만 있으면 문제없다고 친절하게 알려준다! 이런 광고들이 전달하고자 하는 메시지는 분명하다. '우리가 제공하는 제품이나 서비스를 구매하세요. 그러면 여러분이 좋아하는 유명인과 똑같은 지위와 특권 그리고 인기까지도 누릴 수 있습니다.'

내가 직접 얘기를 나누어본, 라스베이거스의 한 공연 기획자는 이렇게 털어놓았다. "유명인에 대한 접근성을 강조하는 마케팅과 리얼리티 TV 프로그램들 때문에 이제 VIP는 너무 흔한 존재가 되어버렸습니다. 사실 이제 VIP는 사회적 지위와 아무런 상관이 없습니다. 오로지 돈과 관련된 문제죠. 잠깐이나마 사회의 엘리트가 되어보는 일종의 뽐내기 행사가 되어버린 거죠." 그러고는 한숨을 쉬며 말을 이었다. "정말 이해하기 힘든 것은 하룻밤 동안 유명인 행세를 하기 위해 30달러짜리 그레이구스 보드카를 600달러나 주고 사 마신다는 사실이죠."

나도 동의한다. 그러면서도 나와 같은 마케팅 전문가들 역시 기업들의 이러한 전략에서 자유롭지만은 않다. 10년도 넘게 나는 루프트한자Lufthansa를 타고 세상을 돌아다니고 있다. 오랫동안 정신없이 출장을 다니다 보니 루프트한자에서는 최고 등급 멤버십으로 대우를 받는다. 그래서 예전에 스위스 취리히 공항을 이용하면서도 당연히 1등급 라운지로 향했다. 그런데 안으로 들어가려던 순간 카운터에 있던 공손한 여직원이 장황한 설명을 들려주었다. 요약하자면 나는 비행·거리 2,000마일(약 3,200킬로미터 - 옮긴이)이 부족해서 '클럽멤버'가 되지 못하고 '의원Senator' 레벨에 머물러 있었다. 나는 화가 나서 이렇게 외치고 싶었다. "나는 겨우 '의원' 정도에 만족할 사람이 아니라고! 영화 〈인 디 에어Up In The Air〉에 나오는 조지 클루니처럼 최고의 고객이 되고 싶다고!" 루프트한자의 클럽 제도가 나의 충성도를 높이기 위해 고안된 마케팅 전략이라는 사실을 뻔히 '알면서도' 나는 거절을 당했다는 사실에 괴로워했다.

의사가 추천하는
화장품입니다

세계적인 화장품 체인인 세포라 매장에 들어서자 다코타 패닝과 크리스틴 스튜어트의 실물 크기 포스터가 웃으며 나를 반긴다. 그 포스터는 1970년대 중반에 활동했던 로커인 조안 제트와 그녀의 초라한 여성 밴드의 이야기를 담은 영화 〈런어웨이즈The Runaways〉의 홍보 사진이었다. 그 포스터는 이렇게 말하고 있었다. "이 메이크업 에센셜은 〈런어웨이즈〉 세트장에서 1970년대 스모키 화장을 재현하기 위해 실제로 사용된 제품입니다." 컬렉션 형태로 나온 세 가지 화장품은 영화 속 여성 로커의 어둡고 진한 눈 화장을 재현하기 위한 핵심적인 제품으로 보였다.[17]

결론적으로 말해서 그 포스터는 이 화장품을 사용하면 다코타 패닝과 크리스틴 스튜어트는 물론, 조안 제트의 분위기까지도 연출할 수 있다고 말하고 있다. 전형적인 마케팅 원투펀치다. 그 컬렉션만 사면 한 시대를 대표했던 록 스타의 이미지에다가 그 배역을 맡은 인기 여배우들의 화장 기술까지 한꺼번에 가질 수 있다!

글쎄, 나는 잘 모르겠다. 두 배우 다 그저 눈두덩이가 시커먼 아기 너구리처럼 보였으니까.

세포라 매장에서 마주친 유명인들은 이들뿐이 아니었다. 25만 개의 화장품들로 가득한 매장을 돌아보다가 나의 눈은 결

국 뒤쪽 벽으로 향했다. 거기에 커다랗게 이런 문구가 쓰여 있었다. '닥터스 Doctors.'

유명인의 수가 점점 늘어나고 있는 상황에서 유명인들을 관리해주는 의사들을 등장시키는 것도 좋은 전략이 아닐까? 한번 살펴보자. 먼저 유명인 피부 전문의이자 베스트셀러 작가이기도 한 니컬러스 페리콘 박사가 제품들을 '추천'하고 있다. 그는 고가의 스킨케어 제품들과 키트(603달러짜리 안티에이징 R×3)뿐만 아니라 건강 개선과 에너지 관리 그리고 체중 유지에 도움을 주기 위해 99가지 영양분을 혼합하여 직접 만든 특별 '기능식품성' 다이어트 보충제까지 광고하고 있다. 사실 페리콘 박사는 의사 가운을 입은 채 〈오프라 윈프리 쇼〉, 〈투데이〉, 〈20/20〉에 출연했으며, 주요 신문에도 얼굴을 내민다. 또 홈쇼핑 채널인 QVC에도 정기적으로 등장한다. 게다가 인기 블로그를 관리하고, 엄청난 트위터 팔로워들을 확보하고, 자신의 아이폰 앱까지 올려놓고 있다. 페리콘 박사가 광고하는 링클세럼과 모이스처라이저는 소비자들에게 의약품이라는 인상을 주기 위해 옛날 약품을 연상시키는 갈색 병에 들어 있다. 향수의 느낌까지 담은 유명인이라 하겠다. 또 어떤 제품들이 있을까?

'카메라 레디 Camera Ready'라는 이름이 붙은 박스는 '매력적인 유명인들의 피부를 빛나고 탄력 있게 가꾸기 위한 페리콘 박사의 비법'을 담은 일종의 종합선물 세트다. 그 박스 속에는 다양한 화장품들과 함께 '레드카펫 비밀무기'로 알려져 있으며, 온스

(28.35그램 - 옮긴이)당 325달러인 '할리우드 유명인들의 필수품 뉴로펩타이드 페이셜 컨투어'도 들어 있다.[18] 페리콘 박사의 신전 옆에는 또 다른 유명인 의사인 데니스 그로스 박사가 광고하는 피부 개선 화장품 코너가 있다. 그로스 박사도《보그Vogue》나 《엘르Elle》,《하퍼스 바자Harper's BAZAAR》같은 패션 잡지나 미용 잡지에 종종 모습을 드러내고 있다. 그도 자신의 웹사이트를 통해 특별한 존재라는 느낌 또는 '뷰티 VIP 클럽'으로부터 초청을 받는 환상을 지지하고 있다.[19] 간단히 말해 스타의 의사들은 어떻게 해야 스타처럼 보일 수 있는지를 소비자들에게 알려주고 있는 것이다. 이보다 더 강한 설득이 어디 있을까?

의학이 미용 시장으로 침투하는 현상은 전문의 추천의 형태로 나타나고 있다. 실제로 우리는 약품이나 화장품 병에서 '의사 추천'이나 '피부 전문의 승인'과 같은 인증마크를 쉽게 발견할 수 있다. 이러한 방식으로 광고를 하는 대표적인 브랜드로는 '피지션스 포뮬러Physicians Formula'가 있다. 하지만 정작 그 홈페이지에 들어가보면 단 한 명의 의사도 찾아볼 수 없다.[20]

이처럼 다양한 약품과 화장품에 인증마크를 부여하는 의사나 피부 전문가들은 대체 어떠한 사람들일까? 그들은 과연 그럴 만한 자격을 갖고 있을까? 좋은 질문이다. 그 답을 알아내려고 제품을 아무리 살펴보아도 그에 대한 정보는 없다. 그 진실을 들여다보면, 제약 기업들이 엄청난 보수를 지급하면서 그러한 의사들을 고문으로 채용하고 있다는 사실을 확인할 수 있다. 심지어 일부 화장품 기업들은 의사들을 이사 자리에 앉히기까지 했다. 이 말은 곧 이와 같은 제품들을 '승인하는' 의사와 피부 전문가들 역시 기업의 이익을 극대화해야 하는 자리에 앉아 있다는 뜻이다. 이처럼 높은 연봉을 지불하면서 의사들을 자기편으로 붙잡아둠으로써 기업들은 엄청난 이익을 챙기고 있다. 어떤 방식으로? 차차 살펴보겠지만, 기업들은 '전문가'들의 추천을 통해 엄청난 가치를 만들어낸다.

다시 세포라 매장으로 돌아가보자. 유명인의 위력은 '필로소피Philosophy'의 피부 관리 제품들이 진열된 두 통로에서도 똑같이 나타나고 있다. 필로소피는 웹사이트에서 그들의 제품이 '유명인들의 피부 전문의, 더 중요하게는 그들의 고객들로부터 사랑받고 있다'고 강조한다.[21] 필로소피는 제품명을 할리우드로부터 가져왔다. 가령 '다크 섀도'(1960~1970년대 인기를 끌었던 뱀파이어 드라마), '미라클 워커'(오스카상을 수상했던 영화), (스스로를 '레드카펫의 권위'라 부르는) '로락LORAC'이 그런 제품명이다. '할리우드 인사이더 콜렉션Hollywood Insider Collection'이라는 브랜드는 '유명인 메이크업 아티스트인 캐럴 쇼의 누구나 따라 할 수 있는 레드카펫 미용 팁'을 내세우고 있다. 이들은 광고 속에서 이렇게 말한다. "캐럴은 '퍼펙틀리 릿 인 스포트라이트', '쿠투어 샤인 리퀴드 립스틱 인 빈티지', '베이크드 매트 새틴 블러시 인 할리우드', '스페셜 이펙츠 마스카라', 그리고 특별한 '브론즈드 밤셸 아이섀도 트리오'로 가득한 에센셜 메이크업 콜렉션에서 자신이 제일 좋아하는 '로락'을 선택했습니다. 로락의 할리우드 인사이더 콜렉션으로 아름다움의 비밀을 누리세요!" 이들 광고는 모두 이렇게 속삭이거나 외치고 있다. "여러분이 좋아하는 유명인들 모두가 이 제품을 쓰고 있습니다. 그러니 당신도 써보세요!"

브랜드
그 자체가 되다

믿거나 말거나, 우리의 이야기는 세포라 매장에서 끝나지 않는다. 향수 시장만큼 유명인 마케팅을 잘 볼 수 있는 곳이 있을까? 매장의 매출에 크게 공헌하는 대표적인 향수 브랜드를 살펴보면 핼리 베리, 머라이어 캐리, 엘리자베스 테일러, 샤니아 트웨인, 브리트니 스피어스, 그웬 스테파니, 세라 제시카 파커, 비욘세 놀스 등이 있다(이들은 펩시, 버라이즌, 삼성, 로레알, 비지오Visio, 닌텐도, 아메리칸 익스프레스, 하우스 오브 데레온House of Deréon, 사만사 타바사Samantha Thavasa 핸드백, 크리스탈 가이저Crystal Geyser 생수 광고에서도 만나볼 수 있다). 남성 향수 브랜드의 경우 저스틴 팀버레이크, 데이비드 베컴, 어셔, 팀 맥그로, 안드레 아가시, 그리고 도널드 트럼프에 이르기까지 유명인들의 이름을 확인할 수 있다.

　수십억 달러의 향수 시장에서 유명인 브랜드 전략은 그다지 새로운 것이 아니다. 향수 기업들과 광고업체들은 수십 년 전부터 유명인들의 이름을 통해 소비자들과 친밀한 관계를 형성할 수 있다는 사실을 잘 알고 있었다. 동시에 유명인들 역시 자신의 이름을 향수 브랜드에 빌려줌으로써 엄청난 돈을 벌 수 있다는 사실을 깨달았다. 빨리 대답해보자. 지금까지 가장 큰 성공을 거둔 유명인 향수는 뭘까? 정답은 엘리자베스 테일러의 '화이트 다이아몬드'다. 이 향수는 지금까지 10억 달러 이상의 매출을 기록하고 있다(일반적으로 이러한 경우 해당 유명인은 향수 전체 매출의 5~10% 정도의 로열티를 받는다).[22]

유명인들은 화장품이나 향수 이외에 패션 시장에서도 그들의 가치를 잘 알고 있다. 오늘날 그 자신도 유명인의 한 사람인 이탈리아 디자이너 조르조 아르마니는 LA에 스튜디오를 만들었던 초기에 유명인들을 불러 자신의 옷을 입혔다. 이러한 방식으로 아르마니는 오늘날 오스카와 골든 글러브를 포함한 수많은 시상식에서 스타들이 입었던 옷에 대한 대중의 열광을 끌어냈다.

그런데 전성기를 넘긴 스타들이 제품에 자신의 이름을 붙임으로써 많은 돈을 벌 수 있을 뿐만 아니라 자신의 경력에 새로운 활력을 불어넣을 수 있다는 사실을 깨달으면서 유명인 마케팅은 한 걸음 더 나아가고 있다. 가령 제니퍼 로페즈는 다양한 향수 제품에 자신의 이름을 라이선싱하면서 많은 돈을 벌었다. 2006년에 《포브스》가 발표한 엔터테인먼트 분야의 20대 여성 갑부 명단을 보면, 로페즈가 보유한 순자산 1억 달러 중 향수로 벌어들인 수입이 7,700만 달러임을 확인할 수 있다.[23] 또 그녀는 이를 통해 JLo라는 브랜드의 인지도를 크게 끌어올릴 수 있었다. 그 과정에서 침체기를 딛고 영화 〈퍼펙트 웨딩Monster in Law〉, 이후에는 〈플랜 B〉에도 출연했으며, 다양한 공연들도 이어나갔다.

세계적인 스타의 이름으로 제품을 출시하고 있는 한 향수 기업의 임원은 내게 흥미로운 이야기를 들려주었다. 그들은 또 다른 모델로 가수이자 배우인 한 스타를 지목했는데, 놀랍게도 그 스타는 평생 단 한 번도 향수를 사용해본 적이 없다고 했다(웟!). 그럼에도 바로 그 스타의 이름 덕분에 소비자들은 자그마한 향수 한 병에 60~80달러, 심지어 100달러 이상을 지불하고 있다.

유명인 브랜드는 향수 이외에도 다양한 시장에서 큰 성공을 거두고 있다. 15세가량의 미국 청소년들에게 폴 뉴먼이 누군지 물어보면 대부분 '샐러드드레싱'이나 '레모네이드' 브랜드라고 대답할 것이다. 1982년 폴 뉴먼은 오랜 영화 인생을 접고 자신의 친구이자 작가인 A. E. 호츠너와 함께 코네티컷에서 작은 포장식품 사업을 시작했다. 즉흥적으로 시작한 일이라 뉴먼은 큰 기대를 하지 않았지만 그의 예상을 깨고 지난 26년 동안 '뉴먼스 오운Newman's Own'으로 무려 3억 달러를 벌어들였다. 뉴먼은 수익의 상당 부분을 여러 자선단체에 기부했다.

특정한 브랜드를 창조하거나 판매하는 것이 아니라 그 자체로 하나의 브랜드가 되어버린 유명인들도 있다.

개인적인 리브랜딩의 대가로 마돈나를 빼놓을 수 없다. 우리는 그녀가 오랜 세월 다양한 '모습'을 시도했다는 사실을 잘 알고 있다. 그러나 새 앨범을 출시할 때마다 치밀한 전략을 기반으로 새로운 '브랜드 이미지'를 대중에게 전달하기 위해 노력했다는 사실을 아는 사람은 많지 않다. 타락한 소녀부터 순백의 처녀, 신비로운 카발라 비즈로 치장한 영혼에서 매릴린 먼로의 창백한 미시건 버전, 원뿔 모양의 가슴이 달린 로봇, 그리고 요가에 미친 영국인 추방자에 이르기까지 다양한 이미지 변신은 마케팅 차원에서도 천재적이라 평가할 수 있다. 월트 디즈니 스튜디오의 전 회장 제프리 카젠버그는 이렇게 말했다. "그녀는 항상 진화하며, 절대 가만히 있지 않는다. 2년마다 새로운 모습으로, 스스로를 드러내는 새로운 방식과 태도 그리고 새로운 행동과 디자인으로 우리 앞에 선다. 그리고 매번 성공을 거둔다."[24]

이제 마돈나의 전략 속으로 들어가보자. 새 앨범을 들고 나올 때마다 마돈나는 최신 문화와 첨단 유행을 반영한 잡지 사진과 일러스트레이션 그리고 다양한 이야기들로 콜라주를 만들어낸다. 소문에 따르면, 마돈나와 그녀의 크리에이티브팀 그리고 프로덕션팀 모두가 앨범 재킷부터 의상과 음악의 리듬까지 모든 것들을 철저하게 디자인하는 방식으로 새로운 페르소나를 창조해낸다고 한다. 이러한 전략으로 마돈나는 자신만의 독특한 브랜드 이미지를 유지하는 동시에 문화적인 차원에서 현대적인 느낌을 따라잡고 있을 뿐만 아니라 게임에서 항상 한 발 앞서 나가는 모습을 보여준다. 그래서 마돈나 마니아들은 절대 그녀의 나이를 인식하지 못한다. 그것은 그녀의 자녀 또래인 10대들이 전체 팬들 중에서 상당 부분을 차지하고 있는 것만 봐도 쉽게 짐작이 간다. 이런 점에서 마돈나는 '시간을 초월하여' 존재하고 있다.

다른 성공적인 브랜드들 역시 이와 비슷한 전략을 구사한다. 나 역시 수백 번도 넘게 유사한 전략들을 시도해왔다. 예를 들어 나는 제법 규모가 큰 소비자 그룹을 대상으로 특정 기업이 그들의 브랜드에 심고자 하는 '느낌'이나 '인식' 또는 '가치'를 잘 드러내고 있다고 생각되는 잡지의 사진이나 기사들을 오려달라고 요청한다. 그리고 그 자료들을 조합하여 하나의 콜라주를 만들고 이를 다시 디자인업체에 보여준다. 나는 종종 기업의 CEO나 CFO들에게 비즈니스와 마케팅적인 혜안을 지니고 있고 가치 있는 교훈을 주는 유명인을 꼽아보라고 한다. 그러면 열에 아홉은 '마돈나'라고 답한다. 그 이유는 무엇일까? 마돈나는 언제나 스스로를 변화시키고 유행의 흐름에 즉각적으로 반응하기 때문이라고 그들은 설명한다. 그래서 마돈나 팬들은 노래뿐만이 아니라 '마돈나'라는 브랜드 자체와 감성적인 연결 고리를 유지하고 있는 것이다.

나이를 초월한 유명인들의 이미지를 전략적으로 사용하는 경우가 있다. 1980년대 초 마이클 잭슨은 펩시 광고를 찍다가 머리에 불이 붙는 사고를 당했다. 당시 프로듀서였던 랠프 코헨은 잭슨의 그을린 머리카락을 랩에 싸서 30년 가까이 보관하다가 잭슨이 세상을 떠난 2009년에 이를 존 레즈니코프라는 수집가에게 팔았다. 레즈니코프는 시카고 보석업체 라이프젬LifeGem 과 계약을 맺고 잭슨의 머리카락 샘플로 값비싼 다이아몬드를 제작해 내놓았다. 이후 라이프젬의 딘 반덴비젠은 "마이클 잭슨의 DNA로 만든 다이아몬드를 소유할 수 있는 기회를 여러분께 드리고자 합니다. …… 많은 사회적 관심을 기대합니다"라는 인상적인 말을 남기면서 잭슨의 머리카락으로 만든 다이아몬드를 '한정 판매'하겠다는 계획을 발표했다.[25] 베벌리힐스에서 열렸던 경매에서 아인슈타인의 뇌를 찍은 X레이 사진이 3만 8,750달러에, 매릴린 먼로의 텅 빈 약병(농담이 아니다)이 1만 8,750달러에 낙찰된 상황에서 과연 이를 충격적인 사건이라 할 수 있을까?[26]

하나의 브랜드로 자리 잡은 많은 스타들은 영화에 출연하고 패션쇼나 성인식 등 다양한 행사에 모습을 드러내면서 많은 돈을 벌어들이고 있다. 패션 블로그인 패셔니스타Fashionista는 2010년 인기 연예인 순위를 발표하면서 비욘세나 리한나, 매기 질렌할 등 A급 스타들의 출연료가 10분당 10만 달러 이상이며, 힐러리 더프나 드라마 〈가십걸〉의 출연진과 같은 B급 연예인의 10분당 출연료는 2만 5,000달러 정도라고 밝혔다. 하지만 모든 유명인이 그렇게 많은 돈을 버는 것은 아니다. 패리스 힐튼이나 MTV의 리얼리티 프로그램인 〈저지 쇼어〉 출연진들과 같은 D급 연예인들처럼 어딜 가나 환영받지 못하는 유명인들도 분명 있다.[27]

생각을 멈춘
소비자들

2002년 NBC 〈투데이〉는 매월 '투데이쇼 북클럽'을 통해 베스트셀러 목록을 발표하기 시작했다. 그런데 그 목록을 발표하는 날, 선정된 책들의 아마존 인기 순위가 즉각적으로 올랐고, 그다음 주에는 '뉴욕 타임스 베스트셀러' 목록에서도 상위권을 차지했다. 이 현상이 〈오프라 윈프리 쇼〉로까지 이어졌다면 더할 나위가 없었을 것이다.

반스앤노블, 보더스Borders 같은 어마어마하게 넓은 대형 서점이나 타깃, 베스트바이, 월마트 같은 대형 할인매장에서 헤매다 보면 사람들이 망망대해와 같은 드넓은 선택권을 포기하고 인기 품목들을 모아놓은 코너로 눈길을 돌리는 까닭을 이해할 수 있다.

선택권이 넓을수록 구매에 대한 만족감이 떨어지는 '동시에' 물건을 덜 사려는 현상은 대단히 흥미로우면서도 어찌 보면 당연한 일이다. 쇼핑을 할 때도 '더 적은 쪽이 더 힘이 센 법이다less is more.' 그래서 사람들은 베스트바이에 들어갔다가 빈손으로 나오고, 12페이지짜리 레스토랑 메뉴판을 뒤적이다가 차라리 맥도널드로 갈까 생각한다. 간단하게 말해서 값비싼 대가를 치러야 하는 잘못된 선택의 위험 앞에서 사람들은 아무런 선택을 내리지 못하고 얼어붙어버린다.

사람들의 이러한 심리를 증명하기 위해 내가 종종 언급하는 실험이 있다. 나는 열 명의 사람들에게 두 가지 선택권을 주었다. 피험자들은 30가지 초콜릿이 담긴 박스에서 하나를 고르거나 여섯 가지 초콜릿이 담긴 박스에서 하나를 골라야 했다. 그 결과 대부분의 사람들이 여섯 가지 박스에서 초콜릿을 고르겠다고 대답했다. 선택의 폭이 좁을수록 사람들은 더 쉽게 선택할 수 있다는 사실을 보여주는 연구 결과다.

예전에 유명 서점 체인의 매니저들과 얘기를 나누어볼 기회가 있었다. 대화가 끝나갈 무렵 나는 한 가지 실험을 제안했다. 서점에 있는 매대들을 하나만 남기고 모두 철수하는 실험이었다. 그리고 그 단 하나의 매대 위에 열 권 정도만 책을 진열해놓았다(일반적으로 한 매대 위에 40권 정도가 놓여 있다). 일주일 뒤에 결과를 조사해보니 매출이 2% 증가한 것으로 드러났다. 절대적인 금액의 관점에서는 큰 차이가 아니지만, 수익률 면에서는 '엄청난' 성과였다. 결론적으로 말하면 예전처럼 엄청난 선택권을 고객들에게 제시하지 않았을 때 수백 명 더 많은 손님들이 책을 사서 매장을 나갔다.

오늘날 우리 모두가 거대한 선택권 앞에서 위압감을 느끼고 있다. 이러한 상황에서 누군가가, 특히 일반인이 아닌 '유명인'이 우리 대신 선택해준다면 당연히 반가운 소식이 아니겠는가? 바로 이러한 이유로 영국 왕실은 여러 고가품들에 대해 100년 전통의 '왕실납품권'이나 왕실의 봉인, 특권, 품질보증 표식을 붙여주고 있다. 왕실인증협회Royal Warrants Association의 피파 더튼은 이렇게 설명한다. "기업들은 그 제품이 최고라는 것을 입증하기 위해 왕실의 승인을 요청하고 있습니다. 여왕이 어떤 매장에서 쇼핑을 한다면 사람들은 그곳을 최고의 매장이라 생각할 것입니다. 당연히 그 매장의 매출이 성장할 것이고요. 그러한 현상은 해외 무역에서도 그대로 이어지고 있습니다."[28] 어떤 기업이나 생산업체가 왕실납품업체로 인증받는다는 것은 업계에서 최고의 지위를 차지했다는 의미다. 소비자들은 이렇게 받아들일 것이다. '왕실이 사용한다면 당연히 최고로 좋은 물건이겠지.' 바로 이러한 심리를 활용하기 위해 매월 수천 가지 샘플들이 왕실로 쏟아져 들어오고 있다.

이는 우리가 서점에서 〈투데이〉 북클럽이 선정한 책을 사고, 유명 의사들이 세포라 매장에서 광고하고 있는 현상과 정확하게 맥락을 같이하고 있는 것이 아닌가? 나는 '뇌 *끄기*turning our brains off'라는 용어로 이러한 현상을 설명한다.

2009년 에모리대학교의 신경경제학 및 정신의학 교수이자 의학박사인 그레고리 번스가 이끄는 에모리 의과대학 연구팀의 실험 결과에 따르면, 사람들은 그들이 전문가라고 인정하는 인물이 조언을 하거나 선택을 할 때 스스로의 사고를 중단해버린다고 한다. 연구팀은 한 실험에서 사람들에게 금융 상품과 관련된 선택을 하도록 했다. 한 그룹은 스스로 판단하게 한 반면, 다른 그룹은 안정적이기는 하지만 수익성이 떨어지는 보수적인

브랜드의 거짓말

방법에 대한 조언을 금융 '전문가'로부터 듣고 나서 판단하도록 했다. 이후 연구원들은 각 그룹 사람들의 뇌를 촬영해보았다.

흥미롭게도 그다지 바람직한 조언이 아니었음에도 '전문가'의 조언을 들었던 그룹은 대체 방안을 고려하는 사고 과정과 관련된 뇌 영역이 거의 활성화되지 않은 것으로 나타났다.[29] 전문가의 조언은 특히 위험과 관련된 상황에서 의사 결정을 담당하는 뇌의 영역을 완전히 비활성화시키는 것으로 드러났다(흥미롭게도 기도를 할 때에도 회의와 경계를 담당하는 뇌 영역의 활성화 정도가 비슷하게 떨어지는 것으로 드러났다).[30] 이 연구를 공동으로 이끌었던 모니카 카프라 박사는 이렇게 설명했다. "뇌 활성화 영상은 전문가에 대한 신뢰가 의사 결정의 의무를 벗어던지게 한다는 사실을 보여준다." 번스 교수는 이렇게 덧붙였다. "이 결과는 권위 있는 전문 지식을 제공할 때 사람들의 뇌는 책임감을 벗어던지려고 한다는 사실을 보여준다. 정보의 원천이 불확실하거나 사악한 의도가 있는 경우 이러한 성향은 심각한 손해로 이어질 수 있다."[31]

인기와 부를 경외하는 사람들에게 전문가와 유명인 사이의 경계는 대단히 희미할지 모른다. 이런 우스갯소리가 유행했던 적이 있었다. "의사는 아니지만, TV에서 의사 역을 맡고 있어요." 이 농담 속에 진실이 들어 있다. 빌 코스비의 사례를 한번 살펴보자. 한 연구에서 언급하고 있는 것처럼 코스비가 헉스터블이라는 이름의 의사이자 많은 자녀를 사랑하는 아버지로 출연했던 〈코스비 가족The Cosby Show〉이 한창 인기를 끌 무렵 그는 큰 성공을 거두었던 젤로Jello의 젤라틴과 푸딩 제품 광고에 등장했다. 그 광고는 당시 큰 인기를 끌었다. 그 이유는 무엇일까? 시청자들이 유능한 의사이자 자상한 아버지인 극중 이미지와 코스비라는 인물 자체를 혼동했기 때문이다. 그래서 시청자들은 코스비가 광고하는 건강식품은 실제로 아주 좋을 것이라 기대했다. 이러한 광고를 볼 때 사람들의 뇌 속에서는 어떤 일이 벌어질까?《사회 인식과 영양 신경과학Social Cognitive and Affective Neuroscience》이라는 저널에 소개된 한 실험은 이렇게 결론 내리고 있다. "전문가와 제품이 함께 등장하는 장면을 단 한 차례 보여주는 것만으로도 그 제품에 대한 사람들의 태도와 기억에 장기적으로 긍정적인 영향을 미칠 수 있다."[32]

그로스 박사, 페리콘 박사, 여성 기업인 마사 스튜어트, 또는 TV에 출연하여 여러 가지 조언과 상담을 해주는 전문가들 모두 그들의 제안을 열성적으로 따라 하는 팬들을 거느리고 있다. 그것은 과연 놀라운 현상인가? (아이러니한 사실은 많은 인물들이 유명하기 때문에 전문가이거나 전문가이기 때문에 유명인으로 활동하고 있다는 것이다.) 그들에게서 '전문가'의 조언을 들을 때 우리는 무의식적으로 비판적인 의사 결정을 내리는 뇌 기능을 꺼버린다. 그리고 그들의 조언을 맹목적으로 따른다. 때로는 수십만 달러를 지불하면서까지.

인기의 가치

앤디 워홀은 이런 말을 남겼다. "미래에는 누구든 15분 만에 유명해질 수 있다." 하지만 이 발언 때문에 워홀은 오랫동안 질문 공세에 시달려야만 했다. 견디다 못한 워홀은 1970년대 후반에 이렇게 선언했다. "그 말이 지겨워 죽겠습니다. 앞으로 절대 꺼내지 않을 겁니다."[33]

하지만 오늘날에는 15초가 더 설득력 있어 보인다. 작년에 의류 제조업체인 아메리칸 이글American Eagle은 고작 셔츠, 청바지, 양말 정도를 살 수 있는 돈으로도 고객들은 그 매장 25층 높이의 타임스스퀘어 광고판을 통해 전 세계에 자신의 얼굴을 내보낼 수 있다고 발표했다. 그러자 브루스 호로비츠가 《USA 투데이》에서 이렇게 언급했다. "인기의 가치가 이제 바닥을 쳤다." 그러나 아메리칸 이글의 똑똑한 마케터들의 목표는 순간적으로 지나가는 사람들의 영상이 계속 재생산되면서 그 과정에서 공짜 광고의 혜택을 누리는 것이었다. 그 마케터들은 지금과 같은 디지털 환경에서 그들의 주요한 젊은 고객들이 분명 디지털카메라나 스마트폰을 꺼내 들고 빌보드 광고판에 등장한 자신의 얼굴을 찍어서 페이스북에 올리거나 트위터링을 하는 등 다양한 온라인 활동을 적극적으로 할 것이라는 사실을 예측하고 있었다. 그리고 고객들의 이러한 적극적인 노력 덕분에 수백만 달러 가치에 이르는 공짜 광고 효과를 누리면서 브랜드 인지도를

더욱 높일 수 있을 것이라 기대했다.[34]

　사실 오늘날 유명인이 되는 것은 믿을 수 없을 만큼 쉬운 일이 되어버렸다. 이를 확신하고 있던 나는 작년에 〈투데이〉 사람들과 함께 그 누구라도 유명인으로 만들 수 있다는 내기를 했다.

　나는 책을 홍보하기 위해 한 유명한 아침 프로그램에 출연하면서 크리스타 브런슨이라는 프로듀서를 알게 되었다. 나는 그녀에게 유명인에 대한 나의 이론, 즉 적절한 도구와 사람들로 주변을 치장하기만 하면 그 누구라도 유명인으로 만들 수 있다는 주장에 대해 설명했다. 그리고 이 이론을 증명하기 위해 한 가지 실험을 해보자고 제안했다. 이렇게 해서 우리는 크리스타를 '유명인'으로 만드는 실험에 착수하게 되었다.

　아침 6시 크리스타는 자신이 생각하는 가장 멋진 모습, 즉 젊고 매력적이고 생기발랄한 모습으로, 그리고 약간은 긴장한 얼굴로 NBC 분장실에 나타났다. 하지만 10분 뒤 실험을 위해 특별히 달려온 미용 전문가들의 요청으로 크리스타는 자신의 평범한 화장을 몽땅 지워야만 했다. 그리고 그다음부터 스타일리스트가 머리부터 발끝까지 변신 작업을 시작했다. 이내 크리스타의 머리는 부풀어 오르고, 입술은 반짝이고, 뺨은 환해지고, 눈은 짙어졌다. 다음으로 우리는 몸에 꽉 끼는 가죽 드레스와 직물 타이즈, 에나멜 부츠, 샤넬 핸드백, 커다란 선글라스, 그리고 가장 중요하게 자크라는 이름의 아주 작은 강아지로 크리스타의 치장을 마무리했다. 잠깐, 작업은 여기서 끝난 게 아니다. 사람들은 유명인이라면 절대 혼자 돌아다니지 않는다는 사실을 잘 알고 있다. 그래서 우리는 그녀 옆에 가공의 인물들, 즉 개인 사진사와 팬들의 접근을 막는 보안요원 그리고 NBC 카메라맨들을 배치했다.

드디어 크리스타 브런슨은 하룻밤에 갑작스럽게 탄생한 스타로서 삶을 시작할 모든 준비를 마쳤다.

몰려드는 카메라 부대를 이끌며 우리는 록펠러 센터에 있는 〈투데이〉 스튜디오를 빠져나와 뉴욕 5번가로 향했다. 크리스타가 삭스 피프스 애비뉴Saks Fifth Avenue 매장을 돌며 윈도쇼핑을 시작하자 나의 지시대로 사진사는 플래시를 터뜨리기 시작했다. 나는 크리스타에게 유명인들처럼 최대한 천천히 그리고 느긋하게 움직이라고 지시했고, 주변에서 무슨 일이 벌어지든 간에 유명인의 캐릭터를 고수하라고 했다. 처음에는 아무도 그녀에게 접근하지 않았다. 하지만 얼마 지나지 않아 놀라운 상황이 벌어졌다. 어디선가 사람들이 나타나더니, 그녀가 마치 줄리아 로버츠나 키이라 나이틀리인 것처럼 몰려들었다. '갑자기 불쑥' 몰려든 많은 사람들은 예전에 그녀를 어디선가 보았다고 확신하며 마구 사진을 찍어댔다. 그녀가 중요한 인물이라고 확신한 몇몇 사람들은 그녀가 누구인지 물어보기 위해 크리스타를 감싸고 있던 사람들에게 계속 다가섰다.

그러던 어느 순간, 주변 인물들 중 한 사람이 크리스타에게 이후 일정에 대해 귀띔해주었다. 우리의 각본대로 그녀는 큰 소리로 점심에는 미모사 샴페인을 마시고 오후에는 지압 마사지를 받고 싶다고 대답했다. 계속해서 5번가로 내려가는 동안 군중의 규모는 점점 더 커졌다. 가짜 파파라치는 이렇게 물었다. "크리스타, 오스카 시상식에는 무슨 옷을 입을 건가요?" 또 다른 사람이 물었다. "페이턴 매닝과 잤다는 게 사실인가요?" 사람들이 크리스타에게 몰려와 사인을 요청했고, 그녀는 계속해서 자신의 진짜 이름을 흘려 썼다. 하지만 이상하게 생각하는 사람은 아무도 없었다.

스튜디오로 돌아오는 길에 한 남성이 내게 크리스타를 콘서트에서 봤다고 말했다. 그러고는 공연이 끝나고 그녀와 짧게 얘기까지 나누었다고 했다. 그는 착각하고 있는 게 아니었다. 분명 그녀였다고 믿고 있었던 것이다.

나의 예상대로 유명인을 창조하기란 무척이나 쉬웠다. 값비싼 옷과 검은 선글라스, 유명 브랜드 제품과 명품 하이힐, 그리고 순종의 작은 강아지만 있으면 끝이다. 유명인을 창조하는 과정에서 중요한 것은 사람 자체가 아니라 주변을 장식하는 소도구다.

8장

희망

HOPE

완벽한 삶을 판매하다

- 기업은 소비자들에게 '희망'을 판다.
- 건강, 아름다움, 심리적 안정감,
  더 나은 사회 등 기업은 소비자의 희망을
  제품에 담는다. 그렇기 때문에 소비자는
  무의식적으로 제품의 구매와
  희망의 구매를 동일시한다.
  비록 그 희망이 환상에 불과하다는 걸
  알고 있을지라도.

고지베리의 전설

네팔 북부, 별과 달을 따라 히말라야 언덕길을 오르다 보면 어느덧 목초지 천국이 펼쳐진다. 그리고 바로 그곳에 '고지베리 gojiberry'라는 마법의 열매가 자라고 있다.

'고지goji'라는 말이 무슨 뜻인지 찾아보던 중 한 사람이 '행복'이라는 의미라고 알려주었다(확실한 근거가 있는 것은 아니었다). 정말이든 아니든 간에 '울프베리wolfberry'라고도 불리는 이 쭈글쭈글한 빨간 건포도처럼 생긴 고지베리는 오늘날 찧거나 빻거나 갈아서 주스의 형태로 팔리고 있다. 얼핏 구정물처럼 보이는 고지 주스는 1킬로그램이 채 안 되는 한 병의 가격이 무려 30~50달러에 이른다.

고지베리는 또한 중국에서 약간 시장성이 떨어지는 '영하구기자', '중국튤립나무'라는 이름으로 간을 보호하고, 시력을 개선하고, 면역 기능과 혈액 순환을 도와주는 약재로 수세기 동안 사용되고 있다. 오늘날 펩시(소비 라이브워터 고지멜론), 코카콜라(얌베리와 고지베리를 함유한 어니스트티의 어니스트에이드 슈퍼프루트 펀치), 스윕스Schweppes(스네이플 고지펀치), 앤하이저부시(고지가 함유된 180 레드), 닥터페퍼Dr Pepper(고지프루트펀치 스키니워터), 캠벨Campbell(패션프루트 탠저린과 고지라즈베리가 함유된 V8 V퓨전), 프리라이프 인터내셔널FreeLife International(자칭 '히말라야 고지 컴퍼니'로 현재 26개국에서 세계 고지베리 시장의 90%를 석권하고 있다. 연매출 2억 5,000만~5억 달러로 추산[1]된다) 등 대단히 많은 기업들이 고지베리 시장에 뛰어들고 있다. 이들 기업은 매일 고지 주스를 마시면, 우울증에서 불안, 성기능 장애, 요통, 혈액 순환 장애, 당뇨, 자가 면역질환, 간기능 저하, 시력 감퇴, 다양한 암에 이르기까지 현존하는 대부분의 병을 치료하는 데 도움을 받을 수 있다고 광고한다(일부 유통업체들은 매일 고지베리를 먹었던 리칭유엔이라는 사람이 252살까지 살았다고 주장한다).[2] 하지만 그 용기를 자세히 살펴보면 대단히 수줍게 쓰인 이러한 글귀를 발견할 수 있다. "광고 내용은 아직 FDA 인증을 받지 않았으며, 이 주스는 질병의 진단이나 처치, 치료, 예방을 위한 용도가 아닙니다."

그렇다면 과연 이 값비싼 작은 열매는 정말로 건강에 도움이 되는 것일까, 아니면 그저 거대한 속임수에 불과한 것일까? 한 연구는 조심스럽게 고지베리는 "앞으로 계속해서 연구할 필요가 있다"고 밝히고 있다.[3] 고지베리에 관한 또 다른 연구는 털

없는 실험용 쥐에게 고지 주스를 지속적으로 먹이고 이후 강한 자외선에 노출시켰을 때 화상을 덜 입었다는 사실을 내세우면서 "고지 주스는 민감한 사람들에게서 광방호photoprotection(자외선 조사 전에 근자외선을 조사함으로써 자외선 효과를 떨어뜨리는 효과 – 옮긴이) 효과를 나타낼 수 있다"고 설명하고 있다.[4] 또 2004년 중국 우한대학교 공중위생 학부에서 실시했던, 조금 미심쩍어 보이는 한 실험에서는 당뇨병에 걸린 토끼들이 고지를 먹은 뒤에 "HDL, 즉 몸에 '좋은' 콜레스테롤 수치는 증가한 반면 혈당 수치는 감소했다"고 한다.[5]

이와 같은 연구 결과들은 당뇨병에 걸린 토끼와 일광욕을 즐기는 쥐들에게는 무척 반가운 소식일 것이다. 하지만 사람에게는?

이국적인 고지베리의 신화와 전설 그리고 그 기원을 둘러싸고 많은 이야기들이 오가고 있지만, 고가의 제품이라는 사실 외에 효능을 입증하는 구체적인 과학적 증거들은 아직 별로 나와 있지 않다. 그런데도 소비자들은 가족 수만큼 고지베리를 구입하고 있다. 2009년 고지베리 시장의 규모는 1억 4,500만 달러에 육박하면서 주스 시장을 훌쩍 뛰어넘었다. 여기에는 차(셀레셜시즈닝스Celestial Seasonings의 고지베리 석류 그린티), 시리얼(미앤고지Me & Goji의 커스텀 아티저널 시리얼), 사탕(보주Vosges의 다크초콜릿 고지바)과 같은 제품군이 포함되어 있다.[6] 그런데 고지베리의 효능이 아직 의학적으로 검증되지 않은 상황에서 이런 질문이 떠오른다. 대체 누가 그토록 많은 고지베리를 마시도록 우리를 브랜드워시하고 있다는 말인가?

고지베리에 숨겨진 마법은 심장, 혈액 순환, 혈당이 아니라 우리의 뇌와 관련이 있는 것으로 드러났다.

『쇼핑학』에도 썼듯이 우리의 뇌 속에는 '신체적 표지somatic marker'라고 하는 정신적 지름길, 다시 말해 단순한 표식을 따라 나아가려는 성향이 있다. 여기서 신체적 표지란 몸에서 전해진 신호가 특정한 감성적인 상태로 이어지는 현상을 의미한다. 오랜 연구를 통해 나는 영리한 기업들이 그들의 제품과 특정한 긍정적인 감정을 연결하는 연상 고리를 창조함으로써 소비자들의 마음에 신체적 표지를 심고 있다는 사실을 반복해서 확인했다.

고지베리 기업들 역시 마찬가지다. 여기서 조금만 더 나아가보자. 고지베리는 주로 중국과 말레이시아에서 발견되지만 달라이 라마의 고향인 히말라야와 더 밀접하게 관련 있는 것처럼 인식된다. 히말라야라는 말을 들으면 어떤 느낌이 드는가? 불교 혹은 불교를 상징하는 모든 것? 아니면 순수함, 단순함, 열정, 지혜, 무아, 그리고 궁극적으로 깨달음? 고지베리 시장의 마케터들은 이러한 연상 작용을 잘 알고 있기에 기발한 방식으로 이런 영적인 특성들과 그들의 제품을 연관 짓도록 소비자들의 뇌를 공략하고 있다. 어떻게? 먼저 제품 포장과 광고를 통해 고지베리가 히말라야에서 왔다는 사실을 강조한다.

예를 들어 프리라이프에서 출시한, 얼 민델 박사의 '오센틱 히말라얀 고지 주스Authentic Himalayan Goji Juice'를 한번 살펴보자(아마존의 '헬스 앤 뷰티' 코너에서 살 수 있다). 고급스러워 보이는 병에는 인간의 발길이 닿지 않은 눈 덮인 에베레스트산이 구름을 뚫고 웅장하게 솟아 있는 그림이 그려져 있다. 그리고 그 앞에는 작은 기적처럼 부드럽게 휘어져 있는, 잎이 많은 줄기에 새빨간 고지베리가 주렁주렁 매달려 있다. 1리터짜리 네 병 묶음 가격은 얼마일까? 무려 186달러 11센트다. 다이내믹 헬스 래버러토리Dynamic Health Laboratories에서 출시한 '고지골드 100% 퓨어 오가닉 주스Goji Gold 100% Pure Organic Juice' 역시 비슷한 분위기인데 그 포장에는 인간이 더럽히지 않은, 천국과 맞닿아 있는 히말라야산들이 어렴풋이 그 위용을 드러내고 있다. 유기농 녹차, 에너지 드링크를 생산하고 있는 스티즈Steaz라는 브랜드의 제품 디자인 또한 히말라야 이미지를 강하게 풍긴다. 스티즈의 웹사이트에 들어가면 다시 한번 히말라야의 멋진 광경을 구경할 수 있다. 까마득히 높은 눈 덮인 산, 맑은 시냇물이 졸졸 흐르고 아무도 지나지 않는 자연의 길, 오래된 붉은 탑, 싱그러운 꽃에서 날렵하게 꿀을 빨아먹고 있는 벌새의 이미지까지 들어 있다. 그리고 그 옆에는 '지혜는 내면에서 우러나온다'라는 문구가 있다.

이들 브랜드 모두 티베트나 네팔의 산꼭대기 시골 마을에서 재배하고 수확하고 운송했다는 느낌을 전달하고 있다. 하지만 사실이 아니다. 프리라이프 전 제품은 애리조나 피닉스에 위치한 거대한 공장에서 대량으로 생산되어 병에 담긴다. 또 다이내

믹 헬스 래버러토리는 조지아에, 스티즈는 펜실베이니아 뉴타운에 본사를 두고 있다.

오랫동안 나는 애플에서 할리 데이비슨에 이르기까지 지구상에서 가장 강력한 브랜드들이 대단히 흥미롭게도 세계적인 종교들과 유사한 모습을 보인다는 사실을 확인했다. 가령 이들 브랜드들은 의식과 관련되어 있으며 열정적인 믿음을 불러일으키는 강렬한 이미지를 사람들에게 전달한다. 이 장에서 우리는 믿음이라는 요소가 어떻게 숨어 있는 설득자로서 소비자들의 마음을 움직이는지 살펴볼 것이다. 그리고 식품에서 음료수, 의류, 화장품에 이르기까지 다양한 분야의 기업과 마케터, 광고업체들이 어떻게 종교적인 특성을 활용하여 엄청난 수익을 올리고 있는지도 살펴볼 것이다. 다시 말해 건강, 희망, 행복, 믿음, 순수, 행운, 만족과 같이 눈에 보이지 않지만 감성적으로 강력한 영향을 미치는 '영적'인 요소를 브랜드와 제품에 스며들도록 함으로써 소비자들이 그 브랜드와 제품을 갈망하도록 자극하는 전략을 살펴볼 것이다.

듀크대학교의 행동경제학 교수이자 베스트셀러 『상식 밖의 경제학』의 저자인 댄 애리얼리는 소비자들이 쇼핑을 통해 특정 물건만을 사는 것이 아니라 그 제품이 구현하고자 하는 개념을 함께 산다고 말한다.[7] 그 개념이 행복이든 깨달음이든, 아니면 사회적 책임감이든 간에 우리가 지닌 보편적인 심리 때문에 숨어 있는 설득자가 놀라우리만치 강력한 힘을 발휘할 수 있다는 사실을 이 장을 읽어나가는 동안 이해하게 될 것이다.

마케팅이 과학으로부터
거둔 승리

건강식품 매장을 방문해본 사람이라면, 고지베리가 시장에서 유일한 '기적'의 과일은 아니라는 사실을 잘 알고 있을 것이다.

우선 허브 시장에서 가장 빠르게 성장하고 있는 아사이베리가 있다. 아사이베리의 시장 규모는 2009년 기준 3억 달러에 달했으며, 식물 추출물 제품으로는 현재 가장 잘 팔린다.[8] 작은 포도처럼 생긴 아사이베리는 브라질 우림 지역에서 주로 자라며, 현재 알약, 주스, 스무디, 요거트, 음료용 파우더 등 다양한 형태로 판매되고 있다. 마찬가지로 아사이베리 제품들도 광고와 포장에서 '이국적인' 이미지를 치밀하게 활용한다. 아사이베리와 열대 과일들을 함유하고 있는 '굿어스Good Earth'의 레인포레스트 레드티Rainforest Red Tea 포장에는 사바나 초원에서 어미 사자가 새끼를 돌보고 있는 풍경이 펼쳐져 있다. 그리고 브라질 아마존에서 온 신선한 '레인포레스트 테라피Rainforest Therapy'의 아사이 파우더Acai Powder는 싱싱한 과일이 가득 그려진 투박한 나무통에 담겨 판매된다.

얼핏 별 문제 없어 보인다. 포장 상자에 열대 과일이 그려져 있다는 이유만으로 그 제품에 마술적인 효능이 있을 거라고 믿는 순진한 소비자가 어디 있다는 말인가? 하지만 바로 여기에 핵심이 있다. 아무런 문제가 없어 보이는 이러한 이미지들이 교활한 설득자로서 위력을 발휘하는 이유는 그것들이 무의식 깊은 곳에서 작동하기 때문이다. '열대우림' 또는 '브라질 아마존'의 이미지를 볼 때 비록 의식하지 못한다고 하더라도 우리 뇌 속에서는 신체적 표지가 활성화되면서 따로 떨어져 있던 점들이 하나로 연결되기 시작한다. 평화, 고요, 자연, 순수, 그리고 다양한 영적, 의학적 개념들이 그 제품과 연결되기 시작하는 것이다. 이것이 바로 마케터들의 목표다.

못 믿겠다고? 하지만 다양한 연구 결과들이 패턴을 인식하려는 인간의 본능으로 인해 우리 머릿속에 사실과는 전혀 무관한 연결 고리가 나타날 수 있다는 사실을 보여준다. 앞서 살펴보았던 〈투데이〉 실험이 기억나는가? 거기서 나는 크리스타라는 프로듀서를 유명인으로 만들어 많은 뉴요커들을 속여보았다. 그게 가능했던 것은 선글라스, 헤어스타일, 주변 스태프들, 파파라치, 작은 강아지와 같은 다양한 요소들을 하나로 묶었기 때문이다. 이러한 다양한 단서들을 연결함으로써 나는 사람들이 예전에 크리스타를 실제로 보았을 뿐만이 아니라 심지어 그녀의 콘서트에 가보았다거나 그녀의 음악을 좋아한다고 믿도록 만들었던 것이다. 마찬가지로 건강식품 마케터들은 소비자들이 아사이 베리와 같은 다양한 제품들을 중심으로 기적적인 효능, 건강 개선, 심지어 영적인 요소 등을 연결하도록 자극하는 것이다. 마케터들이 제시하는 외적인 단서들이 우리의 뇌 속에서 연상 작용을 강력하게 자극하는 동안 의문을 품고 비판을 하는 등의 사고 작용은 위축된다.

하지만 아사이베리 제품을 판매하는 기업들은 여기서 멈추지 않는다. 소비자들이 그들의 제품을 육체적 건강과 정신적 만족과 연결하는 모습을 그저 바라보는 것만으로 만족하지 않는다. 기업들은 한 발 더 나아가 아사이베리 주스가 에너지를 끌어올리고, 체중을 줄이고, 소화 및 성적 기능을 향상시키고, 체내 노폐물을 제거하고, 불면증에 도움을 주고, 콜레스테롤 수치를 낮추고, 외모를 젊게 해주고, 심장 질환 및 당뇨에 도움을 준다고 호언장담하고 있다. 그러나 아사이베리 주스가 실질적으로 건강에 도움을 준다는 과학적인 증거는 별로 없다. 물론 다른 산딸기류 열매들과 마찬가지로 아사이베리에도 풍부한 영양소가 들어 있다. 하지만 살이 찌는 것을 막고 얼굴 주름을 예방한다는 기업들의 주장을 입증할 만한 '연구 결과는 거의 나와 있지 않다'고 권위 있는 영양학 전문가이자 건강 관련 저자인 조니 보든은 지적한다.[9] 그는 이렇게 덧붙였다. "값비싼 아사이베리는 마케팅이 과학에 거둔 승리다. 그게 중요한 사실이다. (아사이베리가) 쓸모 없는 것은 아니지만 사람들이 생각하는 그런 열매는 아니다."[10]

나는 아사이베리와 같은 '슈퍼 과일'들을 팔고 있는 마케터들에게 경의를 표한다. 물론 아사이베리에는 비타민와 오메가3가

들어 있다. 하지만 이보다 훨씬 싼 바나나, 포도, 크랜베리에도 그런 영양분이 들어 있다. 플로리다대학교의 한 연구를 보면 아사이베리 추출물이 백혈병 세포들의 성장을 실제로 저해한다는 사실을 확인할 수 있다. 하지만 이 실험은 사람의 몸속이 아니라 실험용 배양접시에서 이루어졌다.[11] 아사이베리 음료수 기업들은 아사이베리 4온스가 과일 20개와 맞먹는다고 주장한다. 농축액 기준이라면 사실일지도 모른다. 하지만 FDA의 하루 과일 권장량은 두 컵 정도에 불과하다.

짐작하고 있겠지만 아사이베리 주스는 굉장히 비싸다. 일주일 먹으려면 40달러 정도가 들고, 1년이면 2,000달러 정도가 든다. 이제 아사이베리는 피부 관리 시장으로까지 넘어가고 있다. 아사이베리, 물라타이로, 로즈우드, 코파이바발삼이 함유된 아사이 보습 페이셜 크림 또는 주름 방지 보습 크림은 약 40달러에 팔리고 있다. 발음하기 어려울수록 더 비싼 화장품처럼 보인다.

아사이베리를 온라인으로 판매하는 업체들은 아주 비열한 방법까지 동원한다. 또 일부 기업들은 동료압박을 극단적으로 활용한 네트워크 마케팅 전략을 교묘하게 도입하고 있다. 가령 어느 날 이웃집 사람이 문을 두드린다. 그런데 손에 아사이베리 주스 한 병이 들려 있다. 그 이웃은 다양한 후유증이나 하지정맥류처럼 그동안 자신을 괴롭혔던 질병들이 아사이베리 주스를 먹은 이후 말끔히 나았다고 자랑한다. 어떤 업체들은 무료 시음 행사를 벌이기도 한다. 행사 자체는 별 문제가 없어 보인다. 하지만 무료 시음이 끝나고 나서 자신도 모르는 사이에 한 달에 80달러어치의 아사이베리 주스를 배달받기로 계약서에 사인했다는 사실에 당황한다. 알린 웨인트로브는 자신의 책『젊음의 분수 팔기Selling the Fountain of Youth』에서 "취소하기 위해 어쩔 수 없이 신용카드를 해지해야만 하는 경우도 있다"고 밝혔다.

'마법 같은' 과일 시장을 다루면서 석류를 빼놓을 수 없다. 석류는 어떨까? 정말로 건강에 도움이 될까?

고지베리와 마찬가지로 석류 역시 구강 궤양에서 마른기침, 설사, 결막염, 폐결핵에 이르기까지 다양한 병을 치료하기 위해 전통의학 분야에서 전 세계적으로 수세기 동안 사용된 열매다(이슬람교, 유대교, 기독교의 초기 자료들을 보면 석류는 조화와 영생을 상징하는 열매로 등장한다). 연구들에 따르면 석류는 자외선으로 인한 피부 손상을 완화하고,[12] '혈중지질농도에 긍정적인 영향을 미친다'고 한다(그게 정확하게 무슨 의미인지 잘 모른다 하더라도).[13] 하지만 여기서 주목해야 할 것은 대체 누가 이러한 연구의 자금줄을 대고 있느냐는 것이다. 그중 하나로 희한하게 생긴 석류 주스를 생산하고 있는 'POM 원더풀'이 있다(POM 병은 석류 두 개를 쌓아놓은 형태로서 개미허리와 볼륨을 극단적으로 강조한 '이상적인' 여성의 라인을 연상시키도록 치밀하게 디자인되었다. 그리고 POM의 O를 적절한 위치에 배치함으로써 건강한 심장을 암시하고 있다). 충분한 연구비만 지원받는다면, 어떤 제품에 대해서든 장점을 증명하는 증거를 발견할 수 있다. 현재 POM은 전 세계 과학자와 대학교들을 대상으로 55건의 연구에 3,400만 달러 이상의 연구비를 지원하고 있다. 물론 석류는 우리 몸에 좋다. 그러나 다른 과일, 채소, 생선, 오트밀, 올리브 오일, 건강한 라이프스타일, 운동, 체중 조절 역시 석류만큼 우리 몸에 좋다.

석류 주스에 '값비싼 항산화제'가 들어 있다는 주장에 대해서도 언급해야겠다. 항산화제의 기능에 대해서 건강식품 매장에서 외치는 내용 외에는 잘 모른다고 하더라도 자책하지는 말자. 여러분만 모르는 게 아니기 때문이다. 공식적으로 말해서 항산화제란 우리 몸을 구성하는 세포에 나쁜 영향을 미치는 불안정한 물질인 활성산소를 중화시키거나 분해하는 물질을 말한다. 오염된 환경, 지나친 직사광선, 건강하지 못한 라이프스타일 등으로 인해 우리 몸은 자연스럽게 활성산소를 만들어낸다. 하지만 이렇게 생성된 활성산소를 없애기 위해 이상하게 생긴 보라색 주스 1온스에 2달러나 지불할 필요는 없다. 네팔이나 열대우림으로 여행을 갈 필요도 없다. 우리 곁에 있는 신선한 과일이나 채소로부터 항산화제를 섭취할 수 있기 때문이다. 런던대학교의 데이비드 젬스 박사는 이렇게 설명한다. "주의할 것은 음식에 들어 있는 항산화 물질이 아니라 과식이다. …… 충분한 운동을 하자. 강아지와 산책을 나가보자."[14]

그럼에도 POM 원더풀은 홈페이지에서 '항산화제 슈퍼파워'라든가 '활성산소를 제거하는 항산화 기능이 월등히 뛰어난 최고의 성분'이라는 주장을 계속해서 쏟아내고 있다. 또 '슈퍼항산

브랜드의 거짓말

화제 추출물'을 함유한 차, 바, 알약, 보충제 등 다양한 제품들을 끊임없이 출시하고 있다. 그들은 슈퍼항산화제 추출물을 POMx 라고 부르는데, 여기서 x는 의학적, 임상적으로 검증되지 않았음에도 해당 제품이 의학적인 처방을 거쳤다는 인상을 주기 위한 기호다. 2010년에 POM 원더풀은 FDA로부터 과대광고에 대한 경고를 받았다. "웹사이트에서 그 제품들에 치료 및 완화, 처방 및 예방의 효능이 있다고 주장함으로써 약품이라는 인식을 주고 있다."[15] 한편 이와 비슷한 차원에서 2009년 미국 정부는 '프로스티트 미니 휘트Frosted MiniWheats' 시리얼이 아이들의 정신 건강과 집중력 개선에 도움이 된다고 주장하면서 소비자를 속이고 있다고 켈로그를 고소한 바 있다.

에너지로 둔갑한 칼로리

건강과 건강에 대한 환상을 판매하는 기업들이 많은 돈을 벌어들이고 있다는 말은 그리 놀라운 소식이 아니다. 이는 '기능식품' 제품군에서 신제품들이 폭발적으로 등장하는 현상으로 나타나고 있으며, 그 시장 규모는 2009년을 기준으로 미국에서만 373억 달러에 육박했다. 이러한 상황에서 많은 기업들은 당연하게도 거품 가득한 시장의 거대한 이익을 나눠 갖기 위해 비장의 무기를 내놓고 있다. 예를 들어 '100칼로리 팩' 제품으로 알려진 캐시카우에 대해 살펴보자. 영리한 기업들은 '100칼로리'라는 표현을 앞세워서 1회 분량을 줄이고 가격은 2배로 받고 있다. 이는 이른바 '인식된 건강관리'라는 개념을 활용한 유명한 전략이다. 여기서 중요한 것은 '인식된perceived'이라는 말이다.

'건강'에 대한 소비자들의 환상은 대부분의 사람들이 '건강'이라는 용어가 마케팅 세상에서 어떤 의미로 쓰이는지 모르기 때문에 가능한 것이다. 마케터들은 사실 소비자들이 계속해서 알아채지 못하도록 안간힘을 쓰고 있다. 컨설팅 기업인 셸턴 그룹Shelton Group이 미국 전역에서 실시했던 설문 조사를 보면, '자연적인' 또는 '유기농'이라는 표현이 들어간 제품 중에서 사람들은 '자연적인' 제품을 더 많이 선택했다. 그 조사를 이끌었던 수잔 셸턴은 "유기농이라는 표현은 단지 그 제품이 더 비싸다는 의미를 담은, 규제받지 않는 마케팅 용어라고 생각"하기 때문이라면서 이렇게 덧붙였다. "하지만 진실은 그 반대다. '자연적인'이라는 표현이 규제받지 않은 용어에 해당한다." 그리고 '유기농 재배', '유기농', '무농약', '완전히 자연적인', '인공첨가물을 넣지 않은' 등의 표현들 역시 사실상 큰 의미가 없다고 말한다.

오늘날 수많은 기업들이 이와 같은 용어들을 남발하는 상황에서 소비자들이 혼란을 느끼는 것은 당연하다. 미끼 상술의 한 사례로 '실크 소이밀크Silk Soymilk'를 살펴보자. 실크 소이밀크는 유기농이 아닌 일반 콩으로 두유 제품을 출시하면서 기존 유기농 두유 제품의 포장을 빨간색에서 파란색으로 바꾸었다. 그리고 일반 콩 신제품 두유를 기존의 빨간색 포장으로 출시하면서 단 한 가지만 수정했다. '유기농organic'이라는 표현을 '자연적인natural'으로 바꾼 것이다.[16]

기업들은 소비자들에게 '자연적인'이라는 표현이 '건강한'과 동일한 의미라고 강조하고 있다. 하지만 완전한 거짓말이다. '자연적인'이라는 표현이 FDA 규제 범위에 해당되지 않기 때문에 사실 어떤 기업이라도 '자연적인'이라는 말을 쓸 수 있다. 실제 감자 조각이 아니라 감자를 가공한 감자 칩은 기술적 차원에서 '자연적'이라고 말할 수 있겠지만, 그래도 지방과 나트륨 함유량이 높고 영양분이 부족하다는 점에서 가공식품에 불과하다.

다음으로 잉글리시 머핀을 보자. 오랫동안 잉글리시 머핀을 아침으로 먹고 있는 사람이라면 테이블 앞에 앉아 포장을 벗길 때의 흐뭇한 기분을 잘 알고 있을 것이다. 그는 잉글리시 머핀이 '표백제를 전혀 넣지 않은 풍부한 흰색 밀가루'와 '영양 많은 곡물'로 만들어졌을 것이라 생각한다. 그리고 머핀을 오븐에 넣으면서 '얼마나 영양이 많을까?' 생각해본다. 그러다 문득 그냥 일반 밀가루로 만든 식품에 불과하다는 생각이 든다. 전분으로 만들어진 다른 식품들처럼 말이다. '잡곡'이 들어 있다는, 다시 말해 '곡물이 다양할수록 더 좋다'는 주장이 꽤 설득력 있게 들린다. 하지만 이는 말 그대로 한 가지 이상의 곡물이 들어 있다는 뜻이지, 더 건강한 식품이라는 의미는 아니다. 또 '가공 섬유'가 들어 있다고 주장하는 제품들은 어떤가? 유감이지만 이것 또한 별다른 의미가 없다. 건강에 실제로 도움이 되는 걸 원한다면, 차라리 귀리나 콩처럼 '자연 그대로의 섬유질'을 섭취하는 것이 좋다. 《워싱턴 포스트》가 지적한 것처럼 "파이버 원 오츠 앤 초콜릿Fiber One Oats & Chocolate 바는 하루 섬유소 섭취량의 35%를 담고 있다고 주장하지만, 사실 그 섬유소는 치커리 뿌리 추출물에 불과하다."[17] 그리고 그것은 절대 건강한 섬유소가 아니다.

이와 같은 언어 속임수 때문에 우리가 지금 뭘 먹고 있는지 모르고 있다니 충격적이지 않은가!

다음으로 내가 자주 언급하는 속임수는 식품 또는 음료수가 '에너지'를 가져다준다는 주장이다. 여기서 한 가지 알려줄 것이 있다. 마케팅에서 말하는 '에너지'란 '칼로리'의 또 다른 표현이라는 사실이다. '건강식품'의 치명적인 단점이라고밖에 볼 수 없는 '칼로리'를 '에너지'라는 표현으로 교묘하게 바꿈으로써 긍정적인 반전을 이룬 사람들은 대체 누구인가? 칼로리가 높다는 단점을 오히려 장점으로 둔갑시켜 제품을 홍보할 수 있을 것이라고 누가 상상이나 할 수 있었겠는가?

과일로 만든 스낵, 음료수, 시리얼, 쿠키를 비롯해서 아이들을 위한, 또는 죄책감에 시달리는 '부모'들을 위한 다양한 제품들이 포장 박스에서 주장하고 있는 '생과일로 만든' 또는 '생과일즙을 담은'이라는 표현은 어떤가? 이러한 표현을 쓰기 위해 식품이나 음료수에 '생과일'을 얼마나 담아야 하는지 구체적인 기준이 없다는 점을 감안할 때 딸기향 롤빵 한 덩어리에 과즙 반 방울이랑 설탕 8그램이 들어 있다고 해도 절대 놀랄 일이 아니다. 이는 식품업체들이 아이들과 '지갑을 들고 다니는 부모'를 동시에 공략하는 대표적인 마케팅 전략이라고 하겠다. 다시 주스 제품으로 돌아가서 칼슘 첨가 오렌지 주스같이 영양분을 강화했다는 주장은 어떠한가?《워싱턴 포스트》의 한 기사는 이렇게 설명하고 있다. "인스턴트식품의 영양분을 강화했다고 하더라도 원래의 부정적인 요소들을 상쇄할 만큼은 아니다. 가령 프루트 룹스 Fruit Loops 는 '이제 섬유소를 드세요'라고 주장하고 있지만, 4분의 3컵에 해당하는 시리얼에 들어 있는 9그램의 설탕은 미약하게 첨가된 섬유소의 장점을 무색하게 만들 만큼 우리 건강에 부정적인 영향을 미친다."[18]

식품 마케터들은 종종 '낮은 트랜스지방'이라는 표현을 내세우기도 한다. 식품 가공 과정에서 기름에 수소를 첨가할 때 생성되는 트랜스지방이 미국 사람들의 가장 주된 사망 원인인 심장질환을 유발할 수 있다던 몇 년 전 FDA의 발표를 떠올려보자. 당연하게도 오늘날 지구상의 모든 식품 기업들은 그 발표 이후 즉각 제품 포장에서 '트랜스지방 제로'를 외쳐대고 있다. 이러한 표기에 대한 가이드라인 덕분에 이 제품들의 트랜스지방 수치는 실제로 1인분당 0.5그램 이하를 유지하고 있다. 하지만 더 큰 문제는 트랜스지방이 낮은 대신 포화지방은 높다는 사실이다. 포화지방은 트랜스지방만큼 우리 심장에 나쁜 영향을 미칠 수 있다. 수류탄이나 칼을 숨기고 다니면서 "총은 없습니다!"라고 외치는 형국이다.

1,000달러짜리
화장품의 효과

FDA 승인을 받았다는 주장에도 속임수가 도사리고 있다. 가령 화장품은 약품이 아니기 때문에 FDA가 요구하는 다양한 임상 시험을 거치지 않아도 된다. 그럼에도 화장품 기업의 마케터나 광고업체들은 이와 관련하여 다양한 주장들을 하고 있다. 페이스 크림 제조사들은 아직 증명되지 않은 주장들을 교묘하게, 종종 요란하게 내세우고 있다. 가령 라프레리La Prairie는 스트레스 지수를 낮출 수 있다고 주장한다(실제로 그 제품들은 마법 램프처럼 생긴 항아리에 담겨 있다). 하지만 한 의사는 내게 그것이 의학적으로 터무니없는 주장이라고 했다. 메릴랜드의 피부과 전문의 에릭 핀지는 이렇게 말했다. "'약용 화장품' 시장의 98%는 마케팅에 불과합니다. 1,000달러짜리 크림이 50달러짜리보다 더 좋다는 근거는 없습니다. 오히려 더 나쁠 수도 있죠."[19]

　라프레리의 '셀룰러 세럼 플래티늄 레어Cellular Serum Platinum Rare'의 광고 문구는 이렇다. "오염을 제거하면서 피부의 전기적인 균형을 유지해줍니다." 흑해 조류로 만들었다는 지방시Givenchy의 '르 수앵 느와Le Soin Noir' 아이라인의 광고 문구는 "피부 속 촉매를 재구성하여 노화의 진행을 막아줍니다"다. 용감한 소비자가 대체 어떻게 그게 가능한지를 물어본다면, 지방시 대변인은 아마도 "임상 시험에 그렇게 나와 있습니다"와 같은 변명을 늘어놓을 것이다. 고가의 유명 피트니스 웨어 브랜드인 룰루레몬 Lululemon은 '비타시VitaSea'라는 제품을 출시하면서 그 속에 시셀 Seacell이라는, 스트레스를 감소시키고 치료 효과를 내는 해양 성분이 들어 있다고 주장했다. 하지만 2007년《뉴욕 타임스》는 그 제품 속에 조류 성분은 물론, 해양 아미노산, 미네랄, 비타민도 들어 있지 않다고 밝혔고 룰루레몬은 큰 곤경에 처했다.[20] 결국 룰루레몬은 과학적인 증거가 나올 때까지 '그 주장을 즉각 철회하기로 동의했다.' 세계는 여전히 그들의 답변을 기다리고 있다.[21]

마지막으로 라프레리의 '스킨 캐비아 크리스털린 콘센터Skin Caviar Crystalline Concentre'라는 제품을 살펴보자. 1온스 가격이 무려 375달러에 달하는 이 제품은 '세상에 오직 세 그루만 남아 있는 희귀한 스위스 우트바일러 스파트라우버 사과에서 채취한 줄기세포'(농담이 아니다)를 포함하고 있다고 주장했다.[22] 이를 통해 라프레리는 이 제품 속에 마법 같은 재생 및 회복 성분이 들어 있다는 이미지를 전달하고 있다. 핀지의 설명에 따르면, 이 황당한 주장에 담긴 문제는 "첫째, 어떠한 줄기세포도 크림 속에서는 살아 있을 수 없다는 것이다. 세포는 아주 예민해서 적절한 환경에서 보관하지 않는 이상 사과를 따는 순간부터 죽기 시작한다. 둘째, 나무의 줄기세포가 인간의 피부를 위해 할 수 있는 일은 아무것도 없다는 사실이다."[23]

노화 방지 효과가 있다고 주장하는 대부분의 페이스 크림들 역시 안타깝게도 아무런 효능이 없는 것으로 밝혀졌다. 그리고 제품에 함유된 항산화제는 마케터들이 그저 제품에 광고 문구 하나를 추가하기 위한 구실에 불과한 것으로 드러났다. 영국 조간신문 《데일리 메일Daily Mail》의 한 기사는 "젊은 외모를 유지하고자 한다면, 비타민이 들어 있는 음료나 알약에 돈을 쓰기보다 적정량의 건강 음식을 섭취하고 운동에 집중하는 편이 더 낫다"라고 말하고 있다.[24]

우리는 지금 겉만 뻔지르르한 마케터들의 주장들을 살펴보고 있다. 다음으로 시장 규모가 수십억 달러에 달하는 기능식품으로 넘어가보자. 오늘날 기능식품들은 이미 GNC와 같은 체인 매장들의 경계를 벗어나서 약국이나 건강식품 매장들을 점령해가고 있다. 예를 들어 상어 연골 제품들은 '관절염과 암 치료에 도움을 줄 수 있다'고 주장하고 있고, 천연 꽃가루 제품은 '자연적으로 생성된 멀티비타민, 미네랄, 단백질, 아미노산, 호르몬, 효소의 보고'라고 강조하고 있으며, 은행 열매로 만든 제품은 '정신쇠약을 완화시킬 수 있고', 내가 종종 인용하는 구엽초는 '중국과 일본 남성들이 즐겨 사용했던 오랜 전통을 자랑하고 있다'(그 이유는 말하지 않아도 짐작할 수 있으리라). 그리고 이러한 목록은 계속 이어진다. '이런 주장들은 FDA로부터 검증을 받지 않았고', 이러한 제품들의 용도가 '특정 질병의 진단, 치료, 처방,

예방이 아니라는' 사실에도(이 문구는 법률에 의해 제품에 명기하도록 되어 있다) 소비자들은 계속해서 이러한 기능식품들을 사 먹고 있다.

사우스웨스턴 오클라호마 주립대학교의 스티븐 프레이 약학대학 교수는 이렇게 설명한다. "1994년 건강보조약품 법안 이후 엉터리 제품들이 시장에 마구 쏟아져 나왔다. 모든 규제로부터 자유로운 시장…… 이 말은 누구든지 뒷마당에 난 잡초를 뽑아서 건강보조식품이라는 이름을 붙여서 팔 수 있다는 뜻이다. 신장 결석 및 간 손상을 유발할 수 있다는 보고가 나오고 있으며, 그 안에 정확히 뭐가 들었는지 아무도 모른다."

프레이 교수의 주장은 엄연한 사실이다. 1994년 규제 법안 혹은 규제 자유화 법안으로 인해 이제는 의학적인 허가나 자격 없이 누구나 기업을 세우고 건강보조식품을 만들어 팔 수 있게 되었다. 일반적으로 기능식품은 FDA에 등록하지 않아도 된다. 심지어 이런 이야기도 들었다. "해당 법안으로 인해 누가 봐도 의심스러운 허브 및 보조식품들의 광고가 시장에 흘러넘치기 시작했다. 법안의 원래 취지가 기능식품 시장을 규제에서 완전히 풀어버리는 것이 아니었다고 해도 결과적으로는 그렇게 되고 말았다."[25]

미국에서만 250억 달러 규모에 달하는 기능식품 시장은 수익성은 대단히 높은 반면, 진입 장벽은 낮아 지금도 확장해나가고 있다. 이 글을 쓰는 지금 존 매케인을 포함한 많은 의원들이

FDA 등록을 의무화하고 성분을 정확하게 공개하도록 하는 새로운 보조식품 안전 법안을 마련하기 위해 노력 중이다.

환경 보호도
돈으로 살 수 있다

2008년 경기 침체 이후 많은 사람들이 과거의 소비문화로부터 벗어나고 있다. 지난 몇 년간 많은 이들이 돈에 대한 숭배를 버리고 그 자리에 '새로운 근검절약' 정신을 채워 넣고 있다. 새로운 경제 환경 속에서 사람들은 새로운 자아를 찾았으며, 달라진 상황에 적응하기 위해 노력하는 동안 사람들의 삶은 더욱 가볍고 단순해졌다. 사람들은 외식을 줄이고, 집에 더 오래 머무르고, 지하실이나 창고에서 먼지 가득한 물건들을 찾아내 팔았다. 그리고 쿠폰을 모으고, 세일 기간에 맞춰 쇼핑을 하고, 예전에 무작정 따라가기만 했던 소비의 관성을 반성하기 시작했다. 물질이라고 하는 신에 대한 기도를 중단했던 것이다. 그다음에는 무엇이 우리를 기다리고 있을까? 그것은 가격표를 붙일 수 없고 할인 쿠폰도 발급할 수 없는 평온, 단순, 균형, 행복, 안정, 가치와 같은 영적 깨달음이다.

지금 우리가 살아가는 세상은 예전보다 더욱 긴밀하게 연결되어 있고 더욱더 '깨어' 있다. "기본으로 돌아가자"는 외침이 빠르게 퍼져나가고 있으며, 유행으로까지 자리 잡고 있다. 예를 들어 도시농장(비상계단에 설치한 닭장), 프리거니즘freeganism(환경보호를 위해 음식물 쓰레기에서 얻은 채소로 연명하면서 물질주의와 세계화에 반대하는 운동), '깨끗이 먹기 운동'(베스트셀러 작가인 마이클 폴란이 유행에 기여했던 자연적이면서 엄격한 섭식법) 등이 그렇다.

오늘날 기업과 마케터들 역시 이러한 사회적 흐름을 활용하기 위해 즉각적인 행동을 취하고 있다. 실제로 많은 기업들이 어머니로서 자연의 이미지를 내세우는 마케팅 전략을 구사하고 있다. 제품 포장에 '건강', '자연적인', '친환경' 등의 표현이 넘쳐난다(이러한 용어들은 특히 전체 소비의 약 80%에 영향을 미치고 있는 여성 소비자들에게 중요한 의미를 전달한다).[26]

하지만 이러한 마케팅 전략의 문제점은 '그린', '윤리적', '유기농'과 같은 용어들이 붙은 제품들을 생산하는 데 돈이 더 많이 든다는 사실이다. 가치, 박애, 건강, 자비, 사회적 책임이 그렇게 비싼 개념이었다니! 미국 미디어 조사 기관인 GfK 로퍼 퍼블릭 어페어 앤 미디어Roper Public Affairs & Media와 예일 산림환경대학원이 함께 실시했던 설문 조사에 따르면, 절반에 가까운 사람들, 특히 여성 소비자들이 더 많은 돈을 지불하고 '환경적으로 책임있는' 제품들을 구매하고 있다고 응답했다.[27] 이 설문에 참여했던 여성들 대부분은 또한 '소비자는 지구를 보호해야 할 개인적인 책임이 있을 뿐만 아니라' '자연 보호는 자신의 건강과 행복에도 도움이 된다'고 믿고 있는 것으로 나타났다.[28]

기업들은 많은 소비자들이 이렇게 생각하고 있다는 사실을 잘 알고 있으며, 이를 다양한 형태로 활용하기 위해 노력하고 있다. P&G가 히트 상품인 세탁용 세제 '타이드Tide'를 홍보하는 과정에서 사회적 책임을 강조하는 '희망 가득Loads of Hope' 캠페인으로 큰 성공을 거둔 사례를 살펴보자. 허리케인 카트리나가 지나간 후 P&G는 '타이드 희망 가득' 팀을 조직하여 루이지애나를 포함한 다양한 피해 지역을 돌아다니며 깨끗한 옷가지를(물론 타이드로 세탁한) 이재민들에게 나누어주었다. 온라인 잡지 《슬레이트Slate》의 한 기사는 이렇게 언급했다. 앞으로 "2~3주 동안 밝은 오렌지색 타이드 티셔츠를 입은 팀원들은 이재민들의 이불과 수건, 옷가지들을 빨고 말리고 정리하는 것은 물론, 복구 근로자들을 무상으로 도울 계획이다. 이재민들에게 이들은 큰 힘이 될 것이다. 그리고 이들의 도움을 받았던 사람들은 분명 나중에 매장에서 타이드 제품을 보면 반가울 것이다."[29]

그렇다면 이처럼 사회적으로 '책임 있는' 기업들의 제품을 더 비싸게 소비하는 것이 우리 사회에 실질적인 도움을 줄 수 있을까? 아니면 아사이베리 주스를 마시면서 우리 몸이 더 건강해지고 있다고 믿는 것처럼 사회적으로 도움이 된다고 '느끼고만' 있는 것은 아닐까? 현재 많은 징후들이 후자의 손을 들어주고 있다. 예를 들어 한 연구 결과는 사회적 책임을 지고 있다는 제품들을 구매하는 사람들이 삶의 다른 영역에서는 다소 책임감을 잃어버린 모습으로 의사 결정을 내리는 경향이 있음을 보여주었다. 말하자면, 유기농 햄버거를 먹고 친환경 프리우스를 모는 동시에 악어가죽 부츠를 신고 콜라 캔을 함부로 버림으로써 기존의 '선행'을 상쇄시킨다. 한 연구는 하이브리드 차 운전자들이 실제로 주행 거리가 더 길고, 교통 위반을 더 많이 저지르고, 사고를 더 많이 내고, 심지어 보행자들에게 상해를 더 많이 입힌다는 사실을 보여준다.[30]

더욱 아이러니한 사실은 하이브리드 차처럼 사회적으로 '책임 있는' 제품을 소비하는 행동이 오늘날 일종의 과시적 소비로 기능하고 있다는 것이다. 다시 말해 주변 사람들로부터 존경과 감탄을 받기 위한 행동이 되어버렸다.

사실 토요타는 사람들의 이러한 심리를 교묘하게 활용했다. 토요타 디자이너들은 매끄러운 곡선, 강력한 엔진, 멋진 태양열 문루프를 통해 친환경적이면서도 섹시한 스타일을 처음으로 구현했을 뿐만 아니라 그 마케터들은 유명인을 향한 사람들의 열망을 이용하여 프리우스라는 자동차를 높은 지위의 상징물로 바꾸어놓았다. 어떻게? 토요타는 할리우드 지역을 담당하고 있는 마이크 설리번을 통해 2003년 오스카 시상식에 프리우스 26대를 빌려주었다. 《비즈니스위크》의 한 기사는 이렇게 보도했다. "이어서 캐머런 디아즈와 레오나르도 디카프리오와 같은 스타들이 프리우스를 타고 등장했다('우리는 이렇게 자연을 사랑한답니다!'라고 말하는 듯). 그리고 설리번은 이렇게 말했다. '이젠 멋진 일이 되었다.'"[31] 또한 토요타는 LA 홍보업체에 자동차

를 빌려주면서 해리슨 포드나 칼리스타 플록하트와 같은 스타
들이 프리우스를 타는 장면을 포착했고, 〈CSI 마이애미〉, 〈위즈
Weeds〉, 〈에번 올마이티 Evan Almighty〉, 〈슈퍼배드 Superbad〉 등 다양한
드라마와 영화에 프리우스를 임대해주었다. 영상 속에서 프리우
스는 환상적인 모습으로 등장한다. 항상 주인공들이 그 차를 몬
다.[32] 메릴 스트리프, 브래드 피트, 커스틴 던스트, 윌 페렐, 마일
리 사이러스, 팀 로빈스, 래리 데이비드(HBO 드라마인 〈커브 유어
엔수지애즘 Curb Your Enthusiasm〉에서 몰고 있는 한 대를 포함하여 총 세 대의
프리우스를 몰고 있는),[33] 토요타의 마술 같은 친환경 정책에 칭찬
을 아끼지 않는 많은 인물들, 프리우스를 인증하고 있는 환경 연
구단체인 시에라 클럽 Sierra Club과 미국 야생동물보호연합 National
Wildlife Federation[34](전문가들의 위력을 기억하는가?)이 토요타를 지지하
고 있다는 사실을 감안할 때, 지금 이 글을 쓰는 순간 프리우스
가 가격이 저렴한 캠리와 코롤라의 뒤를 이어 토요타에서 세 번
째로 많이 팔린 모델이라는 사실은 그다지 놀랍지 않다.[35] 실제
로 많은 소비자 단체들이 토요타를 세계적인 친환경 브랜드로
꼽고 있다. 그런데 여기서 잠깐, 아무리 그렇다고 해도 토요타는
'자동차' 기업이 아니던가?

　프리우스의 마케팅 전략은 심리학자들이 말하는 '경쟁적 이
타주의 competitive altruism'의 완벽한 사례라 하겠다. 하이브리드 차
를 몰고 친환경 제품을 사는 것처럼 사람들은 사회적으로 책임
있는 행동을 해야 한다고 생각한다. 하지만 그 생각은 사회적으

로 좋은 일을 하고 싶다기보다는 자비심을 뽐내고 사회적 명성을 높이고 싶다는 욕망으로부터 나온 것이다. 바로 이러한 경쟁적 이타주의의 개념을 지지하는 한 연구에 따르면 (표면적으로) 환경 의식이 투철한 소비자들은 아무도 자신의 행동을 지켜보지 않을 때 친환경 제품을 구매하는 일을 '회피하는' 경향이 있다고 한다. 예를 들어 인터넷을 통해 전구를 살 때 이들은 환경과는 무관하고 도덕적으로도 바람직하지 않은 기업들의 (그리고 더 싼) 제품들을 구매하는 반면, 다른 사람들이 자신을 볼 수 있는 곳에서는 재활용 포장지에 들어 있는 LED 전구를 선택한다. 연구원들은 이렇게 결론을 내렸다. "사회적 지위를 향한 동기는 사람들이 적어도 표면적인 차원에서는 경제적으로 비합리적인 결정을 내릴 수 있게 한다. 자신의 사회적 지위를 염려해야 하는 상황일 때 사람들은 자신이 환경적으로 의식이 있을 뿐만 아니라 그럴 만한 '여유가 된다'는 사실을 과시하기 위해 더 많은 돈을 기꺼이 지불하고자 한다."[36]

2007년 7월 마케팅 조사 기관인 'CNW 마케팅 리서치'는 프리우스를 구매한 사람들에게 왜 그 자동차를 샀는지 물었다. 그러자 57%의 사람들이 마케터들이라면 당연히 좋아할 만한 대답을 들려주었다. 바로 '나 자신을 잘 대변해주기 때문'이라는 말이었다.[37] 이것 역시 우연의 일치일까?

열반의 맛

기본으로 돌아가라는 외침이 사방에서 들리는 혼란스러운 오늘날의 세상에서 심리적 위안을 주고, 신비스럽고, 소명을 주는 요소들이 제품 속에 들어 있다고 주장하는 이른바 '영혼 마케팅 spiritual marketing'이 사탕, 스포츠 음료, 자동차, 컴퓨터에 이르기까지 다양한 브랜드 및 제품 시장에서도 인기 전략으로 자리를 잡았다는 사실은 전혀 놀라운 게 아니다.

요즘 '열반의 맛'을 찾는 사람들은 인도 퓨전 요리 전문점인 햄프턴 처트니 Hampton Chutney에서 식사를 하거나 '클래시 요가 캔디 Classy Yoga Candy' 또는 '카르마 캔디 Karma Candy'를 먹는다. 좀 더 강한 것을 원한다면 앤하이저부시의 광고 시리즈를 살펴보자. 화면 속에서 목이 마른 티베트 승려가 '버드와이저'라고 적힌 광고용 비행선을 간절한 눈빛으로 바라보고 있다.

현대는 2010년 소나타 광고에서 '내면의 평화를 얻기 위한 일상적인 습관'을 제안하고 있다. 그 광고는 몇 가지 요가 자세들을 보여주는데, 그중에는 '더 소나타'라고 교묘하게 이름 붙인 자세도 있다.[38] 게토레이의 한 광고 속에서는 전설적인 농구 스타 마이클 조던이 험한 산을 오르고 있다(여기서도 히말라야가 배경이다). 그런데 그가 찾은 영적인 스승이 그에게 던져준 지혜의 말은 다름 아닌 게토레이의 슬로건, "인생은 스포츠…… 마셔라"다.

가끔 신성한 사람들도 브랜드워싱 작업에 참여한다. 예를 들

브랜드의 거짓말

어 미국 미드웨스트 지역에 위치한 소박한 시토 수도회 수도 승들은 레이저몽크LaserMonks라는 회사를 차렸다. 기도나 금식 기간을 제외하고 이 수도승들은 카트리지를 리필하는 서비스를 제공한다. 그들은 매일 200~300건의 주문을 처리하고 있으며, 현재까지 5만 명 이상의 고객들에게 서비스를 했다고 한다. 2005년 매출액은 무려 250만 달러에 달했다[39](이들은 또한 홈페이지를 통해 인터넷 기도 요청도 받고 있다).[40] 다음으로 LA에 위치한 인텐셔널 초콜릿Intentional Chocolate이라는 기업은 일상적으로 명상을 하는 티베트 수도승의 전자기적 뇌파를 기록 장비에 담아, 5일 단위로 초콜릿 공장에 틀어놓는다. 이 기업의 설립자 짐 월시는 이렇게 설명한다. "이 초콜릿은 사람들에게 신체적, 감성적, 정신적 차원에서 최적의 건강 상태와 기능을 선사해줄 것입니다. 그리고 모든 생명에게 넘치는 에너지와 활기 그리고 만족감을 전달해줄 것입니다."[41]

오늘날 뉴에이지 물결이 시장에서 소비자들의 종교로 자리를 잡은 상황에서 이드라젠Hydra Zen이라는 새로운 보습제가 등장하고, '헤어를 위한 새로운 종교'라고 자사를 소개하는 굿헤어데이 Good Hair Day라는 모발 관리 전문 업체가 광고에서 'ghd의 복음'에 따라 삶을 살아가는 방법을 설명하고 있는 것이 과연 놀라운 일일까? 또는 사탕수수를 원료로 한, 브라질의 사가티바Sagatiba라는 술의 로고가 브라질의 리우데자네이루 예수상이라는 사실은 어떤가? 이와 비슷한 차원에서 파리의 고급 향수 기업인 겔

랑Guerlain은 '삼사라Samsara'라는 브랜드의 향수를 내놓았다. 삼사라는 불교에서 윤회라는 뜻이다. 삼사라의 광고는 이렇게 말한다. "삼사라는 조화, 그리고 여성과 향수 사이의 흡수의 상징이다." 게다가 향수 뚜껑은 부처의 눈처럼 생겼다.

이러한 마케팅 흐름이 성공을 거두는 이유는 무엇일까? 우선 우리 뇌는 모든 것을 그대로 믿으려는 준비가 되어 있다는 사실을 다시 한번 상기하자. 인간은 믿음을 '갈망'하는 존재다. 이러한 성향을 활용하기 위해 기업들은 뉴에이지로부터 과거의 전통적인 믿음과 종교에 이르기까지 새롭고 독창적인 방법들을 끊임없이 찾고 있다. 오늘날 이보다 더욱 충격적인 현상이 나타나고 있다. 미국 사회에서 현대 문명을 받아들인 이슬람의 수가 점점 증가하면서 예전에는 기업들이 전혀 예상하지 못했던, 그러나 수익성이 대단히 높은 시장이 떠오르고 있다. 이를 이해하기 위해 약간의 배경 지식이 필요하다. 독실한 이슬람 신도들은 아랍 세계가 '합법적인' 것으로 인정한 음식, 즉 '할랄' 식품만을 먹을 수 있다(돼지고기, 첨가 식품, 올바른 방법으로 도축하지 않은 고기, 육식성 동물, 그리고 술은 금한다). 그렇기 때문에 이슬람 사람들은 고기를 먹기 위해서는 율법에 따라 도축하고 판매하는 이슬람 식품 매장으로 가야 했다.[42] 물론 그런 매장들은 바그다드 시내에는 널렸다. 하지만 미국은 얘기가 다르다. 이러한 사실에 착안한 일부 식품 기업들은 할랄 표지가 붙은 다양한 식품들을 내놓기 시작했다.《할랄 저널Halal Journal》의 한 기사는 할랄 식품 시장

브랜드의 거짓말

의 연간 매출이 6,320억 달러에 달하며, 이는 전 세계 식품 시장의 16%에 해당한다고 설명했다.[43]

오늘날 많은 기업들이 식품에서 화장품, 심지어 가구에 이르기까지 다양한 제품에 할랄 인증 마크를 붙여서 판매한다(가구와 관련하여 할랄 인증을 붙일 수 있는 제품에는 목재용 오일, 페인트, 비누가 있다). 캐나다 제약 기업들은 할랄 비타민까지 출시하면서 "젤라틴 및 동물 가공품과 같이 이슬람 학자들이 불법으로 규정하는 물질, 즉 '하람'이 전혀 들어 있지 않다"고 주장하고 있다. 다양한 할랄 화장품들도 출시되었다. 그중 원퓨어OnePure라는 브랜드는 육류 인증을 담당하는, 말레이시아의 이슬람 기구로부터 인증을 받았다고 주장한다. 할랄 화장품 기업인 사프 퓨어 스킨케어Saaf Pure Skincare의 설립자 마 후세인 겜블스는 이렇게 말했다. "항상 사람들은 다음에 출시될 순수한 제품을 기다린다."[44]

이와 같이 다양한 종교에 관련된 주장이 정당한 것이든, 그렇지 않은 간에 분명한 사실은 설득력이 대단히 강력하다는 것이다. 뉴욕에서 만난 한 이슬람 택시 운전사는 내게 자신의 부족한 신심을 보충하기 위해 할랄 브랜드 제품을 더 많이 쓰려고 한다고 말해주었다. 그러한 제품을 소비함으로써 그는 종교적인 죄책감을 덜고 있었다. 바로 이것이 핵심이다. 이러한 브랜드들이 팔고 있는 것은 단지 식품과 향수, 화장품이 아니라 순수함과 영성, 믿음, 가치, 심지어 어떤 차원에서는 종교적인 면죄부인 셈이다.

하지만 이슬람 신자가 아니라고 해도 걱정하지는 말자. 우리에겐 이베이가 있지 않은가? 《뉴스위크》에 따르면, 2008년 경매 사이트 이베이에는 테레사 수녀의 것이라고 주장하는 머리카락도 올라왔다고 한다(경매는 한 가닥에 40달러부터 시작했다). 또 13세기의 성 필로메나의 것이라고 주장하는 뼛조각도 올라왔다. 전설에 따르면, 필로메나는 로마 황제 디오클레시아누스와의 결혼을 거부한 죄로 채찍을 맞고, 물에 빠지고, 결국 참수형을 당했다.[45] 《뉴스위크》의 기자는 그 기사에서 정말로 '신용카드를 가지고 신의 영광과 신비의 조각'을 살 수 있을지 궁금하다고 했다.[46]

여기서 끝이 아니다. 이베이에 올라온 물건들 중 종교와 관련 있으면서 가장 이상하고 말이 안 되는 것으로 성모 마리아 얼굴이 무늬로 나타난 구운 치즈 샌드위치(한 온라인 카지노가 2만 8,000달러에 낙찰받았다), 교황이 머리에 쓰고 있는 사교관을 꼭 빼닮은 도리토스 과자(같은 카지노가 1,209달러에 낙찰받았다)를 꼽을 수 있다. 하지만 돈이 없다고 낙담하지는 말자. 3.26달러만 있으면 '인생의 의미'라는 이름의 제품을 살 수 있으니 말이다. 하지만 이 물건을 구매한 뒤 집으로 어떤 물건이 도착할지는 알 수 없다. 판매자가 그 제품과 관련하여 올려놓은 유일한 자료는 무지개가 떠 있는 아름다운 사진뿐이었다.[47]

믿음을 판매하는 마케팅 전략에 대해 이야기하면서 오늘날 대형 교회에서 나타나는 현상을 빼놓을 수는 없을 것이다. 그 흐

　　　　　　　　　　　　　　　　브랜드의 거짓말

름은 1977년 휴스턴 제일침례교회Houston's First Baptist에서 시작되었다. 수용 규모가 3,300석에 이르는 이 대형 교회는 오늘날 마케팅 본부와 같은 모습을 갖추고 있다. 대부분 미국 남부 지역에 집중된 대형 교회들은 오늘날 신앙의 중심이라기보다 카페, 바, 서점, 비디오 게임장, 푸드 코트, 심지어 볼링장에 이르기까지 구색을 다 갖춘 종합 쇼핑몰의 형태로 발전하고 있다. 일부 교회는 멀티플렉스 극장 같은 모습이다. 이들 교회는 기술 컨설턴트들에게 의뢰하여 멀티미디어 화면들을 설치하고 인터넷을 통해 설교 방송을 내보낸다. 유니버설 스튜디오를 포함하여 다양한 극장 및 엔터테인먼트 복합 시설과 더불어 미국 교회의 리모델링 작업을 담당하고 있는 한 건축 전문가는 이렇게 말했다. "계속해서 아이들을 데려가다 보면 언젠가 부모들이 따라가야 할 때가 올 겁니다."[48] 비즈니스적인 요소를 이보다 더욱 적극적으로 수용하고 있는 교회들도 있다. 《포브스》에 따르면, 월드 체인저스 미니스트리스World Changers Ministries 교회는 "음악 스튜디오, 출판사, 그리고 컴퓨터 그래픽 사무실을 운영하고 있으며, 자체 음반사까지 소유하고 있다."[49] 또 일리노이 그레이트 배링턴에 위치한 월로 크리크 커뮤니티Willow Creek Community 교회는 경영 컨설턴트인 짐 콜린스부터 클린턴 전 대통령, 레드스킨스의 전 코치인 조 깁스에 이르기까지 다양한 인물들을 초청하는 마케팅 콘퍼런스와 같은 '요란한' 행사들로 유명하다.[50] 그 행사의 입장권 가격은 25달러에서 수백 달러에 이른다.

오늘도
희망을 삽니다

약속하는 것이 건강이든 행복이든, 아니면 깨달음이든 간에 이 장에서 우리가 살펴보고 있는 모든 브랜드 전략이 공통적으로 포함하고 있는 것은 자연으로 돌아가고자 하는 인간의 본연적인 욕망을 활용하는 기술이다. 오늘날 많은 기업들이 돈, 스트레스, 현대인의 삶에 물들지 않은 순수함을 그리워하는 사람들의 욕망을 활용하기 위해 애쓰고 있다. 그리고 이를 통해 내면의 평화와 영적인 충만 그리고 더 행복한 인생을 팔려고 한다.

그들은 또한 희망도 판다. 희망은 결코 새로운 품목이 아니다. 지금까지 수세기 동안 기업들은 희망을 팔아왔다. 사람들은 희망을 원하고, 희망이 필요하며, 희망을 산다. 미국 화장품 기업인 레브론Revlon의 설립자 찰스 레브슨은 1967년에 의미심장한 한마디를 남겼다. "공장에서 만들고 있는 것은 화장품이지만 우리가 판매하는 것은 병에 들어 있는 희망입니다."

희망이란 언젠가 이룰 완벽한 가정 또는 꿈꾸고 있는 사회를 위해 우리가 떠안아야 할 부채와 같은 존재다. 그리고 소음 가득한 도시 한복판에 살면서 자연을 더 가까이 느끼기 위해 사야 할 다양한 캠핑 장비이기도 하다. 또 한 번도 타보지 못할 수도 있는 카약을 차에 매달기 위한 카약랙이자 절대 도전해보지 못할 험준한 산을 위한 등산화, 그리고 한 번도 펼쳐보지 못할 수

브랜드의 거짓말

도 있는 텐트다. 그리고 우리가 그토록 소망하는 몸매를 만들기 위해 찾아가는 헬스장이자 후손들에게 더 좋은 지구를 물려주기 위해 선택하는 목초 먹인 소의 고기이며, 언젠가, 어디선가 입게 될 것이라 상상하면서 사놓은 값비싼 옷이자 우리의 인생을 더 멋있게 만들어주겠다고 주장하는 모든 제품들이다.

경제적인 어려움에 처한 친구의 집에 놀러 간 적이 있었다. 그런데 놀랍게도 그 집 창고에는 값비싼 허머 자동차가 떡하니 버티고 있었고 그 옆에는 모터보트가 묶여 있었다. "자동차랑 보트를 팔지그래?" 나는 경제적으로 힘든 친구에게 당연한 조언을 했다.

하지만 그는 고개를 저었다. 처음에는 고집불통이라는 생각이 들었지만, 나중에 곰곰이 생각해보니 친구는 단지 자신에게 희망을 상징하는 물건에 집착하고 있었던 것이다. 만약 그것들을 모두 팔아버린다면 자신이 꿈꾸고 있는 미래마저도 팔아버리는 것이다. 그에게 그 물건들은 언젠가 자신이 살아갈 인생을 의미하기 때문이다.

세상을 돌아다니며 강의를 할 때마다 나는 그냥 습관적으로 행운을 빈다. 그 때문에 특별한 행운을 얻은 적은 한 번도 없지만, 그래도 계속해서 그렇게 한다. 어쩌면 희망은 그저 환상에 불과할지도 모르지만, 그래도 우리는 희망의 끈을 놓지 않는다. 그리고 그런 희망을 위해 때로는 힘들게 번 돈을 기꺼이 투자하기도 한다.

9장

데이터 마이닝

DATA MINING

소비자의 발자취가
곧 돈이다

'지식의 발견' 또는 '소비자 이해'라고
부르는 '데이터 마이닝' 기술은
오늘날 급속도로 성장 중이다. 기업들은
데이터 마이닝을 통해 소비자들이 스스로
무엇을 원하는지 알아차리기도 전에
그것을 그들 앞에 내놓는다.

당신의 움직임은
돈이 된다

집에서 컴퓨터 앞에 앉아 시간을 때우고 있는데 메일이 도착했다는 알림이 뜬다. 친구 혹은 직장 상사가 보낸 것이 아니라 여러분이 종종 들르는 할인매장에서 온 메일이다. 내용은 이렇다. "고객님, 뉴트로지나Neutrogena 모이스처라이저를 5달러 할인된 가격에 살 수 있는 기회입니다!" 아래에는 특별 행사가 3주 후에 종료된다는 친절한 설명까지 있다.

뭔가 이상하다. 대체 어떻게 여러분이 뉴트로지나를 쓰고 있다는 사실을 알았을까? 하지만 그냥 우연이겠거니 넘겨버린다. 그런데 다음 주 메일함을 정리하다가 또 한 번 그 매장에서 날아온 전단을 발견한다. 이번에는 여러분이 쓰고 있는 세탁 세제(타이드), 치약(노루발풀 추출물로 미백 기능이 강화된 크레스트), 그리고 죄책감과 즐거움을 동시에 가져다주는 스낵(토스티토스의 '흰트 오브 라임') 행사 소식이 들어 있다. 정말 우연일까?

그 조각들을 하나씩 모아보니 여러분의 기억은 마지막으로 그 매장에 들렀을 때로 돌아간다.

계산을 하려고 카운터로 다가갔을 때 지루한 표정의 점원은 여러분에게 이렇게 물었다. "포인트 카드 주시겠어요?" 그때 여러분의 쇼핑 바구니에는 앞서 언급했던 제품들 외에 반창고, 비타민, 남편이 쓰는 헤드앤숄더, 그리고 가족들이 부탁했던 몇 가지 물건들이 들어 있었다.

언제나 그렇듯 여러분은 아무런 생각 없이 빨간 플라스틱 카드를 넘겨주면서 그 점원이 바코드들을 스캔하는 모습을 참을성 있게 지켜본다. 계산을 마치고 나자 점원은 기다란 영수증을 잡아당기면서 이렇게 말한다. "오늘은 쿠폰 네 장입니다." 첫 번째는 질레트의 비너스 제모기를 절반 가격으로 살 수 있는 할인 쿠폰이다(희한하게도 다른 브랜드를 쓰다가 얼마 전 비너스로 바꾸었다). 그다음은 퓨렐 생수 한 병을 받을 수 있는 보너스 쿠폰이다(이상하게도 얼마 전에 생수가 다 떨어졌다). 세 번째 쿠폰은 비타민 D 10% 할인권이다(사실 얼마 전부터 비타민 D에 관한 기사들을 검색하고 있었다). 그리고 마지막 쿠폰은 디지털 사진 1달러 할인 인화권이다(좀 있으면 가족 모임이 있다).

계산을 마치고 나가는 길에 천장에서 음악이 흘러나온다. 제임스 테일러의 〈파이어 앤드 레인Fire and Rain〉이다. 지금까지 이 노래를 100만 번쯤 들었을 텐데도 오늘만큼은 느낌이 다르다.

이게 정말 우연일까? 이 노래가 베이비붐이 끝나갈 무렵 태어난 미국 사람들의 심금을 울리는 곡이라는 사실을 매장은 알고 있는 것일까? 혹시 내 귀에 도청 장치를 심어놓은 건 아닐까?

글쎄, 완전히 틀린 말은 아니다.

우리가 자주 들르는 할인매장들은 소비자들의 움직임을 추적하는 첨단 기술 덕분에 우리의 욕망과 꿈, 습관을 아주 잘 알고 있다. 어쩌면 우리 자신보다 더. 그리고 이들은 바로 이러한 정보를 활용하여 우리가 상상하지도 못할 다양한 형태로 돈을 벌어들이고 있다.

자, 1,000억 달러 규모의 데이터 마이닝 세상으로 오신 걸 환영합니다.

데이터 마이닝과
빅 브라더

마케팅업계에서 '지식의 발견' 또는 '소비자 이해'라는 완곡한 표현으로 부르는 '데이터 마이닝data mining' 기술은 오늘날 세계적으로 급속하게 성장하고 있는 분야다. 간단하게 말해 데이터 마이닝이란 소비자의 행동을 추적하고 분석하고 이를 다시 분류하고 종합하고 그리고 그렇게 얻은 정보를 가지고 소비자들을 설득하고 물건을 사도록 자극하는 전략을 수립하는 프로세스를 말한다. 데이터 마이닝 기술을 활용하는 기업들은 소비자들의 구매 습관뿐만 아니라 그들의 민족, 성, 주소, 전화번호, 교육수준, 대략적인 수입, 가족의 규모, 애완견 이름, 좋아하는 영화등 모든 것을 파악하고 있다. 오하이오를 기반으로 활동하고 있는, 앞서가는 데이터 마이닝 기업이자 P&G, 메이시, 펩시, 코카콜라, 켈로그, 크라프트 푸드, 홈데포 등을 고객으로 하고 있는 던험비dunnhumby USA의 CEO 스튜어트 에이킨은 그들의 '소비자 이해' 서비스에 대해 이렇게 설명한다. "우리는 사람들의 행동과 소비 뒤에 숨겨진 동기와 의도를 이해하기 위해 노력하고 있습니다."[1]

특정 소비자가 다음에 무엇을 살 것인지 예측하는 기술, 그리고 이를 통해 가장 먼저 그 소비자에게 완벽한 제안을 하는 기술은 모든 분야의 기업들에게 대단히 중요한 경쟁력이다. 그 이유는 무엇일까? 마케팅 데이터에 따르면 새로운 제품을 시도하는 소비자들은 평균 '1년 6개월' 동안 그 제품을 계속해서 사용하기 때문이다. 그러므로 어떤 매장이 여러분이 어떤 신제품을 좋아할 것인지 미리 파악하고 구매를 자극하는 무료 샘플이나 쿠폰을 먼저 제공한다면 향후 18개월 동안 여러분의 지갑에 대한 우선권을 확보하는 셈이다.

내가 종종 '빅 브라더'라고 부르는 데이터 마이닝 기업들은 우리가 구글에서 검색을 하고, 친구의 페이스북에 글을 남기고, 신용카드를 긁고, 아이튠즈에서 노래를 다운받고, 스마트폰으로

지도를 보고, 인근 식품 매장에 들러 물건을 살 때마다 소리 없이 우리의 뒤를 밟고 있다. 그리고 마지막 하나까지 기록하고 신속하게 처리하고 분석한 뒤 이를 다시 다른 기업이나 마케팅업체들에 팔아넘긴다.

오늘날 데이터 마이닝 시장은 매년 10%씩 자라고 있다. 그 원동력은 무엇일까? 스마트폰에 탑재된 GPS 장치, 컴퓨터에서 새로운 소프트웨어를 다운받기 위해 우리가 동의하는 모든 약관들, 사용자들이 방문하는 모든 웹사이트를 추적하고 기록하는 상업적 소프트웨어 애드웨이, 그리고 이 모든 정보들을 분석하기 위해 계속 발전하고 있는 첨단 프로그램 및 컴퓨터 장비 덕분에 오늘날 소비자들은 구매 활동을 통해 예전보다 훨씬 더 방대한 양의 정보를 양산해내고 있다. 그리고 기업들은 그 방대한 자료를 활용하여 우리가 상상하지 못할 온갖 방법으로 막대한 부를 긁어모으는 중이다.

스마트폰의 배신

오늘날 디지털 쿠폰은 아직까지는 그 정체가 많이 밝혀지지 않은, 데이터 마이닝 세상의 교묘한 무기다. 쿠폰을 디지털로 발행하는 이유가 편리해서 혹은 우편요금을 아끼기 위해서라고 생각한다면 착각이다. 온라인 쿠폰 속에 들어 있는 순수한 모양의 바코드 속에는 여러분에 대한 엄청난 정보들이 암호화된 형태로 담겨 있다. 가령 여러분의 컴퓨터 IP 주소, 페이스북 프로필과 올린 글들, 쿠폰을 다운받고 사용하는 날짜와 시간, 쿠폰을 사용한 매장의 위치, 쿠폰을 발견한 위치, 게다가 그 쿠폰을 찾아내기 위해 사용했던 검색어 정보까지 고스란히 들어 있다. 그게 끝이 아니다. 오늘날 점점 더 많은 기업들은 쿠폰을 통해 새롭게 얻은 정보들을 데이터뱅크에 보유하고 있던 기존의 정보, 즉 여러분의 나이와 성별, 소득 수준, 구매 기록, 최근 방문한 웹사이트, 여러분의 실시간 추적 경로 등의 데이터와 조합한다. 그리고 이러한 방식으로 여러분의 프로필을 만들어나간다. 그 과정은 너무나 정교하고 복잡하여 CIA도 혀를 내두를 정도다.

그 작업 과정을 한 가지 사례를 통해 소개할까 한다. 어느 날 메이시 백화점에서 온 이메일을 열어보니 쿠폰이 들어 있다. 이제 그 쿠폰을 프린트하거나 휴대전화로 전송한다. 나중에 매장에 가서 계산할 때 쿠폰을 내밀면 점원이 바코드를 스캔한다. 그 순간 앞서 얘기했던 수많은 정보들이 '레브트랙스RevTrax'라는 데이터 마이닝 업체로 전송된다. 레브트랙스는 이제 그 정보들을 분석하고, 그 결과에 따라 여러분을 한 가지 이상의 소비자 범주에 집어넣는다. 그러고는 여러분의 온라인·오프라인상의 구매 활동을 조합함으로써 바로 '여러분'에게 어떠한 광고와 온라인 제품 홍보가 효과적일지, 무엇이 여러분을 흥분시키거나 가라앉히는지, 심지어 온라인에서 특정 제품을 검색하고 어느 정도 시

간이 지나서 오프라인 매장으로 찾아오는지에 대해서도 분석한
다. 레브트랙스의 공동설립자 조너선 트라이버는 이렇게 설명
한다. "앞으로 계속해서 우리는 개별 IP 주소를 중심으로 더욱
더 풍부한 정보를 모아나갈 것입니다. 이를 통해 이 IP 주소는
의류 쿠폰을 주로 인쇄하고, 20% 이상 할인 쿠폰에만 반응을 보
인다는 식으로 판단할 수 있습니다."[2] 세이프웨이Safeway, 크로거
Kroger, 숍라이트ShopRite와 같은 식품 체인 기업들을 고객으로 하
고 있는 모바일 쿠폰 기업 셀파이어Cellfire의 CEO 로버트 드레셔
는 이렇게 지적했다. "우리는 지금 여러분이 매장 근처에 있는
지, 아니면 매장 안에 있는지 알 수 있습니다. 그리고 여러분에
게 꼭 맞는 제안을 구성할 수 있습니다. 하지만 소비자들의 신뢰
를 잃어버리지 않게 최대한 조심스럽게 움직이고 있습니다."[3]

여러분이 지금 스마트폰으로 쿠폰을 사용하고 있다면 상황은
더 심각할 수 있다. 예를 들어 스타벅스가 진행했던 행사를 살
펴보자. 소비자들이 커피 한 잔을 마실 때마다 스마트폰으로 인
증을 받고, 그렇게 15번 인증을 받으면 무료로 한 잔을 마실 수
있는 행사였다. 하지만 그 행사의 순수성을 의심하지 않는 대부
분의 소비자들은 스타벅스가 그 행사를 통해 소비자들의 스마
트폰에서 다양한 정보를 뽑아내서 이를 그들의 데이터베이스로
전송한다는 사실은 잘 모른다. 그리고 이렇게 모인 정보를 기반
으로 스타벅스는 개인별 맞춤 제안으로 소비자들을 공략한다.
《뉴욕 타임스》의 한 기사에서 스타벅스의 브랜드 로열티와 고객

카드 운영을 담당하고 있는 부사장 브래디 브루어는 이렇게 설명한다. "우리는 보상 기반의 프로그램을 구축해나가고 있습니다. …… 어떤 측면에서 그 프로그램의 목적은 이를 통해 수집한 정보를 바탕으로 소비자들의 구매 패턴을 더욱 잘 이해하는 것입니다."[4]

이와 비슷한 전략으로 타깃은 지난해에 휴대전화로 다운받아서 미국 전역의 2,000여 개 매장에서 사용할 수 있는 모바일 쿠폰을 내놓았다. 한 달에 다섯 장까지 발급받을 수 있는 이 쿠폰으로 소비자들은 립밤에서 풍선껌에 이르기까지 다양한 제품들을 싸게 구입할 수 있다. 하지만 그 대가로 무엇을 포기해야 하는지 알고 있는가? 우선 그 쿠폰에 담긴 약관을 살펴보자. 그 속에는 사용자들의 휴대전화 번호와 이름, 쿠폰을 실제로 사용한 날짜와 시간에 대한 정보를 수집해도 좋다는 항목이 들어 있다.[5] 더욱 심각한 것도 있다. 타깃의 대변인이 밝힌 바에 따르면, 회원들의 휴대전화로부터 얻어낸 정보를 '다른 원천을 통해 구한' 정보들과 조합할 수 있으며, 이후 그 정보들은 그들이 '신중하게 선택한' 제삼자와 공유할 수 있다는 내용까지 들어 있다는 것이다.[6] 타깃 대변인은 당연하게도 그들이 실제로 어떤 형태의 정보를 수집하고 있는지는 밝히지 않으려 한다. 하지만 한 전문가의 추측에 따르면, 여러분이 입력한 검색어로부터 주소, 쿠폰을 다운받은 장소와 시간 같은(대부분의 스마트폰에 GPS가 탑재되어 있기 때문에 가능하다) 약 15가지 유형의 정보들을 단순한 형태의

브랜드의 거짓말

모바일 바코드 쿠폰으로부터 쉽게 얻어낼 수 있다고 한다.

그렇다. 우리와 가장 가까운 친구인 휴대전화조차도 사생활의 차원에서 우리를 배신하고 있는 셈이다. 휴대전화 보안업체인 룩아웃Lookout, Inc.은 애플의 아이폰과 구글의 안드로이드폰용 무료 애플리케이션 약 30만 개를 분석했다. 그리고 그중 상당수가 '스마트폰으로부터 사용자들의 민감한 정보를 몰래 빼내서 이를 아무런 공지 없이 제삼자에게 전송할 수 있다'는 사실을 확인했다[7](여기서 제삼자는 광고업체나 마케팅업체를 말한다). 이런 애플리케이션들이 우리의 휴대전화로부터 훔쳐가는 정보는 어떤 것들일까? 거기에는 주소록은 물론 사진, 문자메시지, 인터넷 검색 내역, 실시간 위치 정보 등이 다 포함된다.[8]

2011년 4월 아이폰, 아이패드 3G, 그리고 구글 안드로이드폰 모두가 사용자의 위치를 몰래 추적하고 기록할 수 있는 소프트웨어를 탑재하고 있다는 사실 그리고 실제로 1년도 넘게 사용자들 대부분이 눈치채지 못하는 사이에 그렇게 정보를 수집해왔다는 사실이 드러나면서 한바탕 논란이 일었다. 아이폰과 아이패드의 경우 두 명의 샌프란시스코 프로그래머들이 밝힌 바에 따르면, 그 휴대용 장비가 동기화되어 있는 모든 컴퓨터 하드 드라이브에 그러한 정보들이 파일의 형태로 저장된다. 그래서 여러분이 만약 동료의 컴퓨터에 연결하여 아이패드를 충전한다면 이제 그 동료는 여러분이 1년 동안 돌아다녔던 지역에 대한 정보 파일을 영구적으로 보유하게 된다. 그리고 그렇게 저장된 파일은 쉽게 해킹하거나 복사할 수 있고, 클라우드 서비스를 통해 퍼져나갈 위험이 있다. 여기서 가장 나쁜 소식은 무엇일까? 한 정통한 소식통에 따르면, 애플은 언젠가부터 사용자들에 대한 별도 공지 없이 이와 같은 소프트웨어를 일반적인 업그레이드 과정을 통해 기기 속에 심어두었다. 그런데 이 소프트웨어는 사용자가 임의로 삭제할 수 없게 되어 있다. 《월스트리트 저널》이 '29억 달러 규모에 달하는 위치 기반 서비스'라고 설명했던 데이터 마이닝 시장을 차지하기 위한 기업들의 이러한 노골적인 시도에 사생활 보호를 주장하는 단체들은 당연히 분통을 터뜨렸다.

휴대전화를 데이터 마이닝 도구로 활용하는 더 새로운 전략에는 어떤 것들이 있을까? 2010년 11월에 나온 '숍킥shopkick'이란 소프트웨어는 휴일 쇼핑 시즌에 사용자들에게 쇼핑 포인트를 지급하는 아이폰 앱이다. 사용자들은 그 포인트를 메이시, 스포츠 오소리티Sports Authority, 베스트바이 등의 매장에서 쓸 수 있는데, 단지 매장을 방문하거나 제품을 살펴보는 것만으로도 포인트를 얻을 수 있다. 물론 구매를 하면 더 많은 포인트를 쌓을 수 있다. 하지만 여기서 끝이 아니다. 소비자들이 매장에 들러 제품을 둘러보고 구매를 할 때마다 숍킥은 모든 데이터를 수집하고 처리하고 전송한 뒤 다시 이를 기반으로 그들의 휴대전화에 맞춤형 제안을 보낸다.

나는 여러분을 모르지만, 슬슬 걱정스러운 마음이 들기 시작한다.

지상 최대의 데이터 뱅크,
월마트

세상에서 가장 크고 가장 높은 수익을 올리고 있는 소매점 월마트가 세계에서 가장 거대한 데이터뱅크 중 하나를 운영하고 있다는 사실은 그다지 놀라운 소식이 아니다. 6개국 3,000개에 달하는 매장에서 수집되는 모든 소비자 구매 정보를 관리하고 있는 월마트는 현재 연방정부보다 몇 배나 큰 7.5테라바이트에 육박하는 '테라데이터 웨어하우스Teradata warehouse'를 운영하고 있다.[9] 그 엄청난 규모 덕분에 오늘날 월마트는 전례 없이 거대한 정보에 쉽게 접근할 수 있다. 또 그들이 원할 때는 언제든 특정 소비자층과 관련하여 어떤 제품이 잘 팔리고 있는지, 어떤 제품이 점차 시들해지고 있는지 금방 파악할 수 있다(실제로 월마트는 데이터 수집과 저장에 대단히 집착하는 것으로 유명하다).

그리고 월마트는 소비자들이 돈을 쓰게 만들려면 그러한 정보들을 어떻게 활용해야 하는지도 잘 알고 있다. 우리는 이미 월마트와 같은 대형 유통업체들이 지진이나 태풍과 같은 세계적인 재앙을 예측하고 이를 활용하기 위해 어떤 업체들과 손을 잡고 있는지도 살펴보았다. 그들은 매장에 어떤 물건을 쌓아두어야 하는지에 대해 객관적인 자료 이상의 데이터를 확보하기 위해 과거의 자연재해에 관한 다양한 데이터들을 포괄적으로 분석하고 있다. 그래서 몇 년 전 허리케인이 대서양 연안으로 다가

오고 있을 때 월마트는 지난번 허리케인 피해 주민들이 어떤 물건들을 많이 구매했는지 정확하게 알고 있었다. 그때 사람들이 가장 많이 산 물건은 손전등이 아니라 맥주였다. 그리고 놀라운 사실은 '팝타르트PopTarts' 딸기맛의 매출이 무려 7배 증가한 것이었다. 그래서 토스터 패스트리와 캔맥주를 가득 실은 월마트 트럭들이 폭풍이 다가가고 있는 지역 매장으로 부리나케 달려갔던 것이다.

그래도 가장 끔찍한 사실은 대형 유통업자들이 엄청난 돈을 챙기고 있다는 사실이 아니다. 가장 끔찍한 것은 소비자들이 기업들로부터 얼마나 면밀히 감시당하고 있는지 '전혀 모르고 있다'는 사실일 것이다. 월마트 매장에는 포인트 카드도, 바코드가 찍힌 쿠폰도 없다. 다만 '매일 싼 가격'들만이 존재할 뿐이다. 그렇다면 월마트는 대체 어떻게 소비자 정보를 수집하고 있는 것일까? 그건 바로 신용카드나 직불카드를 통해서다.

첨단 데이터 마이닝 업체들이 소비자들의 신용카드로부터 정보를 빼내는 기술은 참으로 놀랍다. 타이어 및 자동차 액세서리에다가 전자제품, 스포츠 제품, 그리고 주방용품까지 판매하고 있는 캐나디안 타이어Canadian Tire의 임원인 J. P. 마틴은 2002년 기업이 그전 해에 모은 신용카드 거래 정보들을 분석하기 시작했다. 그 과정에서 마틴은 많은 사실을 발견했다. 가령 일산화탄소 경보기를 구매한 소비자, 그리고 바닥이 긁히지 않게 가구에 붙이는 작은 소프트 패드를 구매한 소비자들은 좀처럼 카드를

브랜드의 거짓말

연체하지 않는다. 반면 이름 없는 값싼 자동차오일을 산 소비자들은 브랜드 오일을 구매한 소비자들보다 연체할 가능성이 높다. 또 크롬 도금된 해골 모양의 자동차 액세서리를 산 소비자들 역시 "대금 결제를 연체할 가능성이 높다."[10]

실제로 이러한 작업은 다양한 기업들 사이에서 대단히 보편적으로 나타나고 있다. 신용카드업체들 대부분은 지금까지 계속 이와 같은 작업을 해왔고, 최근에는 기술 발달로 그 방법이 더욱 세련돼지고 있다. 그들은 여러분의 연체 가능성을 알려주는 모든 신호들을 파악할 수 있는 내부 시스템을 갖추고 있다. 대체 어떤 신호 말인가? 가령 한밤중에 온라인 계좌에 로그인하는 행동 역시 그러한 신호일 수 있다. 그 말은 여러분이 이번 달 결제 대금을 걱정하고 있다는 뜻이기 때문이다. 식료품이나 약과 같은 생필품들을 꼬박꼬박 카드로 결제하고 있다는 것 또한 여러분이 지금 경제적으로 힘든 상황에 처해 있다는 신호다. 혹시 잘 쓰지 않는 신용카드로 어느 날 갑자기 거액의 금액을 결제한 적이 있는가? 그것 역시 이번 달 결제를 연체할 수도 있다는, 또는 지불불능 상황에 처할 수도 있다는 적신호일 수 있다. 아메리칸 익스프레스 역시 쇼핑을 기준으로 '회원들'의 신용한도를 결정한 적이 있음을 인정했다.

지금 어떤 신용카드를 쓰고 있건 간에 카드를 사용할 때마다 그 카드 회사는 여러분이 어떤 물건을, 얼마나 많이 소비했는지 기록한다. 물론 치밀한 카드 기업들은 그러한 데이터들을 어떻게 사용하고 있는지 밝히기를 거부하고 있지만, 여기서 알아두어야 할 것은 온라인이든 오프라인이든 모든 신용카드 거래들은 어떤 유형의 제품 혹은 서비스에 해당하는지를 말해주는 네 자리 숫자인 '가맹점 업종 코드merchant category code'로 할당이 된다는 사실이다. 그 업종 코드에는 '가발 매장', '맥주, 와인 등 주류 매장', '전당포', '세일클럽', '보석금 및 채권 지급'[11] 등 모든 분야가 포함되어 있다. 한마디로 신용카드업체들은 우리 자신은 물론 우리의 라이프스타일까지 속속들이 파악하고 있는 것이다.

혹시 '항공 여행' 업종에 카드를 많이 쓰고 있는가? 그렇다면 항공 관련 서비스로부터 주요한 호텔 체인, 항공 마일리지 전용 카드에 이르기까지 다양한 정보를 담은 메일을 받아보게 될 것이다. 샌디에이고에 위치한 프라이버시 라이츠 클리어링하우스Privacy Rights Clearinghouse에서 정책국장을 맡고 있는 폴 스티븐스는 이렇게 설명하고 있다. "신용카드업체들은 카드의 사용 범위를 기준으로 개인 회원에 대한 분명하고 뚜렷한 그림을 갖고 있다."[12]

신용카드업체들의 이러한 기술 덕분에 부채 문제로 고민하는 사람들은 메일함에서 '신용 때문에 어려움을 겪고 있는' 고객을 위한 새로운 신용카드가 나왔다는 소식을 발견하게 된다. 그렇다면 그러한 제안들 뒤에 누가 있는 것일까? 우리의 재정 상태에 대해 얼마나 잘 알고 있기에 필요한 순간마다 불쑥불쑥 나타나는가? 빅3 신용평가기관인 에퀴팩스Equifax, 엑스페리언Experian,

트랜스유니언TransUnion을 포함한 다양한 금융기관들은 은행 및 법원 기록들까지 포함한 모든 형태의 데이터를 분석함으로써 1억 명이 넘는 미국인들의 경제적인 생활에 관한 복잡하고 세밀한 프로필을 만들어내고 있다.[13] 그리고 이름은 물론, 사회보장번호, 결혼 유무, 최근 출생한 아기, 교육 수준, 자동차 브랜드, TV 케이블 사업자, 심지어 구독하고 있는 잡지에 관한 세세한 정보들까지 다 담긴 프로필 데이터를 은행이나 신용카드업체 및 대출 브로커들에게 팔아넘기고 있다. 아직 공략할 여지가 남아 있는 새로운 고객들을 찾기 위해 혈안이 되어 있는 업체들, 그리고 낮은 인지도 때문에 고생하고 있는 신생 업체까지도 그들의 고객이다! 그렇다. 바로 여러분의 신용 관리를 담당하고 있는 업체들이 뒤에서는 개인적인 경제와 관련된 정보들을 신용카드업체나 대출업자들에게 팔아넘기고 있는 것이다.

은행과 신용카드업체들은 구체적인 기술과 전략을 밝히지 않으려고 하지만, 주택 소유와 관련된 정보들을 활용한다는 사실은 이미 널리 알려져 있다. 주택 매매는 공적인 기록으로 남기 때문에 집을 사고팔 때마다 사람들은 이른바 '트리거 리스트trigger list'에 올라가고, 이는 그 시점을 전후로 이사할 것이라는 신호를 의미한다. '트리거 리스트'를 구매한 업체들은 그 정보를 기반으로 대출 상품 및 신용카드 제안서를 발송하거나 카탈로그 및 잡지 구독 신청서 등을 쏟아붓는다. 가령 ALC 마일스톤스 뉴무버스Milestones New Movers나 뉴 홈오너스New Home owners 같은 업체들은 사람들이 이사를 하고 나서 집 단장을 위해 평균적으로 6개월 동안 1만 2,000달러에 가까운 돈을 쓰며, 그중에서도 최초의 며칠 혹은 몇 주 사이에 상당 금액을 소비한다는 사실을 잘 알고 있다. 그리고 새 집을 구입하면서 다양한 가구들이 필요한 사람들에 대한 실시간 정보를 크레이트앤배럴Crate & Barrel이나 포터리 반Pottery Barn 같은 업체들에게 그대로 팔아넘긴다.[14]

사람들의 소비 패턴을 유사한 프로필을 가진 다른 사람들의 패턴과 비교하는 '예측 모델링predictive modeling' 기술 덕분에 오늘날 데이터 수집 업체 및 금융 기업들은 여러분이 새로운 주택담보 대출이 필요하다는 사실을 여러분보다 먼저 알아챘다. 미국 신용평가업체인 에퀴팩스는 대출업체들을 대상으로 '목표점 예측 촉발TargetPoint Predictive Triggers'이라는 브로슈어를 발송한다. 에퀴팩스는 '첨단 프로파일링 기술'을 기반으로 '새로운 대출 정보를 검색하는 사람들의 통계적 성향'을 보이는 사람들의 정보를 알려줄 수 있다고 장담한다.[15]

에퀴팩스 역시 어떻게 데이터를 활용하고 있는지 정확하게 밝히지 않지만 얼마든지 추측해볼 수 있다. 가령 한 은행이 새로운 조건들로 구성된 주택 재대출 상품을 고객들에게 메일로 알린다고 하자. 여러분은 그 메일을 열어보고는 관심이 있는지 묻는 칸에 '예'라고 표시한 다음 좀 더 자세한 정보를 얻고자 이름과 주소를 기입하여 답장을 보낸다. 그러면 은행의 데이터 전문가들은 여러분의 집, 신용카드 대출 내역, 보유하고 있는(혹은 없는) 저축과 관련된 정보들을 기존 데이터들과 조합한다. 다음으로 그 은행은 이렇게 가공한 데이터를 첨단 통계 프로그램에 집어넣고, 여러분과 비슷한 프로필을 가진 고객들의 목록을 뽑는다(가령 큰 집을 보유하고 있고, 주방 전문 업체인 윌리엄스 소노마Williams-Sonoma에서 쇼핑을 하는 사람들의 목록). 그리고 나서 그 목록에 올라 있는 사람들을 대상으로 비슷한 제안을 보낸다. 결국 사람들은 자신도 모르는 사이에 그 은행이 다른 고객들을 추적할 수 있도록 서로 도와주고 있는 셈이다.

2010년에 미 의회는 특히 젊은이들 비중이 높은 순진한 소비자들을 신용카드업체 같은 약탈자들로부터 보호하기 위한 법안을 통과시켰다. 새로운 법안에는 오랫동안 대학들이 신용카드업체들과 비밀리에 맺어온 계약을 공개하라는 내용도 포함되어 있었다. 그 결과, 2007년을 기준으로 예일대학교 등 권위 있는 고등교육 기관 수백 군데가 아주 높은 수익성을 보장받는 '상호계약'을 체이스 은행Chase bank과 맺고 있었다는 사실이 드러났다. 그 계약의 내용은 본질적으로 대학이 졸업생과 직원, 스포츠 팬, 심지어 재학생들에게 접근할 수 있는 권리를 그 은행에 판매한 것이었다.[16] 이어서 800개에 달하는 2년제 대학과 700군데에 육박하는 4년제 대학들이 다양한 신용카드업체 및 은행들과 유사한 계약들을 맺었다는 사실이 밝혀졌다.

일부의 계약에서 대학들은 학생들이 은행 계좌를 개설할 때마다 수당을 받았고, 또 다른 계약에서는 학생들이 해당 신용카드로 결제할 때마다 수수료를 챙겼다. 졸업생이 대출을 받을 때 수수료를 챙긴 대학들도 있었다. 이러한 계약들은 대학의 입장에서 학생들에게 신용카드를 만들라고 자극하는 분명한 동기로 작용했으며, 그래서 그토록 많은 대학들이 학교 행사에 신용카드업체들을 불러들이면서까지 캠퍼스 내에서 그들이 광고를 할 수 있도록 허락했던 것이다.[17]

그런데 왜 신용카드업체들은 젊은이들을 그렇게 집중적으로 공략하고 있는 것일까? 그 이유는 간단하다. 수입이 거의 없고 자신의 소비 패턴에 책임도 없는, 하지만 부모들과 함께 공동 계좌를 개설해 사용하는 경우가 많아 신용등급이 높은 학생들은 은행의 입장에서 캐시카우와 같은 존재이기 때문이다. 학생 전문 대출업체인 샐리 매Sallie Mae에 따르면, 2008년도 대학 졸업생들의 평균 신용카드 대출 금액은 4,100달러가 넘었으며, 지금으로부터 6년 전, 그러니까 경기 침체가 일어나기 이전에 '대학생 신용카드 대출 시장'의 규모는 60억 달러가 넘었다.[18] 여기서 한 가지 속지 말아야 할 것이 있다. 신용카드업체들은 연체를 하지 않는 이상 카드를 최대한도로 쓰는 학생들을 '사랑'한다는 것이다. 사실 이것은 대다수 신용카드업체들의 비밀스러운 목표이기도 하다. 오하이오주립대학교 연구팀이 밝혀낸 바에 따르면, 대학생 연령의 젊은이들은 처음 신용카드를 발급받았을 때 당장 달려가서 물건을 사고 싶어하는 것은 물론, 당시 발급받았던 카드를 무려 15년 동안이나 계속해서 사용하는 경향이 있다고 한

브랜드의 거짓말

다. 이러한 사실을 감안할 때 미국 연방준비제도위원회의 자료에서 알 수 있듯 뱅크 오브 아메리카Bank of America의 FIA 카드서비스 사업부가 대학생들을 회원으로 끌어들이기 위해 다른 경쟁 업체들에 비해 288%나 더 많이 투자한 것도 그다지 놀라운 일이 아니다.

데이터 마이닝의 관점에서 젊은 소비자들과 관련하여 가장 신경 써야 할 대목은 이들이 대학을 졸업한 후에도 은행의 레이더망에서 벗어나지 않도록 상호계약을 통해 대학들이 학생 및 졸업생들의 이름, 전화번호, 주소를 포함한 개인 데이터 모두를 넘긴다는 것이다.[19]

구매 목록만 봐도
프로필이 보인다

오늘날 사람들은 평균 15장 정도의 포인트 카드를 가지고 다닌다. 스테이플스, 베스트바이, 스타벅스에서 동네 슈퍼마켓에 이르기까지 이제는 세상의 모든 유통업체들이 포인트 카드를 발급하고 있다. 그러나 사람들은 대부분 자신이 어떤 포인트 카드를 받았는지 잘 기억하지 못한다. 영국에서 실시했던 한 연구에서 중년 여성으로 구성된 한 그룹에게 얼마나 많은 포인트 카드를 가지고 있는지 물어보았을 때 그들은 절반 정도밖에 기억하지 못했다. 나는 이를 확인해보기 위해 사람들에게 지갑에 들어 있는 포인트 카드를 다 꺼내보라고 했다. 그리고 쏟아져 나온 카드를 보고 대부분 깜짝 놀라는 표정을 지었다.

그런데 잠깐, 포인트 카드에 무슨 문제가 있다는 말인가? 포인트 카드를 써야 돈을 '절약'할 수 있는 것 아닌가? 아니다. 절대 그렇지 않다. 물론 기업들은 포인트 카드 제도를 설명하면서 '리워드카드', '로열티 프로그램', '우수고객 할인'과 같은 표현들을 마구 써서 소비자들이 스스로를 특별한 존재로 느끼고, 그리고 실제로 보상을 받고 돈을 절약할 수 있다고 믿게 만든다. 그러나 그건 거짓말이다. 기업들이 이러한 교묘한 프로그램을 실시하는 이유는 마케터들이나 광고업체들이 주장하는 것처럼 여러분이 오늘 50센트, 그리고 내일 50센트를 절약하도록 도와주기 위한 게 아니다.

포인트 카드 프로그램은 단 한 가지 교묘한 목표를 향하고 있다. 다름 아닌, 여러분이 '더 많이' 소비하도록 만드는 것이다. 실제로 어떤 매장에서 포인트 카드를 발급받을 때마다 여러분은 그 매장 측에 자신과 가족의 구매 습관과 관심에 관한 엄청난 양의 정보를 수집하고 분류하고 종합하고 가공해도 좋다는 명시적인 허락을 해준 셈이다. 그리고 나면 이제 그 기업의 데이터 마이닝 전문가들은 그 자료들을 바탕으로 완벽하고 설득력 있고 여러분의 심리와 라이프스타일에 섬뜩하리만치 정확하게 들어맞는, 그래서 도저히 저항할 수 없는 마케팅과 광고 프로그

　　　　　　　　　　　　　　　브랜드의 거짓말

램들을 만들어낸다. 다시 말해 우리가 열쇠 꾸러미에 달린 조그
맣고 알록달록한 포인트 카드를 매장 점원에게 넘겨줄 때마다
25센트 혹은 1달러를 아끼고 때로는 사은품을 받는 대가로 개
인 정보를 고스란히 넘겨주고 있는 것이다.

식품 매장 계산대에 줄을 서 있다가 앞사람의 카트를 들여다
보면서 그 사람이 어떤 사람일까 궁금해한 적이 있는가? 가령
그 속에 린 퀴진Lean Cuisine에서 나온 갈릭치킨과 다이어트 코크
여섯 개들이 팩이 들어 있다고 해보자. 그러면 이런 생각이 든
다. '혼자 살고, 다이어트를 하고 있군.' 그 옆에 값비싼 샴푸와
컨디셔너가 보인다. '브랜드랑 미용에 관심이 있군. 게다가 형편
이 제법 넉넉한 모양이야.' 또 표백제가 함유된 리졸Lysol과 퓨렐
세정제가 보인다. '항균 제품에 관심이 많군.' 그런데 이상하게
도 가정용 혈압측정기도 보인다. '노부모님을 모시고 있나? 아
니면 자신의 건강에 문제가 있는 것일까?' 그러고는 좀 더 살펴
보면서 답을 찾고자 한다.

이러한 추측이 바로 데이터 마이닝 전문가들이 하는 일이다.
그들은 첨단 데이터 추적 기술 및 컴퓨터 프로그램 덕분에 그냥
눈으로 살펴본 것보다 훨씬 많은 정보들을 뽑아낼 수 있다. 어떻
게? 우리가 매장에서 포인트 카드를 쓸 때마다 우리가 산 물건
의 종류와 수량, 구매 시간, 가격 정보 등이 기업의 데이터 창고
로 전송되어 우리와 관련된 과거의 데이터들과 합쳐진다(포인트
카드 제도를 실시하고 있는 대부분의 브랜드 및 유통업체들은 지속적으로

데이터를 수집하면서 이를 바탕으로 개별 소비자의 주간·월간·연간 소비 패턴을 설명해주는 하나의 거대한 정보 덩어리를 만들어나간다). 이후 우리의 구매 습관은 물론 우리와 비슷한 수백만 소비자들의 습관을 기반으로 비상한 두뇌의 통계 전문가가 복잡한 프로그램을 돌려서 우리가 누구이고, 무엇을 살 것인지에 대한 예측을 내놓는다. 식품 매장에서 포인트 카드를 사용할 때, 예를 들어 우리는 그 할인매장 본사가 정해놓은 여섯 가지 소비자 유형, 곧 '바쁘고 육식을 하는 사람', '자연 회귀자', '안목 있는 레저 소비자', '단순명료한 소비자', '한 번에 모든 걸 사는 사교계 명사', '퇴근 길에 들르는 소비자' 중 하나로 분류된다.[20] 그리고 기업은 그 분류를 기반으로 소비자들에게 특화된 행사를 제안한다.

기업들은 이러한 과정을 거쳐 우리가 앞으로 무엇을 사려고 하는지에 대한 정보를 계속해서 뽑아낸다. 가령 요거트와 비타민을 산다면 기업의 프로그램은 이제 막 개장한 인근 헬스클럽에 가입하라는 초대장을 보낼 것이다. 인스턴트식품을 산다면 바쁜 사람이니 신문이나 우편 등 인쇄물의 형태가 아니라 스마트폰으로 직접 다운받을 수 있는 쿠폰을 발행할 것이다. 그리고 어느 날 갑자기 아기용 패드나 기저귀를 사기 시작한다면 최근에 겪고 있는 인생의 중대한 변화로 육체적으로 힘든 나날을 보내고 있을 것이라 판단해 스파 1일 할인권을 보낼지 모른다.

예전에 한 캐나다 식품 체인은 코코넛을 산 소비자들이 선불 전화카드를 더 많이 구매한다는 의외의 사실을 발견했다. 처음에 그 기업은 그 이유가 무엇인지 짐작하지 못했다. 코코넛과 전화카드 사이에 대체 무슨 관계가 있다는 말인가? 하지만 이후 카리브해의 섬들과 아시아에서 온 많은 소비자들이 코코넛을 요리 재료로 종종 쓰고, 동시에 선불 전화카드로 고향에 있는 가족들과 통화를 한다는 사실을 깨닫고 나서야 그 결과를 이해할 수 있었다.

이렇게 생각할지도 모른다. '어쨌든 좋다. 그런데 할인매장들은 그런 정보들을 어떻게 활용해서 그렇게 많은 돈을 빼앗아갈 수 있었던 걸까?' 첫째, 그들은 '인접adjacency' 전략을 활용했다. 가장 중요한 전략인 인접 전략은 얼핏 별로 연관이 없어 보이지만 특정 소비자층의 관심을 끌어모을 수 있는 두 가지 혹은 그 이상의 제품들을 나란히 진열하는 방법을 말한다. 예를 들어 자메이카 소비자들이 요리 재료로 쓸 코코넛을 장바구니에 담다가 바로 왼편에서 전략적으로 진열해둔 선불 전화카드를 보고, 어머니께 전화를 드려야겠다는 생각을 떠올리는 식이다.

기업들은 우리가 전혀 인식하지 못했던 문제들에 대한 해결책을 인접 전략을 통해 내놓음으로써 돈을 벌어들인다. 예를 들어 어떤 할인매장의 관리자가 8월 중순에 접어들면서 냉동 딸기 쇼트케이크가 많이 팔려나가고 있다는 정보를 확인한다. 매장을 둘러보니 딸기 쇼트케이크를 집에서 만들어 먹을 수 있는 재료들, 즉 딸기, 휘핑크림, 파운드케이크가 제각각 다른 코너에 있다. 그런데 최근 딸기 쇼트케이크가 불타나게 팔리는 것을 보니 그 음식을 집에서 직접 만들어보고자 하는 소비자들도 많을 것 같다. 그래서 소비자들이 한꺼번에 그 재료들을 구입할 수 있도록 매장 입구 매대에 세 가지 제품을 함께 진열해두었다. 이제 소비자들은 매장에 들어서면서 이런 생각을 한다. '즉석 디저트 만들기? 내가 왜 그 생각을 못 했지?' 그리고 재빨리 재료들을 몽땅 장바구니에 주워 담는다. 하지만 그 재료들의 값은 완제품보다 3배나 더 비싸다.

포인트 카드로부터 얻은 정보를 활용하는 방식은 이게 다가 아니다. 식품 매장을 단순히 방문하는 것만으로 기업들이 어떻게 많은 정보를 얻을 수 있는지, 그리고 그렇게 얻은 정보로 기업들이 무슨 일을 하고 있는지 이해하기 위해 스파키스Sparky's라는 식품 체인으로 여행을 떠나보자.

먼저 외부에서 매장을 바라보았을 때 오른쪽 끝에 출입구를 만들어놓았을 만큼 스파키스가 똑똑한 매장이라는 사실부터 짚고 넘어가자. 그들이 오른쪽 끝에 출입구를 만든 데는 이유가 있다. 200개에 이르는 매장들을 통해 수집한 데이터에 따르면, 소비자들은 반시계 방향으로 돌면서 쇼핑을 할 때 2달러를 더 소비했다. 대부분의 사람들이 왼쪽으로 돌면서 쇼핑을 하는 것은 그것이 오른손잡이가 물건을 집기에 더 편한 방향이기 때문이다. 이러한 점에서 오른쪽에 정문을 만들어둔 것은 자연스럽게 반시계 방향으로 쇼핑 동선을 유도하려는 미묘하면서도 효과적인 방법이다.

브랜드의 거짓말

또 한 가지 덧붙일 것이 있다. 영리하게도 스파키스가 쇼핑 카트를 거대하게 만들었다는 사실이다. 실제로 많은 연구들이 장바구니가 크면 클수록 사람들은 더 많은 물건을 담으려고 한다는 사실을 보여주었다. 가령 나는 미로와 같은 통로들과 높다랗게 쌓인 제품들의 탑을 비집고 과일 코너에 도착해서 비로소 그래니 스미스라는 품종의 사과를 발견한다. 원래는 세 개를 사려고 했지만 그냥 다섯 개를 카트에 담는다. '네 개를 사면 하나를 무료로 드립니다'라는 문구 때문이다. 하지만 그 순간 나는 칼럼니스트인 윌리엄 파운드스톤이 '비선형 가격 정책nonlinear pricing'이라고 표현했던 케케묵은 마케팅 전략에 속아 넘어간 것이다. 실제로 나는 정상가격 그대로를 지불한 것이다. 그럼에도 다섯 개를 사면서 20%를 할인받았다는 착각을 하고 있는 것이다. 어쨌든 나는 유기농 사과 다섯 개를 구매하면서 스파키스의 데이터베이스에 내가 교육을 잘 받았고, 살림살이가 괜찮고, 환경 친화적인 제품에 관심이 많다는 사실을 알려주었다.

자, 다시 한번 생각해보자. 내가 그 사과를 발견하기까지 길고 험난한 항해를 해야 했다는 사실을 알아차렸는가? 그건 내 실수가 아니다. 그 경로가 복잡할수록 우리는 더 오래 걸어야만 하고, 더 오래 걸을수록 더 많은 '제품'에 노출된다. 다시 말해 더 많은 유혹을 받는다. 하지만 오늘날 많은 소비자들이 쇼핑을 하기 전에 목록을 적어놓고, 그에 따라 살 것들만 골라서 매장을 빠져나간다. 이런 똑똑한 소비자들에 대적하기 위해 많은 할인

매장들이 한 달 단위로 제품들의 위치를 바꾸는 방법으로 소비자들의 노력을 방해하고 있다. 그 결과, 소비자들은 다양한 제품의 유혹에 더 많이 노출되고, 물건 찾기는 마치 하나의 게임처럼 되어가고 있다(앞서 살펴보았던 게임의 위력이 기억나는가?). 결국 소비자들은 애초의 목록에 들어 있지도 않았던 제품들을 충동적으로 구매하면서 힘든 노동에 대한 보상을 스스로에게 하고 있다는 느낌을 받는 것이다.

이제 방향을 돌려 약품 코너를 지나면서 나는 니코레트Nicorette 금연 패치 한 박스를 집어 든다. 흡연자는 아니지만 작은 실험의 일환으로 이 제품을 선택했다. 니코레트를 장바구니에 담았다는 것은 내가 25~50세의 나이에, 일반적인 제품이나 PB 제품보다 전문 브랜드를 더 선호한다는 사실을 매장 데이터베이스에 전송한다는 의미다. 그렇지 않은가?

다음으로 나는 여성 헤어 관리 코너로 발걸음을 옮겨 제리Jheri사의 컬링 제품을 한 팩 집어 든다. 그리고 '도라 디 익스플로러Dora the Explorer' 캐릭터가 그려진 반창고를 한 박스 넣는다. 이제 그 매장은 나에 대해 두 가지 정보를 얻었다. 우선 나는 흑인 여성이며, 다섯 살이 안 된 아이의 엄마다. 이제 데이터 마이닝 전문가들은 지금까지의 정보를 기반으로 주스, 아침용 시리얼, 화장품과 관련된 쿠폰을 발행하거나 마케팅 행사를 하는 것이 효과적일 것이라고 결론을 내렸다.

이제 쇼핑을 마치고 계산대로 가서 스파키스 포인트 카드와 함께 결제를 한다. 그런데 계산대 바로 앞에 새로 나온 프레첼 M&Ms 봉지가 눈에 들어온다. 이걸 집었다면 데이터 마이닝 전문가에게 내가 신제품에 과감하게 도전하는 사람이라는 정보를 흘리는 것이다. 그러면 스파키스는 앞으로 신제품에 대한 쿠폰을 내게 발행해줄 것이다.

점원이 내 포인트 카드를 긁는다. 그 순간, 스파키스의 데이터베이스는 내가 산 물건들에 대한 모든 정보를 얻었다. 그리고 내가 건강에 관심이 많고 교육받은, 금연을 하고 있으며 어린 딸을 둔 25~44세의 흑인 여성이라고 판단할 것이다. 스파키스의 슈퍼컴퓨터들은 새롭게 얻은 정보들을 기존의 데이터뱅크에 추가하고 그날 나와 동시에 매장을 찾았던, 포인트 카드를 사용한 다른 고객들의 정보들과 함께 가공할 것이다. 그리고 내가 어떤 사람이고 어떤 취향을 가졌는지에 관한 다양한 형태의 결론과 예측에 도달할 것이다. 그러고 나서 스파키스는 내가 샀던 제품을 판매하는 기업들에게, 그리고 프로필상 내가 잠재 고객이 될 가능성이 농후한 기업들에게 그 데이터를 팔아넘길 것이다. 그들은 앞으로 내가 살고 있는 지역의 주민 수천 명을 대상으로도 똑같이 할 것이며, 매장을 방문할 모든 사람들에 대해서도 그렇게 할 것이다. 그리고 나는 물론 우리 모두에 대해 알고 있는 정보를 바탕으로 마케팅 메시지를 가다듬고 재고 상황을 검토할 것이다. 그리고 고도로 개별화·맞춤화된 소비자들이 절대 저항할 수 없는 광고 전략을 가지고 더욱더 교묘하게 우리를 공략해

올 것이다.

장담하건대 앞으로 할인매장들은 더욱 영리해지고 더욱 공격적으로 변할 것이다. 매장 내 모니터링 업체인 레코던트Recordant는 소비자들이 매장 직원들과 나누는 대화를 녹음하는 디지털 오디오 장비를 설치해주고 있다. 그리고 첨단 소프트웨어를 통해 기업들이 그 대화 내용들을 분석하고 반복적으로 등장하는 단어와 표현들을 확인할 수 있도록 도와주고 있다. 토이저러스, 오피스데포, 월그린스와 같은 기업들을 고객으로 하고 있는 브릭스트림Brickstream은 듀얼 렌즈가 장착된 카메라 시스템을 통해 소비자들이 어디서, 얼마나 오랫동안 쇼핑을 하는지, 특정 제품에 어떻게 반응하는지에 관한 정보들을 수집하고 있다.[21] 또 패스트래커PathTracker라는 전자 모니터링 시스템 업체는 매장 내 카트와 장바구니에 위치추적 장비를 부착해놓는다. 이 장비들은 몇 초에 한 번씩 아무런 소리 없이 신호를 발송하고, 그때마다 "매장 내부에 설치된 수많은 안테나들이 그 신호를 포착한다. 패스트래커는 그 신호들을 개별 소비자별로 분석·종합하여 사람들의 구매 패턴에 관한 전체적인 정보를 만들어낸다."[22]

아이고.

매출을 좌우하는
매장 음악

스파키스 매장 이야기는 아직 끝나지 않았다. 매장을 이리저리 헤매는 동안 나도 모르게 천장에서 흘러나오는 폴 매카트니의 노래를 따라서 흥얼거리고 있다. 이 노래도 그냥 우연인가? 아니다. 그 감미로운 음악들 역시 신중하고 치밀하게 선별된 무자크Muzak의 작품이다. 무자크는 갭, 맥도널드, 반스앤노블 등 수많은 사람들이 드나드는 매장에 맞는 배경음악을 구성해주는 서비스를 제공한다.[23] 그렇다면 무자크는 어떤 방식으로 노래들을 선곡하는가? 먼저 음악이 미치는 신체적, 심리적 영향을 공부한 전문가들, 즉 '오디오 설계자audio architect'들이 해당 매장이나 레스토랑을 방문해서 데이터 마이닝 자료를 살펴보고 소비자들이 거기서 무엇을 사고 먹는지 분석한다. 그리고 그 분석을 기반으로 주요 소비자층을 공략할 수 있는 음악 목록을 신중하게 구성한다. 업계에서는 이러한 작업을 '내로캐스팅narrowcasting'이라고 부른다.

무자크는 인디록에서 힙합, 클래식에 이르기까지 10개의 카테고리에 총 74개의 음악 프로그램들을 마련해놓고 있다. 각 프로그램들은 '자극진행stimulus progression'이라는 개념을 기반으로 템포와 분위기가 15분간 상승과 하락을 반복하는 방식으로 변화하면서 특정한 심리적 영향을 창조하도록 설계되었다. 가령 슈퍼마켓이나 식품 매장에서 흘러나오는 노래들은 레스토랑의 음악보다 훨씬 느리다. 그 사실을 알고 있었는가? 그 이유는 템포가 느릴수록 사람들은 더욱 느리게 이동하기 때문이다. 사람들이 매장에 더 오래 머물수록 당연히 물건을 더 많이 사게 된다. 『당신의 지갑이 텅 빈 데는 이유가 있다』의 저자인 더글러스 러시코프는 미국 백화점에서 느린 템포의 음악을 틀어놓았을 때 전체 쇼핑 시간은 18% 더 길어졌고 매출은 17% 더 높아졌다고 설명한다. 특히 식품 매장의 매출이 38% 증가한 것으로 나타났다. 한편 러시코프는 패스트푸드 매장들은 '손님들의 식사 속도를 높이기 위해' 더 리듬이 빠른 음악을 틀어놓는다고 말한다.[24] 그래서 손님들이 더 빨리 매장을 빠져나가고, 새로운 손님들을 더 많이 맞이함으로써 더 높은 수익을 올릴 수 있는 것이다.

내로캐스팅 기술을 기반으로 무자크는 요일별로 프로그램 목록을 조금씩 변형하여 무의식적인 차원에서 소비자들이 다양한 제품을 구매하도록 자극하는 단계에까지 이르렀다. 토요일이라면? 로맨틱한 음악이 흐르면서 '그녀에게 장미나 보석을 선물하세요'라고 속삭인다. 이러한 방법이 대단히 효과적인 것으로 드러나자 일본의 일부 할인매장들은 매장 전체를 몇몇 구역으로 구분하고 구역마다 분 단위로 소비를 극대화하기 위해 설계한 음향을 들려주고 있다. 가령 신선 과일 및 채소 코너에서는 물방울이 떨어지고 새가 지저귀고 바람이 부는 소리가 천장 스피커에서 흘러나오고, 스낵 코너에서는 동요와 아이들의 웃음소리

브랜드의 거짓말

가, 정육 코너에서는 스테이크 굽는 소리가 퍼져 나오고 있다.

이 정도로는 성에 차지 않는다는 듯 무자크는 다양한 유통 기업들을 대상으로 소비자들을 더 깊은 차원에서 자극할 수 있도록 더욱 치밀하게 설계된 '앳머스페릭스atmospherics'라는 서비스를 내놓았다.[25] 16세 소녀가 미국 중부 지역의 의류 매장에 걸어 들어가고 있다고 상상해보자. 실내 인테리어는 화려하고 섹시하고 도시적이며, 직원들은 한결같이 유행을 앞서 가고 매력적이다. 여기에 이제 유혹적인 느낌이 묻어나는 빠른 비트의 전자 음악을 추가해보자. 매장의 전체적인 분위기는 작은 시골 마을을 떠나 대도시로 향하는 꿈을 꾸고 있는, 반짝이는 눈망울을 가진 소녀의 판타지를 자극하고 있는가? 그렇다. 매장 분위기는 소녀가 의식적인 차원에서 그토록 원했던 멋지고 세련된 모습을 상상하게 한다. 그리고 이제 그 소녀는 상상을 현실화하기 위해 셔츠와 바지 몇 벌을 산다. 장담하건대 그것이 바로 이 매장이 애초에 노리고 있었던 것이다.

가장 많은 돈을 지불하는 시간대

코스트코Costco나 월마트 같은 대형 할인매장에서 기존 인쇄가격표들이 점점 디지털 방식으로 바뀌고 있다. 여러분도 눈치챘는가? 아마 편리성을 위한 것이라 생각했을 것이다. 디지털 가격표가 있다면 직원들이 매장을 돌아다니면서 매일 또는 매주 가격표를 수정할 필요가 없지 않은가? 완전히 틀린 말은 아니다. 하지만 전체 이야기는 여러분의 생각과는 좀 다르다.

출퇴근 시간대 고속도로나 지하철처럼 할인매장에도 사람들이 가장 붐비는 시간대가 있다. 일반적으로 오후 5시가 지나면 사람들이 몰려들기 시작한다. 하지만 주중 오전 11시에 할인매장에 가보면 멜론을 고르고 있는 노부부들을 제외하고는 손님들을 거의 찾아볼 수 없다. 당연한 일이다. 토요일이나 일요일이 아닌 다음에야 사람들이 하루 일과를 마치고 식품 매장에 들른다는 건 일종의 상식이기 때문이다. 교통의 비유를 계속해보자면, 할인매장들 역시 손님들의 통행량을 기준으로 통행료를 조정하기 시작했다. 하지만 그 사실을 알고 있는 사람은 많지 않다. 혹시 자정 가까운 시각에 문득 아이스크림이 먹고 싶다거나 휘핑크림이 다 떨어졌음을 발견한 적이 있는가? 한밤중에 문득 깨어난 충동은 너무나 강력해서 저항하기 쉽지 않다. 그래서 결국 그 시간에 차를 몰고 24시간 영업을 하는 가까운 할인매장에 간다. 하지만 그때 여러분은 아마 오후 5시 피크타임 때보다 훨씬 비싼 금액을 휘핑크림에 지불해야 할 것이다!

제조 기업과 유통업체들은 가격에 대한 소비자들의 민감성이 하루, 일주일, 월, 년 단위로 유동적이라는 사실을 잘 알고 있다. 때로 우리는 세일 품목을 사기 위해 매장을 찾지만, 절박한 상황

브랜드의 거짓말

이나 심각하게 배가 고플 때에는 가격에 그다지 신경을 쓰지 않는다. 그렇다면 시간과 관련하여 무슨 일이 벌어지고 있는 것일까? 첨단 데이터 마이닝 기술 덕분에 오늘날 일부 국가의 할인 매장과 대형 유통업체들은 사람들이 언제 기꺼이 돈을 더 지불하려고 하는지를 잘 알고 있다. 그리고 당연히 이에 따라 가격을 수정한다.

이를 위해 디지털 가격표가 등장했다! 스칸디나비아 지역의 일부 대형 마트들은 거의 하루 단위로 가격표를 수정하고 있으며, 일본의 경우 심지어 시간 단위로 조정하는 마트도 있다. 그들이 가격을 수정하는 기준에는 날씨(날씨가 궂을수록 가격은 올라간다), 매장 내 소비자 밀도(손님이 많을수록 가격은 내려간다)와 같은 요소가 들어 있다. 이러한 현상이 하나의 흐름으로 이어질 것이라 장담한다. 앞으로 가격들이 주식시장처럼 심하게 요동칠 것이다. 곧 쇼핑이 일종의 게임으로 변할 것이라는 뜻이다(앞서 살펴본 게임의 중독성을 떠올려보자). 즉 모든 물건들을 최대한 싸게 사려는 전쟁이 시작된 것이다.

기업들은 데이터 마이닝 기술을 통해 이와는 다른 방식으로 소비자들의 가격 민감성을 활용하고 있다. 작년에도 새로운 데이터 마이닝 기술들이 쏟아져 나왔으며, 《포춘》 100대 기업 중 상당수가 그 기술을 웹사이트에 그대로 적용하고 있다. 가령 프리딕타Predicta.net라는 사이트를 살펴보자. 이들의 목표는 간단하다. 특정 사이트에서 사용자들이 무엇을 하는지, 어떤 페이지를 둘러보는지를 분석함으로써 소비자층을 분류하는 서비스를 제공한다. 또 소비자의 구매력을 기반으로 고도로 맞춤화된, 구체적인 광고 및 마케팅 전략을 알려주는 일을 한다.

가령 오늘 아침에 여러분은 디지털카메라를 사기 위해 베스트바이에 들어가서 세일 품목들을 살펴보았다고 하자. 여기서 만약 베스트바이가 프리딕타의 서비스를 받고 있다면(현재 프리딕타의 고객으로는 비자, 필립스, HP가 있다)[26] 즉각적으로 두 가지 사실을 알아챘을 것이다. 첫째, 여러분이 디지털카메라를 사려고 한다. 둘째, 그중에서도 세일 품목들을 물색하고 있다. 이를 바탕으로 베스트바이는 오늘 아침에 여러분이 살펴보았던 그 제품을 위한, 꽤 좋은 조건을 제시하는 '맞춤형' 쿠폰을 여러분에게 발송할 것이다. 이제 여러분은 더 이상 저항할 수 없게 된다. 이른바 '행동 기반 맞춤형 광고behavioral targeting'라고도 하는 이 전략은 데이터 마이닝 서비스가 더욱 저렴해지고 간편해지면서 모든 시장의 마케터들 사이에서 점점 더 인기 있는 도구로 떠오르고 있다.

이제 조금 다른 시나리오로 들어가보자. 어느 날 아침 여러분의 친구가 캐논Canon 또는 니콘Nikon 홈페이지에 들어가서 카메라를 살펴보고 있다. 프리딕타 프로그램이 탑재된 그 사이트는 그녀가 많은 액수도 기꺼이 지불할 것이라는 사실을 알고 있기 때문에 할인 쿠폰 같은 것은 발행하지 않는다. 그래서 카메라 가격은 그대로 두고 고급 가죽 카메라 가방용 할인 쿠폰만 발송한

브랜드의 거짓말

다. 여기서 바로 경제학자들이 말하는 '가격 차별화' 현상이 나타나고 있다. 여러분과 친구는 동일한 카메라를 구입했지만, 그 가격은 완전히 다르다.

AT&T나 의류 브랜드 앤트로폴로지Anthropologie 같은 기업들이 사용하고 있는 '베이노트Baynote'라는 최신 프로그램은 소비자들의 온라인 구매 경로 그리고 특정 페이지 내에서 어느 부분을 살펴보는지, 어떤 것을 클릭하는지, 어떤 검색어를 사용하는지를 추적할 뿐만 아니라 유사한 제품을 검색하거나 살펴보았던 다른 사용자들이 관심을 많이 보였던 다른 제품들을 추천하는 서비스까지 하고 있다.[27]

사실 프리딕타와 베이노트는 '맞춤형 재공략personalized retargeting' 혹은 '리마케팅remarketing'이라는 점점 널리 퍼지고 있는 새로운 유형의 마케팅 기법이다. 이 두 프로그램은 특히 다이어퍼스Diapers.com나 이배그스eBags.com와 같은 유통업체와 디스커버리 채널은 물론 부동산, 여행, 온라인 금융서비스 업체들 사이에서 인기가 높다. 그리고 웹브라우저를 사용할 때 자동적으로 컴퓨터 하드에 저장되는 '쿠키' 파일을 추적해 여러분이 방문하거나 열어보는 모든 사이트에 대한 지워지지 않는 기록 정보를 만들어낸다. 그리고 이러한 정보를 바탕으로 여러분이 실제로 온라인상에서 읽고 보고 구매한 모든 내용들과 밀접한 연관이 있는 맞춤형 제안들을 발송한다. 실제로 이 기법은 '스토킹 신발' 괴담 뒤에 숨겨진 미스터리한 힘으로 밝혀지기도 했다. 작년에

《뉴욕 타임스》의 한 기사가 다루었던 괴담을 살펴보자. 어느 날 아침, 두 자녀를 둔 캐나다 엄마가 대형 온라인 신발 유통업체인 자포스Zappos 사이트에서 신발 하나를 구경하면서 감탄하고 있었다. 그런데 그 뒤로 그 신발은 그녀를 절대 혼자 내버려두지 않았다. 그 여성은 이렇게 회상했다. "며칠, 아니 몇 주 동안 내가 돌아다녔던 모든 온라인 사이트들이 내게 그 신발 광고를 보여주었어요."

반복적인 복통으로 고생한 적이 있는가? 수면장애가 있는 것은 아닌가? 가족들 중에 우울증을 앓는 사람이 있는가? 만약 그렇다면 어떻게 대처하고 있는가? 대부분의 사람들은 먼저 인터넷 검색창에 그 증상들을 입력해볼 것이다. 바로 이러한 이유로 일부 제약업체들은 온라인상에서 사람들이 어떤 검색어를 사용하고 있는지 감시하고 있다. 그러한 정보를 바탕으로 제약 기업들은 특정한 질병에 대한 제안들을 보낼 수 있을 뿐만 아니라 지역적, 통계적으로 사람들이 어떤 질병을 가장 우려하고 있는지를 파악해 그 결과에 따라 재고 상황과 약국 광고를 수정할 수 있다. 이 글을 쓰고 있는 지금, 많은 유명 소비자단체들은 의료 및 제약 관련 정보를 얻기 위해 사람들이 온라인에 접속할 때 마구잡이식으로 뜨는 사기성 짙은 광고들에 대해 조사하라고 미국 연방거래위원회FTC에 촉구하고 있다. 이들은 당시 이렇게 지적했다. "건강 및 의학 분야의 마케터들이 최근 건강 관련 문제나 치료 혹은 약품에 관한 정보를 인터넷상에서 더 많이 찾아보고 있는 미국 소비자들을 적극 공략하는 상황에서 올해 그 시장 규모는 10억 달러에 이를 것으로 전망된다."[28] 이와 관련하여 거론되는 온라인 사이트로는 구글, 야후, 마이크로소프트, AOL, WebMD, 퀄리티헬스QualityHealth, 에브리데이 헬스Everyday Health, 헬스센트럴HealthCentral 등이 있다. 하지만 지금 제약 및 건강 관련 기업들의 마케터들은 오히려 데이터 마이닝, 인터넷 검색 모니터링, 온라인 행동 프로파일링 기법들을 자유롭게 활용할 수 있도록 온라인 광고 허용 범위를 확대해달라고 FDA에 압력을 행사하고 있다.

간단하게 말해서 이제는 건강에 관한 지극히 개인적인 정보들도 데이터 마이닝 프로그램으로부터 절대 자유롭지 않다.

보험사가 보상 한도를
결정하는 법

개인 정보에 관한 페이스북 정책이 오늘날 사회적으로 많은 논란을 불러일으키고는 있지만, 그 항목들을 시간 들여 꼼꼼히 읽어본다면 대단히 직설적이라는 사실을 확인할 수 있다. 페이스북은 사용자들을 개인적인 차원에서 확인할 수 있는 그 어떠한 정보도 '사용자들의 동의 없이' 광고업체들과 공유하지 않는다고 분명하게 밝히고 있다. 하지만 동시에 페이스북은 '광고업체들이 자신의 광고를 보게 될 사용자들의 속성을 선택할 수 있게'[29] 하고 있으며, 그 업체들이 '광고에 적합한 사용자층을 선택하기 위해' 생일과 같이 사용자들이 사적인 범위로 설정해놓은 정보들을 포함하여 페이스북이 수집한 모든 정보들을 활용할 수 있는 권리까지 부여하고 있다. 더 무서운 사실은 '(사용자들이) 특정 광고를 클릭하거나 접촉할 때 해당 광고업체가 (사용자들의) 브라우저상 쿠키 파일을 추적하고, 그 정보들이 그들이 선택했던 기준과 일치하는지 확인하는 것이 가능하다'는 점이다. 이 말은 우리가 페이스북에서 어떤 광고를 클릭하면 그 광고업체들은 여러분이 허용하고 있는 모든 정보를 활용하여 사용자들에게 '꼭 맞는' 광고를 몇 개월 혹은 몇 년 동안 제안할 수 있는 권리를 가지고 있다는 말을 복잡하게 표현한 것이다.

2010년 가을 《월스트리트 저널》이 텍사스홀덤포커Texas HoldEm Poker, 프론티어빌FrontierVille, 팜빌FarmVille 등 10개가량의 유명 페이스북 애플리케이션이 25군데 이상의 광고 및 인터넷 트래킹 업체들과 더불어 사용자와 그들의 페이스북 친구들의 이름을 포함한 다양한 정보들을 공유하고 있다는 사실을 폭로했을 때 사회적인 파장이 일었다. 이 애플리케이션들은 개인 정보에 관한 페이스북의 모든 정책을 무시하고 개인 정보를 가장 안전한 형태로 설정했던 사용자들까지 포함하여 페이스북에서 그러한 애플리케이션을 정기적으로 사용하는 사용자 70%의 프라이버시를 침해하고 있었다. 어느 누구도 페이스북이 그러한 사실을

브랜드의 거짓말

사전에 알고 있었다고 입증하지는 못했지만 이 충격적인 사건으로 "사용자들의 활동 보안에 관련된 개인 정보들을 보호하는 (페이스북의) 능력이 또다시 도마 위에 올랐다"고 기사는 전하고 있다.[30]

이것만으로는 여러분의 가상 농장을 처분하고 마피아 조직을 해체하고 계정을 비활성화하기에 부족하다고 느낀다면 그 몇 주 후에 나온 또 다른 기사로 넘어가보자. 이번 폭로는 《뉴욕 타임스》에 실렸다. 그 기사는 페이스북이 개인 정보를 절대 마케터들과 공유하지 않는다고 정책적으로 밝히고 있음에도 페이스북 광고업체들 또는 그 기사에서 묘사하고 있는 것처럼 '광고업체인 척하면서 이런저런 질문들을 던지는' 업체들은 사용자의 성적 취향이나 종교와 같은 민감한 개인 정보를 얼마든지 구할 수 있다고 밝혔다.

인도와 독일 학자들로 구성된 한 연구팀은 실험을 하면서 여섯 개의 페이스북 계정을 만들고 그중 두 개의 계정에만 동성애 항목에 체크했다. 그러자 성적 취향과 관련 없는 광고들과 더불어 게이 바와 같은 동성애자들에게 특화된 광고들이 그 두 계정에 뜨기 시작했다. 하지만 이상하게도 성적 취향과 관련 없어 보이는 광고들 중에서도 동성애자라고 밝힌 계정에만 뜨는 것들이 있었다. 그러한 경우 중립적으로 보인다고 하더라도 그 광고를 클릭하는 것은 자신이 동성애자라고 밝히는 '분명한 증거'가 될 수 있다. 《타임》의 한 기사는 고유한 증명, 즉 '일반적으로 쿠키 파일이나 IP가 반드시 개인 정보를 누설하는 것은 아니지만 프라이버시 전문가들은 가령 사용자들에게 뉴스레터에 가입하도록 하거나 설문 조사를 요청하는 것과 같이 다양한 방식들을 동원하여 개인 정보를 얻을 수 있고, 성적 취향도 얼마든지 알아낼 수 있다'고 말하고 있다.

이와 관련된 또 다른 실험에서 스탠퍼드대학교의 한 연구원은 지역, 연령, 성별, 관심, 성적 취향을 근거로 사용자들을 공략하는 광고를 페이스북에 게재했다. 그다음으로 동성애에 관심이 있는 사람들을 목표로 하는 광고는 물론 여러 다양한 특성들을 공략하는 광고들을 실었다. 그러자 그 연구원은 '광고업체'의 자격으로 페이스북이 그 광고를 게재하기로 결정한 사용자들의 목록을 확인할 수 있었다. 다시 말해 누가 게이인지 확인할 수 있게 된 것이다.《뉴욕 타임스》기사에서 그 연구원은 이와 같은 방법으로 결혼 유무, 정치적 입장, 종교적 성향과 같이 비공개로 설정해놓은 페이스북 사용자들의 다양한 개인 정보들을 얼마든지 확인할 수 있으며, 이는 '구글이나 마이스페이스와 같은 다른 소셜 네트워크 사이트에서도' 충분히 가능하다고 결론 내렸다.[31]

페이스북은 절대 개인의 이름을 공개하지 않는다. 그리고 직접적 혹은 고의적으로 개인 정보를 광고업체들과 공유하지도 않는다(만약 공유한다고 해도 이를 증명할 방법은 없지만). 그렇다고 해서 페이스북에 광고를 게재한 기업들이 프라이버시로 가득한 세상을 돌아다니면서 개인 정보를 빼내지 못하도록 단속을 하

브랜드의 거짓말

는 것도 아니다. 사실 페이스북은 계속 변화해나가면서 개인 정보 정책을 끊임없이 수정하는 것으로 유명하다. 그럴 때마다 페이스북은 사용자들의 개인 정보 환경을 기본으로 재설정하기 위한 것이라는 핑계를 댄다. 하지만 결국 우리의 일상생활과 관련된 엄청난 규모의 데이터베이스를 보유하고 있지 않다면, 또는 광고업체들과 긴밀한 협력 관계를 맺고 있지 않다면, 페이스북이라는 비즈니스의 수익 모델이 대체 뭐란 말인가?《파이낸셜 타임스》는 언젠가 페이스북이 SSOsingle sign on(한 번의 로그인만으로 다양한 사이트의 서비스를 동시에 이용할 수 있는 시스템 – 옮긴이)를 기본적으로 실시할 것이라고 예측하면서 미래의 악몽을 이렇게 그려냈다.

"사용자들은 페이스북을 통해 자신의 식습관이나 운동 습관을 공유한다. 그러면 이른바 '데이터 마이닝' 업체들은 그 정보를 인터넷 검색 내역과 같은 다른 정보들과 함께 조합한다. 그리고 이렇게 완성된 개인 프로필들을 제삼자에게 팔아넘기는데, 거기에는 생명보험사들도 포함되어 있다. 이처럼 악의적으로 공유하고 있는 정보를 근거로 보험사들은 개별 고객들의 보상 한도를 결정한다."[32]

구글 알고리즘의 힘

프라이버시 옹호론자들의 최대 적은 뭐니 뭐니 해도 '세상의 모든 정보를 긁어모아라'를 기업 모토로 삼고 있는 인터넷 세상의 왕, 구글일 것이다. 최첨단 예측 알고리즘과 인터넷상 특정 사이트의 데이터 추적 기술을 확보하고 있다고 알려진 구글은 우리가 무엇을 검색하고 있는지 알고 있고 우리의 장기적인 검색 패턴을 우리가 사용하는 컴퓨터와 연결할 뿐만 아니라 우리가 어떤 온라인 동영상, 스트리밍 음악, 뉴스 기사와 파일들을 보고 듣고 읽고 다운받는지 모조리 알고 있다. 게다가 구글은 여러분의 이메일에 무슨 내용이 들어 있는지까지 알고 있다. 구글은 이른바 '문맥 광고contextual advertising'를 위해 자동적으로 메일을 스캔하는 시스템을 갖추고 있다. 문맥 광고란 이메일에서 확인한 내용과 문맥을 분석하여 연관성이 높다고 판단되는 광고를 자동적으로 발송하는 인터넷 광고 기법을 말한다. 또 구글맵 서비스를 구축하는 과정에서 구글은 여러분이 어디 사는지, 책장에 무슨 책이 꽂혀 있는지, 주차장에 어떤 차를 세워두었는지, 그리고 굴뚝에서 연기가 나는지 그렇지 않은지도 알고 있다.

스마트폰으로 이용할 수 있는 온라인 서비스인 '구글 버즈Google Buzz'에 가입했다면 상황은 더 심각할 수 있다. 구글 버즈는 페이스북, 트위터, 플리커, 피카사 등 다양한 소셜 네트워크 사이트에 여러분이 올린 모든 정보를 하나의 화면으로 보여준다.

브랜드의 거짓말

지금 구글 버즈를 사용하고 있다면 구글은 여러분이 올린 사진에 어떤 사람이 있는지, 트위터에서 어떤 주제를 다루고 있는지, 페이스북에서 어느 글에 '좋아요' 버튼을 누르는지 파악하고 있을 것이다. 그리고 여러분이 버즈 사이트에 올린 사진의 위치 정보인 '지오태그geotag'를 통해 여러분이 어디에 있는지 실시간으로 추적할 수 있다. 구글 버즈가 다른 소셜 네트워크 서비스들과 차별화된 점으로는 인기 높은 포스팅이 여러분의 인박스에 나타나도록 사용자가 팔로잉하고 있는 다른 사람들로부터 정보를 선별적으로 가져오기 때문에 어떤 사람들이 인기가 많고 영향력이 높은지 바로 파악할 수 있다는 사실이다. 즉 광고업체는 사용자의 인맥 내부에서 어떤 사람이 가장 저항하기 힘든 유혹을 던지는 존재인지를 알아챌 수 있다.

이러한 것들이 나쁘다고 생각한다면, 한 발 더 나아가 광고업체와 데이터 마이닝 기업들이 앞으로 여러분을 브랜드워시하기 위해 소셜 네트워크 사이트들을 어떻게 활용할 수 있는지 살펴보도록 하자. 소프트웨어 기업인 SAS는 페이스북이나 트위터와 같은 소셜 네트워크 사이트에서 '채팅'을 분석하고, 누가 가장 영향력 있는 글들을 올리는지 확인하고, 그래서 최고의 마케팅 타깃이 누구인지 결정할 수 있는 프로그램을 출시했다. 작년한 해 아마존을 포함한 많은 기업들이 페이스북의 위력에 합세했다. 여러분이 계속해서 페이스북에서 활동하기로 결정했다면 앞으로 아마존은 여러분과 여러분의 페이스북 친구들이 어떤 책과 음악을 좋아하는지를 정확하게 파악할 것이며, 이에 따라 여러분과 친구들을 공략할 것이다. 또 아마존 사이트에서 책이나 물건을 검색하면서 옆에 보이는 작은 아이콘을 클릭하면 여러분의 페이스북 친구들 중 몇 명이 '좋아요'를 눌렀는지 친절하게 알려줄 것이다. 즉 데이터 마이닝 기술을 통해 가장 강력한 형태의 동료압박을 실현할 것이다.

하지만 이와 같은 디지털 스파이 전략으로도 성에 차지 않는 듯 오늘날 기업들은 소비자들이 '자발적으로' 수많은 데이터를 누설하도록 또 다른 전략들을 준비하고 있다. 미국의 월마트에서 수표로 결제를 하려면 사회보장번호나 운전면허증 정보를 넘겨야 하고, 때로는 이메일 주소까지 적어야 한다. 그러한 정보는 과연 어디까지 흘러갈까? 대부분 아칸소 벤턴빌에 위치한 월마트 본사로 들어갈 것이라 생각한다. 월마트가 '데이터 개선data enhancement' 서비스 업체와 협력하고 있다면(이 글을 쓰는 지금은 그렇지 않지만) 이메일 주소를 넘겨주는 것은 여러분의 이름이나 주소는 물론 부동산 및 대출에 관한 정보를 넘겨주는 것과 다를 바 없다.

아이튠즈 스토어와 같은 곳에서 아무 생각 없이 '서비스 약관'이나 '라이선스 협약'에 동의하면서 우리는 종종 뜻하지 않게 개인 정보를 다른 기업 및 광고업체들에게 넘겨주어도 좋다고 허락을 한다. 누구나 알고 있듯이, 기업들은 개인 정보에 관한 권리를 포기하겠다는 조항을 약관 깊숙이 숨겨놓고 있으며,

실제로 그 내용은 너무나 복잡하고 장황하고 혼란스러워서 멘사 회원들이 돋보기를 가지고 들여다보아야 간신히 이해할 정도다. 그렇다면 과연 얼마나 많은 사람들이 동의 여부에 대해 '예' 또는 '아니요'로 답하기 전에 업계에서 'EULAsend-user license agreements, 사용자 라이선스 협약'이라 부르는 약관을 실제로 읽어보는지 살펴보자. 뉴욕대학교 로스쿨에서 실시한 2009년 연구에 따르면, 30일 동안 4만 5,091가구를 조사한 결과, 1,000명 중 한두 명, 즉 0.1~0.2%만이 EULA의 내용을 1초 이상 읽은 것으로 나타났다.[33] 그리고 정보보호 기관인 포네몬 인스티튜트 Ponemon Institute가 실시한 2005년 미국 스파이웨어 연구에 따르면 무료 소프트웨어를 다운받을 때 13%의 사용자들만이 EULA를 본다고 밝혔다.

애플의 아이튠즈에서 이용약관을 읽어본 적이 있는가? 나는 그러질 않았다. 그래서 여기서 한번 같이 검토해보고자 한다. 새롭게 추가된 약관들을 살펴보면, 아이튠즈 사용자들은 애플이 그들의 아이폰, 아이북, 맥북이 실시간으로 어디에 있는지 확인해도 좋다는 항목에 동의해야 한다고 부탁 내지는 요청을 하는 항목이 들어 있다. 다시 말해 애플의 아이튠즈 스토어를 사용하려면 사용자들은 애플이 하루 종일 실시간으로 여러분의 장비를 추적하고 '동시에' 그 정보를 제삼자와 공유하는 데 동의해야만 한다. 동의하지 않으면 당연히 아이튠즈를 사용할 수 없다(애플은 과거 구매 활동이나 신용카드 정보와 같이 여러분에 대해 이미 많은 것을 알고 있으며, 그러한 정보는 파일 형태로 컴퓨터에 저장되어 있다는 사실을 다시 한번 떠올리자). 이에 대해 독일 연방정의위원회federal justice commissioner는 즉각적으로 애플에 '휴대용 장비로부터 그들이 수집하고 있는 지역 정보들의 세부 사항을 공개하라'고 명령했다. 그리고 미 의회의 개인정보위원회는 이와 같은 새로운 정책이 갑자기 등장한 이유 그리고 사용자들의 익명성을 보장할 구체적인 방안에 대해 해명하라고 애플 측에 요구했다.[34]

몇 년 전 한 기발한 만우절 농담은 많은 사람들이 이러한 세밀한 약관에 얼마나 주의를 기울이지 않는지를 보여주었다. 영국의 온라인 비디오 게임 유통업체인 게임스테이션Gamestation은 사용자 약관에 다음과 같은 조항을 재치 있게 심어놓았다. "기원후 2010년 네 번째 달 첫 번째 날에 이 사이트에서 주문을 한 사람은 지금부터 영원히 자신의 영혼을 우리에게 양도하기로 동의한 것이다. 나중에 우리의 요청이 있을 때 그들은 자신의 영혼을 양도해야 하며, 이의 제기는 gamestation.co.uk 또는 그 정당한 대리인으로부터 서한을 받고 업무일 기준 5일 안에 해야 한다."[35] 게임스테이션은 그때 얼마나 많은 영혼들을 넘겨받았을까? 만우절 하루 동안에 그들은 사이트에서 물건을 구매한 사람들 중 88%에 해당하는 7,500명의 영혼을 접수했다!

포스트프라이버시 시대

기업들이 우리에 대해 너무 많은 것을 알고 있다는 문제 상황에서 소비자로서 우리의 책임도 적지 않다. 우리는 온라인 세상에서 너무도 많은 정보를 함부로 뿌려대고 있다. 블로그를 하고, 채팅을 하고, 트윗을 하고, 포스퀘어를 하고, 유튜브에 동영상을 올리고, 책이나 티셔츠, 항공권을 살 때마다 신용카드 정보를 입력한다. 그리고 페이스북 친구들에게 자신이 휴가를 어디로 떠났는지를 알리고 핑크 플로이드와 콜드스톤 아이스크림, 픽사, 드라마 〈하우스House M.D.〉를 좋아한다고 선언한다. 그리고 그럴 때마다 우리는 데이터 마이닝 업체들의 마수에 걸려든다.

예전에 채용 기업인 머리 힐 어소시에이츠와 함께 미국 전역에서 10대 청소년들을 모아놓고 개인 정보를 주제로 이야기를 나누었을 때 나는 그들이 '프라이버시'라는 말에 아무런 의미를 느끼지 못한다는 사실을 발견했다. 오늘날 얼마나 많은 젊은이들이 페이스북과 트위터에서 많은 시간을 보내고 있는지 생각하면 그다지 충격적인 모습은 아니다. 아이들은 개인 정보라는 개념에 대해 아무런 관심이 없었고, 대부분 체념하고 있는 상태였다.

오늘날 어린아이들도 많은 시간을 온라인 상태로 보내고 있다는 점에서 데이터 마이닝 업체들이 네댓 살 아이들에 관한 정보까지 수집하고 있다는 것 또한 그리 놀라운 일은 아니다. 일부 업체들은 아이들에게 친숙한 사이트에서 팝업 창을 띄워서 아이들이 좋아하는 장난감이나 만화 캐릭터를 통해 쇼핑에 관한 질문들을 던지는 방식으로 온라인 설문 조사를 실시하고 있다. 때로는 부모의 구매 행동에 대해서 물어보기도 한다. 여러분이 부모라면 여러분의 아이들이 혹시 워너브라더스 사이트의 회원이 되고 싶어하지는 않는가? 애니메이션인 루니 툰Looney Tunes 사이트는? 만약 그렇다면 부모들이 '가입'을 해주어야만 할 것이다. 먼저 아이의 이름을 넣고, 보안 질문에 대답을 하고, 아이들의 부모, 즉 여러분의 이메일 주소를 적는다. 그리고 인증 메일을 확인하고 나면 그 사이트는 다시 아이들의 이메일 주소, 우편번호, 출생년도를 물어보고 여러분이 아이를 대신하여 약관에 동의하는 박스에 체크를 하라고 할 것이다. 약관에는 어떤 내용들이 담겨 있나? 자세히 살펴보니 이런 말이 들어 있다. "아이들에게 이름, 주소, 이메일 주소를 요청할 수 있습니다. 사이트 내에서 아이들은 다른 친구들에게 전자 엽서를 보낼 수 있으며, 우리는 친구들에 관한 개인 정보를 요청할 수 있습니다."[36]

루니 툰 사이트 약관에 동의하지 않는다고 하더라도 마케터들은 그리 어렵지 않게 아이들에 대한 정보를 구할 수 있다. 인터넷 보안업체인 AVG는 이렇게 밝혔다. "92%에 달하는 미국 아이들이 채 두 살이 되기 전부터 디지털 발자국을 남기고 있다."[37] 그리고 7%는 태어나기도 전에 이메일 주소를 가지고 있고 5%는

브랜드의 거짓말

소셜 네트워크 프로필까지 갖고 있다. 또 아기들의 4분의 1이 태어나기 전에 자신의 사진을 온라인상에 올려두고 있다. 23%의 부모들이 아기의 초음파 사진을 온라인에 업로드하기 때문이다. 소셜 네트워크가 보편화되면서 이러한 수치들은 앞으로 꾸준히 증가할 것이라는 전망에는 의문의 여지가 없다. AVG의 CEO인 J. R. 스미스는 이렇게 말한다. "서른 살가량인 사람들의 디지털 발자국을 추적해보면 길어야 10~15년 정도까지 거슬러 올라갈 수 있다. 그런데 오늘날 아이들을 살펴보면, 대부분이 인생 전반에 걸쳐 디지털 발자국을 남기고 있다는 사실을 확인할 수 있다." 또 스미스는 유튜브나 플리커와 같이 자녀들의 사진과 정보를 공유하는 사이트에서 특히 개인 정보 설정에 주의하라고 당부했다.[38]

이제 많은 사람들이 자신이 좋아하거나 싫어하는 것, 습관, 사생활에 관한 세부 정보들이 우리의 손을 떠나 공중 떠다니고 있다는 사실을 잘 알고 있다. 하지만 우리의 일거수일투족, 우리가 걸어가는 길, 그리고 우리가 구매하는 물건들 모두가 기록되어 평생 사라지지 않을, 심지어 우리가 세상을 떠난 뒤에도 그대로 남아 있을 디지털 발자국의 형태로 전송되고 있다는 사실을 아는 사람은 그리 많지 않다. 《뉴욕 타임스》의 지적대로 "포스트프라이버시 사회의 구성원으로 살아가면서, 우리는 거기서 얼마나 많은 실체들이 자신을 추적하고 있는지, 그리고 그들이 자신의 개인 정보로 무엇을 하고, 어떤 방식으로 저장하고, 누구에게 팔고, 그 과정에서 얼마나 많은 돈을 벌어들이는지 짐작할 수 없는 상황에 이르고 말았다."[39]

그렇다. 우리는 포스트프라이버시 시대를 살아가고 있다. IBM 사장인 샘 팔미사노는 신랄하면서도 역설적인 연설에서 포스트프라이버시 사회라는 개념을 아주 쉽게 설명했다. 그 연설에서 팔미사노는 조지 오웰이 (빅 브라더가 모든 사람을 감시하는 디스토피아를 그린)『1984』를 집필했던 바로 그 런던의 아파트 180미터 근방에 오늘날 무려 32개의 폐쇄회로 카메라들이 설치되어 있다고 말했다.

그렇다. 우리 모두는 트위터에 글을 쓰고 페이스북 프로필을 업데이트하고 신용카드를 사용하고 온라인으로 물건을 사고 할인매장에서 포인트 카드를 내밀 때마다 개인 정보를 세상에 던지고 있다. 그리고 공유하기로 설정한 정보는 물론, 그렇지 않은 정보까지도 기업과 마케터들이 기록하고 저장하고 분류하고 분석해도 좋다고 허락하고 있으며, 바로 그렇게 얻은 정보를 가지고 기업들이 우리가 더 많이 소비하도록 속이고 유혹하고 있다는 사실에 대해서는 정확하게 인식하지 못하고 있다. 우리가 살아가는 세상이 더욱 네트워크화되고, 디지털화되고, 필연적으로 더 많은 시간을 온라인 세상에서 보내게 되면서 데이터 마이닝 업체들의 감시망에서 벗어나기란 점점 더 어려워질 것이다. 물론 휴대전화를 없애고, 페이스북을 탈퇴하고, 신용카드를 잘라 버릴 수 있다. 하지만 그것은 절대 현실적인 방안이 아니다. 우

리는 이미 충분히 브랜드워시되어 있기 때문에 그와 같은 극단

적인 선택을 내릴 수 없는 처지가 되고 말았다.

결론
우연히 벌어지는
소비는 없다

모겐슨 가족 프로젝트

자정이 가까울 무렵 서던캘리포니아의 아름다운 해안 마을인 라구나비치의 간선도로를 따라 몇 대의 트럭들이 조심스럽게 달려가고 있다. 이 마을은 가구의 연평균 수입이 14만 6,562달러에 평균 주택가가 100만 달러를 족히 넘을 정도로 부유한 동네다. 벽토로 단장한 화려하고 넓은 집들이 어둠 속에 잠들어 있다. 블록 맨 끝에 위치한 집 한 채만 제외하고. 이 시간에 이 동네에서 자동차가, 그것도 대여섯 대의 트럭이 무리 지어 달리는 모습은 참으로 이례적이다. 트럭들이 한 집 앞에 멈추어 서더니 어둠 속에 실루엣으로 가만히 서 있다. 곧이어 차에서 내린 일꾼들은 아무 말 없이 카메라 장비와 판지 상자들을 집 안으로 들고 들어간다.

이제 우리 팀은 앞으로 8주 동안 가장 위험하고 혁신적인 실

브랜드의 거짓말

험을 할 것이다. 만약 지금 이 모습을 이웃 중 누군가가 발견한 다면 지난 6개월간 계획하고 준비해왔던 실험 자체가 몽땅 수포로 돌아갈지도 모른다. 그것은 무려 300만 달러가 들어가는, 그리고 깜짝 놀랄 만한 소비자 행동의 다양한 측면들을 밝혀낼 이번 실험에 이 부유한 마을에 사는 주민들이 참여하게 될 것이라는 사실을 아무도 모르고 있기 때문이다.

아무런 의심 없는 이웃 주민들에게 물건을 판매하기 위해 상류층 동네로 이사한 비밀 마케터 가족에 관한 이야기를 다룬 2010년 할리우드 영화 〈수상한 가족〉에서 영감을 얻어 나는 간단하고도 야심찬 프로젝트를 세웠다. 목표는 구전 효과의 위력을 시험해보는 것이었다. 즉 그 영화를 현실로 구현해보고자 했던 것이다. 그래서 나는 캘리포니아에 사는 한 가족을 선정해서 그들을 캘리포니아의 한 마을에 떨어뜨려놓고, 그들이 주변에 사는 친구와 동료, 그리고 사랑하는 사람들에게 우리가 신중하게 선택한 다양한 브랜드 제품들을 사도록 설득하는 일상생활 모두를 화면에 담아보고자 했다.

이를 위해 먼저 우리는 미국 최고의 리얼리티 프로그램 캐스팅 전문가인 마시 티시크를 영입했다. 그는 〈저지 쇼어〉와 〈패리스 힐튼의 마이 뉴 BFF〉와 같은 프로그램에서 캐스팅을 담당했던 인물이다. 그리고 〈밀리어네어 매치메이커〉와 〈익스트림 메이크오버: 홈에디션〉에서 활약했던 앤디 매켄티라는 프로듀서도 영입했다. 이 두 사람은 이번 실험을 위한 수많은 후보 가족들 중 하나를 선택하는 작업을 맡았다. 이번 실험이 성공하려면 무엇보다 연령, 스타일, 관심, 그리고 사람들의 영감을 자극할 수 있는 측면들을 골고루 갖춘 완벽한 가족을 선택해야 한다. 오랜 조사 끝에 마시와 앤디는 결국 아버지 에릭과 어머니 지나, 그리고 세 아들인 잭, 샘, 맥스로 이루어진 모겐슨 가족을 선택했다. 이제 성공적이고, 잘생기고, 완벽해 보이는 서던캘리포니아의 한 가족인 모겐슨 일가는 비록 한 달간이기는 하지만 이웃 주민들에게 다양한 물건을 사도록 권유하는 임무를 몰래 수행하게 될 것이다.

이제 이들을 만나보자.

에릭 모겐슨 | 이스트코스트대학교를 졸업하고 성공을 거둔 40대 중반의 남성. 열정적이고 쾌활하고 스포츠에 열광한다. 가정적이면서도 파티를 좋아한다.

지나 모겐슨 | 정치적, 환경적으로 의식이 있으며, 친구들 사이에서 유행을 이끌어가는 여성. 세련되고 매력적이며 인기가 많다.

잭·샘·맥스 모겐슨 | 아버지처럼 스포츠와 야외 활동에 열광하고, 유행에 밝고, 저스틴 비버처럼 잘생긴 서던캘리포니아 청소년들로 각각 16, 14, 12세. 음악, 스케이트보드, 디지털 장비, 그리고 다른 청소년들과 마찬가지로 최신 유행의 브랜드와 스타일에 심취해 있다.

이제부터 나는 이들이 겪은 일들을 자세히 보여주고자 한다.

따스한 야외 풀장, 관리가 잘된 널찍한 잔디, 그리고 세 대의 차량(2005 포드 엑스페디션 에디 바우어 에디션, 2008 BMW 750Li, 2008 닛산 알티마 쿠페)들이 차고에 주차되어 있는 마당 한구석에서 에릭은 자신의 집을 찾은 많은 이웃 남자들에게 스테이크를 굽는 기술과 폰게이트와 TJ맥스에서 새로 나온 바비큐 장비들을 뽐내고 있다. 에릭한테서 60미터쯤 떨어진 곳에서 지나는 그녀의 첨단 주방을 찾은 이웃 여자들과 즐거운 시간을 보내고 있다. 부엌은 전자레인지, 원적외선조리대, 얼음제조기, 쓰레기압축기, 토스터, 믹서, 정수기를 포함해 키친에이드의 최신 주방기구들이 가득하다. 또 지나는 새로 나온 보석 장신구들을 보여주면서 요즘 여기에 푹 빠져 산다고 자랑을 늘어놓는다. 이층에서는 잭, 샘, 맥스가 학교 친구들과 함께 X박스를 가지고 새로 나온 게임을 하고 있다. 그러면서 얼마 전 가족들과 함께 쇼핑몰에서 샀던 반스Vans와 에트니Atny 운동화를 마음껏 뽐낸다.

여기서 우리는 대본이 없는 즉흥적인 시나리오를 바탕으로 '실제' 가족의 모습을 그대로 녹화함으로써 바비큐 장비로부터 샴페인 브런치와 원정 쇼핑에 이르기까지 모겐슨 가족이 일상적으로 즐기고 있는 브랜드와 라이프스타일에 이웃들이 어떤 반응을 보이는지 확인해보고자 한다. 모겐슨 가족의 '부러워할 만한' 라이프스타일, 그리고 이를 구성하는 다양한 제품과 브랜드들에 직면했을 때 이웃들 또한 그런 제품들을 갖고 싶어할 것인가? 그리고 더 중요한 질문인데, 실제로 이웃 주민들이 그 물건들을 사러 갈 만큼 모겐슨 가족의 힘은 위력적일까?

17대의 숨겨진 카메라를 포함한 총 35대의 카메라 장치, 그리고 가구와 집기들 속에 심어놓은 25대의 마이크를 기반으로 우리는 모겐슨 가족의 생활을 밀착 취재했다. 그들이 어디를 가든 은밀히 따라다니던 우리는 충격적인 결론에 도달했다.

마케터도 넘어간
마케팅

이 책을 통해 우리는 마케팅과 광고 세상에서 우연이란 없다는 사실을 살펴보았다. 그리고 마케터와 광고업체들이 소비자를 압박하고 부추기고 유혹하기 위해 사용하는 수많은 속임수와 음모, 거짓과 조작을 확인했다. 공포와 성, 유명인, 뉴에이지 비전, 불안, 향수, 데이터 마이닝을 어떤 방식으로 활용하는지도 알아보았다. 제품을 판매하기 위해 우리 마음속 가장 깊은 곳에 뿌리내리고 있는 두려움과 꿈, 욕망을 먹이로 삼는 전략도 살펴보았다. 그리고 너무나 어린 나이부터, 심지어 엄마 배 속에서부터 공략하고, 때로는 상상을 초월하는 방법들을 동원하여 우리를 평생 고객으로 만드는 전략에 대해서도 들여다봤다. 그리고 구매 습관을 형성하는 과정에서 동료압박이 얼마나 중요한 역할을 하는지 확인했다. 그러나 이제 여러분은 그 이상의 것을 보게 될 것이다.

미국인의 약 60%가 페이스북 회원이고 세계적으로 약 1억 7,500만 명이 '매일' 페이스북에 로그인을 하며, 1억 9,000만 명의 사람들이 트위터에서 활동을 하고 하루에만 대략 6,500만 명이 트위터에 글을 올리는 세상에서 나는 우리가 친구나 이웃, 동료들의 조언과 추천에 무의식적인 차원에서 얼마나 민감한 반응을 보이는지, 그리고 얼마나 강력한 영향을 받는지 이제 막 살펴보기 시작했을 따름이라고 생각한다.

〈모겐슨 가족〉이라고 이름 붙인 리얼리티 프로그램을 만들어보겠다는 이번 실험 프로젝트의 아이디어는 이 책을 쓰기 약 18개월 전에 내 머릿속에 떠올랐다. 바로 한 마케팅 프로그램에 어이없이 속아 넘어가면서 광고와 현실 세계를 구분하는 나의 인지능력을 의심하게 되었던 바로 그 순간에 말이다. 당시 나는 호주 시드니에서 차를 몰다가 기름을 넣으러 주유소로 향했다. 그런데 막 주유를 마친 한 사람이 내게 다가와 이렇게 말을 건넸다. "이봐요(Hey, mate), 멋진 차군요?" 나는 고맙다고 말했고, 그는 다시 이렇게 말했다. "그런데 저기요(but mate), '슈퍼옥탄 98'이라는 프리미엄 휘발유를 한번 넣어보는 게 어때요?"(호주 사람들은 정말 메이트mate란 말을 사랑한다.) 그러고는 차고에 내 차와 똑같은 모델을 가지고 있다며 이렇게 설명했다. "달라진 엔진 성능에 깜짝 놀랄 겁니다."

고맙다는 말을 하고 주유소를 빠져나오면서 나는 그의 말을 그냥 잊어버렸다. 그런데 그다음부터 주유를 할 때마다 그의 말이 떠올랐다. 주유소에 들어설 때마다 갈등이 시작되었다. '슈퍼옥탄 98을 넣을까 말까?' 골치가 아팠다. 그러다 결국 '그래 뭐 어때. 한번 넣어보자고. 더 나빠질 건 없잖아? 10센트 이상 비싼 것도 아니고'라는 생각이 들고부터는 주유소에 갈 때마다 슈퍼옥탄 98로 탱크를 채웠다.

그렇게 몇 달이 흘러 나는 다시 그 주유소를 찾았다. 그런데 어디서 친근한 목소리가 들렸다.

그 사람이었다. 슈퍼옥탄 98! 하지만 이번에는 내가 아니라 일반 휘발유로 주유를 하고 있는 다른 운전자에게 다가가서 말을 걸었다. "이봐요, 멋진 차군요?" "감사합니다." 나와 비슷한 말투였다. "그런데 저기요, '슈퍼옥탄 98'이라는 프리미엄 휘발유를 한번 넣어보는 게 어때요? 제가 집에 똑같은 차를 가지고 있는데, 한번 넣어보면 달라진 엔진 성능에 깜짝 놀랄 겁니다."

어이가 없었다. 그는 집에 온갖 차를 다 모셔놓고 있으며, 단 두 가지 문장밖에는 말하지 못하는 사람일까? 아니면 고급 휘발유를 팔기 위해 그 주유소에서 고용한 사람일까? 자책감이 밀려들었다. '마틴, 어떻게 저런 데 속을 수가 있지? 그렇게 오랫동안 마케팅 세상에서 살아왔으면서 단 5초간의 속임수에 넘어가다니!'

그리고 1년 뒤, 영화 〈수상한 가족〉을 보게 되었다. 그러고 나

브랜드의 거짓말

서 시드니 교외의 한 주유소에서 내가 당했던 것과 똑같은 마케팅 전략의 효과를 시험해보기 위해 8주간의 프로젝트를 기획하게 된 것이다.

실험이 끝나고 그동안 촬영했던 수백 시간 분량의 영상을 모두 분석하고 나서야 모겐슨 가족 프로젝트의 결과가 나왔다. 물론 오랜 실험이었지만, 일상적인 이야기에서 얻어낸 증거들을 과학적인 것이라 단정짓기에는 무리라는 생각이 들었다. 그래서 그 증거들을 다시 한번 객관적으로 확인하기 위해 fMRI 분석 작업을 추가적으로 실시했다. 그렇게 나온 최종 결과를 기반으로, 드디어 나는 소비자들이 서로에게 미치는 영향력에 비한다면 마케터나 광고업체 또는 대기업들의 위력은 보잘것없다고 확신할 수 있게 되었다.

구전 마케팅의 위력

지나 모겐슨은 수다쟁이 이웃 여성들과 함께 DSW라는 대형 신발 매장으로 쇼핑을 나선다(참고로 DSW는 디자이너 신발 창고Designer Shoe Warehouse의 약자다). 신발 쇼핑의 메카로 가는 도중에 지나는 동행들에게 조심스럽게 이렇게 물어본다. "DSW에 가보신 분 계신가요? 저는 그 매장 분위기가 참 마음에 들더라고요. 사고 싶었던 신발도 항상 구경할 수 있고요." 두 시간 뒤, 지나는 매장에서 다섯 명의 이웃들에게 다양한 신발을 사도록 '설득'하고 있었다. 물론 알아채지 못하게 자연스럽게. 매장을 나설 때 부츠와 힐, 그리고 굽이 낮은 구두까지 다섯 켤레나 산 사람도 있었다. 이 글을 쓰는 지금, 지나와 쇼핑을 하고 온 이웃 중 세 명이 DSW 웹사이트를 방문했고, 페이스북 담벼락에 '좋아요'를 클릭했으며, 온라인으로 신발 몇 켤레를 더 샀다.

그 사실을 내가 어떻게 알아냈을까? 소비자들이 일상생활에서 특정 브랜드를 언제, 어떻게, 어디서 만나게 되는지에 관한 데이터 자료를 수집하는 업체인 챗스래즈ChatThreads를 통해 알아냈다. 실험 전후 챗스래즈 팀은 지나의 이웃들과 인터뷰를 가졌고, 그 자리에서 사람들의 구매 패턴에 대해 이야기를 나누었다(실험 전 인터뷰는 무작위 설문 조사인 것처럼 이루어졌다). 인터뷰를 통해 챗스래즈는 주민들이 새로운 브랜드를 알고 난 이후 구매 패턴이 어떻게 바뀌었는지를 정확하게 분석했다. 그리고 실험이 끝나고 나서 챗스래즈 팀은 주민들에게 특정 브랜드를 볼 때마다 어떤 느낌을 받았는지, 어떻게 반응했는지에 관해 문자메시지를 보내달라고 요청했다. 그리고 그 문자메시지들에 DSW가 '무척 자주' 등장한다는 사실을 확인했다.

나는 그 원정 쇼핑에서 그밖에 다양한 모습을 관찰할 수 있었다. 그중 하나는, 지나의 이웃들은 다른 사람들이 어떤 제품에 별로 좋은 반응을 보이지 않으면 그 물건을 좀처럼 사려고 하지 않았다는 사실이다. 게다가 두 사람은 서로 같은 스타일의 신발을 사기까지 했다. 그중 한 여성은 같은 제품을 고를 때마다 '세임시즈samesies'라고 외치며 즐거워했다. 그 매장에 수만 가지 스타일의 신발이 있었다는 점을 감안할 때 이는 동료압박에 관한 또 하나의 증거 사례라 하겠다. 또 사람들이 물건을 구매하는 마지막 순간까지 다른 사람들의 의견에 휘둘린다는 사실도 확인할 수 있었다. 심지어 지나는 한 이웃이 물건을 카운터에서 계산하고 있는 순간에도 계속해서 다른 물건을 사라고 권하기까지 했다.

우리 연구팀은 동료압박과 관련된 다양한 장면들을 계속해서 확인할 수 있었다. 한 장면에서 지나는 10명가량의 이웃들을 샴페인 브런치에 초대했다(사실 브런치라기보다 장시간에 걸친 광고라 할 수 있다). 지나는 우선 이웃들에게 호주산 스파클링 와인인 탈타니Taltarni를 한 잔씩 주었다. 그러고는 "맛있지 않아요?Isn't it yummy?"라고 물어보면서 계속해서 그 브랜드 이름을 강조했다. 그리고 그날 저녁 내내 이웃들이 연신 '맛있다yummy'라는 표현을 반복하는 모습을 확인할 수 있었다. 다음으로 지나는 자신이 몸에 걸치고 있던, 판도라Pandora라는 브랜드의 액세서리들을 보여주면서 이렇게 말했다. "예쁘지 않아요?" 그러고는 판도라 홈페이지에 들어가면 장식을 마음에 드는 걸로 바꿀 수 있는데, 그중에서도 유방암홍보센터National Breast Cancer Awareness Month의 활동을 알리는 펜던트가 제일 마음에 든다고 얘기했다. 보석을 자랑하는 지나의 탁월한 기술 때문이었는지 그중 한 사람은 나중에 인터넷으로 찾아볼 수 있게 그 브랜드의 이름을 적어달라고까지 했다. 빙고!

지나의 홍보는 여기서 끝나지 않았다. 다음으로 그녀는 얼마 전에 미용 비누와 로션을 몽땅 바꾸었다고 말했다. 그녀가 새롭게 선택한 것은 키스마이페이스Kiss My Face라고 하는 친환경 브랜드로 치약, 구강청정제, 면도 크림 등 다양한 제품들을 출시하고 있었다. 지나는 자신이 그 브랜드를 너무나 사랑해서, 손님들에게 키스마이페이스의 비누와 립밤이 들어 있는 선물 가방을 나누어주기까지 한다고 했다. 그러고는 나파Napa 포도원에서 나온 '클로 뒤 발Clos Du Val' 병을 따면서 '환상적인 레드'라는 이름으로 유명한 와인이라고 사람들에게 소개했다.

참, 지나는 런던의 노모Knomo라는 브랜드에서 나온, '직장인 여성들에게 꼭 어울릴 법한 스타일리시한 현대적인 감각의 비즈니스 가방'까지 잘 보이는 곳에 얹어두는 센스도 잊지 않았다.

이웃들의 반응은 어땠을까? 우리 연구팀은 그로부터 2주일 뒤에 지나의 영향력을 처음으로 확인할 수 있었다. 이웃들 중 세 명이 그날 지나가 자랑했던 판도라의 액세서리를 달고 파티에 모습을 드러낸 것이다.

그리고 이후 챗스래즈에서 실시한 인터뷰를 통해 그 브런치를 하고 나서 몇 명의 이웃들이 실제로 키스마이페이스 제품들 한가득이랑 노모 가방을 샀다는 소식을 확인할 수 있었다. 그 인터뷰에서 지나의 한 이웃은 이렇게 얘기했다. "그 물건들이 그

브랜드의 거짓말

렇게 대단한 것인지 몰랐어요. 사실 저는 아주 싼 제품들이라 별로일 거라 생각했거든요. 하지만 이제는 부담 없는 가격 때문에 더 좋아하게 되었고, 앞으로 계속해서 사용하게 될 것 같아요."

클로 뒤 발 역시 효과가 있었다. 이웃들은 그 와인 또한 사기 시작했고 많은 여성들은 지나에게 자신도 그 와인을 좋아하게 되었다고 말했다. 인터뷰에서 한 사람은 이렇게 말했다. "저도 와인을 좋아하기는 하지만 새로운 와인은 웬만해서는 시도하지 않거든요. 예전에 마셔봤던 브랜드들만 마시죠. 하지만 믿음이 가는 이웃이 추천해주었을 때에는 기꺼이 받아들였죠. …… 다음에 매장에 들르면 그 와인을 사려고요."

우리는 입소문의 힘이 신발과 보석에 대한 구매 선택을 넘어서는 모습도 확인할 수 있었다. 적어도 여성들 사이에서는 지극히 개인적인 물건들에 대한 소비에서도 찾아볼 수 있었다. 실험 영상의 한 장면에서 지나는 리브레스Libresse 한 통을 사람들에게 보여주었다. 리브레스는 이 글을 쓰는 지금도 미국 시장에는 들어오지 않은 스웨덴의 탐폰 브랜드다. 그래서 우리는 이웃들이 이 물건에 대한 정보를 조금도 갖고 있지 않을 것이라 확신했다. 리브레스와 관련해서 우리는 어떤 것들을 발견했을까? 얼핏 봤을 때 그 안에 뭐가 들어 있을지 알아맞히기가 쉽지 않다. 하지만 지나의 이웃들은 분명 그 브랜드에 관심을 많이 보였다. 우리는 거기서 신비주의적인 포장 방식이 사람들의 호기심을 더욱 강력하게 자극할 수 있다는 사실을 확인했다.

또 우리는 이 실험에서, 특히 여성들을 중심으로 게릴라 마케팅의 위력을 실감했다. 어떤 여성이 새로 나온 보석, 스킨케어, 부츠, 디자이너 가방 등 특정 브랜드의 제품을 '입거나' '사용할 때' 그것이 동료들에게 미치는 영향은 실로 놀라운 수준이었다. 그리고 브랜드의 이름을 적어달라고 요청하는 경우 나중에 그 제품을 구매할 가능성은 거의 100%에 가까운 것으로 나타났다.

추천인의 권위

그렇다면 에릭 모겐슨의 상황은 어떤가? 그도 아내처럼 이웃들의 구매 패턴을 크게 흔들어놓았나?

그런데 다소 차이가 발견되었다. 에릭이 어떤 제품을 추천했을 때 일부 남성 이웃들은 그냥 받아들이려고 하기보다 도전적인 태도를 보였다. 그들의 기본적인 자세는 이런 것이었다. '정말로 당신이 전문가인가?' 예를 들어 실험의 한 장면에서 에릭이 특정 브랜드의 바비큐 양념을 추천하자 한 이웃은 발끈하기까지 했다. 그 이유는 뭘까? 남성들 대부분은 이러한 일방적인 제안을 자신의 권위를 침해하는 것으로 받아들이기 때문이다. 즉 에릭이 그들보다 더 많이 안다며 자랑하고 있다고 생각하는 것이다.

하지만 이러한 태도가 전혀 나타나지 않는 상황이 있다. 그

　　　　　　　　브랜드의 거짓말

들의 영감을 자극하고, 돈이나 권력 그리고 세계적인 성공을 상징하는 브랜드나 제품을 추천했을 때였다. 그러한 상황에서 남성 이웃들은 의외로 제안을 흔쾌히 받아들였다. 그러한 제품들로는 신형 재규어, 최신형 그릴, 값비싼 와인을 들 수 있다. 그리고 이러한 제품들이 구전 효과를 통해 널리 퍼져나가기 위해서는 추천의 원천이 다른 사람들이 존경하는, 그리고 전문적인 지식을 갖춘 인물이어야 한다. 이 실험에서는 에릭이 바로 그러한 역할을 맡고 있다. 그러한 조건이 충족되지 않을 때 추천이 아무런 효과를 발휘하지 못한다는 사실을 우리는 실험을 통해 분명히 확인할 수 있었다. 실험에서 이웃 주민들이 특정 제품을 설명하기 위해 사용했던 용어들을 분석함으로써 그런 사실을 알 수 있었다. 예를 들어 에릭이 주축이 된 모임의 내부인이 아닌 것으로 판단되는 한 남성이 키스마이페이스 제품을 보고 '슈퍼쿨 super-cool'이라는 표현을 사용했을 때 대다수의 남성 이웃들은 그 말을 따라 하지 않았다. 반면 확실히 내부인으로 보이는 한 남성이 '펑키funky'라는 표현을 쓰자 너도나도 그 표현을 반복해서 사용하는 모습을 확인할 수 있었다.

에릭의 영상에서 발견한 또 다른 놀라운 사실은 남성 이웃들이 음식 및 식품의 구매와 관련해서 여성들보다 더 크게 영향을 받는다는 것이었다. 한 장면에서 에릭이 어떤 이웃에게 음료수의 칼로리를 지적하자 그는 곧장 다른 음료수로 주문을 바꾸기까지 했다(다시 한번 말하지만, 이 실험에는 그 어떠한 대본도 없다). 한 이웃이 보드카와 크랜베리 주스로 바꾸는 게 어떻겠느냐고 말하자 에릭은 "흑맥주 한 잔에 햄샌드위치 정도의 칼로리가 들어 있다고 하더군요"라고 대답하면서 이렇게 덧붙였다. "이제 살 좀 찌려고요."

부모를 조종하는 아이들

특히 10대들이 동료압박에 대단히 취약하다는 사실을 앞서 살펴보았다. 모겐슨네 아들들 역시 예외는 아니다. 이 실험에서 잭, 샘, 맥스가 동네 친구들에게 많은 영향을 미칠 수 있었던 데에는 그들의 자신감이 한몫했다. 모겐슨네 아이들은 모두 자신이 무엇을 하고 있는지 분명히 알고 있는 듯했다. 물론 성격이 좋고 잘생겼다는 것도 큰 도움이 되었을 것이다. 실험의 한 장면을 보면 잭이 한 친구에게 새로 나온 친환경 스노보드를 갖고 싶다고 말하고 있다. 그러자 그 말에 자극을 받은 한 친구는 결심을 한 듯 이렇게 얘기한다. "나중에 새 보드를 사게 되면 꼭 그 제품을 살펴볼게."

그런데 잭의 모습을 살펴보면 그의 영향력이 연령과 성별을 초월하여 나타나고 있다는 사실을 확인할 수 있다. 가령 대학생 또래의 사촌 누나에게(실험의 일부가 아닌) 우리가 1장에서 살펴보았던 청소년을 겨냥한 스프레이 브랜드인 스팅키 스팅크에

브랜드의 거짓말

대해 이야기하면서 한번 사용해보라고 했을 때 그녀는 기숙사의 남학생들도 이 제품을 모두 썼으면 좋겠다고 했다.

모겐슨네 아이들이 기업의 브랜드워싱 전략보다 더욱 강력하게 친구와 동료들에게 영향을 미친 것도 분명한 사실이지만 더 흥미로운 것은 부모들에게도 강한 영향을 미쳤다는 사실이다. 실험의 한 장면에서 에릭과 지나는 카메라가 돌아가고 있다는 사실을 잊어버린 듯 세 아들과 함께 신발 매장으로 쇼핑을 하러 갔다. 거기서 에릭은 아들들에게 여러 가지 운동화 브랜드들을 보여주면서 이렇게 물었다. "이 브랜드 신어본 적 있니?" 하지만 브랜드에 대한 집착이 강한 청소년들이 그러하듯 잭, 샘, 맥스 모두 나이키나 반스, 에트니가 아니면 거들떠보지도 않았다. 그래서 어떻게 되었을까? 에릭과 지나는 결국 아이들의 승인을 얻기 위해 그들이 좋아하는 브랜드를 고를 수밖에 없었다.

브랜드가
외면받지 않으려면

수백 시간 분량에 달하는 실험 영상들을 모두 보고 나서 나는 한 가지 결론에 도달했다. 신발, 보석, 바비큐 장비, 스포츠 장비 등 어떤 물건이든 간에 우리가 존경하고 선망하는 사람이 특정한 브랜드나 제품을 사용하고 있는 모습을 직접 보는 것만큼 강한 설득력을 발휘하는 것은 없다. 영상 속 모겐슨 가족의 모습이 이를 분명히 입증하고 있다. 하지만 나는 더 과학적인 증거를 얻고 싶었다. 그래서 우리는 챗스래즈에 실험 영상들의 분석을 의뢰했고, 그 결과 몇 가지 흥미로운 성향을 발견할 수 있었다.

첫째, 지나가 이웃들에게 지난주에 갔던 멋진 스파에 대해 이야기하거나 사람들과 새로운 브랜드의 커피를 마시는 경우 사람들은 아침 시간, 특히 8~10시 사이에 강한 영향을 받는 것으로 나타났다. 그 이유는 무엇일까? 그것은 아침이 외부의 영향, 설득, 제안에 가장 민감한 반응을 보이는 시간대이기 때문이다. 게다가 아침은 사람들이 마케팅 메시지에 가장 적게 노출되는 시간대이기도 하다. 그래서 이 시간대는 정보를 걸러내는 뇌 속 '필터'가 본격적인 활동을 시작하기 전이다.

동시에 그 프로그램 속에서 우리가 이야기를 나누어보았던 어떤 주민들도 지난달에 어떤 TV 광고를 보았는지 떠올리지 못했다는 사실에 주목할 필요가 있다. 실제로 그들은 단 하나의 광고도 떠올리지 못했다! 반면 그냥 생각나는 대로 브랜드를 대보라고 했을 때 에릭과 지나가 추천했던 브랜드들을 늘어놓았다. 마치 '모겐슨 부부가 승인'한 브랜드들을 언제나 쉽게 꺼내서 사용할 수 있는 뇌의 '개인적인' 영역에 보관해놓은 듯한 모습이었다(일반적으로 우리의 뇌가 '기업적인', '상업적인' 정보들을 보관하는, 다분히 방어적인 영역과는 별개의 영역으로 보인다).

모겐슨 가족의 브랜드 추천은 또 다른 양상으로 나타났다. 그들의 이야기가 마치 바이러스처럼 급속하게 번져나갔던 것이다. 그리고 더욱 중요한 것으로 일종의 '후광 효과'까지 발견할 수 있었다. 이 말은 모겐슨 가족이 추천한 제품은 이미 승인을 거쳤으며, 어떠한 비판에도 살아남았다고 사람들이 인식한다는 의미다. 그 결과 3분의 1 정도의 이웃들이 추천받은 브랜드들을 '그들의' 친구들과 지인들에게 그대로 알리기 시작했다. 지나의 많은 이웃들이 집으로 놀러 와 모겐슨 부부가 추천했던 것과 똑같은 브랜드들에 대해 계속 이야기할 때 프로그램의 한 프로듀서는 자신이 혹시 실험 대상이 아닌가 의심하기까지 했다고 고백했다. 사실 그 여성들은 모두 마치 걸어 다니는 TV 광고처럼 보였다! 나중에 그 프로듀서는 그 여성들이 지나가 했던 표현과 단어들을 그저 똑같이 따라 했을 뿐이라는 사실을 알게 되었다.

그런데 또한 놀라운 사실은 실험 기간 동안 이웃 주민들 중 어느 누구도 그 '어떤 것'에 대해서도 의심하지 않았다는 것이다. 신발을 사기 위해 지나가 무려 한 시간 반이나 걸리는 쇼핑몰로 사람들을 데리고 갔을 때에도 그들은 전혀 이상하게 생각하지 않았다. 나중에 지나가 내게 말하기를, 쇼핑을 하러 그렇게까지 멀리 나간 적은 없었다고 했다. 또 두 사람은 이웃 주민들이 일상적인 대화 속에서 브랜드에 대해 수도 없이 이야기를 나누는 모습을 보고 자신들이 브랜드 이야기를 지나치게 해댄 것은 아닌가 걱정스러웠다고 했다.

어쩌면 당연하게도 챗스래즈 연구팀은 이웃들이 그들 부부의 미묘한 제안을 접하고 나서 갖고 싶고 사고 싶어했던 것들 중에는 유명한 대형 브랜드들이 더 많았다는 사실을 확인할 수 있었다. 이러한 모습은 기존의 광고 전략이 구전 마케팅에 의해 '확대'되었을 때 최고의 설득력을 발휘할 수 있다는 나의 이론을 다시 한번 확인시켜주었다.

결론적으로 나는 이 실험을 통해 구전 마케팅의 엄청난 힘에 깜짝 놀랐다. 사실 그동안 나는 동료압박의 위력을 과대평가하고 있는 것은 아닐까 하는 우려를 버리지 못하고 있었다. 가령 '모겐슨 가족이 이러저러한 브랜드들을 아무리 떠들어대도 이웃 주민들 중 누구도 그 물건을 사지 않거나, 또는 최소한 한 가지 브랜드를 지금, 그리고 앞으로도 사지 않으면 어떡하지?' 하는 걱정을 했다. 그러나 그건 기우에 불과했다. '이웃들은 모겐슨 가족이 추천했던 것들 중 평균 세 가지 브랜드 제품들을 구매했다'는 결과는 이러한 걱정을 말끔히 날려주었다. 더 놀라운 사실은? 이번 실험이 모겐슨 가족의 실제 소비 패턴에도 큰 영향을 주었다는 것이다. '리얼리티 프로그램이 모두 끝났을 때 에릭과 지나, 그리고 세 아이들은 한 달 동안 떠들고 다녔던 열 가지 브랜드들 중 여섯 개를 계속해서 구매하고 사용하고 있었다.'

그뿐만이 아니었다. 챗스래즈의 분석에 따르면, 사람들의 일상적인 대화 내용은 카메라가 없을 때조차 50% 이상이 브랜드에 관한 것이었다. 나는 사람들이 의식적으로 혹은 무의식적으로 자신의 집에서 브랜드를 얼마나 '자랑'하려고 하는지를 확인하고 깜짝 놀랐다. 한 여성은 이렇게 설명했다. "이웃들과 함께 얘기를 나눌 수 있는 소재가 되기 때문에 사람들에게 내가 가지고 있는 브랜드를 보여주는 걸 좋아해요." 마지막으로 놀라운 사실은 내가 에릭과 지나의 이웃 주민들에게 지금까지 모든 것이 다 짜고 한 것이며, 리얼리티 프로그램을 찍기 위한 것이었다고 밝혔을 때 어느 누구도 화를 내거나 기분 나빠하지 않았다는 것이다. 깜빡 속았다며 억울해하는 사람도 없었다.

이 점에 대해 좀 더 논의해보자. 마침내 내가 리얼리티 프로그램을 위한 실험이라는 진실을 폭로했을 때 사람들은 이를 믿으려고 하지 않았다. "네? 그게 무슨 말씀이죠?" 그리고 가까운 이웃이 실제로는 물건을 사도록 자극하기 위해 그들을 배신한 것에 화가 나지 않는지 물어보았을 때 그들의 대답은 충격적이었다. 사람들은 이렇게 말했다. "그건 아무래도 좋아요. 모겐슨 가족이 추천했다면 어쨌든 그건 틀림없이 좋은 물건일 테니까요." 나는 다시 물었다. "하지만 모겐슨 가족이 정작 자신들은 좋아하지도 않는 브랜드들을 권했다면요?" 사람들은 어떻게 대답했을까? "그랬다고 하더라도 저는 그 물건들을 샀을 겁니다." 더욱 놀라운 것은 그 누구도 우리의 리얼리티 프로그램 실험이 비윤리적이거나 잘못되었다고 여기지 않았다는 점이다.

정말 이상한 일이 아닌가?

나는 질문을 이어나갔다. 1~10점 기준으로 모겐슨 가족의 추천에 얼마나 많은 영향을 받았는지 평가해달라고 했던 것이다.

그러자 에릭과 지나의 이웃들은 만장일치로 이렇게 대답했다. "10점 만점에 10점이요." 다음으로 기업들을 대상으로 강연을 다니는 한 남성에게 혹시 모겐슨이 추천했던 브랜드를 강연 중에 언급한 적이 있었냐고 물어보자 이미 '수천 명'의 청중들에게 얘기를 전했노라고 대답했다. 잘못 들은 것이 아닌가 싶어 다시 물어보자 그는 "수천 명이요"라고 강조하면서 이렇게 덧붙였다. "그들이 추천했던 신발을 이제 좋아하게 되었습니다."

설득력의 영향이 무의식적인 차원에서 나타난 사례도 몇 건 있었다. 이러한 경우 기억을 더듬어보도록 몇 차례 자극을 하고 나서야 사람들은 모겐슨 가족의 추천 때문에 자신의 구매 선택이 달라졌다는 사실을 인정했다. 가령 지나의 이웃 중 한 사람은 자신이 가장 좋아하는 화장품 브랜드가 키스마이페이스였다고 계속해서 이야기했다. 하지만 그 브랜드를 실제로 언제, 어디서 맨 처음 들어보았는지 기억하지 못했다. 그래서 우리는 그녀에게 그 브랜드 제품을 처음으로 사용한 때를 떠올려보라고 했고 결국 그 시기는 모겐슨네에서 저녁을 먹고 난 다음 날로 드러났다.

또 다른 사례에서 한 여성은 자신의 열두 살짜리 아이가 갑자기 어린 시절에 그렇게도 좋아했던 레고 장난감을 다시 꺼내 들어서 깜짝 놀랐다는 얘기를 들려주었다. 나는 이렇게 물었다. "왜 갑자기 레고 박스를 꺼냈을까요?" 여성은 자신도 도무지 모르겠다고 했다. 하지만 알고 보니 "모겐슨네 집에서 저녁을 먹고 나서" 그 일이 시작되었다는 사실이 드러났다. 여기서는 무의식이 작용했다! 에릭과 지나는 절대 레고라는 브랜드 이름을 꺼낸 적이 없었다. 하지만 나중에 밝혀진 바에 의하면, 어른들이 저녁을 먹고 있을 때 그 여성의 아들은 이층에서 모겐슨의 아들들과 함께 30분 정도 레고를 가지고 놀았다. 모겐슨 가족은 의식적인 차원에서는 물론 무의식적인 차원에서도 강력한 영향력을 발휘했던 것이다.

나는 한 걸음 더 나아가기로 했다. 모겐슨 부부의 게릴라 마케팅이 광고 전략과 마케팅의 설득력을 얼마나 증폭시키는지 fMRI 기술을 통해 객관적으로 측정해보기로 한 것이다.

나의 목표는? 개인적인 차원에서 구전 마케팅의 위력을 TV 광고, 인터넷 캠페인, 패션 잡지 등 새로 나온 기적의 화장품을 널리 광고함으로써 물건을 사라고 사람들을 유혹하는 다양한 매체들의 힘과 비교해보는 것이다.

fMRI 연구팀은 6주 동안 수백만 건에 달하는 분석 작업을 마치고 마침내 내게 결과를 보내왔다. 그리고 그 결과를 통해 나는 비로소 모겐슨 가족이 이웃 주민들을 저항하지 못하게 만드는 마케팅 위력을 확보할 수 있었던 정확한 이유를 확인하게 되었다.

기존의 TV나 잡지 광고와는 달리 다른 사람이 어떤 자동차나 책, 뮤지션, 화장품, 와인을 추천할 때 우리 뇌 속에서는 놀라운 일이 벌어진다. 이성적, 실무적인 영역은 그 활성화 정도가 크게 떨어지는 반면, 욕망, 역겨움, 자신감, 수치, 죄책감, 동정, 사랑과 같은 '사회적 감성'을 담당하는 뇌 영역인 뇌도는 크게 활성화된다. 또한 스캔 자료들은 동료의 추천이 뇌의 감각 영역을 자극하고, 앞서 중독에 관해 논의하면서 설명했던 생물학적 욕망과 유사한 감각도 자극한다는 사실을 보여주었다. 다시 말해 구전 효과는 우리 뇌 속 다양한 트랙 위에 '기록'을 남기는 것이다. 『쇼핑학』에서 한 실험을 통해 밝힌 것처럼, 특정 브랜드나 제품이 뇌의 더 많은 '트랙'에 영향을 미칠수록 우리는 더 가깝고 친근하게 느끼며, 자연스럽게 그 추천에 더욱 집착하게 된다.

이러한 뇌의 메커니즘은 오늘 아침에 보았던 TV 광고들이 전혀 기억나지 않는 반면, 구전으로 인한 정보는 몇 주일 동안 기억 속에 보존될 수 있는 이유를 다시 한번 설명해준다. 더 흥미로운 사실은 뇌의 메커니즘은 구전 정보를 계속해서 다른 사람들에게 퍼뜨리려고 하는 이유도 설명해준다는 것이다. 소문을 퍼뜨리려는 심리의 진화적 근거를 파헤친 한 연구는(소문을 퍼뜨리는 것 역시 구전 마케팅의 일부다) 누군가 자신에게 뭔가 좋은 것을 추천할 때(가령 "이 와인 정말 맛있어"라든가 "이 화장품을 쓰면 5년은 젊어 보일 거야"), 우리가 그 말을 반복해서 이야기할 때마다 뇌는 '기분을 좋게 하고', 중독은 물론 감각추구와 관련이 있는 신경 전달 물질인 도파민을 보상으로 준다는 사실을 밝혀냈다. 간단하게 말해서 자신이 좋아하고 신뢰하는 사람들한테서 특정 브랜드에 대한 추천을 들을 때마다, 그 이야기를 다른 사람들에게 전달할 때마다 우리의 뇌는 감성적으로 연결되어 있다는 느낌은 물론, 실질적인 화학적 보상을 하는 것이다. 즉 그와 같은

　　　　　　　　　　　　　브랜드의 거짓말

표현이 흘러 들어오고 나갈 때마다 보상이 주어지는 것이다.

결론적으로 말해서 한 브랜드가 구전 마케팅의 위력을 창조했다면, 그 파급력은 앞으로 기하급수적으로 폭발할 것이다.

바로 이러한 이유로 나는 모겐슨 가족의 위력이 현실적으로 충분히 가능하리라 예상하는 것이다. 앞으로 많은 기업들이 모겐슨과 같은 가족들을 고용하여, 특정한 지역에서 활동하면서 그들의 제품이나 브랜드를 홍보하라는 임무를 내릴 것이다. 어쩌면 우리는 기업들로부터 돈을 받고 비밀 마케터로 활동하는 일자리를 얻게 될지도 모를 일이다. 가령 수천 가구들을 '잠재 마케팅 세포'로 심어놓고 신제품을 출시하거나, 아니면 부정적인 인식으로 브랜드가 위기를 맞을 때 활동을 개시하게 하는 것이다. 물론 처음에는 많은 문제점들이 나타나겠지만 조만간 기업들은 그 과정에서 엄청난 이득을 챙길 것이다. 이러한 관점에서 여러분 이웃에 사는 부유하고 고상한 가족이 어느 날 갑자기 한 브랜드를 추천한다면 조심해야 할지도 모른다. 이웃의 조언은 마케팅 위력의 차원에서 한 달에 1만 달러를 투자할 만한 가치가 충분히 있다는 사실을 명심하자.

그리고 기업들은 이러한 비밀 마케터들을 쉽게 구할 수 있다. 모겐슨 실험을 추진했던 캐스팅 전문가 마시와 프로듀서 앤디의 설명에 따르면, 모겐슨 가족의 역할을 맡을 만한 사람들을 물색할 때 엄청나게 많은 가족들이 몰려들었다고 한다. 나는 마시에게 이렇게 물었다. "모겐슨 가족을 현실에서 재현하고자 할 때 이웃과 동료들에게 브랜드를 홍보하는 역할을 맡으려는 가족들을 쉽게 구할 수 있을까요?" 나의 질문에 마시는 대답했다. "네, 물론이죠." 나는 다시 물었다. "그러면 열 가족 정도도 가능할까요?" 마시는 참을성 있는 목소리로 말했다. "마틴, 가능해요. 열 가족이 아니라 천 가족도 문제없어요."

세계를 돌아다니면서 기업의 중역들을 만날 때마다 나는 오늘날 마케팅 세상에서 가장 강력한 힘은 기업이나 CEO 또는 거대한 예산을 자랑하는 마케팅 부서에 있지 않다는 사실을 종종 강조한다. 광고 회사에는 미안한 말이지만, 이제 교묘하게 한쪽 방향으로만 흘러가는 마케팅 시대는 끝났다. 미래의 권력을 잡을 주체들은 인터넷 세상에서 고도로 연결된 소비자들, 그리고 그들이 가상에서 혹은 현실에서 인맥을 맺고 있는 친구와 지인들이다. 다시 말해 미래 권력의 주인은 바로 '우리'인 셈이다.

개별 소비자로서 우리는 기업들이 우리를 지배하고 있다고 생각할 수 있다. 그러나 현실은 정반대로 돌아가고 있다. 좋은 소식 한 가지를 전할까 한다. 그것은 다름 아닌, 클릭 한 번으로 간교한 속임수와 책략, 비밀이 만천하에 공개될 수 있는 세상, 트위터와 유튜브, 위키리크스를 통해 긴밀하게 이어진 세상에서 소비자가 전례 없는 권력을 차지하게 될 것이라는 전망이다. 그래서 앞으로 기업들은 더욱 투명해져야 하고, 약속을 반드시 지켜나가야 할 것이다. 장담하건대 그렇지 못한 브랜드들은 즉각적으로 비참한 수모를 겪게 될 것이다. 특히 마케터들은 이를 경계해야 한다. 이것이야말로 내가 이 책에서 말하고자 하는 핵심이다.

간교함을 특별함으로
만드는 방법

실험을 진행하면서 문득 한 가지가 궁금해졌다. 교묘한 마케팅을 통해 이런저런 값비싼 브랜드와 물건들을 사도록 설득할 수 있다면, 이를 통해 사회적으로 책임 있고 환경 친화적인 제품을 사고, '더 푸른' 세상을 위해 더 의식적으로 살아갈 수 있도록 자극할 수 있지 않을까? 토요타가 동료압박을 활용하여 환경 친화적이라고 주장하는 프리우스를 팔고 있다면, 마찬가지로 모겐슨 가족을 통해 많은 이웃들이 친환경 비누를 사도록 권장할 수 있을 것이다.

이 글을 쓰는 지금 세계기상기구wmo의 발표에 따르면, 지구 온난화는 지난 10년 동안 계속되었다. 많은 과학자들은 대기 중의 열을 가두고 있는 인공적인 오염 물질을 그 주범으로 지목하고 있다. 잘 알고 있듯이 2010년에 모스크바 사람들 1만 1,000명이 폭염과 관련하여 사망했고, 홍수가 파키스탄과 태국 그리고 베트남을 덮쳤으며, 호주는 엄청난 폭우로 몸살을 겪었다. 그리고 인도네시아 및 중국 일부 지역은 가뭄으로 고생하고 있다. 이러한 비극적인 재앙들은 오늘날 전 세계적으로 나타나고 있는 기후변화가 주요 원인이다. 이러한 생각에서 나는 모겐슨 가족에게 이웃과 동료들에게 환경의 중요성을 강조하고 자연스럽게 친환경 제품들을 사도록 설득하라는 임무도 추가적으로 주었다. 그리고 모겐슨 가족은 작지만 의미 있는 성공을 거두었다.

모겐슨 가족에게 마지막 임무를 전달하기 전에 나는 그 지역에서 '초록 여신Green Goddess'으로 유명한 환경 전문가 소피 울리아노를 초빙했다. 그녀는 소비자들이 더 푸르게 세상을 살아갈 수 있도록 돕고 있으며, 『매력적인 녹색: 환경 친화적인 삶을 위한 8단계Gorgeously Green: 8 Simple Steps to an Earth Friendly Life』라는 책을 쓰기도 했다.

울리아노는 모겐슨 가족에게 귀금속이나 캘리포니아 샴페인을 권했던 방식과 똑같이 환경적으로 책임 있게 살아가는 방법을 이웃들에게 권하도록 조언했다. 예를 들어 모겐슨 소년들은 학교에 '그린스마트GreenSmart' 가방을 들고 다녔다. 그린스마트는 재활용 재료로 만든 백팩, 메신저백, 도시락 가방 등을 출시하는 브랜드다. 그러자 급우들 역시 하나둘 그린스마트 가방을 학교에 가져오기 시작했다. 지나도 그린스마트에서 나오는 커다란 여성 가방을 이웃들에게 소개하면서 '보온, 보냉 기능이 뛰어난' 제품이라고 했다. 전체 실험에 포함된 이 작은 실험은 내가 예상했던 것보다 훨씬 반응이 좋았다. 모겐슨 가족이 환경 친화적 임무를 시작한 지 6일이 지나서 챗스래즈는 그 이웃들이 참여한 '그린' 활동의 횟수가 무려 31%나 증가했다는 사실을 확인했다. 그리고 그 흐름은 지속적으로 이어졌다. 챗스래즈의 분석에 따르면, 이웃들은 '이후' 30일 동안 매일 적어도 한 가지 '그린' 활동을 실천하거나 환경 친화적인 물건을 구매하고자 하는 뚜렷한 성향을 보여주었다.

여기서 중요한 사실은 동료압박이야말로 사람들을 환경 친화적인 방향으로 몰고 갈 수 있는 '유일한' 전략이라는 점이다. 좋든 싫든 간에 여기서 가장 강력한 설득자는 죄책감이다. 당연하게도 사람들 대부분이 환경적으로 의식 있는 삶을 살아가야 한다고 느끼고 있다. 그동안 우리는 환경과 관련하여 많은 기사나 다큐멘터리 프로그램들을 보았다. 하지만 미디어로 포화된, 그리고 즉각적인 기억상실을 유발하는 세상에서 무엇보다 동료들의 영향이 중요해졌다. 여기서 나는 에릭이 이웃들에게 둘러싸여 자신이 어떠한 환경 친화적인 제품을 사용하고 있는지 이야기할 때 많은 사람들이 그의 말을 주의 깊게 듣고 나중에 실제로 자신의 구매 습관을 바꾸었다는 사실을 또 한 번 언급하고 넘어가고자 한다.

한번 상상해보자. 한 여성이 친구에게 방금 그린스마트 가방을 샀다고 슬쩍 얘기를 꺼낸다. 그리고 그 친구는 바로 그 가방을 사고, 다시 여섯 명의 친구들에게 그 가방 얘기를 한다. 그러면 다시 그 친구들 중 몇 사람이 이를 사고, 또다시 그들의 지인들에게 얘기를 하는 방식으로 흘러간다. 또는 한 비즈니스맨이 노트북이 든 그린스마트 가방을 메고 비행기에 올라탄다. 그런 데 옆자리 사람이 묻는다. "그 가방 어디서 샀어요?" 알고 보니 옆자리 승객은 유명한 블로거였고, 이후에 주간 칼럼을 통해 그 가방 이야기를 25만 명의 독자들에게 전한다. 그린스마트를 알 게 된 사람들은 이제 그린스마트 페이스북 페이지에 들러 '좋아 요'를 클릭한다. 다시 한번 기억하자. 누군가 페이스북에서 '좋 아요'를 클릭하면 그 친구들은 이를 일종의 사전 승인으로 받아 들이고 정말로 '좋아하게' 된다. 그렇게 되면 그 브랜드, 또는 그 브랜드가 상징하는 가치가 바이러스처럼 퍼져나가고, 마케터, 광고업체, 기업들이 벌이는 막대한 예산이 들어가는 간교한 캠 페인보다 훨씬 더 특별하고, 깊이 있고, 충성도 높은 마케팅 효 과가 순식간에 전 세계적으로 이어진다.

2011년 하버드대학교의 바랏 아난드와 전 객원 연구원인 알 렉산더 로진스키는 신뢰하고 인정하는 인물이 추천할 때 사람 들은 그 제품을 더 쉽게 받아들인다는 사실을 입증했다. 그들이 유명 인쇄매체와 온라인 뉴스사이트에 동일한 광고를 각각 게 재했을 때 사람들은 유명 인쇄매체를 더 강하게 신뢰하는 것으 로 나타났다. 그리고 이보다 더 중요한 것은 기업이 조작한 것이 아니라 진정성이 있고 자연 발생적이라고 인식될 때 구전 효과 는 가장 강력한 원천으로 작용할 수 있다는 사실이다. 이는 다시 모겐슨 가족의 실험으로 돌아가게 만든다. 모겐슨 가족은 아메리칸 드림을 실현한, 성공적이고, 부유하고, 매력적이고, 화목한 가정이었다. 우리 모두가 선망하는 그런 삶을 살아가고 있는 가족이다. 간단하게 말해 사람들이 존경하고, 그렇게 되기를 바라는 이상형이다. 바로 그렇기 때문에 이웃들이 그들을 쉽게 신뢰했던 것이다.

우리 각자의 사회적 인맥 내부에는 모겐슨 가족과 같은 존재들이 있다. 우리가 바라는 삶을 살고 있기 때문에 우리는 의식적, 무의식적으로 그들이 사고 행동하는 것들을 그대로 따라 함으로써 그들이 누리고 있는 성공과 행복을 맛볼 수 있다고 느낀다. 인기가 높은 유명인들과 마찬가지로 모겐슨 가족에 대한, 또는 모겐슨에 해당하는 우리 주변의 인물들에 대한 인정과 존경은 우리 자신을 그들이 추천하는 모든 브랜드로 넘어가게 만든다.

그렇다. 기업과 마케터들이 다양하고 교묘한 전략으로 그들의 물건을 사도록 속이고 있지만, 그렇다고 해서 모든 브랜드워시가 기업들 때문에 일어나는 것만은 아니다. 우리는 또한 주변의 '다른 사람들'로부터 브랜드워시를 당하고 있다. 그리고 그러한 브랜드워시는 때로는 아주 긍정적인 방향으로 일어나기도 한다.

마지막으로 한 가지 소망을 남겨두고자 한다. 그 결과가 어땠든지 간에 브랜드 해독 프로젝트를 시작한 지 1년 만에 질레트 퓨전 면도기, 긴 비행기 여행을 마치고 얼굴에 바르는 클라랑스 모이스처라이저, 집 안 냉장고에 들어 있는 펩시에 이르기까지 나는 내가 사랑하고 아끼는 다양한 브랜드들에게 얼마나 복잡하게 얽혀 있는지를 인식할 수 있게 되었다.

　동시에 결국 실패로 끝난 그 프로젝트는 내가 마케터이기 이전에 주변의 다른 사람들과 마찬가지로 한 사람의 소비자라는 사실을 일깨워주었다. 그리고 내가 누구이고, 어떤 사람이 되기를 원하는지를 정의하는 일부 브랜드 없이는 살지 못하는 지경에 이르고 말았다는 사실도 깨닫게 되었다. 이와 마찬가지로 나는 이 책이 여러분이 브랜드들과 맺고 있는 복잡한 관계를 이해하는 데 도움을 주었으면 한다. 그리고 자신이 언제 브랜드로부터 이용을 당하고 있는지 바라볼 수 있는 지혜와 힘이 되었으면 한다.

　그리고 어쨌든 나는 지금도 사이프러스를 ♥한다.

1장

1 P. G. Hepper, "Fetal Memory: Does It Exist? What Does It Do?," *Acta Paediatrica Supplement* 416:16-20(available at http://www.cirp.org/library/psych/hepper1/#n29).

2 "Children Whose Mothers Smoked During Pregnancy and Early Childhood More Likely to Smoke as Adults," *Science Daily*, May 21, 2009(available at http://www.sciencedaily.com/releases/2009/05/090519134657.htm).

3 Emily Oken, Elsie M. Taveras, Ken P. Kleinman, Janet W. Rich-Edwards, and Matthew W. Gillman, "Weight Gain in Pregnancy Linked to Overweight in Kids," *American Journal of Obstetrics & Gynecology*, April 2007.

4 "Pregnant Mother's Diet Impacts Infant's Sense of Smell, Alters Brain Development," *Science Daily*, December 6, 2010(available at http://www.sciencedaily.com/releases/2010/12/101201095559.htm).

5 J. A. Mennella, C. P. Jagnow, and G. K. Beauchamp, "Prenatal and Postnatal Flavor Learning by Human Infants," *Pediatrics* 107(2001), no.6: E88.

6 Annie Murphy Paul, *Origins: How the Nine Months Before Birth Shape the Rest of Our Lives*(New York: Free Press, 2010).

7 Dani Veracity, "Child-Centered Marketing Causing Kids to Carry Unhealthy Food Habits into Adulthood," *Natural News*, October 30, 2006(available at http://www.naturalnews.com/020920.html).

8 F. J. Zimmerman, D. A. Christakis, A. N. Meltzoff, "Television and DVD/Video Viewing in Children Younger Than Two Years," *Archives of Pediatric&Adolescent Medicine* 161, no. 5(2007): 473-79.

9 J. McNeal and C. Yeh, "Born to Shop," *American Demographics*, June

1993, pp. 34-39.

10 Andrew Meltzoff, "Imitation of Televised Models by Infants," *Child Development* 59(1998): 1221-29(available at http://ilabs.washington.edu/ meltzoff/pdf/88Meltzoff_TVimit_ChildDev.pdf).

11 Thomas N. Robinson, Dina L. G. Borzekowski, Donna M. Matheson, and Helena C. Kraemer, "Effects of Fast Food Branding on Young Children's Taste Preferences," *Stanford Archives of Pediatric and Adolescent Medicine* 161, no. 8(2007): 792-97(available at http://www. ncbi.nlm .nih.gov/pubmed/17679662).

12 Douglas Rushkoff, *Coercion: Why We Listen to What They Say*(New York: Riverhead Press, 2000), p.197.

13 Julie Schor, *Born to Buy*(New York: Scribner, 2007).

14 "What Kids Know: McDonald's, Toyota, Disney," *ABC News*, April 12, 2010(available at http://abcnews.go.com/Business/kids-mcdonalds-toyota- disney/story?id=10333145).

15 Douglas Quenqua, "Graduating from Lip Smackers," *New York Times*, April 28, 2010(available at http://www.nytimes.com/2010/04/29/fashion- 29tween.html).

16 Peggy Orenstein, *Cinderella Ate My Daughter*(New York: HarperCollins, 2011), p.82.

17 Ibid.

18 Andrew Adam Newman, "Depilatory Market Moves Far Beyond the Short-Shorts Wearers," *New York Times*, September 14, 2007 (available at http://www.nytimes.com/2007/09/14/business/media/14adco.html?_ r=1&ref=media).

19 Allan D. Kanner, "Globalization and the Return of Childhood," *Tikkun*, September/October 2005(available at http://www.tikkun.org/article. php/Kanner-Globalization).

20 Valerie Baulerine, "Gatorade's 'Mission': Sell More Drinks," *Wall Street Journal*, September 13, 2010(available at http://online.wsj.com/article/ SB10001424052748703466704575489673244784924.html).

21 Ibid.

22 Ad Tunes, "BP British Petroleum 'Say Hey' TV Commercial Music," http://adtunes.com/forums/showthread.php?t=87309.

23 Porsche 911 commercial, available at http://www.youtube.com/watch?v=7sWPHKU1XZU.

24 Chris Reiter, "BMW Sleds, Mercedes for Kids Battle $13,000 Audi on Santa List," *Bloomberg News*, November 20, 2010(available at http://www.bloomberg.com/news/2010-11-23/bmw-sleds-mercedes-for-kids-battle-13-000-audi-toy-on-luxury-santa-list.html).

25 Allison Linn, "Starbucks Rethinks Stance on Young Customers," msnbc.com, September 10, 2007, http://www.msnbc.msn.com/id/20608492/ns/business-consumer_news.

26 Ellen Ruppel Shell, *The Hungry Gene*(New York: Grove Press, 2003), pp. 192-93.

27 Elizabeth S. Moore, William L. Wilkie, and Richard J. Jutz, "Passing the Torch: Intergenerational Influences as a Source of Brand Equity," *Journal of Marketing* 66(April 2002): 17-31(available at http://warrington.ufl.edu/ mkt/docs/lutz/PassingtheTorch.pdf).

28 Banwari Mittal and Marla B. Royne, "Consuming as a Family: Modes of Intergenerational Influence on Young Adults," *Journal of Consumer Behaviour* 9, no. 4(July/August 2010): 239-57.

29 Bruce Temkin, "Apple's Newest Strategy: Influential Bundling," *Consumer Experience Matters*, August 25, 2008(available at http://experiencematters.wordpress.com/2008/08/25 /apples-strategy-influential-bundling).

2장

1 "Report: U.S. Hand Sanitizers Market to Exceed $402M by 2015," *Occupational Health and Safety*, June 14, 2010(available at http://ohsonline.com/articles/2010/06/14/us-hand-sanitizers-market-will-grasp-millions.aspx).

2 Susan Todd, "Hand Sanitizer Brings Big Profit for Johnson and Johnson," *Star-Ledger*, February 14, 2010(available at www.nj.com/business/index.ssf/2010/02/hand_sanitizer_brings_big_prof_.htm).

3 Melly Alazraki, "Swine Flu Lifts Sales of Purell Sanitizer, Clorox Wipes, Other Consumer Products," *Daily Finance*, November 5, 2009(available

at http://www.dailyfinance.com/story/company-news/swine-flu-boosts-sales-of-purrell-santizer-clorox-wipes-other/19222737/).

4   See the "Know the Facts" page on Purell's Web site, http://www.purell.com/page.jhtml?id=/purell/include/facts.inc.

5   Jennifer Whitehead, "UK Brands Lag Behind US Counterparts in Response to Swine Flu," *Brand Republic*, April 30, 2009(available at http://www.brandrepublic.com/bulletin/brandrepublicnewsbulletin/article/902174/UK-brands-lag-behind-US-counterparts-response-swine-flu/?DCMP=EMC-DailyNewsBulletin).

6   See the Kleenex Web site, http://www.kleenex.com/FacialTissues.aspx.

7   "Marketers Already Aiming at Swine Flu Ads," *Radio Broadcast News*, April 30, 2009(available at http:www.rbr.com/media-news/advertising/14311.html).

8   Shane Starling, "Kellogg's Settles Rice Krispies Immunity Claims Dispute," *Nutra Ingredients USA*, January 5, 2010(available at http://www.nutraingredients-usa.com/Regulation/Kellogg-s-settles-Rice-Krispies-immunity-claims-dispute).

9   Mandy Hougland, "Forecast Calls for Sales," *Retailing Today*, October/November 2007(available at http://www.wxtrends.com/files/retailnews15.pdf).

10   "Wal-Mart Praised for Hurricane Katrina Response Efforts," *NewsMax*, September 2, 2005(available at http://archive.newsmax.com/archives/ic/2005/9/6/164525.shtml).

11   Max Read, "Americans: Afraid of Freemasons, Canada, Alex Rodriguez," *Gawker*, March 24, 2010, http://gawker.com/5500661/americans-afraid-of-freemasons-canada-alex-rodriguez.

12   Brandon Keim, "That Nearly Scared Me to Death! Let's Do It Again," *Wired*, October 31, 2007(available at http://www.wired.com/science/discoveries/news/2007/10/fear_neurology).

13   Lou Dzierzak, "Factoring Fear: What Scares Us and Why," *Scientific American*, October 27, 2008(available at http://www.scientifi camerican.com/article.cfm?id=factoring-fear-what-scares).

14   "The Four-Letter Word in Advertising: Fear," *Ai InSite*, January 27, 2010(available at http://www.insite.artinstitutes.edu/the-fourletter-word-in-

advertising-fear-20072.aspx).

15 Dzierzak, "Factoring Fear."

16 Sharon Begley, "The Roots of Fear," *Newsweek*, December 24, 2007.

17 Ibid.

18 Aquafresh toothbrush ad, 1994(available at http://www.youtube.com/watch?v=V42QI4r8fWU).

19 Press release, University of Bath, "Fear Is Stronger Than Hope for Worriers Trying to Get Fit, Says Researchers," November 27, 2007(available at http://www.bath.ac.uk/news/2007/11/27/gym-fear.html).

20 Libby Copeland, "The Cure for Your Fugly Armpits," *Slate*, April 14, 2011, http://www.slate.com/id/2291205/.

21 Robert Klara, "Caution: Fear Mongering May Be Hazardous to Your Brand," *Brandweek*, December 9, 2009(available at http://www.brandweek.com/bw/content_display/current-issue/e3i75b60f5d014806b03410001d22a9e74e).

22 Rich Thomaselli, "Fear Factor Gets Brink's Buzz.and a Sales Boost," *Ad Age*, April 13, 2009(available at http://adage.com/article?article_id=135944).

23 *Saturday Night Live*, season 35, episode 17(available at http://www.hulu.com/watch/134720/saturday-night-live-broadview-security).

24 "'I Want More Time,' Saddest Commercial Ever," http://www.youtube.com/watch?v=UvYb4BLIAQw.

25 Kirsten A. Passyn and Mita Sujan, "Self-Accountability Emotions and Fear Appeals: Motivating Behavior," *Journal of Consumer Research*, March 2006.

26 Fiona Macrae, "From Cheating Golfers to MPs on the Fiddle: Why Men Really Do Feel Less Guilt Than Women," *Daily Mail*, January 27, 2010.

27 Peter Sells and Sierra Gonzalez, "The Language of Advertising," Unit 7: Words and Phrases Used in Advertising, http://www.stanford.edu/class/linguist34/.

28 Marc-Andre Gagnon and Joel Lexchin, "The Cost of Pushing Pills: A New Estimate of Pharmaceutical Promotion Expenditures in the United States," *PLoS Medicine*, January 3, 2008.

29 "Method Products, Cleaning and Growing!" EcoSherpa, October 17, 2006, www.ecosherpa.com/uncategorized/method-products-cleaning-

and-growing/.

3장

1   Brad Stone, "Breakfast Can Wait. The Day's First Stop Is Online,"
    New York Times, August 9, 2009.

2   Ibid.

3   Shelley DuBois, "How Pepsi's Crowd-Sourced Ads Beat the Super
    Bowl Beer Spots," *Fortune*, February 10, 2011.

4   "Shopaholic Granny Stole More Than £150,000 from Her Employers
    to Fund an Addiction," *London Evening Standard*, May 6, 2007(available
    at http://www.thisislondon.co.uk/news/article-23399529-shopaholic-granny-
    stole-150000-to-feed-her-addiction.do).

5   Merriam-Webster online dictionary, http://www.merriam-webster.
    com/medical/addiction.

6   Pandelis Pazarlis, Konstantinos Katsigiannopoulos, Georgios Papazisis,
    Stavroula Bolimou, and Georgios Garyfallos, "Compulsive Buying: A
    Review," *Annals of General Psychiatry* 7(2008) (Supp. 1): S273.

7   Shulman Center for Compulsive Theft & Spending, "Compulsive
    Shopping and Spending Disorders: The Next Frontier of Addiction
    Treatment!" February 28, 2007, http://blog.theshulmancenter.
    com/2007/02/28/compulsive-shopping-and-spending-disorders-the-
    next-frontier-of-addiction-treatment.aspx.

8   "Estimated Prevalence of Compulsive Buying Behavior in the
    UnitedStates," Lorrin M. Koran, M.D., Ronald J. Faber, Ph. D., Elias
    Aboujaoude, M.A., M.D., Michael D. Large, Ph.D., and Richard T.
    Serpe, Ph.D. *American Journal of Psychiatry* 163:1806-12, October
    2006. doi: 10.1176/appi.ajp.163.10.1806

9   "New Test Identifies Shopaholics," United Press International,
    September 16, 2008(available at http://www.upi.com/Health_
    News/2008/09/16/ New_test_identifi es_shopaholics/UPI-71811221540181/).

10 Ibid.

11 "Shopaholics Are Addicted to Attention, German Researchers Find,"
    Deutsche Welle, January 8, 2008(available at http://www.dw-world.de/dw/

article/0,2144,3530317,00.html).

12 Sarah Klein, "Fatty Foods May Cause Cocaine-Like Addiction," CNN. com, March 30, 2010, http://www.cnn.com/2010/HEALTH/03/28/ fatty.foods.brain/index.html.

13 Shannon Bell, "Red Bull Cola Cocaine Report in Germany," Rightpundits.com, May 25, 2009, http://www.rightpundits. com/?p=3985.

14 Joy Victory, "Studying the Sweet Tooth," *ABC News*, May 25, 2006 (available at http://abcnews.go.com/Health/Diet/story?id=2001298 &page=1).

15 Nicole M. Avena, Pedro Rada, and Bartley G. Hoebel, "Evidence for Sugar Addiction: Behavioral and Neurochemical Effects of Intermittent, Excessive Sugar Intake," *Neuroscience Biobehavioral Review* 32, no. 1 (2008): 20-39(available at http://www.ncbi.nlm.nih.gov/pmc/articles/ PMC2235907/?tool=pmcentrez).

16 Ibid.

17 "What Is Lip Balm Addiction?" WiseGeek, http://www.wisegeek.com/ what-is-lip-balm-addiction.htm.

18 "Are You Addicted to Lip Balm?" Beautiful with Brains, June 30, 2009, http://www.beautifulwithbrains.com/2009/06/30/are-you-addicted-to-lip-balm/.

19 "Boy's Daily 15-hour Xbox Habit," *The Sun*, August 25, 2010(available at http://www.thesun.co.uk/sol/homepage/news/3111299/Boys-daily-15-hour-Xbox-habit.html#ixzz12x4kfqX5).

20 "Video Game Addiction: Is It Real?," *Harris Interactive Online*, April 2, 2007, http://www.harrisinteractive.com/NEWS/allnewsbydate.asp ?NewsID=1196.

21 Panel on Game Addiction, International Game Developers Association, Austin chapter, January 2003(available at http://archives.igda.org/articles/ austin_addiction.php).

22 Elizabeth Landau, "In Gambling, Brain Explains Attraction of Near-Misses," *CNN Health*, May 7, 2010, www://pagingdrgupta.blogs.cnn. com/2010/05/07/in-gambling-brain-explains-attraction-of-near-misses/.

23 Jeffrey C. Friedman, "Understanding, Assessing and Treating Online

Role-Playing Game Addiction," *Counselor*, May 27, 2010(available at http://www.counselormagazine.com/feature-articles-mainmenu-63/113-video-game-addiction).

24 "Gaming Addiction: An Epidemic for a Growing Technological Generation," *Everything Addiction*, April 10, 2010(available at http://www.everythingaddiction.com/addiction/video-game/gaming-addiction-an-epidemic-for-a-growing-technological-generation/).

25 Elizabeth Olson, "For Farmville Players, a Crop from a Real Organic Farm," *New York Times*, July 14, 2010(available at http://www.nytimes.com/2010/07/15/business/media/15adco.html).

26 DICE 2010, "Design Outside the Box" Presentation(available at http://g4tv.com/videos/44277/DICE-2010-Design-Outside-the-Box-Presentation/).

27 Peter Kafka, "Facebook, Farmville Now Wasting a Third of Your Web Time," All Things Digital, August 2, 2010, http://mediamemo.allthingsd-time/.rd-of-your-webing-a-thie-now-wastillcom/20100802/facebook-farmv.

28 Bryan Morrissey, "Zynga Offering 'On Game' Ads," *Brandweek*, May 3, 2010(available at http://www.brandweek.com/bw/content_display/news-and-features/digital/e3ie1921c607ec2b9abf2c8f961922a11b3).

29 Olson, "For Farmville Players, a Crop."

30 Dan Fletcher, "How Facebook Is Redefi ning Privacy," *Time*, May 20, 2010.

31 Simone S. Oliver, "Who Elected Me Mayor? I Did," *New York Times*, August 18, 2010(available at www.nytimes.com/2010/08/19/fashion/19foursquare.html).

32 Sarah Lolley, "Shopping Sample Sales . . . Recessionista Style," *Pittsburgh Post-Gazette*, March 28, 2010(available at http://www.post-gazette.com/pg/10087/1045669-314.stm).

33 Heather Dougherty, "Weekly Share of Market Visits. Online Sample Sales," Hitwise, June 12, 2009, http://weblogs.hitwise.com/heather-dougherty/2009/06/online_sample_sales_1.html.

34 Ty McMahan, "Groupon: Deals for Members, but What About the Investors?" *Wall Street Journal* Venture Capital Dispatch, May 27, 2010, http://blogs.wsj.com/venturecapital/2010/05/27/groupon-deals-for-

members-but-what-about-the-investors/.

35   Jonah Leher, "Swoopo," The Frontal Cortext, July 10, 2009, http://
      scienceblogs.com/cortex/2009/07/swoopo.php.

4장

1   John Tierney, "Message in What We Buy, but No One Is Listening,"
     New York Times, May 18, 2009(available at http://www.nytimes.com/2009/
     05/19/science/19tier.html?_r=1&th&emc=th).

2   "An Attractive Revenue Producer," *Spray*, May 2007(available at http://
     www.precision-valve.com/assets/2446/article_spray_technology_200705.pdf).

3   Sam McManis, "Amusing or Offensive, Axe Ads Show That Sexism
     Sells," *Seattle Times*, December 4, 2007(available at http://seattletimes.
     nwsource.com/html/living/2004050655_axeads03.html).

4   "Body Spray Banned from N.B. School," *CBC News*, December 5,
     2005(available at http://www.cbc.ca/canada/story/2005/12/05/body-scent
     051205.html).

5   "Naughty," YouTube, http://www.youtube.com/watch?v=0g3
     sYR7fBl8, accessed February 28, 2011.

6   Finlo Rorher, "How Do You Make Children's Films Appeal to Adults?"
     BBC News, December 16, 2009(available at http://news.bbc.co.uk/2/
     hi/8415003.stm).

7   Claire Suddath, "How the Internet Made Justin Bieber a Star," *Time*,
     May 17, 2010.

8   Beth Tietell, "Never Too Old to Swoon," *Boston Globe*, May 13,
     2010(available at http://www.boston.com/community/moms/articles/2010/
     05/13/why_are_so_many_moms_smitten_with_todays_teen_idols ?mode=PF).

9   "Despite Recession, Overall Plastic Surgery Demand Drops Only 2
     Percent from Last Year," press release, American Society for Aesthetic
     Plastic Surgery, March 9, 2010(available at http://www.surgery.org/media/
     news-releases/despite-recession-overall-plastic-surgery-demand-drops-only-2-
     percent-from-last-year).

10   "Vanity Sizing: Are Retailers Making Clothes Bigger So Customers Feel
     Better?" *Huffington Post*, April 19, 2010, http://www.huffingtonpost.

com/.lhtm.e_n_542830ilng-are-retaizity-si2010/04/19/vanity-sizing-
are-retaile_n_542830.html.

11 "Vanity Sizing Plagues MEN'S Stores," *Huffington Post*, September
    8, 2010, http://www.huffingtonpost.com/2010/09/08/vanity-sizing-
    mens-pants_n_709004.html.

12 Ibid.

13 Ibid.

14 Michael Quintanilla, "H-E-B Aisle Is for Guys Only," *San Antonio
    Express-News*, January 27, 2010(available at http://www.chron.com/disp/story
    .mpl/headline/features/6838384.html).

5장

1   Pierre-Paul Grasse, *Termitologia*, vols. 1.3(Paris: Masson, 1982.1986).
    See also http://www.forteantimes.com/strangedays/science/382/hive_
    minds .html.

2   Ibid.

3   Kevin Smith, "Are You a Termite or a Squasher?" NextWave
    Performance, the Executive Intelligence Report, September 3, 2007,
    http://www.nextwaveperformance.com/the-executive-intelligence-
    rep/.

4   John R. G. Dyer, Christos C. Ioannou, Lesley J. Morrell, Darren P.
    Croft, Iain D. Cousin, Dean A. Waters, and Jens Krause, "Consensus
    Decision Making in Human Crowds," *Animal Behavior* 75 (2008):
    561-470(discussed at http://www.leeds.ac.uk/news/article/397/sheep_in_human_
    clothing_scientists_reveal_our_flock_mentality).

5   Smith, "Are You a Termite."

6   Jan Faull, "Your Clever Toddler in Week 59: The Onset of Peer Infl
    uence," BabyZone, http://www.babyzone.com/toddler/toddler_
    development/toddler-week-by-week/article/clever-toddler-
    weeks-59-60.

7   "Across the Zhu-Niverse Twitter Party," *Resourceful Mommy*, July 5,
    2010, http://resourcefulmommy.com/3102/zhu-zhu-pets-giveaway/.

8   Martin Eisend, "Explaining the Impact of Scarcity Appeals in

Advertising: The Mediating Role of Perceptions in Susceptibility," *Journal of Advertising*, September 22, 2008.

9   Kit Yarrow, "Explaining the Why Behind the Buy," *Psychology Today*, December 9, 2009(available at http://www.psychologytoday.com/blog/the-why-behind-the-buy/200912/how-consumer-psychology-created-the-zhu-zhu-hamster-craze).

10 Robert Cialdini, *The Psychology of Persuasion*(New York: Harper, 2006).

11 "H1N1 Vaccine Shortage Fabricated to Create Hysteria, Boost Demand?" Health Freedom Alliance, November 6, 2009, http://blogs.healthfreedomalliance.org/blog/2009/11/06/h1n1-vaccine-shortage-fabricated-to-create-hysteria-boost-demand.

12 David Lieberman, "The Juicy Details Behind the Viacom-YouTube Lawsuit," *USA Today*, March 19, 2009(available at http://content.usatoday.com/communities/technologylive/post/2010/03/media-morning-the-juicy-details-behind-the-viacom-youtube-lawsuit/1).

13 David Kravets, "Google Wins Viacom Copyright Lawsuit," *Wired*, June 23, 2010(available at http://www.wired.com/threatlevel/2010/06/dmca-protects-youtube/).

14 Kim Hart, "Peer Pressure in Online Shopping," *Washington Post*, July 9, 2008(available at http://blog.washingtonpost.com/posttech/2008/07/peer_pressure_in_online_shoppi.html?nav=rss_blog).

15 Ibid.

16 G. S. Berns, "Natural Mechanisms of Social Influence in Consumer Decisions," University of Oregon, April 10, 2009.

17 Berns, "Natural Mechanisms of Social Influence."

18 Mark Buchanan, "Social Networks: The Great Tipping Point Test," *New Scientist*, July 26, 2010(available at http://www.newscientist.com/article/mg20727701.100-social-web-the-great-tipping-point-test.html.

19 Jonah Berger, "In Pursuit of the 'It' Gift at the Holidays," Oregon Live, December 20, 2009, http://www.oregonlive.com/opinion/index.ssf/2009/12/in_pursuit_of_the_it_gift_at_t.html.

20 David Pogue, "For Those Facebook Left Behind," *New York Times*, July 7, 2010(available at http://www.nytimes.com/2010/07/08/technology/.)

lhtm.nt-testing-poippi-web-the-great-tlai100-soc.mg20727701 personaltech/08pogue.html?pagewanted=2&adxnnl=1&ref=general &src=me&adxnnlx=1278849675-D3KlidM/7ANbaohmVO7CJA).

21   "Facebook: Facts and Figures for 2010," Digital Buzz, March 22, 2010.

22   Dan Fletcher, "How Facebook Is Redefining Privacy," *Time*, May 20, 2010(available at http://www.time.com/time/business/article/0,8599,1990582,00. html).

23   Ibid.

24   Fletcher, "Friends Without Borders."

25   Maja Beckstrom, "Tweens Want Hip Stuff, but Self-Esteem Is the Real Need," *Twin Cities Pioneer Press*, January 28, 2008(available at http:// www.twincities.com/allheadlines/ci_7558230).

26   Ibid.

27   Kevin Rawlinson, "Coming Soon to a Wrist Near You . . . the Craze That's Sweeping America," *Independent UK*, August 4, 2010(available at http://www.independent.co.uk/news/uk/this-britain/coming-soon-to-a-wrist-near-you-the-craze-thats-sweeting-america-2042599.html).

28   Wray Herbert, "The Psychology of Knock-Offs: Why 'Faking It' Makes Us Feel (and Act) Like Phonies," *Huffington Post*, April 7, 2010.

29   Ibid.

30   Amanda Lenhart, Kristen Purcell, Aaron Smith, and Kathryn Zickuhr, "Social Media and Mobile Internet Use Among Teens and Young Adults," Pew Internet & American Life Project, the Pew Research Center, February 3, 2010(available at http://pewinternet.org/Reports/2010/ .aspx).

31   See http://www.apple.com/education/mac-for-school/.

32   Young Lee, James Moon, and Michael Lin, "Levi Strauss & Co.: An Analysis," http://www.docstoc.com/docs/18141871/Levis-Strauss-Marketing-Plan.

33   N. Ravindran, "Asia's Love for Luxury Brands," *Entrepreneur*, February. March 2007.

6장

1   See http://www.groundreport.com/Media_and_Tech/Largest-TV-Audience-In-History-Super-Bowl-XLIII_2/2883568.

2   Jochen Gebauer and Constantine Sedikides, "Yearning for Yesterday," *Scientific American Mind*, July/August 2010.

3   Ibid.

4   Ibid.

5   K. A. Braun-LaTour, M. S. LaTour, J. E. Pickrell, and E. F. Loftus, "How and When Advertising Can Influence Memory for Consumer Experience," *Journal of Advertising* 33, no. 4(December 2004): 7-25.

6   Robert M. Sapolsky, "Open Season," *New Yorker*, March 30, 1998, p. 57(available at http://www.newyorker.com/archive/1998/03/30/1998_03_30_057_TNY_LIBRY_000015234#ixzz0hnCIoX3R).

7   Ibid.

8   See http://en.wikipedia.org/wiki/List_of_McDonald's_ad_programs.

9   Jennifer L. Aaker and Melanie Rudd, "If Money Doesn't Make You Happy, Consider Time"(research paper, Stanford University, Graduate School of Business, November 2010).

10 See http://brontosbrain.blogspot.com/2010/10/im-no-longer-lovin-it.html.

11 "Nostalgia Brands Make a Comeback in China," Red Luxury, September 7, 2010, http://red-luxury.com/2010/09/07/nostalgia-brands-make-a-comeback-in-china/.

12 Laura M. Holson, "A Little Too Ready for Her Close-Up?" *New York Times*, April 23, 2010(available at http://www.nytimes.com/2010/04/25/fashion/25natural.html).

13 Iain Murray, "Nostalgia Is Just the Comfort Blanket We Need Against Today's Cold Reality," *Marketing Week*, February 5, 2009(available at http://www.marketingweek.co.uk/opinion/nostalgia-is-just-the-comfort-blanket-we-need-against-todays-cold-reality/2064185.article).

14 Matthew Gorman, "Blast from the Past," *Marketing Week*, February 14, 2007(available at http://www.marketingweek.co.uk/home/blast-from-the-past/2055016.article).

15 See http://great-ads.blogspot.com/2009/01/allstate-insurance-back-

to-basics.html.

16   Jeffrey Zaslow, "Get Back to Where You Once Belonged," *Wall Street Journal*, January 20, 2010(available at http://online.wsj.com/article/SB1000142 4052748704561004575012964067490650.html?mod=WSJ_newsreel_lifeStyle).

17   Ibid.

18   Diane Cardwell, "A Vision of the City as It Once Was," *New York Times*, May 19, 2010(available at http://www.nytimes.com/2010/05/20/ nyregion/20nostalgia.html?scp=1&sq=west%20village&st=cse).

19   See http://www.quotationspage.com/quote/839.html.

7장

1   Professor John M. T. Balmer, "Comprehending the Constitutional Monarchies of Britain and Sweden: Issues of Trust and Corporate Brand Management"(working paper no. 05/35, Bradford School of Management) (available at http://www.bradford.ac.uk/acad/management/ external/pdf/workingpapers/2005/Booklet_05-35.pdf).

2   Peggy Orenstein, *Cinderella Ate My Daughter*(New York: HarperCollins, 2001), p. 14.

3   "10 Facts About Collecting Barbie Dolls," ArticlesBase, August 27, 2008, http://www.articlesbase.com/hobbies-articles/10-facts-about-collecting-barbie-dolls-538678.html.

4   "Star Power," *NPD Insights*, no. 42(May 2006) (available at http://www. npdinsights.com/archives/may2006/cover.story.html).

5   "Celebrity Endorsement 'Alters Brain Activity,'" *BBC News*, July 13, 2010(available at http://www.bbc.co.uk/news/10615182).

6   "Fame Matters More Than Beauty in Consumer Behavior," *Innovations Report*, August 13, 2008(available at http://www.innovations-report.de/html/ berichte/studien/fame_matters_beauty_consumer_behaviour_115992.html).

7   R. Bruce Money, Terence A. Shimp, and Tomoaki Sakano, "Celebrity Endorsements in Japan and the United States," *Journal of Advertising Research*, March 1, 2006(available at http://www.accessmylibrary.com/coms2/ summary_0286-16345940_ITM).

8   "Logo Can Make You 'Think Different,'" *Science Daily*, March 30,

2008(available at http://www.sciencedaily.com/releases/2008/03/080328085918.
htm).

9   John King and Ed Henry, "Bill Clinton Awaits Heart Surgery Next
    Week," CNN.com, September 4, 2004(available at http://www.cnn
    .com/2004/ALLPOLITICS/09/03/clinton.tests/index.html).

10 See http://search.barnesandnoble.com/South-Beach-Diet-Cookbook/
    Arthur-Agatston/e/9781579549572.

11 "Victoria Beckham Draws Attention to the 'Skinny Bitch' Diet," *Belfast
    Telegraph*, June 11, 2007(available at http://www.belfasttelegraph.co.uk/
    lifestyle/victoria-beckham-draws-attention-to-the-skinny-bitch-diet-13449352.
    html).

12 Samantha Jonas-Hain, "'Saw It on Maddox': Jolie's Kids Set Trends,"
    Fox News, September 30, 2005(available at http://www.foxnews.com/
    story/0,2933,170834,00.html).

13 Ibid.

14 Ibid.

15 Deidre Woolard, "Cynthia Rowley Works with Pampers on Designer
    Diapers," Luxist, June 30, 2010, http://www.luxist.com/2010/06/30/
    cynthia-rowley-works-with-pampers-on-designer-diapers/.

16 Social Security Administration, "Popular Baby Names," Social Security
    Online, http://www.ssa.gov/oact/babynames/index.html.

17 See http://www.sephora.com/browse/section.jhtml?categoryId
    =C22220.

18 See http://answers.sephora.com/answers/8723/product/P247523/
    questions.htm.

19 See http://www.dgskincare.com/aboutus_drgross.cfm?cat=3&CFID
    =2286718&CFTOKEN=89d9b63c4700105b-641166E7-E5F5-74FB-
    D4032C1B3ADBC884.

20 See http://www.physiciansformula.com /en-us/default.html.

21 See http://www.philosophydirect.com /about-philosophy.html.

22 Julie Boorstin, "The Scent of Celebrity," *Fortune*, November 14,
    2005(available at http://money.cnn.com/magazines/fortune/fortune_archive/
    2005/11/14/8360679/index.htm).

23 Lauren Sherman, "Best-Selling Celebrity Scents," *Forbes*, October 9,

2007(available at http://www.forbes.com/2007/10/08/scent-perfume-celeb-forbeslife-cx_ls_1009style.html).

24 Jock McGregor, "Madonna: Icon of PostModernity," *Facing the Challenge*, 1997, Url: http://www.facingthechallenge.org/madonna.php.

25 See http://www.lifegem.com/secondary/MichaelJacksonLifeGem.aspx.

26 Associated Press, "Michael Jackson Glove Fetches $330,000 at Auction," *Orange County Register*, December 6, 2010(available at http://www.ocregister.com/news/auction-98978-ocprint-jackson-brought.html).

27 Lauren Sherman, "How Much Brands Pay for Celebs to Sit in Their Front Rows," *Fashionista*, http://fashionista.com/2010/02/how-much-fashion

28 Emilie Boyer King, "Does Royalty Lead to Brand Loyalty?" *Brandchannel*, December 13, 2004, http://www.brandchannel.com/features_effect.asp?pf_id=242.

29 Jan B. Engelmann, C. Monica Capra, Charles Noussair, and Gregory S. Berns, "Expert Financial Advice Neurobiologically 'Offloads' Financial Decision-Making Under Risk"(Department of Psychiatry & Behavioral Sciences, Emory University School of Medicine, Atlanta).

30 Andy Coghlan, "Brain Shuts Off in Response to Healer's Prayer," *New Scientist*, April 27, 2010.

31 Ibid.

32 Vasily Klucharev, Ale Smidts, and Guillen Fernandez, "Brain Mechanisms of Persuasion: How 'Expert Power' Modulates Memory and Attitudes," *Social Cognitive and Affective Neuroscience* 3, no.4(December 2008): 353.366(available at http://scan.oxfordjournals.org/content/3/4/353.full).

33 See http://www.quotationspage.com/quotes/Andy_Warhol/.

34 Bruce Horovitz, "Buy a Pair of Socks, Become a Star in Times Square," *USA Today*, November 6, 2009(available at http://www.usatoday.com/ money/industries/retail/2009-11-02-american-eagle-times-square_N.htm).

8장

1 "XanGo, MonaVie, TNI Keep Squeezing Sales Out of Super Fruits," *Nutrition Business Journal*(available at http://webcache.googleusercontent .com/search?q=cache:fz-uhasY6hwJ:subscribers.nutritionbusinessjournal. com/xango-monavie-tni-0501/index1.html+goji+sales+million+site: nutritionbusinessjournal.com&cd=2&hl=en&ct=clnk).

2 Cathy Wong, "What Are Goji Berries?" About.com, August 1, 2006, http://altmedicine.about.com/od/completeazindex/a/goji.htm.

3 O. Potterat, "Goji (Lycium barbarum and L. chinense): Phytochemistry, Pharmacology and Safety in the Perspective of Traditional Uses and Recent Popularity," *Planta Medica* 76, no.1(January 2010): 7.19(available at http://www.ncbi.nlm.nih.gov/pubmed/19844860).

4 V. E. Reeve, M. Allanson, S. J. Arum, D. Domanski, and N. Painter, "Mice Drinking Goji Berry Juice (Lycium barbarum) Are Protected from UV Radiation-Induced Skin Damage via Antioxidant Pathways,"*Photochemical and Photobiological Sciences* 9, no.4(April 2010): 601.7(available at http://www.ncbi.nlm.nih.gov/pubmed/20354657).

5 "How Goji Berries Work," TLC, http://recipes.howstuffworks.com/ goji- berry2.htm.

6 See http://www.vosgeschocolate.com/product/goji_exotic_candy_bar/ exotic_candy_bars.

7 Rob Walker, "Consumed," *New York Times*, July 21, 2009.

8 "09 Sales Growth Sputters in Every Nutrition Category as Economy Takes Its Toll," *Nutrition Business Journal*, February 9, 2011(available at http://webcache.googleusercontent.com/search?q=cache: XeGdnJnhuhAJ:subscribers.nutritionbusinessjournal.com/supplements/sales_growth_ sputters/+%3FGoji%3FJuice%3FSales+million+OR+billion+site:nutritionbusinessjour nal.com&cd=4&hl=en&ct=clnk).

9 Sandra Young and Madison Park, "Group Challenges Acai Berry Weight-Loss Claims," CNN.com, March 23, 2009, http://articles.cnn. com/2009-03-23/health/acai.berries.scam_1_advanced-wellness- research-acai-weight-loss-claims?_s=PM:HEALTH.

10 Ibid.

11 Mark Stibich, "Acai Berry's Anti Aging Properties.Fact or Marketing

Fiction?" About.com, May 8, 2009, http://longevity.about.com/od/antiagingfoods/a/acai_aging.htm.

12 H. M. Park, E. Moon, A. J. Kim, M. H. Kim, S. Lee, J. B. Lee, Y. K. Park, H. S. Jung, Y. B. Kim, and S. Y. Kim, "Extract of Punica granatum Inhibits Skin Photoaging Induced by UVB Irradiation," *International Journal of Dermatology* 49, no.3(March 2010): 276.82(available at http://www.ncbi.nlm.nih.gov/pubmed/20465664).

13 P. Mirmiran, M. R. Fazeli, G. Asghari, A. Shafiee, and F. Azizi, "Effect of Pomegranate Seed Oil on Hyperlipidaemic Subjects: A Double-Blind Placebo-Controlled Clinical Trial," *British Journal of Nutrition* 104, no.3(August 2010): 402.6(available at http://www.ncbi.nlm.nih.gov/pubmed/20334708).

14 Ibid.

15 See http://www.fda.gov/ICECI/EnforcementActions/WarningLetters/ucm202785.htm.

16 Melissa Bell, "Nutrition Buzzwords Make Hay Out of Grains of Truth," *Washington Post*, May 27, 2010(available at http://www.washingtonpost.com/wp-dyn/content/article/2010/05/25/AR2010052504622.html).

17 Ibid.

18 Ibid.

19 Rachel Saslow, "Are Claims About Beauty Creams Only Skin Deep?" *Washington Post*, May 12, 2009.

20 Bryant Urstadt, "Lust for Lulu," *New York*, July 26, 2009(available at http://nymag.com/shopping/features/58082).

21 Louise Story, "'Seaweed' Clothing Has None, Tests Show," *New York Times*, November 14, 2007.

22 Ibid.

23 Ibid.

24 "Anti-Ageing Face Creams 'Don't Work'. Exercise and Eat Sensibly Instead, Say Scientists," *Daily Mail*, December 1, 2008, http://www.dailymail.co.uk/health/article-1090752/Anti-ageing-face-creams-dont-work-exercise-good-diet-do.html.

25 Darren McBride, "The Dietary Supplement Health and Education Act of 1994," *Proceedings of the Amazing Meeting* 4(January 26, 2006)

(available at http://www.csufresno.edu/physics/rhall/jref/tam4p/06_DM_tam4.
pdf).

26 See http://she-conomy.com/report/facts-on-women/.

27 GfK Roper Yale Survey on Environmental Issues, "Consumer Attitudes
Toward Environmentally-Friendly Products and Eco-Labeling," Yale
School of Forestry and Environmental Studies, July 2008(discussed at
http://environment.yale.edu/news/5720).

28 Ibid.

29 Constance Casey, "The Spin Cycle," *Slate*, September 22, 2010, http://
www.slate.com/id/2268089/.

30 Peter Korchnak, "Green as a Luxury? Premium Pricing and
Conspicuous Consumption," Semiosis Communications, December 14,
2009, http://www.semiosiscommunications.com/green-as-luxury/.

31 "Why Toyota Is Afraid of Being Number One," *Bloomberg
BusinessWeek*, March 5, 2007(available at http://www.businessweek.com/
magazine/content/07_10/b4024071.htm).

32 Nyasha-Harmony Gutsa, "Marketing Mix in Action: Toyoya
Prius," Yahoo Associated Content, June 8, 2009, http://www.
associatedcontent.com/article/1804334/marketing_mix_in_actiontoyota_
prius.html?cat=35.

33 Micheline Maynard, "Say 'Hybrid' and Many People Will Hear 'Prius,'"
New York Times, July 4, 2007(available at http://www.nytimes.com/2007/
07/04/business/04hybrid.html?_r=1).

34 Jacquelyn Ottman, "Marketers, Follow That Prius," *Advertising Age*,
May 28, 2008(available at http://adage.com/cmostrategy/article?article_
id=127344).

35 "Starring Role: Hollywood's Love Affair with Toyota Prius Continues,"
GM Inside News, October 13, 2005, http://www.gminsidenews.com/
forums/f12/hollywoods-love-affair-toyotas-prius-continues-21170/.

36 Douglas Kenrick, "Sex, Murder, and the Meaning of Life," *Psychology
Today*, February 15, 2010(available at http://www.psychologytoday.com/blog/
sex-murder-and-the-meaning-life/201002/want-show-your-wealth-and-status-
buy-hybrid).

37 Maynard, "Say 'Hybrid' and Many People."

38 Arnie Cooper, "The Highway to Enlightenment," *Mother Jones*, January 1, 2002.

39 See http://lasermonks.com.

40 "Cistercian Monks' Jesus Ink Business," Unusual Business Ideas That Work, April 10, 2006, http://uncommonbusiness.blogspot.com/2006/04/cistercian-monks-jesus-ink-business.html.

41 See http://www.intentionalchocolate.com/.

42 See http://www.ehalal.org/quranverses.html.

43 Carla Power, "Halal: Buying Muslim," *Time*, May 25, 2009.

44 Ibid.

45 Lisa Miller, "4 Sale: Bones of the Saints," *Newsweek*, February 11, 2008.

46 Ibid.

47 See http://webupon.com/services/you-bought-what-10-extraordinarily-peculiar-ebay-purchases.

48 "Evolution of the Megachurch," *Houston Business Journal*, January 26, 2009(available at http://www.bizjournals.com/houston/stories/2009/01/26/focus1.html??b=1232946000%5e1766246).

49 Jesse Bogan, "America's Biggest Megachurches," *Forbes*, June 26, 2009.

50 Ibid.

9장

1 "Data Mining Is Big Business for Kroger & Getting Bigger All the Time," *KY Post*, May 27, 2010(available at http://www.kypost.com/dpp/news/region_central_cincinnati/downtown/data-mining-is-big-business-for-kroger-%26-getting-bigger-all-the-time).

2 Stephanie Clifford, "Web Coupons Know Lots About You, and They'll Tell," *New York Times*, April 16, 2010(available at http://www.nytimes.com/2010/04/17/business/media/17coupon.html?ref-general&src=me&pagewanted=print).

3 Ibid.

4 Ibid.

브랜드의 거짓말

5   Ariana Eunjung Cha, "Digital Coupons Help Stores Get More Info About You," *Houston Chronicle*, July 4, 2010(available at http://www.chron.com/ disp/story.mpl/business/7094186.html).

6   Ibid.

7   Jordan Robertson, "Apps Secretly Sharing Personal Data with Third parties, Without Telling You," *Huffington Post*, July 28, 2010, http://www.huffingtonpost.com/2010/07/29/apps-secretly-sharing-per_n_662886.html.

8   Ibid.

9   Ibid.

10 Ibid.

11 Connie Prater, "What You Buy, Where You Shop May Affect Credit," CreditCards.com, http://www.creditcards.com/credit-card-news/how-shopping-can-affect-credit-1282.php.

12 Ibid.

13 Brad Stone, "The Debt Trap," *New York Times*, October 21, 2008.

14 See http://www.alcmilestones.com/new-movers-homeowners-lists.php.

15 Ibid.

16 Rob Varnon, "Bank Pays Millions to Yale to Market Its Credit Cards," *Connecticut Post*, June 7, 2010(available at http://www.ctpost.com/local/article/Bank-pays-millions-to-Yale-to-market-its-credit-514988.php).

17 Ibid.

18 Ibid.

19 "Inside the Deals: Contracts Allow Credit Card Marketing to Students," Huffington Post Investigative Fund, June 8, 2010, http://huffpostfund-students.

20 Jean D. Kinsey, Paul Wolfson, Nikolaos Katsaras, and Ben Senauer, "Data Mining: A Segmentation Analysis of U.S. Grocery Shoppers" (working paper 01/01, Food Industry Center, University of Minnesota, 2001) (available at http://purl.umn.edu/14335).

21 "Watching as You Shop," *Economist*, December 6, 2007(available at http://www.economist.com/node/10202778?story_id=10202778).

22 See http://www.tns-sorensen.com/documents/11.3b1MKT_Retail%20

PTBroch.pdf.

23 Barbara Hagenbaugh, "Musak Thinks Outside the Box," *USA Today*, August 5, 2004(available at http://www.usatoday.com/money/media/2004-08-05-muzak-cover_x.htm).

24 David McRaney, "Musak," You Are Not So Smart, October 26, 2009, http://youarenotsosmart.com/2009/10/26/muzak/.

25 Ibid.

26 See http://www.predicta.net/home_html.php.

27 Erica Naone, "Software Helps Websites Predict Users' Tastes," *Technology Review*, November 2, 2010(available at http://www.technologyreview.com/web/26664/?nlid=3714).

28 Center for Digital Democracy, "CDD, U.S. PIRG, Consumer Watchdog, and World Privacy Forum Call on FTC to Investigate Interactive Marketing of Pharmaceuticals and Health Products and Services to Consumers and Health Professionals," November 23, 2010, http://www.democraticmedia.org/2010-11-16-press-release.

29 See http://www.facebook.com/policy.php.

30 Emily Steel and Geoffrey A. Fowler, "Facebook in Privacy Breach," *Wall Street Journal*, October 18, 2010(available at http://online.wsj.com/article/SB10001424052702304772804575558484075236968.html).

31 Miguel Helft, "Marketers Can Glean Private Data on Facebook," *New York Times*, October 22, 2010.

32 David Gelles, "Facebook's Grand Plan for the Future," *Financial Times Magazine*, December 3, 2010(available at http://www.ft.com/cms/s/2/57933bb8-fcd9-11df-ae2d-00144feab49a.html#axzz18cUiyVDF).

33 Yannis Bakos, Florencia Marotta-Wurgler, and David R. Trossen, "Does Anyone Read the Fine Print? Testing a Law and Economics Approach to Standard Form Contracts"(working paper, New York University Law and Economics Working Papers, December 1, 2009) (available at http://lsr.nellco.org/cgi/viewcontent.cgi?article=1199&context=nyu_lewp).

34 "Germany Calls on Apple to Expose Location Data Policy," iPod News, http://www.ipodnn.com/articles/10/06/28/company.failing.to.live.up.to.openness/.

35 "7,500 Online Shoppers Unknowingly Sold Their Souls," *Fox News*,

April 15, 2010, http://www.foxnews.com/scitech/2010/04/15/onlin
-shoppers-unknowingly-sold-souls/.

36 See http://www.kidswb.com/privacy.

37 Mark Millan, "82 Percent of Kids under 2 Have an Online Presence,"
CNN.com, October 2010, http://www.cnn.com/2010/TECH/social
.media/10/07/baby.pictures/index.html.

38 Ibid.

39 Natasha Singer, "Shoppers Who Can't Have Secrets," *New York
Times*, May 1, 2010(available at http://www.nytimes.com/2010/05/02/
business/02stream.html).

옮긴이 박세연

고려대 철학과를 졸업하고 글로벌 IT 기업에서 마케터와 브랜드 매니저로 일했다. 현재 파주출판단지 번역가 모임, '번역인'의 공동대표를 맡고 있다. 『실리콘밸리의 팀장들』, 『아이디어가 팔리는 순간』, 『팀 하포트의 경제학 팟캐스트』, 『죽음이란 무엇인가』, 『공부하고 있다는 착각』 등 인문학과 비즈니스가 만나는 곳에서 지금까지 80여 종의 책을 우리말로 옮겼다.

브랜드의 거짓말

초판 1쇄 발행 2012년 1월 10일
초판 22쇄 발행 2023년 4월 19일
개정판 1쇄 발행 2024년 9월 16일

지은이 마틴 린드스트롬 **옮긴이** 박세연

발행인 이봉주 **단행본사업본부장** 신동해
편집장 김예원 **편집** 조승현
디자인 최희종 **마케팅** 최혜진 백미숙
국제업무 김은정 김지민 **제작** 정석훈

브랜드 리더스북
주소 경기도 파주시 회동길 20
문의전화 031-956-7353(편집) 031-956-7129(마케팅)
홈페이지 www.wjbooks.co.kr
인스타그램 www.instagram.com/woongjin_readers
페이스북 www.facebook.com/woongjinreaders
블로그 blog.naver.com/wj_booking

발행처 ㈜웅진씽크빅
출판신고 1980년 3월 29일 제406-2007-000046호

한국어판 출판권 ⓒ웅진씽크빅, 2015, 2024
ISBN 989-01-28715-7 (03320)

• 리더스북은 ㈜웅진씽크빅 단행본사업본부의 브랜드입니다.
• 이 책은 저작권법에 의해 한국 내에서 보호를 받는 저작물이므로 무단 전재와 무단 복제를 금합니다.
• 책 내용의 전부 또는 일부를 이용하려면 반드시 저작권자와 ㈜웅진씽크빅의 서면 동의를 받아야 합니다.
• 잘못된 책은 구입하신 곳에서 바꾸어 드립니다.